Ee

©

# TRAITÉ GÉNÉRAL

DE

# DROIT ADMINISTRATIF

## APPLIQUÉ.

CORBEIL, IMPRIMERIE DE CRÉTÉ.

# TRAITÉ GÉNÉRAL

DE

# DROIT ADMINISTRATIF

## APPLIQUÉ

OU

## EXPOSÉ DE LA DOCTRINE ET DE LA JURISPRUDENCE

### CONCERNANT

L'EXERCICE DE L'AUTORITÉ DU ROI, DES MINISTRES,
DES PRÉFETS, DES SOUS-PRÉFETS, DES MAIRES, DES CONSEILS DE PRÉFECTURE,
DU CONSEIL D'ÉTAT, LES ATELIERS INSALUBRES, LES BACS ET BATEAUX,
LES BAUX ADMINISTRATIFS, LES BOIS ET FORÊTS,
LES CONFLITS, LES CHEMINS VICINAUX, LES COMMUNES, LES CONTRIBUTIONS,
LES COURS D'EAU, ETC., ETC.;

## PAR M. G. DUFOUR,

Avocat aux Conseils du roi et à la Cour de cassation.

---

## TOME DEUXIÈME.

---

# PARIS,

## DELAMOTTE AÎNÉ, LIBRAIRE-ÉDITEUR,

Place Dauphine, n<sup>os</sup> 26 et 27;

ET CHEZ L'AUTEUR, RUE GODOT DE MAUROI, 25.

---

## 1843

# TRAITÉ GÉNÉRAL

DE

# DROIT ADMINISTRATIF

## APPLIQUÉ.

## CHAPITRE SEPTIÈME.

### DES CONFLITS.

#### PRÉLIMINAIRES.

—

**768.**—Ce n'était point assez de proclamer le principe de l'indépendance respective des autorités administrative et judiciaire; il fallait pourvoir à son organisation, de manière à lui ménager une application toujours efficace et complète. On a prévu, sous la dénomination de *conflits*, les luttes entre l'administration et les tribunaux, et on a réglé les moyens d'y mettre fin. Mais, par l'effet d'une préoccupation due à ce fait, déjà signalé plus haut (*Voy.* nos 82 et 83), que, dans le passé, l'usurpation et, à sa suite, la confusion est venue de l'autorité judiciaire, on n'a songé qu'à protéger l'autorité administrative.

**769.** — La loi des 7–14 octobre 1790 comprenait les conflits au nombre des *réclamations d'incompétence à l'égard des corps administratifs* dont la connaissance était interdite aux tribunaux et qui devaient être portées au roi. La loi du 21 fructidor an III, plus précise, dispose qu'en cas de conflit d'attribution, il sera sursis jusqu'à décision du ministre, confirmée par le directoire exécutif, qui en référera, s'il est besoin, au corps législatif. (*Voy.* art. 27.) La constitution de l'an VIII change l'organisation, sans altérer le principe. Le conseil d'état, chargé par l'art. 52 de cette constitution de résoudre les difficultés susceptibles de s'élever en matière administrative, est spécialement appelé par l'art. 11 du règlement du 5 nivôse an VIII à prononcer sur les conflits. La pensée exclusive de protéger l'administration, déjà si clairement écrite dans ces monuments législatifs qui attribuent à l'autorité administrative elle-même la répression des envahissements préjudiciables à son empire, est plus frappante encore dans les actes destinés à régler l'exercice de ce droit. L'arrêté du 13 brumaire an X investit le préfet du droit d'*élever le conflit* sur toute question de la compétence administrative qui aurait été portée devant un tribunal, et, à cet effet, de prendre un arrêté déclarant que le *conflit est élevé et que la cause est revendiquée par l'autorité administrative;* et il impose aux tribunaux l'obligation de surseoir, en conséquence de cet arrêté, à toutes procédures, jusqu'à ce qu'il ait été prononcé sur le conflit. Dans la suite, de nombreux avis du conseil d'état, dont les principaux sont datés des 12 novembre 1811, 22 janvier 1813 et 6 février 1821, ont bien eu pour objet de résoudre les difficultés relatives au règlement des conflits, mais il n'en est résulté aucune restriction au principe consacré par l'arrêté de brumaire an x. Il en faut dire autant des décrets et ordonnances. Le gouvernement n'a eu garde d'atténuer le moyen d'action remis dans ses mains. Une ordonnance du 18 décembre 1822 atteste, au contraire, qu'il ne faisait nulle difficulté de se considérer comme maître d'en rendre les conditions plus faciles ; car elle confère au préfet de police, à Paris, le droit d'élever le conflit, qu'il n'avait point précédemment.

770. — Nous n'avons point à faire l'historique des abus, plus ou moins graves, qui ont eu leur source dans la législation dont nous venons de présenter une courte analyse. Qu'il nous suffise de constater que les plaintes qu'ils suscitèrent devinrent de plus en plus vives, et de résumer les points sur lesquels portaient principalement les réclamations. On signalait, en premier lieu, comme exorbitant, le droit donné au préfet d'arrêter l'action la plus juste. On faisait remarquer qu'il n'était pas même tenu de motiver les arrêtés de conflits, et qu'il était le maître de les faire intervenir jusqu'au dernier terme de l'action judiciaire. L'absence de tout délai pour la procédure donnait d'ailleurs, au grand préjudice des citoyens, le moyen de suspendre indéfiniment le cours de la justice. Enfin, les jugements et arrêts eux-mêmes pouvaient être frappés dans leur exécution ; le droit de l'administration allait jusqu'à faire violence à l'autorité de la chose

jugée. (*Voy.* M. Bavoux, *des Conflits*, t. 1, p. 5.)

**774.** — Dans le cours de l'année 1828, l'opinion publique avait pris assez de force pour qu'il fût désormais impossible de résister à ses exigences; on dut se préparer à modifier la législation des conflits. Cette modification pouvait-elle avoir lieu par ordonnance? une loi n'était-elle pas nécessaire? M. Duvergier, qui se pose cette question, dans ses notes sur l'ordonnance du 1er juin 1828, reproduit l'extrait d'un rapport fait à la chambre des pairs, au nom du comité des pétitions, par M. de Barante, dans lequel la convenance d'une ordonnance dans une matière qui touche de si près à l'ordre des juridictions est formellement mise en doute. « Si l'administration, « y est-il dit, était seule juge des règles qu'elle peut « se prescrire, qui l'empêcherait de changer ces « règles, suivant les temps et les circonstances? La « loi seule pourrait leur donner ce degré de fixité né- « cessaire pour rassurer les justiciables. On se plaint « de l'esprit d'empiètement que manifestent quel- « quefois les tribunaux; mais cette disposition n'est- « elle pas celle de tous les corps, de toutes les auto- « rités? Le conseil d'état n'en a-t-il pas donné « l'exemple? On se rappelle encore qu'en 1815 les « considérants d'une ordonnance royale avaient con- « sacré ce principe, que le conflit ne pouvait être « élevé après l'arrêt d'une cour royale; depuis « on a reculé les limites de l'évocation jusqu'au der- « nier terme de l'action judiciaire, et il est passé en « jurisprudence qu'on peut élever le conflit jusqu'à « l'arrêt de la cour de cassation. Encore pourrait-on « citer plusieurs exemples d'affaires évoquées même

« après cette décision suprême. L'autorité de la
« chose jugée serait donc anéantie, si un tel abus
« devait subsister toujours ; mais, pour y remédier
« d'une manière efficace et complète, il faudra tôt
« ou tard en venir à des dispositions législatives ;
« car ce sont les seules qui échappent aux vicissi-
« tudes des hommes et des systèmes. »

Nous n'hésitons point à partager la pensée exprimée dans ce passage. La raison qui, ainsi que nous
le dirons bientôt, veut que le droit de décider les
conflits demeure entre les mains du dépositaire du
pouvoir exécutif, exige en même temps que le législateur cherche dans les formes assignées à son exercice une garantie contre ses dangers, et enlève ainsi
au gouvernement la possibilité d'en abuser, pour dominer l'autorité judiciaire. Mais il n'en est pas moins
vrai que, dans l'état actuel de la législation, on
ne saurait contester la légalité de l'ordonnance du
1er juin 1828, qui a eu pour but de réaliser les réformes demandées au moment où elle parut, non
plus que la légalité de l'ordonnance du 12 mars
1831, et en dernier lieu, de celle du 18 sept. 1839,
qui, sans d'ailleurs rien changer au régime établi
depuis 1828, ont mis le mode de procéder sur les
conflits en harmonie avec l'organisation nouvelle du
conseil d'état. Le pouvoir exécutif, dans l'émission
de ces actes, n'a fait qu'user, dans de justes limites,
de la liberté et de l'indépendance qu'il tient des lois
fondamentales et qui ne peut lui être retirée que par
la volonté législative.

772. — Avant d'entrer dans le détail des règles
consacrées dans l'ordonnance du 1er juin 1828, qui

régit encore toute la matière des conflits, il est convenable de l'envisager d'un coup d'œil pour en saisir l'esprit général. Le système a pour base le principe qu'il n'appartient qu'au roi, seul dépositaire du pouvoir exécutif, de maintenir et de rétablir, au besoin, l'accord entre les agents de l'administration et les tribunaux qui s'en partagent l'exercice, les uns à titre de délégués du roi, les autres en vertu et dans les limites d'une délégation du législateur. Ce principe a sa raison dans la division des pouvoirs qui fait la base de nos institutions. La Charte, en même temps qu'elle remet la justice aux mains de juges inamovibles, déclare que *toute justice émane du roi* et *s'administre en son nom*, et proclame ainsi, que l'ordre judiciaire lui-même relève du roi auquel *seul appartient la puissance exécutive.* (*Voy.* art. **12**, **48** et **49.**) Il s'en suit que le roi est le supérieur commun de l'autorité judiciaire et de l'autorité administrative, et que c'est à lui de mettre fin aux luttes qui peuvent s'engager entre elles. Il intervient, non pas comme administrateur suprême, dans l'intérêt de l'autorité administrative, mais comme chef du gouvernement, pour veiller à l'indépendance des fonctions administratives et judiciaires. C'est dans ce sens qu'il est vrai de dire avec M. de Cormenin (*Voy.* t. **1**, p. **440**), « que la décision des conflits doit appartenir au gou-
« vernement, quel qu'il soit, monarchique ou ré-
« publicain. »

La responsabilité ministérielle et le contrôle de la publicité s'appliquent au droit de décider les conflits et rassurent contre le danger de voir le gouvernement s'en armer pour soumettre l'autorité judiciaire à l'autorité administrative dont l'exercice immédiat lui est réservé, et faire ainsi renaître d'anciens abus. Mais on a à attendre une garantie bien plus efficace des conditions imposées à l'exercice de ce droit et réglées en vue d'un système de pondération que leur observation semble, en effet, devoir réaliser. D'une part, les matières électorales et criminelles, les plus importantes à défendre contre les envahissements de l'administration, échappent à l'atteinte du conflit. (*Voy.* Ord. 1er juin 1828, art. 1 ; L. 2 juillet 1828, art. 18.) D'autre part, les préfets sont tenus de citer la loi qui attribue à l'administration le litige dont la revendication fait l'objet du conflit. (*Voy.* Ord. 1er juin 1828, art. 9.) Le respect dû à l'autorité de la chose jugée est, d'ailleurs, ménagé par l'interdiction d'élever le conflit après des décisions définitives, non susceptibles de recours (*Voy. ibid.*, art. 4) ; et les délais fixés pour son règlement restreignent dans de justes limites la durée de l'entrave qu'il apporte à la marche de la justice. (*Voy. ibid.*, art. 15.)

**773.** — L'ordonnance du 1er juin 1828 n'est relative qu'au *conflit positif ;* c'est le conflit proprement dit, c'est celui qui résulte de la revendication par l'administration d'une question soumise aux tribunaux et retenue par eux. Nous en traiterons tout d'abord ; mais un second article sera consacré au *conflit négatif.* Il naît d'une déclaration d'incompétence respectivement faite par l'autorité administrative et par l'autorité judiciaire.

ART. 1er. — Conflit positif.

774. — Division.

—

**774.** — Nous avons à dire, dans deux paragraphes distincts, dans quels cas le conflit peut être élevé et comment il se règle.

§ 1er. — Dans quels cas le conflit est possible.

790. — A l'égard des jugements en premier ressort le conflit peut être élevé, mais seulement en cas d'appel.
791. — Transition.

**775.** — Aux termes de l'arrêté du 13 brumaire an x, aussitôt que le procureur du roi est informé qu'une question attribuée par la loi à l'autorité administrative a été portée devant le tribunal où il exerce ses fonctions, il est tenu d'en requérir le renvoi devant l'autorité compétente, et de faire insérer ses réquisitions dans le jugement qui interviendra. (*Voy.* art. 1er.) Nous croyons qu'en outre, et pour procurer l'application de la disposition toute particulière au régime institué par l'ordonnance de 1828, d'après laquelle le préfet doit, préalablement au conflit, proposer le déclinatoire et amener le tribunal à statuer sur sa propre compétence, il convient qu'il avertisse immédiatement ce fonctionnaire.

Dans tous les cas, si le tribunal refuse le renvoi, le procureur du roi en instruit sur-le-champ le préfet et lui envoie, en même temps, copie de ses réquisitions motivées. (*Voy.* Arrêté 13 brumaire an x, art. 2.)

**776.** — La raison indique que ces prescriptions n'ont trait qu'aux matières dans lesquelles le conflit peut être élevé. Nous avons donc à rechercher quelles sont ces matières.

« A l'avenir, porte l'art. 1er de l'ordonnance du « 1er juin 1828, le conflit d'attribution ne sera ja-« mais élevé en matière criminelle. » Ce n'est pas qu'en matière criminelle, il ne puisse surgir aucune question de la compétence administrative. Il suffit de supposer qu'un comptable public, poursuivi pour dilapidation, demande la vérification préalable de ses comptes, à l'effet de faire constater s'il est ou non en débet, pour reconnaître qu'il s'élèvera une question de nature à influer sur la décision du juge saisi de l'accusation, et que cette question préjudicielle ne peut se résoudre qu'en un règlement de comptabilité du ressort exclusif de l'administration. Ce n'est pas non plus que la compétence administrative doive s'effacer dans ces matières. La disposition que nous examinons s'explique par les souvenirs qu'avait laissés l'ancien régime. On s'est rappelé que sous le directoire « la question de savoir si l'on « était émigré, prêtre déporté, chouan, déserteur, « embaucheur, espion, dans le cas d'arrestation ou « condamnable à mort, était jugée par l'administra- « tion. » (*Voy.* Sirey, *du conseil d'état selon la Charte*, n° 139.) Et c'est pour lui interdire à jamais la possibilité de faire invasion dans l'application des lois pénales, qui touchent si immédiatement à la liberté et à la sûreté des citoyens, sous le prétexte de revendiquer les questions préjudicielles de son domaine, qu'il a été statué qu'on ne pourrait pas élever de conflits dans les procès criminels. La crainte de l'abus a eu assez de force pour faire renoncer à l'usage.

777. — D'après cela, le maintien de la séparation des pouvoirs en matière criminelle n'est assuré par aucune mesure spéciale. Le respect des attributions administratives est abandonné à la prudence et à l'impartialité des tribunaux. L'obligation pour les magistrats qui les composent de reconnaître et de

déclarer eux-mêmes leur incompétence sur telle ou telle question qui serait du ressort de l'autorité administrative et qui se présenterait dans le cours d'un débat criminel n'en est que plus sacrée. La cour de cassation l'a sanctionnée par un arrêt du 15 juillet 1819, qui casse et annulle les décisions des conseil de révision et conseil de guerre qui avaient consacré la plus monstrueuse injustice au préjudice d'un sieur Fabry. On lit notamment dans les considérants « que Fabry était poursuivi pour fait de dila-
« pidation de deniers publics ; mais qu'il n'en pou-
« vait être déclaré coupable qu'autant qu'il aurait
« été préalablement décidé, par l'autorité compé-
« tente, qu'il était reliquataire dans les comptes de
« sa gestion ; qu'il avait requis cet examen préjudi-
« ciel de sa comptabilité ; et que, néanmoins, sans
« qu'il eût été définitivement prononcé, le conseil
« de révision a déclaré la compétence de la juridic-
« tion militaire, par son jugement du 10 mai 1815;
« qu'en conséquence, le premier conseil de guerre
« permanent a statué sur la plainte, et a condamné
« Fabry par son jugement du 2 juin, qui a été con-
« firmé le 5 du même mois, par le conseil de ré-
« vision ; ce qui a été, de la part de ces deux tribu-
« naux, une violation des règles de compétence. »

778. — En matière de police correctionnelle, il est nombre de délits dont la répression est formellement attribuée à la juridiction administrative. Toutes les contraventions de grande voirie, par exemple, donnent lieu à des poursuites devant le conseil de préfecture. Pour les délits mêmes dont la connaissance a été laissée aux juges correctionnels,

les questions préjudicielles de la compétence administrative sont de nature à se présenter bien plus fréquemment que dans les procès criminels proprement dits. Ainsi, il est aisé de concevoir qu'une foule de délits de pêche ou de délits forestiers peuvent dépendre de la question de *navigabilité* des rivières ou de *défensabilité* des bois. L'abus du conflit en matière correctionnelle est, d'ailleurs, infiniment moins dangereux. La politique s'y mêle difficilement et la vie ou l'honneur des citoyens ne s'y trouvent point engagés. Aussi le conflit a-t-il lieu en cette matière lorsque la répression du délit est attribuée, par une disposition législative, à l'autorité administrative, ou lorsque le jugement à rendre par le tribunal dépend d'une question préjudicielle dont la connaissance appartient à l'autorité administrative en vertu d'une disposition législative. (*Voy.* Ord. 1er juin 1828, art. 2.) Il faut seulement faire remarquer, relativement au dernier cas, que, suivant une règle qui est également applicable en matière civile, le conflit ne peut être élevé que sur la question préjudicielle. (*Voy. ibid.*)

779. — « L'ordonnance, observe M. Duvergier, « dans ses notes sur l'art. 2, ne parle pas du conflit « en matière de *simple police*. Cependant il peut se « présenter des cas où il est nécessaire de l'élever : « par exemple, un tribunal de simple police statue « sur une contravention en matière de police de rou- « lage ; or, ces contraventions doivent être réprimées « par l'autorité administrative, aux termes de la loi « du 29 floréal an x et du décret du 23 juin 1806 ; « le conflit doit donc être élevé. » Il est vrai que,

tandis que M. Foucart se prononce dans le même sens (*Voy.* t. III, n° 338), son collègue de la faculté de Dijon, M. Serrigny, soutient que le conflit ne peut être admis « par la raison décisive, suivant lui, que « notre puissante administration n'a pas besoin de « l'arme des conflits pour se défendre contre les « envahissements des tribunaux de simple police, « dont les jugements en dernier ressort ne peuvent « excéder cinq francs. » (*Voy.* t. I, n° 172, p. 192.) Mais, sans insister sur le peu de solidité d'une raison qui consiste à supposer que l'ordre des juridictions est d'autant plus important à maintenir, que les intérêts matériels à l'égard desquels elles ont à s'exercer sont plus élevés, bornons-nous à rappeler une ordonnance du 4 mars 1819, qui tranche la question. Elle est ainsi conçue : « Louis, etc. ; — Vu la lettre « adressée par notre ministre de l'intérieur à notre « garde des sceaux, ministre de la justice, le 10 oc- « tobre 1818, par laquelle il lui transmet un arrêté « de conflit, élevé le 2 du même mois par le préfet « du département de Seine-et-Marne, sur un juge- « ment rendu par le tribunal de police de la Ferté- « Gaucher, sur procès-verbaux constatant des con- « traventions aux règlements relatifs à la police du « roulage ; ladite lettre enregistrée au secrétariat du « comité du contentieux de notre conseil d'état, le « 14 décembre 1818 ; — Vu le jugement du tribu- « nal de police du canton de la Ferté-Gaucher, en « date du 18 septembre 1818 ; — Vu le procès-ver- « bal de contravention à la police du roulage, dressé « le 10 septembre précédent par les gendarmes...., « contre 42 voituriers, tous dénommés audit procès-

« verbal ; — Vu la loi du 29 floréal an x, et le décret
« du 23 juin 1806 ; — Considérant que la loi du
« 29 floréal an x porte que les contraventions en
« matière de grande voirie seront constatées, pour-
« suivies et réprimées par voie administrative ; et
« que le décret du 23 juin 1806 attribue également
« à l'administration, comme pour les matières de
« voirie, la connaissance des contraventions aux
« règlements sur la police du roulage ; que, consé-
« quemment, le tribunal de la Ferté-Gaucher était
« incompétent pour connaître de semblables con-
« traventions :

« Art. 1ᵉʳ. L'arrêté de conflit, élevé par le préfet
« du département de Seine-et-Marne, le 2 oct. 1818,
« est confirmé. »

**780.** — La jurisprudence a eu à déterminer également les conséquences du silence de l'ordonnance
à l'égard des tribunaux de commerce et des justices
de paix ; et elle l'a fait en sens inverse, elle en a in-
duit que le conflit ne pouvait être élevé devant ces
juridictions. Ses motifs sont, pour les tribunaux de
commerce, « que l'ordonnance royale du 1ᵉʳ juin
« 1828 ne peut s'appliquer aux tribunaux de com-
« merce près desquels il n'existe pas de ministère
« public, et que ce n'est que devant la cour royale,
« sur l'appel, que peuvent être accomplies les di-
« verses formalités prescrites par les art. 6, 7, 12,
« 13 et 14 de ladite ordonnance » (*Voy.* ordonnance
29 mars 1832, Desprez) ; et pour les justices de paix,
« que, d'après les règles et les formes prescrites
« par l'ordonnance du 1ᵉʳ juin 1828, le conflit ne
« peut pas être élevé devant la justice de paix ; qu'il

« n'y a lieu à conflit que lorsque le tribunal de pre-
« mière instance est saisi de l'appel interjeté d'une
« sentence du juge de paix, puisque c'est alors
« seulement que peuvent être accomplies les forma-
« lités prescrites par les art. 5 et 6 et suivants de
« ladite ordonnance. » (*Voy.* Ordon. 28 juin 1837,
Foullon de Doué.) J'ai voulu montrer que les raisons
de décider étaient les mêmes pour les deux juridictions, parce que les précédents sont beaucoup plus
nombreux pour les justices de paix que pour les
tribunaux de commerce. On n'en compte pas moins
de huit qui établissent la jurisprudence relativement
aux justices de paix, tandis qu'il ne s'en rencontre qu'un seul, celui que nous venons de citer, qui
s'applique spécialement aux tribunaux de commerce.

**781.** — Le conseil d'état a cru ne devoir s'appuyer que sur le texte, en invoquant l'impossibilité
d'appliquer les dispositions de l'ordonnance. Mais la
pensée qui a présidé à sa rédaction n'en est pas
moins très-facile à saisir. On a compris que l'amovibilité des juges de paix et des juges consulaires en-
levait aux excès de pouvoirs de ces magistrats tout
le danger qu'ils peuvent présenter, pour le maintien
de l'ordre des juridictions, de la part de corps or-
ganisés avec des conditions de durée et d'indépendance; et on s'est, fort sagement, refusé à autoriser contre eux l'emploi de moyens extraordinaires.

**782.** — Il n'est pas sans exemple que des préfets
aient eu l'idée de recourir au conflit pour se garder
et défendre des usurpations tentées par d'autres
fonctionnaires du même ordre et, par exemple, pour

trancher une question de compétence entre les
conseils de préfecture et eux-mêmes. (*Voy.* Ord.
24 mars 1832, veuve Bouillet.) Mais il est clair comme
le jour que c'était mettre en oubli le but et la nature
du pouvoir qui leur a été confié et l'affecter à un
usage directement contraire à sa destination.

**783.** — La garantie donnée aux fonctionnaires
publics par l'art. 75 de la constitution du 22 frimaire
an VIII, qui soumet leur mise en jugement à une autorisation préalable du gouvernement, n'est manifestement établie que dans leur intérêt personnel ;
elle est d'ailleurs pleinement étrangère à l'ordre des
juridictions ; et, par conséquent, il est bien certain
qu'il est loisible aux agents du gouvernement qu'elle
protége, d'y renoncer, et que, dans tous les cas, elle
ne saurait être ressaisie par la voie du conflit. La jurisprudence ancienne s'est, elle-même, montrée
fidèle à cette doctrine. (*Voy.* Ord. 10 déc. 1817,
Hurth; 3 déc. 1823, Bry; 24 mars 1824, Paris ; 26
déc. 1827, Jacquet.) Cependant il se rencontre sur ce
point, dans l'époque antérieure à 1820, quelques précédents empreints de cet esprit dominateur qui anima
l'administration sous le directoire et sous l'empire.
Une ordonnance du 27 déc. 1820, notamment, décide entre les sieurs Serres et Anzas qu'il y a lieu d'é-
lever le conflit si un tribunal, saisi d'une poursuite
contre un fonctionnaire public, passe au jugement
avant l'autorisation préalable du gouvernement. Il a
paru sage aux auteurs de l'ordonnance de 1828 de
prévenir à jamais le retour à cette fausse doctrine en
déclarant expressément que le défaut d'autorisation
de la part du gouvernement, lorsqu'il s'agit de pour-

suites dirigées contre ses agents ne donnerait pas lieu au conflit. (*Voy.* art. 3, § 1.)

**784.** — Il faut expliquer de même la précaution que l'on a prise d'interdire le conflit dans le cas où il y a simplement défaut de l'autorisation du conseil de préfecture nécessaire aux communes et établissements publics pour agir en justice, ou inaccomplissement des formalités à remplir préalablement aux poursuites contre l'état. (*Voy.* art. 3, §§ 2 et 3.) On s'est proposé de rendre impossible une confusion dans laquelle l'ancienne jurisprudence était parfois tombée, et qui consistait à oublier que le conflit n'a trait qu'à la compétence, pour le considérer comme un moyen remis à l'administration pour retenir et faire respecter toutes les garanties, sans distinction aucune, qui lui ont été imparties par les lois, soit afin de lui assurer une pleine liberté d'action, soit en vue de protéger directement les intérêts confiés à ses soins.

**785.** — L'art. 4 de l'ordonnance du 1<sup>er</sup> juin 1828 a pour objet de sauvegarder le respect dû à l'autorité de la chose jugée, et de déterminer, à cet effet, à quelle époque, les jugements et arrêts se trouvant sous sa protection, il n'y a plus possibilité d'élever le conflit. « Hors le cas prévu ci-après par le « dernier paragraphe de l'art. 8 de la présente or-« donnance, dit cet article, il ne pourra jamais être « élevé de conflit après des jugements rendus en « dernier ressort ou acquiescés, ni après des arrêts « définitifs. Néanmoins, le conflit pourra être élevé « en cause d'appel s'il ne l'a pas été en première « instance, ou s'il l'a été irrégulièrement après les

« délais prescrits par l'art. 8 de la présente ordon-
« nance. »

Au premier coup d'œil il semble que, d'après cette
disposition, toutes les fois qu'il serait intervenu, dans
une instance, un jugement en dernier ressort ou
acquiescé, le conflit serait interdit. Cependant, la jurisprudence la plus positive repousse une application
si restreinte, comme contraire à toutes les lois de la
matière.

Pour découvrir la juste portée de l'ordonnance,
il faut s'attacher à l'état des choses qu'elle est venue
modifier. On me saura gré de laisser parler M. Vivien,
qui a traité ce point dans une consultation délibérée
le 1er juin 1841, et dont les conclusions ont passé
dans une ordonnance du 9 juin 1842, confirmative
d'un conflit élevé par le préfet des Bouches-du-
Rhône.

« Dans le dernier état de la jurisprudence qui a
« précédé l'ordonnance, dit-il, on admettait les con-
« flits dans deux cas : 1° lorsqu'une instance était
« pendante devant les tribunaux ; 2° lorsque des ju-
« gements ou arrêts déjà rendus pour mettre un
« terme au procès n'avaient pas encore acquis l'au-
« torité de la chose jugée ; c'est ce qu'explique no-
« tamment une ordonnance contentieuse du 14 jan-
« vier 1824. (Voy. Ord. 14 janv. 1824, Dubreuil.)

« Il ne s'élevait aucune difficulté sur le premier
« point. Le conflit est une exception fondée sur une
« incompétence matérielle. Or, il est de la nature de
« cette exception de pouvoir être proposée en tout état
« de cause, le conflit devait jouir de la même faveur.

« Mais on se plaignait vivement des conflits élevés

« après la décision souveraine et complète d'un pro-
« cès ; on leur reprochait de porter atteinte à la ma-
« gistrature, en brisant ses œuvres après les avoir
« laissées s'accomplir, et de jeter la perturbation
« dans l'administration de la justice.

« L'ordonnance de 1828 est intervenue.

« Elle a entendu confirmer le droit d'élever le
« conflit pendant toute la durée des instances. Aux
« termes de l'art. 6, le préfet doit proposer le décli-
« natoire préalable au conflit, quand une question
« attribuée par une loi à l'autorité administrative, *est*
« *portée devant un tribunal;* il n'est tenu de se pour-
« voir à aucune époque déterminée de l'instance :
« son droit dure autant que le procès.

« Mais l'ordonnance a voulu mettre un terme aux
« conflits formés après la conclusion de l'instance,
« et c'est ce que l'art. 4 a entendu exprimer, en
« interdisant tout conflit *après des jugements en der-*
« *nier ressort ou acquiescés, et après des arrêts dé-*
« *finitifs.* »

Il en résulte que les décisions qui mettent fin au
procès et dessaisissent l'autorité judiciaire de la contestation sont les seules après lesquelles le conflit
n'est plus possible.

786. — C'est dans ce sens que le conseil d'état a
constamment appliqué la disposition que nous examinons.

Il a jugé qu'après un arrêt interlocutoire, le conflit pouvait encore être élevé (*Voy.* Ord. 4 février
1836, Desmortiers), et qu'il en était ainsi, même des
jugements ou arrêts ayant acquis l'autorité de la chose
jugée sur la question de compétence, pourvu qu'ils

n'eussent pas définitivement réglé le fond même du procès. (*Voy.* Ord. 8 janvier 1840, commune de Crotenay; 20 février 1840, Roquelaine; 22 mai 1840, Borey; 5 mars 1841, veuve Lecointre; 16 avril 1841, vicomte de l'Épine.)

Une ordonnance du 9 juin 1842 a été rendue dans des circonstances encore plus remarquables. Un jugement du tribunal de Marseille du 29 nov. 1839, confirmé par un arrêt de la cour royale d'Aix, du 4 février 1840, avait condamné M. de Castellane à payer une indemnité aux héritiers Coulomb, à raison d'extraction de charbons pratiquée dans un terrain formant leur propriété, et ordonné une expertise à l'effet de déterminer ultérieurement la quotité qui pourrait être due. Cette décision, qui semblait résoudre le fond d'un long procès, avait même reçu son exécution, puisque les experts avaient fait et déposé leur travail, lorsque le déclinatoire préalable au conflit fut proposé au tribunal de Marseille par le préfet des Bouches-du-Rhône. Il tendait à ce qu'il plût au tribunal se déclarer incompétent, quant au chef de la demande des héritiers Coulomb, relatif aux droits prétendus par eux à raison des produits des travaux d'exploitation faits par M. le comte de Castellane sur leur propriété.

Le tribunal n'hésita point à rejeter ce déclinatoire par le motif « qu'aux termes de l'art. 4 de l'ordon- « nance du 1er juin 1828, il ne pouvait être élevé de « conflit, après des jugements rendus en dernier « ressort ou acquiescés, ni après des arrêts défini- « tifs; que le jugement rendu par le tribunal, le 29 no- « vembre 1839, entre le comte de Castellane et les

« hoirs Coulomb, n'était ni un jugement prépara-
« toire ni un jugement interlocutoire, mais un vé-
« ritable jugement définitif qui consacrait le droit des
« hoirs Coulomb à une indemnité et fixait irrévoca-
« blement les bases de cette indemnité ; que ce ju-
« gement, confirmé par arrêt de la cour royale d'Aix,
« avait reçu la sanction de la cour suprême ; qu'il
« avait donc tous les caractères d'un jugement défi-
« nitif, toute l'autorité de la chose jugée. »

Cependant, le conflit ayant été élevé, le conseil
d'état l'a confirmé par cette considération « que le
« jugement du 29 nov. 1839 n'avait pas, selon ses
« termes mêmes, définitivement statué sur le fond de
« la contestation qui divisait les héritiers Coulomb
« et le sieur de Castellane. » (*Voy.* Ord. 9 juin 1842,
Coulomb.)

**787.** — On n'a donc point à rechercher parmi les
décisions rendues avant la fin du procès quelles sont
celles qui ont un caractère définitif, ni à distinguer
les jugements préparatoires, interlocutoires et ceux
qui tranchent en tout ou en partie certaines questions
du fond ; il suffit, pour la validité des conflits, que
les décisions intervenues n'aient pas définitivement
terminé le procès, de manière à ce que l'instance soit
encore pendante.

« Sans doute, observe M. Vivien, dans la consul-
« tation que je citais il n'y a qu'un instant, et qui a
« été produite par M. de Castellane à l'appui du
« conflit élevé dans son procès avec les héritiers
« Coulomb, il est regrettable que les décisions pré-
« paratoires ou intermédiaires de l'autorité judiciaire
« puissent se trouver rapportées par l'adoption ul-

« térieure d'un conflit, mais il le serait bien plus
« encore que les droits de l'autorité administrative
« fussent compromis. L'ordre des juridictions touche
« aux bases mêmes de la société, et il importe sur-
« tout à celle-ci que les organes spéciaux de ses in-
« térêts ne soient pas dépouillés de leur action lé-
« gale.

« Rapporter une décision judiciaire, c'est nuire à un
« intérêt privé et individuel. Tolérer l'usurpation par
« l'autorité judiciaire des droits de l'administration,
« c'est ébranler des intérêts publics et généraux.
« Cette considération dominante avait fait attribuer
« autrefois à l'administration un droit permanent,
« et pour ainsi dire imprescriptible, de revendication
« de ses attributions. Plus tard, ce droit fut circon-
« scrit par la pratique dans le temps pendant lequel
« les décisions judiciaires pouvaient être l'objet d'un
« pourvoi. L'ordonnance de 1828 a voulu qu'il fût
« exercé avant la décision finale du procès ; mais elle
« n'est pas allée au delà et ne pourrait recevoir sans
« inconvénient une autre interprétation. »

**788.** — Nous avons eu à établir dans l'un des chapitres précédents (*Voy. suprà*, n° 88, t. 1, p. 80), que
les difficultés soulevées par l'exécution des jugements
et arrêts constituent des litiges distincts. Ce principe
trouve ici son application. Les débats engagés sur
l'exécution de la décision qui a mis fin à un procès,
fût-on contraint de revenir devant le juge pour la
faire interpréter, n'ont point pour effet de ranimer
l'instance. On ne saurait en profiter pour ressaisir,
au moyen du conflit, la question jugée. (*Voy.* Ord.
5 décembre 1838, préfet de la Haute-Garonne.)

**789.** — Mais on suit la règle exprimée dans l'article 454 du code de procédure civile. L'appel est recevable pour cause d'incompétence contre les jugements qualifiés en dernier ressort; il transporte tout le litige devant le juge du second degré, et le conflit est admis à venir l'y saisir. (*Voy.* Ord. 19 octobre 1838, Leclerc.)

**790.** — L'art. 4 de l'ordonnance ne prohibe les conflits, dans son premier alinéa, qu'après les jugements en dernier ressort : d'où la conséquence que le conflit est permis après des jugements en premier ressort. Mais, en assimilant les jugements *acquiescés* à ceux rendus en dernier ressort, les rédacteurs ont entendu que le conflit ne pourrait être élevé qu'autant qu'il y aurait *appel*. Le second alinéa est d'ailleurs clair et positif. *Néanmoins*, dit-il, le conflit *pourra être élevé en cause d'appel*; si donc aucune des parties ne juge à propos d'interjeter appel, le préfet aura les mains liées.

**791.** — Nous aurons plus loin à faire comprendre comment l'art. 4 doit se combiner avec l'art. 8, auquel il se réfère, en ce qui a trait au droit d'élever le conflit en cause d'appel.

Le moment est venu de faire connaître en quelle forme et de quelle manière le conflit doit être élevé, dans le cas où il est possible.

§ 2. — Formes dans lesquelles le conflit est élevé et réglé.

792. — Le préfet seul a qualité pour élever le conflit. — Le préfet de police à Paris, et le préfet maritime dans les ports, ont le même droit dans les matières de leur domaine. — Le même droit appartient, aux colonies, à chaque chef d'administration.

---

**792.** — Le préfet est chargé, comme représentant l'autorité administrative, d'élever le conflit. (*Voy.* arrêté du 13 brumaire an x.) Ce pouvoir lui appartenant en vertu d'une délégation toute spéciale, il ne peut être exercé par aucun autre fonctionnaire. Les ministres ne jouissent eux-mêmes à cet égard de nul privilége.

Une ordonnance réglémentaire du 18 déc. 1822 a autorisé le préfet de police, à Paris, à élever le conflit dans les matières du domaine de ses attributions. Et la jurisprudence, après quelque hésitation, a fini par reconnaître le même droit au préfet maritime pour les affaires intéressant spécialement l'administration de la marine. (*Voy.* Ord. 23 avril 1840, Bruno-Josserand ; 12 février 1841, Blanchet et consorts.)

Dans les colonies, les conflits sont élevés par les divers chefs d'administration, chacun en ce qui le

concerne. (*Voy.* Ordon. réglémentaire du 9 fév. 1828,
art. 176, § 1.) Le gouverneur (*Voy.* Ordon. 19 décembre 1821, héritiers Picou) et le contrôleur co-
lonial (*Voy.* Ord. 5 novembre 1828, Deheyne),
dont les attributions embrassent tout l'ensemble du
service administratif ont, par conséquent, sous ce
rapport, un pouvoir non moins étendu que celui des
préfets en France.

**793.** — Du reste, les lois qui font du préfet une
autorité purement locale, le suivent jusque dans
l'accomplissement de la mission relative au conflit.
Elle est circonscrite dans les limites du département
auquel il est préposé. Mais sa compétence à cet égard
n'est point déterminée par le lieu où la contestation
a pris naissance, non plus que par le domicile de
l'une ou de l'autre des parties; il n'a à s'attacher
qu'à la situation du tribunal saisi. Chaque préfet a
qualité pour élever le conflit dans toute affaire introduite devant les tribunaux de son département.
(*Voy.* Ord. 17 août 1841, Desfourniers.) D'autre
part, il importe essentiellement de remarquer que
c'est le préfet du département où la cause a été introduite et jugée en première instance qui la suit en
appel, de telle sorte que le préfet du département où
siége la cour royale est lui-même dénué de tout pouvoir, en ce qui a trait aux affaires provenant de tous
les tribunaux du ressort qui se trouvent appartenir
à un autre département. (*Voy.* Ord. 14 avril 1839,
préfet du Cher; 20 août 1840; Dufour; du même
jour, héritiers d'Anvers.)

**794.** — L'ordonnance laisse le préfet juge de
l'opportunité du conflit. Que l'administration se

trouve ou non en cause, qu'il ait été averti par le procureur du roi (*Voy. suprà*, p. 9, n° 775), par l'une des parties ou par la commune renommée, dès l'instant qu'un préfet estime que la connaissance d'une question portée devant un tribunal de première instance est attribuée à l'autorité administrative, il peut recourir au conflit. (*Voy.* Ord. 1ᵉʳ juin 1828, art. 6.)

**795.** — Le déclinatoire est le premier acte auquel il ait à procéder. A cet effet, il adresse au procureur du roi un mémoire, dans lequel est rapportée la disposition législative qui attribue à l'administration la connaissance du litige. Le procureur du roi est tenu de faire connaître, dans tous les cas, au tribunal la demande formée par le préfet, et si la revendication lui paraît fondée, il l'appuie lui-même et requiert le renvoi. (*Voy. ibid.*, art. 6.) L'obligation imposée au préfet de décliner d'abord la compétence du tribunal a sa raison dans le respect dû à la magistrature ; le but est de lui signaler la lutte que sa persistance à retenir le litige ferait naître, et d'offrir à sa dignité le moyen d'éviter un dessaisissement par voie d'autorité, en déclarant elle-même son incompétence. D'après cela, il est aisé de comprendre que l'opposition de l'exception d'incompétence soit du fait de l'une des parties (*Voy.* Ord. 14 janv. 1839, Morisset), soit de la part du procureur du roi agissant en vue de l'ordre public (*Voy.* Ordonnance 3 mai 1839, Puisset), ne dispense pas le préfet de proposer le déclinatoire préalable au conflit, et qu'il en est ainsi, même du cas où c'est le préfet lui-même qui a opposé l'exception comme partie représentant l'état dans le procès (*Voy.* Ord. 9 mai 1841,

Bérard.) L'exception d'incompétence ne suffit point pour faire appréhender le conflit.

**796.** — Le même principe justifie non moins clairement une ordonnance du 6 mars 1835, qui décide que le préfet n'est pas tenu de présenter un nouveau déclinatoire, lorsque le tribunal s'étant, sur son premier déclinatoire, déclaré incompétent par un jugement par défaut, ce jugement est rapporté sur l'opposition de la partie défaillante. (*Voy.* Ord. 6 mars 1835, Cante.) Le tribunal n'a pu se faire illusion sur l'imminence du conflit.

**797.** — Encore bien que l'art. 6 de l'ordonnance ne parle que du tribunal de première instance, la raison seule enseigne que le déclinatoire est d'obligation en appel comme en première instance. (*Voy.* Ord. 25 avril 1840, Josserand-Bruno.)

**798.** — Le tribunal n'est soumis à aucun délai pour statuer sur le déclinatoire; on ne voit même pas ce qui l'empêcherait de surseoir à l'examiner jusqu'à ce que l'instance fût régularisée, par exemple s'il s'agissait d'une commune ou d'un établissement public, jusqu'à ce qu'on eût obtenu l'autorisation exigée par la loi. (*Voy.* Ord. 4 juillet 1837, commune de Carpentras.)

Il est simplement dit que dans les cinq jours qui suivront le jugement, le procureur du roi adressera au préfet copie de ses conclusions ou réquisitions et du jugement rendu sur la compétence et que la date de l'envoi sera consignée sur un registre à ce destiné. (*Voy.* art. 7.)

**799.**—Dans le cas où le déclinatoire a été rejeté, le préfet a, aux termes de l'art. 81, le pouvoir d'*élever* le

conflit. Mais il ne lui est accordé pour cela qu'un délai
de quinzaine à partir, non pas de la date du jugement,
mais de l'envoi qui en a été fait. (*Voy.* Ord. 19 nov.
1837, Levasseur.) Tant que l'envoi n'a pas eu lieu,
le délai ne prend point cours. Il semble que pour ne
pas abandonner les parties à la merci d'un fonctionnaire qui peut être négligent, on devrait les admettre
à le faire courir elles-mêmes, par une signification
du jugement au préfet, cependant la jurisprudence
paraît leur refuser cette ressource. (*Voy.* Ord. 8 sept.
1839, Soulhat.) Ce délai est, d'ailleurs, de rigueur ;
le conseil d'état se fait un devoir de prononcer l'annulation de tout conflit *élevé* après son expiration.
(*Voy.* Ord. 26 déc. 1840, Fournier, Petillant.)

**800.** — Nous dirons bientôt dans quelles formes
le conflit s'élève ; mais il importe de faire remarquer,
dès à présent, que le conflit n'est point *élevé* par cela
seul que l'arrêté préfectoral à cet effet a été émis, et
qu'il faut encore qu'il y ait eu dépôt de cet arrêté au
greffe du tribunal. (*Voy.* art. 11.) Il s'en suit que le
dépôt au greffe de l'arrêté de conflit, dans le délai
qui vient d'être fixé, est la condition de sa validité.
(*Voy.* Ord. 23 juillet 1841, Delert.)

**801.** — Dans le cas où le déclinatoire présenté en
première instance a été admis, le préfet n'a à recourir au conflit qu'autant que la partie s'engage dans la
voie de l'appel pour faire réformer le jugement.
Quinze jours lui sont accordés pour élever le conflit,
c'est-à-dire pour prendre son arrêté et le faire déposer au greffe, non plus à partir de l'envoi du jugement, mais à dater de la signification de l'acte d'appel. (*Voy.* Ord. 1ᵉʳ juin 1828, art. 8.) Le conseil d'état

a fort nettement décidé qu'il n'avait point à présenter préalablement un second déclinatoire. (*Voy.* Ord. 22 mai 1840, de Bausset et consorts.) Et en effet, la lettre et l'esprit de la disposition ne comportent pas d'autre doctrine. L'art. 8 assimile évidemment, quant aux formalités à remplir, le conflit élevé dans la quinzaine de l'appel, à celui qu'il autorise dans la quinzaine de l'envoi du jugement de première instance. Son objet est précisément de donner un moyen de prévenir l'examen de la cour, de la dispenser de s'y livrer, en revendiquant le litige pour ainsi dire avant qu'elle ait pu s'en saisir.

802. — Mais quelle est la signification qui fait le point de départ du délai? est-ce la signification que la partie appelante fait à son adversaire et qui constitue l'appel, ou s'agit-il d'une signification spéciale à faire au préfet? Je suis enclin à me ranger à cette dernière opinion pour plusieurs raisons. Le soin que les rédacteurs de l'ordonnance ont pris d'assurer au préfet la connaissance du fait qui forme le point de départ du délai, lorsqu'il y a eu rejet du déclinatoire, me semble devoir faire supposer qu'ils ont également pensé subordonner le cours du même délai, d'ailleurs très-bref, lorsqu'il y a appel du jugement qui a admis le déclinatoire, à un acte porté à la connaissance personnelle du préfet. D'un autre côté, rien n'est plus simple et plus rationnel pour la partie qui s'obstine à soutenir contre le préfet la compétence de l'autorité judiciaire que de le mettre en demeure de venir défendre le jugement qui a accueilli son déclinatoire. Enfin, je ne sais pas comment il serait possible de suppléer à cet avertissement. Le plus or-

dinairement, l'administration resterait dans l'igno-
rance de l'appel, et le droit qu'elle tient de la disposition qui nous occupe deviendrait vraiment illusoire.

803.—Dans le silence de l'ordonnance sur le point
de savoir si c'est au greffe de la cour ou à celui du
tribunal que le dépôt de l'arrêté de conflit doit s'effectuer, il est naturel qu'il ait lieu au greffe de la
cour, puisque c'est la procédure engagée devant elle
qu'il s'agit d'arrêter. Toutefois, je n'ose dire que le
conflit dût être invalidé par cela seul que le dépôt
aurait été fait au greffe du tribunal. Les art. 10 et 11
ne font mention que du greffe du tribunal.

804. — Pour compléter les explications que réclame cet article nous devons le rapprocher de l'article 4 et montrer comment il se combine avec lui.
L'art. 8 prévoit le cas où le déclinatoire préalable
ayant été proposé en première instance, l'autorité judiciaire a été invitée à se dessaisir elle-même; et il
autorise le recours immédiat au conflit soit pour vain-
cre sa résistance, si elle a rejeté le déclinatoire, soit
pour maintenir contre l'obstination de la partie sa
déclaration d'incompétence, si elle l'a admis. L'article 4, au contraire, a pour objet de tracer la voie
que le préfet doit prendre, la conduite qu'il doit tenir lorsqu'il s'agit de se présenter pour la première
fois à l'effet d'opérer la revendication au nom de
l'autorité administrative, soit qu'il n'ait point jusque-là estimé devoir songer au conflit, soit que l'irrégularité des actes auxquels il aurait procédé dans
ce but leur enlève toute efficacité. En vertu de l'article 8, le préfet réalise les effets de l'accomplissement de l'obligation qui lui est imposée de présenter

le déclinatoire. L'art. 4 détermine à quelle époque ce déclinatoire peut avoir lieu. Les droits du préfet, sous ce rapport, sont lès mêmes en cour royale que devant le tribunal de première instance, « si le con- « flit n'a pas été élevé en première instance, ou s'il « l'a été irrégulièrement, après les délais prescrits « par l'art. 8. »

Tout cela me paraît si clair que j'ai peine à comprendre qu'on ait pu révoquer en doute la nécessité de remplir devant la cour royale pour exercer le droit consacré par l'art. 4 en particulier, les mêmes formalités que pour le conflit devant le tribunal, et spécialement de proposer le déclinatoire préalable. Évidemment, l'art. 4 ne fait autre chose que de permettre d'agir en cause d'appel, dans les cas qu'il détermine, de la même manière qu'en première instance. C'est ce que nous avons déjà constaté en traitant de l'art. 6 de l'ordonnance. (*Voy. suprà,* n° 797, p. 28.)

D'après cela, je n'ai pas, non plus, à me préoccuper de la recherche du délai pour élever le conflit après le rejet du déclinatoire par la cour royale. Ce délai est précisément le délai de quinzaine fixé par la première partie de l'art. 8. Il court à dater de l'envoi de l'arrêt au préfet. (*Voy.* Ord. 18 février 1839, préfet de l'Hérault.)

805. — Mais il convient de faire observer que l'ordonnance qui a prévu l'appel, garde le silence sur le pourvoi en cassation. On s'est inspiré de la doctrine que la cour de cassation ne constitue point, dans le sens propre de ce mot, un degré de juridiction, et on a supposé, avec raison, que le pourvoi ne pouvait avoir l'effet de ranimer l'instance, Toute-

fois, il est bien certain que s'il y avait cassation et renvoi, les choses seraient, par rapport à la revendication à exercer au profit de l'autorité administrative non moins que par rapport à la contestation entre les parties, remises au même état qu'avant l'arrêt mis au néant.

**806.** — Les art. 4, 6, 7 et 8 ne parlent que des jugements et arrêts rendus sur le déclinatoire comme susceptibles d'être frappés par le conflit. Il ne faut cependant pas supposer que les tribunaux ont là un moyen de paralyser le droit conféré à l'autorité administrative. On ne fait nulle difficulté de reconnaître que le conflit est valablement élevé après un jugement ou arrêt définitif, du moment qu'il statue à la fois sur le déclinatoire et sur le fond du litige. (*Voy.* Ord. 15 juillet 1835, Rossini.)

C'est afin de prévenir un semblable résultat qu'après avoir accordé un délai pour élever le conflit après le jugement rendu sur le déclinatoire en première instance, l'art. 8 ajoute que « le conflit « pourra être élevé dans ledit délai alors même que « le tribunal aurait, avant l'expiration de ce délai, « passé outre au jugement du fond. »

**807.** — Je reviens à l'exposé des formalités que le préfet est tenu d'observer.

L'arrêté de conflit doit viser le jugement intervenu et l'acte d'appel, s'il y a lieu. « La disposition lé- « gislative qui attribue à l'administration la con- « naissance du point litigieux, continue l'art. 9, y « sera textuellement insérée. » L'objet de cette dernière prescription ne permet guère de se méprendre sur son importance. On a voulu, d'une part, que l'administration ne pût venir qu'appuyée sur une disposition *législative* , et d'autre part, qu'elle justifiât de son *titre* à l'autorité judiciaire. Néanmoins, la jurisprudence, déterminée sans doute par cette considération que la nullité, comme sanction, n'a pas été textuellement prononcée, a cru pouvoir s'écarter des termes de la disposition. On a admis, sans distinction aucune entre les matières qui ont fait l'objet d'une attribution spéciale et celles qui ne tombent dans la juridiction administrative que comme dépendances du contentieux administratif, que l'insertion des dispositions générales renfermées dans les lois des 16-24 août 1790 et 16 fructidor an III satisfaisait à l'obligation imposée par l'art. 9. (*Voy.* Ord. 14 octobre 1836, héritiers de Sickingen ; 25 février 1841, héritiers Louis.) On est même allé jusqu'à décider qu'il suffisait que le préfet eût *visé* les lois attributives de la compétence qu'il revendique. (*Voy.* Ord. 3 février 1835, Jantes ; 8 février 1838, Marlet.)

808. — L'art. 9 porte que le préfet en élevant le conflit *revendiquera* la cause ; l'expression est précieuse, car, en même temps qu'elle indique le but auquel tend l'arrêté , elle marque nettement les limites qui circonscrivent le pouvoir délégué au fonctionnaire chargé de l'émettre. Il n'a ni ordre, ni injonction, ni signification à adresser à l'autorité judiciaire ; son droit et son devoir est uniquement *d'arrêter*, après avoir déduit ses motifs, *que le conflit est élevé dans la cause, et en ce qui concerne la question qu'il désigne, et qu'en conséquence, le droit de statuer sur le chef de réclamation énoncé est revendi-*

*qué comme étant du ressort de l'autorité administra-
tive.* Il est difficile de concevoir qu'il soit possible au
magistrat préfectoral de s'écarter de cette formule
sans tomber dans un excès de pouvoir. On a jugé qu'il
y avait lieu d'annuler à raison de ce vice *le chef* déclarant qu'il est sursis à toutes poursuites judiciaires
(*Voy.* Ord. 27 août 1833, préfet du Nord), ou
même simplement, que l'autorité judiciaire est dessaisie. (*Voy.* Ord. 17 août 1836, Taitôt-Rebillard.)

809. — Lorsque le préfet a pris l'arrêté de conflit, il est tenu de le déposer, avec les pièces y visées,
au greffe du tribunal ou de la cour (*Voy.* Ord. 5 septembre 1836, de Praslin), suivant que c'est devant
l'un ou devant l'autre que la revendication est exercée. Du reste, ce dépôt n'est valable et le conflit, par
suite, n'est régulièrement élevé, qu'autant qu'il est
effectué dans le délai de quinzaine accordé par l'article 8. On l'a vu plus haut, c'est en raison de cette
dernière règle qu'on a ménagé au préfet le moyen
d'obtenir la constatation de la réalisation du dépôt ; il
lui en est donné récépissé sans délai et sans frais.
(*Voy.* art. 10 et 11.)

Le greffier n'est jamais qu'un *intermédiaire* ; il doit
remettre immédiatement l'arrêté au procureur du
roi, qui le communique au tribunal réuni dans la
chambre du conseil, et requiert que, conformément
à l'art. 27 de la loi du 21 fructidor an III, il soit sursis à toute procédure judiciaire. (*Voy.* art. 12.) On en
a conclu que la remise directe de l'arrêté au parquet,
faite dans le délai, produisait le même effet que le
dépôt au greffe. (*Voy.* Ord. 2 août 1838, Gaëtan de la
Rochefoucauld.)

**810.** — Le dépôt est le dernier acte auquel le préfet ait à procéder. Une fois qu'il est réalisé, toutes les formalités à sa charge se trouvent accomplies et les effets du conflit, en ce qui concerne l'administration, sont désormais assurés. L'autorité judiciaire, ainsi que l'observe judicieusement M. Serrigny, ne peut, par la faute de ses agents, dépouiller l'administration de ses attributions légitimes. C'est d'après ce principe qu'il a été jugé que, dès l'instant qu'un arrêté de conflit avait été déposé selon le vœu de l'ordonnance, il devait obtenir ses effets, quoique le greffier eût négligé de le transmettre au procureur du roi pour en donner connaissance au tribunal. (*Voy.* Ord. 21 février 1834, Prévost Dulas.)

**811.** — La législation et la jurisprudence antérieures à l'ordonnance de 1828 imposaient aux tribunaux, personne ne le dénie, l'obligation absolue de surseoir purement et simplement, dès que l'arrêté de conflit leur était représenté, quelque mal fondé, quelque absurde même qu'il leur parût être. Mais on fait une grave question de savoir s'il en doit encore être ainsi d'après l'ordonnance. M. Duvergier n'hésite point à dire, dans ses notes sur l'art. 12, « que le tribunal à qui sera communiqué un arrêté « de conflit pourra passer outre 1° si le conflit est « élevé en matière criminelle ; 2° s'il est élevé en ma-« tière correctionnelle, hors des cas prévus par l'ar-« ticle 2 ; 3° s'il est élevé pour défaut d'autorisation, « ou faute d'accomplissement de formalités préala-« bles devant l'administration (art. 3) ; 4° s'il est « élevé hors des cas prévus par l'art. 4 ; 5° s'il est

« élevé après l'expiration des délais fixés par les ar-
« ticles 8 et 11 ; 6° enfin, s'il est élevé sans l'obser-
« vation des formes prescrites par l'art. 9. » Pour justifier cette opinion, il invoque l'esprit et la lettre des
dispositions nouvelles ; l'esprit, en soutenant que le
but qu'on s'est proposé, de protéger l'action des tribunaux contre les obstacles qu'ils éprouvaient de la
part de l'administration, serait manqué s'ils étaient
obligés de s'arrêter devant un conflit illégal, irrégulier
ou tardif ; la lettre, en faisant remarquer que l'article 12, notamment, subordonne la remise de l'arrêté
au procureur du roi, et, par conséquent, la communication par le procureur du roi au tribunal, à la condition du dépôt en temps utile. Cet auteur s'empresse
d'ailleurs, d'ajouter que le pouvoir d'appréciation
laissé à l'autorité judiciaire, ne doit point avoir trop
d'étendue ; que son droit consistera à examiner si le
conflit est élevé dans les cas, dans les délais et dans
les formes prescrites par l'ordonnance ; mais qu'elle
ne pourra se permettre de décider la question de
compétence en elle-même. M. Foucart professe la
même opinion. (*Voy.* t. 3, n° 349.) L'arrêté de conflit illégal ou informe ne doit pas, suivant lui, avoir
plus de force pour les tribunaux qu'une ordonnance
inconstitutionnelle ou une prétendue loi à laquelle
n'aurait pas concouru chacune des trois branches
du pouvoir législatif.

Nonobstant ces raisons, M. Serrigny a cru devoir se prononcer en sens contraire et faire aux tribunaux une obligation absolue du sursis. (*Voy.* t. 1,
n° 194, p. 212.) Les motifs qu'il en donne vont trouver place dans les considérations auxquelles nous

avons à nous livrer pour justifier cette opinion, qui est aussi la nôtre.

D'abord, le silence gardé par l'ordonnance nous semble explicite. Nous l'avons déjà rappelé, les abus qui avaient pris naissance sous la législation et les règlements anciens étaient signalés depuis lontemps, ils avaient donné lieu à des réclamations de plus en plus vives ; et les rédacteurs de l'ordonnance en ont précisément combiné toutes les dispositions de manière à porter remède à chacun d'eux. Or, peut-on supposer qu'ils aient omis d'envisager celui qui pouvait résulter de l'intervention d'arrêtés de conflits informes, illégaux ou irréguliers ? Et si, ce danger étant présent à leur esprit, ils ont entendu, pour y parer dans l'avenir, renverser le principe d'après lequel l'autorité judiciaire avait toujours dû s'abstenir de s'immiscer dans l'appréciation des actes destinés à suspendre son action, peut-on penser qu'ils aient pu renoncer à s'en expliquer en termes clairs et précis, et abandonner à de simples inductions une si grave abrogation ? Il est bien vrai que l'art. 12 commence par ces mots : « Si l'arrêté a été déposé au greffe en « temps utile, le greffier le remettra immédiate- « ment au procureur du roi, etc. » Mais on a simplement voulu mettre en relief la nécessité d'observer le délai pour le dépôt. Il ne saurait suffire d'une ambiguité de rédaction pour entraîner tout un renversement de système.

Je ne suis pas plus touché de l'argument qui consiste à dire que c'est rouvrir le chemin aux abus que l'ordonnance a voulu faire cesser, que d'abandonner les tribunaux à la merci des préfets. Les délais fort courts dans lesquels le conflit doit être élevé et jugé sont précisément destinés à faire disparaître tout ce qu'une interruption prolongée de l'action de la justice aurait de fâcheux. D'un autre côté, le droit de contrôle auquel on prétend pour les tribunaux n'aurait pas à beaucoup près l'efficacité qu'on lui prête; car, de l'avis même des auteurs que nous combattons, il ne les protégerait que contre les vices de formes et les laisserait désarmés contre les revendications illégales au fond.

Quant à l'analogie avec ce qui arriverait si on présentait comme loi un acte qui ne serait point sorti du concours des trois branches du pouvoir législatif, elle n'a rien de concluant. Il en serait de cet acte de même que d'un acte qui ne serait point émané du préfet ou qui manquerait des caractères extérieurs d'un arrêté, on n'aurait pas plus une loi qu'on n'aurait un arrêté de conflit. Dans le cas, au contraire, d'inconstitutionnalité d'un règlement, le contrôle de l'autorité judiciaire ne s'exerce, on l'a vu, (*Voy. suprà*, n° 15, t. 1, p. 14), qu'en vertu et dans les limites d'une délégation législative qui manque ici.

Que si on délaisse toutes ces objections de détail pour remonter aux idées qui dominent toute cette matière, que si l'on s'inspire des grands principes qu'on a dû prendre pour guides, la doctrine que l'ordonnance de 1828 a, suivant nous, laissé subsister, apparaît indispensable.

Le conflit, dès l'instant qu'il se manifeste par un acte positif pris dans l'ordre des fonctions de l'agent dont il émane, établit une lutte entre les deux autorités administrative et judiciaire. Qu'il s'agisse ensuite de décider jusqu'à quel point cette lutte s'est régulièrement engagée, ou bien d'y mettre fin en fixant le point débattu, l'intervention d'un pouvoir distinct de chacune des deux autorités en opposition, et supérieur à l'une et à l'autre, est également nécessaire. En admettant même que la raison de principes permît de distinguer, sous ce rapport, entre les questions de la forme et celles du fond, pour attribuer l'appréciation des premières à l'autorité juridique, elle trouverait dans cette attribution un moyen si facile de s'immiscer dans l'examen des secondes et de se parer des atteintes qui lui paraîtraient injustes, qu'en fait l'équilibre serait détruit. On raisonne, sans cesse, comme si le droit de décider le conflit appartenait à l'autorité administrative et devait servir à favoriser ses envahissements. Mais c'est là une idée fausse. Ce droit ne repose qu'entre les mains du pouvoir exécutif, c'est-à-dire d'un pouvoir que l'on doit réputer impartial et animé du besoin de veiller à la pondération des autorités appelées à concourir à son exercice. On ne saurait donc, en se plaçant à un juste point de vue, s'en référer trop fréquemment et trop promptement à sa décision pour les embarras que peuvent susciter les prétentions opposées de l'autorité administrative et de l'autorité judiciaire. La jurisprudence n'a eu garde de s'y méprendre ; elle confirme pleinement notre opinion, elle décide que l'autorité judiciaire est tenue de *surseoir* à la continuation de la procédure devant tout arrêté de conflit, et qu'il lui est interdit, sous peine de voir annuler ses actes comme entachés d'excès de pouvoir, de s'immiscer dans l'examen de la légalité et de l'irrégularité de cet acte. (*Voy.* Ord. 18 févr. 1839, préfet de l'Hérault ; 25 avril 1840, Bruno-Josserand.)

812. — Le conflit élevé et son premier effet réalisé par le jugement qui ordonne le sursis, la procédure destinée à en procurer le règlement définitif prend immédiatement son cours. L'arrêté du préfet et les pièces sont rétablis au greffe, où ils doivent rester déposés pendant quinze jours. Le procureur du roi en prévient de suite, par lettre, les parties ou leurs avoués, lesquels peuvent en prendre communication sans déplacement, et remettre, dans le même délai de quinzaine, au parquet du procureur du roi, leurs observations sur la question de compétence. (*Voy.* Ord. 12 décembre 1821, art. 1er; 1er juin 1828, art. 13.)

813. — A l'expiration du temps fixé pour la durée du dépôt, le procureur du roi informe immédiatement le ministre de la justice de l'accomplissement de ces formalités, et lui adresse en même temps l'arrêté du préfet, ses propres observations et celles des parties, s'il y a lieu, avec toutes les pièces jointes (1). La date de l'envoi est consignée sur un registre à ce destiné.

814. — Dans les vingt-quatre heures de la réception de ces pièces, le ministre de la justice doit les transmettre au secrétariat général du conseil d'état et en adresser un récépissé énonciatif au ma-

_____

(1) Les pièces dont la production est indispensable sont la citation, les conclusions des parties, le déclinatoire proposé par le préfet, le jugement de compétence, l'arrêté de conflit. (*Voy.* Ord. 12 mars 1831, art. 6.)

gistrat qui les lui a transmises, pour qu'il soit déposé au greffe du tribunal. (*Voy.* Ord. 1er juin 1818, art. 13 et 14; 12 mars 1831, art. 6.)

815. — Les dispositions qui règlent les formalités à remplir par les agents de l'autorité judiciaire ne renferment aucune sanction. On ne pouvait songer à subordonner à leur accomplissement la validité d'une revendication qui est précisément dirigée contre l'autorité judiciaire. D'un autre côté, il était rationnel de s'en remettre à la diligence des magistrats eux-mêmes, puisqu'elles tendent à restreindre la durée du sursis imposé à leur action ou à assurer aux parties les moyens de venir soutenir la compétence déniée aux tribunaux qu'ils composent.

816. — Les parties ont quelquefois prétendu s'armer de l'opposition sur le prétexte qu'elles n'avaient reçu aucun avertissement et n'avaient pu comparaître. Mais il a été constamment décidé que les formes et délais en matière de conflit sont exclusifs du droit d'opposition. (*Voy.* Ord. 18 octobre 1832, Leclerc, 2e espèce, Maulde.) (1) On juge également que la *présentation d'observations* sur la question de compétence est la seule voie ouverte aux parties pour venir prendre part au débat et que l'emploi de tout autre mode de procéder, par exemple, de *la de-*

_____

(1) L'ordonnance du 12 déc. 1821 s'en expliquait en termes formels. On lit dans l'art. 6 que : « faute par les parties d'avoir, dans « le délai fixé, remis leurs observations et les documents à l'appui, « il sera passé outre au jugement du conflit, sans qu'il y ait lieu à « opposition ni à révision des ordonnances intervenues. » Or, l'article 13 de l'ordonnance de 1828, non plus qu'aucune disposition de l'ordonnance générale du 18 sept. 1839, n'a pas prononcé l'abrogation de cette règle.

*mande en intervention* leur est interdit. (*Voy.* Ord. 7 avril 1835, Guerlin-Houel.) Ces décisions spéciales prennent leur source dans la nature même de la question engagée. Le conflit, on l'a vu, est élevé au nom de l'intérêt général et ne se juge que sous le point de vue de l'ordre public; l'intérêt privé n'est en jeu que d'une manière accessoire; il est donc juste qu'il n'occupe au débat qu'un rang très-secondaire.

**817.** — Nous avons dit (*Voy. suprà*, n° 214, t. 1, p. 187) que l'instruction était confiée au comité de législation. L'art. 15 de l'ordonnance de 1828 lui impose une marche rapide. « Il sera statué sur le « conflit, dit cet article, au vu des pièces ci-dessus « mentionnées, ensemble des observations et mé- « moires qui auraient pu être produits par les par- « ties ou leurs avocats, dans le délai de quarante « jours, à dater de l'envoi des pièces au ministère de « la justice. Néanmoins, ce délai pourra être pro- « rogé, sur l'avis du conseil d'état et la demande des « parties, par notre garde des sceaux; il ne pourra « en aucun cas excéder deux mois. »

L'ordonnance du 12 mars 1831 a fait disparaître toute faculté de prorogation en fixant invariablement le délai pour statuer *à deux mois, à dater de la réception des pièces au ministère de la justice.* (*Voy.* article 7.) Mais une ordonnance du 19 juin 1840 a déclaré que *ce délai serait suspendu pendant les mois de septembre et octobre.* (*Voy.* art. 35.)

**818.** — L'exercice de la faculté conférée aux parties de produire leurs observations n'est point circonscrit dans le délai accordé pour le dépôt des

pièces au greffe. Cet article leur laisse le droit qu'elles tenaient de l'art. 4 de l'ordonnance du 12 décembre 1821, d'adresser directement des observations et mémoires au conseil d'état jusqu'au jugement.
Le ministère des avocats au conseil n'est point obligatoire à cet effet, puisqu'on ne suit point les formes
propres à l'instruction du contentieux. Mais l'usage
témoigne qu'on a compris tout l'avantage qu'il offre
aux intéressés; ils sont toujours pris pour intermédiaires (1).

**819.** — La déchéance est prononcée et réglée par
les art. 16 de l'ordonnance du 1ᵉʳ juin 1828, et 7 de
celle du 12 mars 1831; ils portent :

Art. 16 de l'ordonnance de 1828. « Si les délais
« ci-dessus fixés expirent sans qu'il ait été statué
« sur le conflit, l'arrêté qui l'a élevé sera considéré
« comme non avenu, et l'instance pourra être re-
« prise devant les tribunaux. »

Art. 7 de l'ordonnance de 1831. «.... Si, un mois
« après l'expiration de ce délai (le délai de deux
« mois), le tribunal n'a pas reçu notification de l'or-
« donnance royale rendue sur le conflit, il pourra
« procéder au jugement de l'affaire. »

L'exposé de motifs qui accompagne l'ordonnance
de 1831, justifie d'ailleurs la disposition de l'art. 7,
par la considération «qu'il est nécessaire de modi-
« fier l'ordonnance sur les conflits en raison des

---

(1) Du reste, si la partie n'a point recours à un avocat aux conseils, elle doit signer elle-même son mémoire et faire légaliser sa
signature par le maire de son domicile. C'est la disposition expresse
de l'art. 5 de l'ordonnance du 12 déc. 1821.

« délais que la publicité apportera à la décision des
« affaires. »

Il s'est agi de concilier les dispositions successives
de 1828 et de 1831.

On a d'abord demandé si le tribunal qui ne recevait la notification qu'après le troisième mois, mais,
néanmoins, avant d'avoir jugé l'affaire, avait ou non
le droit de considérer le conflit comme non avenu;
et la cour de cassation a décidé que le seul défaut de
notification dans le délai voulu n'entraînait pas la
péremption de l'ordonnance, pourvu que cette notification intervînt avant la prononciation du jugement.

Les motifs de l'arrêt sont : « que l'on ne retrouve
« pas dans l'art. 7 de l'ordonnance de 1831, relati-
« vement à l'ordonnance royale intervenue dans le
« délai légal sur le conflit, la déchéance que pro-
« nonce l'art. 16 de l'ordonnance du 1er juin 1828,
« à l'égard de l'arrêté du préfet qui avait élevé le
« conflit ; qu'on peut d'autant moins attribuer ce
« silence à une inadvertance ou le regarder comme
« une simple omission, qu'un changement aussi no-
« table, aussi grave de rédaction, peut se justifier
« par la différence qui se rencontre entre le retard
« dans la notification d'une ordonnance rendue dans
« les délais, après décision contradictoire du conseil
« d'état, et l'arrêté du préfet qui élève un conflit;
« que ces deux actes ne peuvent être mis sur la
« même ligne. » (Voy. arrêt de cassation du 30
juin 1835.)

On a demandé, en second lieu, si l'ordonnance
rendue après le délai de deux mois à partir de la réception des pièces à la chancellerie, mais notifiée

avant l'expiration du troisième mois, ne devait pas
obtenir tous ses effets ; et l'affirmative a été décidée
par la cour de cassation. Ses motifs portent : « que
« si, d'après l'art. 16 de l'ordonnance du 1ᵉʳ juin
« 1828, l'arrêté de conflit qui n'aura pas été, dans
« les deux mois à partir de la réception des pièces
« au ministère de la justice, suivi d'une ordonnance
« royale approbative, est considéré comme non ave-
« nu, et si l'instance peut être reprise devant les tri-
« bunaux, cette disposition a été modifiée par l'art. 7
« de l'ordonnance royale du 12 mars 1831, en ce
« qu'il ne reproduit pas la disposition de l'art. 16 de
« l'ordonnance de 1828, qui déclarait que l'arrêté
« de conflit sur lequel il n'aurait pas été statué dans
« le délai fixé par cette ordonnance, serait considéré
« comme non avenu, et que l'instance pourrait être
« reprise devant les tribunaux ; qu'il se borne à dé-
« clarer que, si, un mois après l'expiration du délai
« de deux mois qu'il accorde pour statuer sur le
« conflit , le tribunal n'a pas reçu notification de
« l'ordonnance royale rendue sur ce conflit, il pourra
« procéder au jugement de l'affaire ; que, d'après le
« dernier considérant de l'ordonnance de 1831, la
« modification qu'elle fait à celle de 1828 était com-
« mandée par les délais que nécessite la nouvelle
« forme de procéder pour les affaires soumises à la
« décision du conseil d'état ; que, dans l'espèce,
« l'ordonnance royale rendue sur le conflit dont il
« s'agit, a été notifiée dans les trois mois ; que les
« tribunaux ne peuvent pas prononcer une nullité
« que la loi n'a pas formellement établie ; qu'il suit
« de là que la cour de Rennes qui, en déclarant non

« avenu l'arrêté du 29 mai 1835 et tout ce qui s'en
« est suivi, a annulé l'ordonnance du 25 août sui-
« vant, approbative dudit arrêté, a excédé ses pou-
« voirs, faussement appliqué l'art. 16 du règlement
« du 1ᵉʳ juin 1818, et violé l'art. 7 de celui du 12
« mars 1831. » (*Voy.* arrêt de cassation du 31 juillet 1837.)

On voit que, d'après cette jurisprudence que critique M. Foucart (*Voy.* t. 3, n° 352) et qui nous semble, ainsi qu'à M. Serrigny (*Voy.* t. 1, n° 204,
p. 224), rationnelle et conforme aux dispositions
dont elle règle l'application, l'ordonnance de 1831,
aujourd'hui seule applicable, a complétement modifié celle de 1828 et sous le rapport du délai, et
sous le rapport de la sanction qui lui est donnée.
Désormais la durée obligatoire du sursis pour les
tribunaux frappés du conflit est de trois mois à dater
de la réception des pièces au ministère de la justice.
Tant que ce terme n'est point échu, la notification de l'ordonnance, à quelque époque qu'elle soit
d'ailleurs intervenue, doit lui assurer tous ses effets.
D'un autre côté, le seul fait de l'expiration du délai
n'emporte point l'anéantissement du conflit; il confère simplement au tribunal la *faculté* de passer
outre à la prononciation du jugement; c'est à lui de
se hâter de mettre fin au litige par une décision définitive.

**820.** — Je n'ai point à me préoccuper ici de la
forme de la décision à rendre sur le conflit. On a
vu que le conseil d'état jugeait et prononçait selon les règles ordinaires. (*Voy. suprà,* n° 214, t. 1,
p. 187.) Toutefois, il est bon d'observer qu'il n'y a

jamais lieu à statuer sur les dépens. (*Voy.* Ord.
12 décembre 1821, art. 7.) C'est la conséquence du
principe que le débat n'a point pour objet un intérêt
privé.

**821.** — Lorsque l'arrêté de conflit est annulé
pour vice de forme, l'administration n'a de ressource
qu'autant qu'elle se trouve encore dans les délais
pour revenir sur ses pas et prendre la bonne voie
pour introduire une revendication nouvelle. (*Voy.*
Ord. 23 octobre 1835, Nicol et Leguè.) Si le conflit
est annulé, là procédure engagée devant l'autorité
judiciaire reprend naturellement son cours. Les ordonnances *confirmatives* de conflits déclarent que *la
procédure et les jugements ou arrêts rendus sont considérés comme non avenus.*

**822.** — L'auteur du *Traité de l'organisation*, de
*la compétence et de la procédure en matière conten-
tieuse administrative* croit devoir *hasarder* quelques
distinctions sur la question de savoir jusqu'à quel
point il est loisible au conseil d'état, en confirmant
un conflit, de renvoyer la cause et les parties devant
un juge administratif déterminé. (*Voy.* n° 207,
p. 227.) Mais je n'hésite point à me ranger au
sentiment de M. de Cormenin qui refuse toute force
obligatoire à une désignation de ce genre. (*Voy.* t. 1,
p. 454.) L'ordre des juridictions dans le domaine
des matières administratives étant réglé par la loi
tout aussi bien que l'ordre des juridictions instituées
pour connaître des affaires civiles ou criminelles, et
la voie du conflit n'ayant été ouverte que pour le règlement des attributions entre ces deux ordres, le
pouvoir exécutif n'a pas le droit d'en profiter pour

intervenir entre les juges d'un même ordre ; il l'a d'autant moins qu'une voie plus courte et plus simple lui a été ménagée à cet effet, c'est celle du règlement de compétence. (*Voy. supra*, n° 216, t. 1, p. 187.)

### ART. 2. — Conflit négatif.

823. — Le règlement du conflit négatif ne nécessite point une procédure extraordinaire.
824. — On suit la même voie que pour les règlements de compétence entre les autorités administratives.
825. — Le recours en règlement de juges est ouvert même dans le cas de décisions simplement rendues en premier ressort.
826. — Formes du recours.
827. — Exception aux règles ordinaires de procédure, en ce qui a trait aux délais et déchéances.

**823.** — Lorsque l'autorité administrative et l'autorité judiciaire se déclarent respectivement incompétentes pour connaître d'un litige, les particuliers engagés dans la contestation souffrent incontestablement d'un état de choses qui les laisse sans juges, et il leur est dû un moyen d'y mettre fin, puisque le droit d'obtenir justice est l'un des premiers qui soient garantis par les lois civiles. Mais ce déni de justice, résultat direct du conflit négatif, n'apporte point dans l'organisation sociale un trouble violent qui menace d'en arrêter le mouvement. On n'a donc pas eu à le prévoir et à en ménager le règlement dans cette procédure exceptionnelle qui a pour objet de remédier aux luttes suscitées par des prétentions rivales entre les pouvoirs administratif et judiciaire. L'or-

donnance du 1er juin 1828 garde, en effet, le silence
le plus absolu sur le conflit négatif, et si l'ordonnance antérieure du 12 décembre 1821 en fait
mention, dans son art. 8, ce n'est que pour dire
« qu'en ce qui concerne les règlements de juges entre
« l'administration et les tribunaux, qualifiés de con-
« flits négatifs, il y sera procédé comme par le
« passé. »

**824.** — Les raisons qui ont fait recourir pour les
conflits négatifs au moyen usité pour le règlement
des compétences entre les fonctionnaires de l'ordre
administratif sont faciles à saisir. L'intérêt lésé et la
cause de la lésion dans le cas de déclarations respectives d'incompétence des corps administratif et judiciaire sont les mêmes que dans le cas où elles se réalisent entre deux autorités du même ordre. D'un
autre côté, cette circonstance que, dans le conflit
négatif, les autorités en présence appartiennent
chacune à un ordre différent, a fait une nécessité de
s'adresser au pouvoir exécutif, qui est le supérieur
commun de l'un et de l'autre.

**825.** — Nous avons déjà parlé des règles à suivre
pour faire décider les questions de compétence entre
les divers agents administratifs (*Voy. suprà*, n° 216,
t. 1, p. 187); néanmoins, il convient de donner aux
principales quelques nouveaux développements.

Le recours en règlement de juges, est ouvert dès
l'instant qu'il existe une double déclaration d'incompétence de la part des autorités administrative et judiciaire. Il n'est point exigé que les ressources que
peut offrir la voie ordinaire de l'appel soient préalablement épuisées. On a voulu laisser aux parties la

pleine liberté de prendre immédiatement le chemin le plus direct, et, par conséquent, le plus prompt et le moins dispendieux. (*Voy.* Ord. 29 janvier 1840, hospice de Loudun.) (1)

**826.** — Quant à la forme, il n'en est point de particulière ; on reste sous l'empire du règlement du 22 juillet 1806, qui trace la procédure à suivre devant le conseil d'état. Ainsi, c'est par une requête des parties présentée en la forme contentieuse, que la demande s'introduit. (*Voy.* Ord. 19 décembre 1821, Jaussaud.) Il est rationnel d'en induire aussi qu'à la différence de ce qui a lieu en matière de conflit positif, les ordonnances sur conflit négatif comportent l'opposition, la tierce-opposition et la requête civile. (*Voy.* MM. de Cormenin, t. 1, p. 462, et Serrigny, t. 1, n° 217, p. 235.)

**827.** — Cependant, le caractère particulier de ce genre de recours n'est pas sans imposer une grave exception aux règles ordinaires de procédure. Elle a trait aux délais et aux déchéances résultant de leur inobservation. On considère que tant que le résultat du conflit négatif se maintient, tant que les parties restent sans juges elles sont nécessairement fondées à réclamer pour obtenir qu'il leur en soit désigné un, et on en conclut que les fins de non-recevoir contre le recours sont impossibles (*Voy.* Ord.

(1) Dans l'espèce jugée par cette ordonnance, on soutenait qu'il n'y avait pas conflit négatif, parce que l'une des deux décisions était susceptible d'opposition. Le conseil d'état, en réglant le conflit, a formellement reconnu que dès qu'il y a jugement, les parties ne sont point tenues de recourir aux voies ordinaires de réformation avant de s'adresser à lui.

26 juillet 1837, Allard), et que celles qui n'auraient pour effet que d'anéantir l'instance et de nécessiter une demande nouvelle, sont dénuées d'intérêt et, à ce titre, irrecevables. (*Voy.* Ord. 23 juin 1819, Fillele-Dacheux.)

## CHAPITRE HUITIÈME.

### DES CONTRIBUTIONS.

#### PRÉLIMINAIRES.

828. — Destination de l'impôt.
829. — Tout impôt ne peut être établi que par une loi.
830. — Distinction entre les impôts spéciaux et les contributions. — Les premiers restent en dehors du plan de l'ouvrage.
831. — Examen de la légalité de l'impôt. — Recours contre les perceptions illégales.
832. — Division des contributions en contributions directes et contributions indirectes.
833. — L'exécution des lois relatives aux contributions indirectes appartient aux tribunaux ordinaires.
834. — Exception relative à l'impôt des boissons.
835. — Division des contributions directes en quatre espèces, en raison des objets sur lesquels elles frappent.
836. — Division en impôts de répartition et en impôts de quotité, fondée sur le mode de perception.

---

**828.** — Le gouvernement, pour assurer les avantages de la vie sociale, doit avoir à sa disposition des deniers dont la destination soit de pourvoir aux besoins de l'état, de la même manière que la fortune privée pourvoit aux besoins des individus. Les citoyens sont obligés, à cet effet, de suppléer à l'insuffisance du produit des immeubles qui composent le domaine national en abandonnant une portion de leurs revenus au trésor public. Sous quelque

forme, à quelques conditions que s'opère ce prélèvement sur les biens de chacun au profit de tous,
il constitue un impôt.

829. — Il est de l'essence de tout impôt de ne
pouvoir être établi qu'en vertu d'une autorisation
du pouvoir législatif (*Voy.* art. 40 de la Charte); et
la constitution exige que, désormais, toute loi destinée à la donner soit d'abord votée par la chambre
des députés. (*Voy.* art. 15.)

830. — Pour les impôts dont les produits sont affectés par la loi qui les autorise à une dépense spécialement déterminée, quelquefois temporaire et,
le plus ordinairement, locale, tels que les droits de
péage sur les ponts, ceux sur les rivières navigables
et dans les ports de commerce, dont l'objet est de
subvenir aux travaux extraordinaires (1), les droits
d'octrois municipaux, les pouvoirs laissés à l'administration se distinguent par une notable étendue.

(1) Le droit de navigation, créé par la loi du 30 floréal an x, était
destiné à subvenir aux dépenses de construction et d'entretien des
ouvrages d'art dans les rivières navigables. Mais la loi de finances
du 23 sept. 1814, ayant détruit la spécialité des fonds qu'il produisait, en ordonnant leur versement au trésor, l'administration dut
se ménager d'autres ressources. Elle s'empara à cet effet d'un droit
dont le germe avait été jeté dans l'art. 11 de la loi du 14 flor. an x,
et elle étendit à la construction, à l'entretien et à la réparation de
tous les ouvrages pour le service ou l'amélioration de la navigation,
l'établissement des péages que cette loi n'autorisait que pour la confection des ponts. Depuis, les lois ont légitimé cette extension et,
chaque année, la loi de finances rappelle par une disposition expresse le droit pour le gouvernement d'établir des péages pour concourir à la construction ou à la réparation des ponts, écluses ou ouvrages d'art à la charge de l'état, des départements ou des communes.
Une loi spéciale du 24 mars 1825 en a, d'ailleurs, reconnu l'existence
permanente, en disposant que la perception du droit de navigation

L'autorité législative se contente, en général, de proclamer le droit de l'administration comme principe, et s'en remet à sa sagesse et à sa prudence du soin d'organiser son exercice et de reconnaître les cas particuliers dans lesquels il peut avoir lieu (1). Les impôts de ce genre restent en dehors des règles qui vont être exposées. Ce chapitre n'a trait qu'aux impôts plus particulièrement compris sous la dénomination de *contributions*.

Le caractère distinctif de ces impôts est d'être perçus au profit du trésor commun pour être consacrés aux besoins généraux de l'état. Aux termes de la constitution, ils doivent peser sur la généralité des citoyens indistinctement et proportionnellement à la fortune de chacun d'eux. (*Voy.* art 2 de la Charte.) L'établissement, l'assiette et le mode de perception des droits qui participent de cette nature sont du ressort exclusif du législateur. L'administration ne saurait sous nul prétexte régler ou modifier en rien par ses actes aucune de ces conditions ; réduite au rôle d'agent, elle effectue le calcul dont les bases ont été fixées par le législateur, arrive par ce moyen à découvrir la cotisation individuelle qui incombe à chacun, et en opère le recouvrement aux époques et dans les formes déterminées.

**831.** — Lorsque le citoyen auquel on vient réclamer une contribution se propose de se fixer sur sa légalité, son attention doit se porter tout d'abord sur

---

cesserait pendant a durée des péages temporaires créés pour subvenir aux dépenses de travaux extraordinaires.

(1) La loi annuelle des recettes présente l'énumération complète des impôts spéciaux dont la perception est autorisée.

sa nature ; il lui faut rechercher, en s'attachant principalement à l'autorité qui a procédé, à l'acte sur lequel la perception est fondée et à la loi présentée
comme renfermant l'autorisation indispensable à l'é-
tablissement de tout impôt, si le droit participe de la
nature des droits affectés à un service spécial ou s'il
constitue une contribution. Dans le premier cas, la
question de l'égalité se décide par l'application des
diverses lois qui circonscrivent les pouvoirs délégués
à l'administration pour l'établissement des contributions spéciales. Dans le second, la question est d'une
solution d'autant plus facile que la loi, on l'a déjà
dit, ne laisse rien à l'arbitraire de l'administration ;
on n'a qu'à examiner si la perception répond à l'une
des contributions établies.

« Toutes les contributions autres que celles qui
« sont autorisées par la loi, à quelque titre et sous
« quelque dénomination qu'elles se perçoivent, porte
« l'article final de la loi annuelle des recettes, sont
« formellement interdites, à peine contre les autori-
« tés qui les ordonneraient, contre les employés qui
« confectionneraient les rôles et tarifs, et ceux qui
« en feraient le recouvrement, d'être poursuivis
« comme concussionnaires, sans préjudice de l'action
« en répétition pendant trois années, contre tous rece-
« veurs, percepteurs ou individus qui auraient fait la
« perception ; et, pour exercer cette action devant les
« tribunaux, les citoyens sont dispensés d'obtenir
« l'autorisation préalable qui est nécessaire pour
« mettre en jugement un agent administratif, pour
« un fait relatif à ses fonctions. »

Cette disposition, qui paraît avoir été introduite

pour la première fois dans la loi de finances du 15 mai 1818, ouvre deux modes d'action aux particuliers qui voudraient se pourvoir à l'occasion de contributions qu'ils prétendraient n'être pas autorisées par la loi. S'ils supposent que le fonctionnaire qui a perçu le droit savait qu'il n'était pas dû, ils ont la faculté de déposer une plainte en concussion entre les mains du ministère public et de se porter parties civiles pour exercer leur action en restitution accessoirement à l'action publique. (*Voy.* art. 174 C. pén.) A défaut de poursuite, ou s'ils préfèrent rester en dehors de l'action criminelle, ils sont libres de s'adresser au juge civil par voie d'action principale.

Mais la compétence du tribunal forme exception ici à la règle qui, ainsi que nous le dirons bientôt, réserve au conseil de préfecture toutes les réclamations en matière de contributions. C'est une garantie que la loi a voulu ménager contre les perceptions illégales, et qu'il faut se garder d'étendre au delà de son objet. La compétence des tribunaux est donc subordonnée à deux conditions également indispensables, il faut qu'ils aient été saisis par une action en répétition et que cette action soit fondée sur le reproche d'inconstitutionnalité. (*Voy.* Ord. 16 févr. 1832, préfet de l'Orne.)

Il importe de remarquer aussi comme une conséquence du même principe, que les actions ouvertes devant les tribunaux ordinaires ne donnent pas le moyen de résister et ne sont destinées qu'à procurer une restitution. Si donc le contribuable se propose d'éviter le payement et, à cet effet, de former opposition à la contrainte décernée par l'administration ce n'est plus devant le juge du droit commun, mais devant le juge spécial des contestations en matière de contributions, que le débat doit être porté. Les considérants qui accompagnent une décision récente du conseil d'état rendue sur un règlement de conflit expriment cette doctrine dans ses termes les plus clairs ; on y lit : « considérant que les lois de finances n'ou-« vrent que deux modes d'action judiciaire aux par-« ticuliers qui voudraient se pourvoir à l'occasion « de contributions qu'ils prétendraient n'être pas « autorisées par la loi, la plainte en concussion et « l'action en répétition pendant trois années ; que ces « deux actions, en garantissant les droits des citoyens « contre les perceptions illégales, supposent néan-« moins l'exécution préalable des contraintes décer-« nées par l'administration à laquelle le provisoire « appartient ; que, hors de ces deux modes indiqués « d'une manière limitative, il n'appartient point aux « tribunaux de s'immiscer dans l'établissement des « rôles de répartition, en connaissant des actions aux-« quelles ils pourraient donner lieu de la part des « particuliers ;

« Considérant qu'il s'agit, dans l'espèce, de sta-« tuer sur une opposition à contraintes décernées en « vertu d'un règlement d'administration publique, « rendu lui-même pour l'exécution des lois des 14 « floréal an XI et 16 sept. 1807, et qu'aux termes « de l'art. 4 de la loi du 14 flor. an XI, les conseils de « préfecture sont seuls compétents pour prononcer « sur les contestations relatives aux rôles et sur les « réclamations des individus imposés... » (*Voy.* Ord. 4 sept. 1841, marquis de Champigny.)

**832.** — La plus grande difficulté dans l'établissement de l'impôt consiste à le répartir suivant une juste proportion, et provient de l'impossibilité de connaître avec exactitude les fortunes privées. Sans entrer dans les discussions que suscite journellement dans la science économique, la recherche du meilleur système de répartition, contentons-nous de remarquer que la législation française, pour procéder avec moins d'inégalité, a cru devoir s'attacher aux diverses manifestations des ressources des citoyens. Elle demande des subsides à la propriété, à l'industrie, à l'aisance apparente, aux consommations.

Considérées dans leur rapport avec les objets qu'elles frappent, les contributions se partagent en deux grandes classes, à savoir, les contributions directes et les contributions indirectes.

Les contributions directes sont celles qui saisissent directement une portion du revenu des citoyens, et dont le recouvrement s'opère sur le rôle nominatif des contribuables.

Les contributions indirectes sont celles qui reposent sur des objets de consommation journalière.

Elles ne portent sur personne nominativement, et elles atteignent tout le monde sans distinction, puisque, pour y contribuer, il suffit d'user des objets taxés.

**833.** — C'est aux tribunaux à connaître du recouvrement des amendes, des contraventions et de tout ce qui tient à l'exécution des lois sur les contributions indirectes. Le recouvrement de ces contributions s'opère, en effet, sans répartition, sans rôles ; il ne nécessite aucune mesure administrative qui puisse

faire l'objet d'une contestation du contentieux administratif et justifier, à ce titre, l'intervention de la
juridiction administrative.

**834.** — Ce principe ne souffre d'exception qu'à
l'égard de l'impôt des boissons, et dans un seul cas,
celui où l'on abandonne le mode de recouvrement
ordinaire, pour adopter un système de perception
analogue à celui des contributions directes. Nous
voulons parler du cas où la régie consent avec les
conseils municipaux un abonnement général pour
le montant des droits de détail et de circulation dans
l'intérieur. (*Voy.* loi 28 avril 1816, art. 73.)

Lorsque la régie n'est pas d'accord avec les débitants pour fixer l'équivalent du droit, il est prononcé par le préfet en conseil de préfecture, sauf le
recours au conseil d'état (*Voy. ibid.*, art. 78); c'est
là une attribution tout exceptionnelle.

L'abonnement réglé, les syndics nommés par les
débitants, sous la présidence du maire ou de son délégué, procèdent, en présence de ce magistrat, à la
répartition de la somme à imposer entre tous les débitants alors existants dans la commune. Les rôles
arrêtés par les syndics et rendus exécutoires par le
maire sont remis au receveur de la régie, pour en
poursuivre le recouvrement. (*Voy. ibid.*, art. 80.) La
loi ne dit pas que les contestations entre les syndics
et les débitants seront de la compétence des conseils
de préfecture; mais cette compétence n'en est pas
moins certaine (*Voy.* Ord. 17 juillet 1822, Lecocq);
elle est de droit puisqu'il s'agit de l'appréciation de
rôles qui présentent tous les caractères d'actes administratifs.

**835.** — On compte quatre sortes de contributions directes, qui sont :

La contribution foncière,

La contribution personnelle et mobilière,

La contribution des portes et fenêtres,

La contribution des patentes.

**836.** — On découvre dans le mode de perception applicable aux trois premières, un caractère qui leur est commun. Le chiffre total de l'impôt à lever est fixé par la loi, et réparti entre les départements, puis divisé d'abord entre les arrondissements, ensuite entre les communes, et enfin entre les individus. On les range sous une dénomination empruntée à ce caractère, on les appelle impôts de répartition.

Dans l'impôt des patentes, le produit à obtenir est au contraire, incertain; la base, seule, est déterminée. On sait à l'avance quelle sera la somme à payer par chaque contribuable, dans chaque cas prévu, mais on ignore le nombre des citoyens qui se placeront dans les circonstances de nature à les assujettir au droit. Ce genre d'impôt tire son nom du seul élément connu, à savoir le *quantum* à payer par chacun de ceux qu'il atteint; il reçoit la dénomination d'impôt de *quotité*.

Dans les impôts de répartition, ainsi qu'on le verra plus tard, des commissaires élus par les citoyens désignent les contribuables et fixent la somme due par chacun. Pour les impôts de quotité, au contraire, les agents du fisc ont mission de rechercher les contribuables, et de réclamer, au besoin, contre eux par la voie juridique, l'application rigoureuse de la loi de l'impôt : c'est l'absence de ce contact irritant qui rend si préférables les impôts de répartition.

## SECTION PREMIÈRE.

### DE LA CONTRIBUTION FONCIÈRE.

857. — La contribution foncière constitue un droit réel, et un droit réel spécialement assis sur les produits de la chose.

**837.** — La contribution foncière est établie sur les fonds de terre et les bâtiments dont elle frappe le revenu net.

Le propre de cette dette est d'être inhérente à la chose, de correspondre à un *droit réel*, d'où cette conséquence que le propriétaire a le droit de *délaissement*. Il lui suffit, pour se dispenser de payer à l'avenir, de déposer à la mairie une déclaration écrite d'abandon perpétuel au profit de la commune de la situation de l'immeuble imposé. (*Voy.* L. 3 frimaire an VII, art. 66.)

D'un autre côté, l'impôt foncier est spécialement assis sur les produits des immeubles ; il porte donc sur celui qui a la propriété utile, comme l'emphytéote et l'usufruitier. Les locataires et fermiers qui ne possèdent qu'au nom du propriétaire et à titre précaire, et tous ceux qui n'ont sur la chose que des droits insuffisants pour constituer entre leurs mains la propriété utile, n'en sont point tenus. Ce n'est que comme détenteurs des récoltes affectées à l'impôt qu'ils peuvent être contraints de le payer. La loi déclare même expressément que, dans ce cas, ils seront fondés, à moins de conventions contraires, à imputer la somme payée sur le prix de ferme dû au propriétaire. (*Voy.* L. 3 frimaire an VII, art. 147.)

### ART. 1er. — Assiette de la contribution foncière.

838. — La loi exclut les priviléges et ne consacre que certaines exceptions déterminées.

839. — Exception applicable aux rues, places, routes et rivières.

840. — Exception relative aux établissements d'utilité publique. — Elle comprend les propriétés de la couronne et les bois et forêts de l'état.

841. — Les simples usagers sur les bois de l'état ne sont pas tenus de l'impôt.

842. — Exceptions destinées à encourager l'agriculture. — Plantations et semis de bois.

843. — Mise en culture des terres vaines et vagues.

844. — Plantations de vignes, mûriers et arbres fruitiers.

845. — Desséchement de marais.

846. — Formalités à remplir pour être admis à profiter de ces exemptions.

847. — Exemptions pour les cas de construction ou de reconstruction de maisons.

848. — Exemption pour défaut de location des maisons, dans certaines localités.

849. — Les exemptions ne doivent point être étendues au delà de leurs objets expressément déterminés.

850. — C'est au conseil de préfecture qu'il appartient de connaître de l'application des dispositions prononçant des exemptions.

—

**838.** — On ne connaît plus aujourd'hui, ni priviléges, ni immunités. L'impôt atteint les biens des communes, ceux des départements, ceux de l'état et même les biens composant le domaine privé du roi. (*Voy.* L. 3 frimaire an VII, art. 105.) La loi n'a consacré que quelques exceptions rigoureusement déterminées, et qui toutes se justifient par un motif facile à saisir; les voici :

**839.** — La première a pour objet les rues, les places publiques servant aux foires et marchés, les grandes routes, les chemins vicinaux et les rivières. (*Voy.* L. 3 frimaire an VII, art. 102.) Ces emplacements ont été considérés comme terrains improductifs ; c'est la circonstance à laquelle il importe de s'attacher pour régler l'application de l'exemption prononcée en leur faveur. Elle a, en effet, servi de base à une décision du conseil d'état, sur le point de savoir si les halles et marchés clos peuvent être assimilés aux places servant aux foires et marchés. Le conseil a jugé que les halles, dont les communes tirent un revenu en percevant un prix de location, doivent être imposées. (*Voy.* Ord. 26 octobre 1836, ville d'Alençon ; 3 mars 1837, Min. fin.)

**840.** — Pour bannir jusqu'à l'apparence du privilége, le législateur a voulu que les biens du domaine national fussent soumis à l'impôt comme tous les autres et que l'état se payât la contribution à lui-même. Cependant, comme la destination des immeubles affectés à un service public exclut la possibilité d'un revenu, on n'a pas supposé que la méprise fût possible sur le but et le motif d'une exemption applicable à ces immeubles. On a donc déclaré que, pour les immeubles appartenant à l'état, ceux productifs de revenus seraient seuls cotisés ; et par immeubles productifs de revenus on n'a entendu désigner que ceux qui sont affermés ou dont les produits sont vendus. C'est ce qui résulte d'une ordonnance du 4 juillet 1837 qui, pour exempter les usines, bâtiments et terres composant un établissement de forges royales, s'est fondée sur ce

que les produits étaient destinés aux approvision-
nements de la marine, sur ce que les bâtiments ne
servaient qu'au logement des agents et ouvriers, et
sur ce que les produits des terres se consommaient
en nature dans l'intérieur de l'établissement.

L'art. 105 de la loi du 3 frimaire an VII renferme
l'énumération des principaux établissements admis
à profiter de cette exemption, dont le caractère est
d'être absolue et permanente comme la première. Ce
sont « les domaines nationaux.... réservés pour un
« service national, tels que les deux palais du corps
« législatif... le Panthéon, les bâtiments destinés au
« logement des ministres et de leurs bureaux, les
« arsenaux, magasins, casernes, fortifications (1)
« et autres établissements dont la destination a pour
« objet l'utilité générale. »

Du reste, l'administration, guidée par la pensée
qui a présidé à la disposition ne distingue point,
entre les établissements propres aux départements
ou aux communes et ceux appartenant à l'état. Elle
considère comme non imposables, les églises, les
temples, les cimetières, les archevêchés, les évê-
chés, les séminaires, les presbytères et jardins y attenant (*Voy*. Ord. 26 novembre 1840, Geffroy), les
bâtiments occupés par les tribunaux, les hôtels de
préfecture, les écoles appartenant aux communes,

(1) L'exemption ne doit profiter qu'à l'état; si donc un particulier venait à construire avec la permission du ministre de la guerre,
sur un terrain dépendant des fortifications, sa construction bien
qu'inhérente à une portion non productive du domaine national,
n'en constituerait pas moins elle-même une propriété privée soumise à l'impôt. (*Voy*. Ord. 22 juill. 1839. Min. fin.)

les jardins botaniques et pépinières, les hospices et les jardins y attenant, etc. La jurisprudence, de son côté, a admis que les écoles secondaires ecclésiastiques tenaient le caractère d'établissement d'utilité publique de l'ordonnance d'institution. (*Voy.* Ord. 14 janvier 1839, évêque de Quimper ; 1er juillet 1840, évêque d'Angers.) Elle est même allée jusqu'à l'étendre à une maison appartenant à une fabrique, mais affectée par ordonnance royale à une école primaire et au logement de frères chargés de la diriger. (*Voy.* Ord. 19 juin 1838, fabrique de Saint-Epvre de Nancy.) Mais le même avantage a été vainement réclamé par une congrégation particulière qui, autorisée à tenir une maison d'éducation, prenait quelques pensionnaires, indépendamment des filles pauvres qu'elle recevait gratuitement. (*Voy.* Ord. 2 mars 1839, religieuses de Notre-Dame de la Charité.)

Il faut rapporter au même motif l'exemption accordée aux propriétés du domaine de la couronne. (*Voy.* L. du 2 mars 1832, art. 13.)

Enfin, il explique aussi l'exemption prononcée par la loi du 21 ventôse an ix pour les bois et forêts de l'état ; car si ces biens produisent des fruits, la portion la plus précieuse est, en réalité, employée *en nature* pour les divers besoins du service public. L'exemption cesse naturellement du moment que les bois ou forêts passent, par vente ou autrement, du domaine national dans le domaine privé ; l'administration des domaines est même autorisée à se faire payer en sus du prix dû par les nouveaux possesseurs une somme égale au montant de l'imposition au *prorata* de ce qui reste à courir de l'année au jour de la transmission. Elle est elle-même saisie, relativement à l'imposition afférente à cette portion de l'année, d'une action, qui est réservée pour toutes les autres années, à l'administration des contributions directes. (*Voy.* Ord. 10 février 1830, hospice d'Arras.)

**841.** — Les tiers investis d'un simple droit d'usage sur les bois et forêts de l'état, n'étant ni copropriétaires ni usufruitiers, ne peuvent être tenus de l'impôt (*Voy.* Ord. 13 juillet 1825, Martin de Villers), qu'en vertu d'une clause expresse de l'acte de concession. Toute contestation sur ce point entre eux et les agents du trésor nécessitera, par conséquent, l'intervention du juge ordinaire; le conseil de préfecture surseoira à prononcer sur la demande en décharge des usagers, pour que l'autorité judiciaire détermine, par application des clauses de l'acte et des règles du droit commun, leur position, quant à la participation à l'impôt. (*Voy.* Ord. 15 octobre 1830, Min. fin; 29 août 1834, Min. fin.)

Ici se termine la série des exemptions permanentes, introduites pour les objets consacrés à un service d'utilité publique, celles qui restent à énumérer sont temporaires et n'ont été consacrées que pour encourager l'agriculture.

**842.** — 1° L'art. 225 du code forestier porte que « les semis et plantations de bois, sur le sommet et « le penchant des montagnes et sur les dunes, seront « exempts de tout impôt pendant vingt ans. » D'un autre côté, la loi du 3 frim. an vii dispose que « le « revenu imposable des terrains maintenant en va- « leur qui seront plantés ou semés en bois ne sera « évalué, pendant les trente premières années de la

« plantation ou du semis, qu'au quart de celui des
« terres d'égale valeur non plantées.» (*Voy.* art. 116.)
Il semble que dans les deux cas, l'exemption,
ayant évidemment le même but, ne présente d'autre
différence que celle relative à la quotité et à la durée
qui est proportionnée à l'importance de l'amélioration entreprise. Il en est une autre cependant beaucoup plus digne de remarque, qui résulte d'une condition particulière imposée à l'exemption prononcée
par la loi de frimaire. Aux termes de l'art. 117 de
cette loi, les propriétaires qui ont semé ou planté
des terrains déjà en culture ne sont admis à profiter
de la remise qu'autant qu'ils ont eu le soin de faire,
à la mairie, préalablement à l'ensemencement ou à
la plantation, une déclaration détaillée des terrains
qu'ils voulaient améliorer, tandis que le code forestier n'exige rien de semblable pour les semis ou
plantations sur les montagnes ou les dunes. (*Voy.*
Ord. 27 août 1839, Min. fin.)

**843.** — 2° « La cotisation des terres vaines et vagues
« ou en friches depuis quinze ans, qui seront plantées
« en vignes, mûriers ou autres arbres fruitiers, ne
« pourra être augmentée pendant les vingt premières
« années de la plantation. » (*Voy.* art. 114.)

« La cotisation des terres vaines et vagues depuis
« quinze ans, qui seront mises en culture autre que
« celle désignée en l'art. 114 (autre que celle de vi-
« gnes, mûriers ou autres arbres fruitiers), ne
« pourra être augmentée pendant les trente pre-
« mières années du semis ou de la plantation. »
(*Voy.* art. 112.)

**844.** — 3° « Le revenu imposable des terrains déjà

« en valeur, qui seront plantés en vignes, mûriers
« ou autres arbres fruitiers, ne pourra être évalué,
« pendant les quinze premières années de la planta-
« tion, qu'au taux de celui des terres d'égale valeur
« non plantées. » (*Voy.* art. 115). «Le revenu impo-
« sable des terrains maintenant en valeur qui seront
« plantés ou semés en bois ne sera évalué, pendant
« les trente premières années de la plantation ou du
« semis, qu'au quart de celui des terres d'égale va-
« leur non plantées. » (*Voy.* art. 116.)

845. — 4° « La cotisation des marais qui seront
« desséchés ne pourra être augmentée pendant les
« ving-cinq premières années après le desséche-
« ment. » (*Voy.* art. 111.) Il a été jugé que pour
donner droit à cette exemption, il ne suffisait pas de
travaux destinés à assainir la localité, ou même à
augmenter la valeur des produits, par exemple en
convertissant le marais en salines, et qu'il fallait un
*desséchement* dans le sens rigoureux de ce mot. (*Voy.*
Ord. 26 juillet 1837, d'Albertas.)

Quant au point de départ du temps de remise, il
ne commence à courir que du moment de l'entier
desséchement. (*Voy.* Ord. 25 janv. 1839, de la
Fruglaye.)

846. — La condition que nous avons indiquée
comme imposée aux propriétaires qui plantent ou
sèment en bois des terrains déjà en valeur pour jouir
de la remise qui leur est accordée durant trente années est commune à chacune des exemptions mentionnées sous les trois numéros précédents. Le propriétaire est irrévocablement déchu du droit de s'en
prévaloir si, avant de commencer les travaux, il n'a

eu le soin de faire la déclaration détaillée des terrains qui en devaient faire l'objet. (*Voy.* art. 117.)
Voici le but de cette déclaration.

Dans les dix jours qui la suivent, l'administration
municipale charge l'adjoint ou un membre du conseil municipal de visiter les terrains, conjointement
avec deux des répartiteurs, et de dresser procès-verbal de leur état présent. Ce procès-verbal est, ensuite,
affiché durant vingt jours, tant dans la commune de la
situation des biens qu'au chef-lieu du canton, pour
donner aux répartiteurs et à tous autres contribuables la facilité de contester la déclaration et de présenter des observations sur le procès-verbal de l'état
présent des terrains. A l'expiration de ce délai, le
conseil municipal se réunit, prend connaissance du
procès-verbal et des observations produites et arrête
que le déclarant, en raison de l'état de son terrain, a
ou n'a pas droit aux avantages auxquels il prétend.

Cet arrêté, dans tous les cas, tombe sous l'empire de la règle qui réserve la faculté de l'appel au
préfet. (*Voy.* art. 118, 119 et 120.)

**847.** — La loi de frimaire, dans le titre consacré
à l'exposition des règles d'évaluation, renferme au
profit des propriétés bâties, une disposition que nous
croyons devoir ranger au nombre des exemptions.
On lit dans l'art. 88 : « Les maisons, les fabriques et
« manufactures, forges, moulins et autres usines
« nouvellement construits, ne seront soumis à la
« contribution foncière que la troisième année après
« leur construction. Le terrain qu'ils enlèvent à la
« culture continuera d'être cotisé jusqu'alors comme
« il l'était avant. Il en sera de même pour tous au-

« tres édifices nouvellement construits et recons-
« truits : le terrain seul sera cotisé pendant les deux
« premières années. »

Toute propriété bâtie s'évaluant, ainsi que nous
l'expliquerons bientôt, en deux parties, la superficie
et la bâtisse, notre disposition est de l'application la
plus facile ; empruntons seulement à la jurisprudence
quelques règles qui précisent sa portée.

D'après la première, le droit à l'exemption relativement aux édifices à plusieurs étages dont la reconstruction n'a lieu que pour partie, se mesure sur
le nombre d'étages construits ou reconstruits. (*Voy.*
Ord. 28 mai 1840, Borelly de Mandols.)

La seconde n'assigne pour point de départ aux
deux années de remise que le moment de l'achèvement de la construction ou de la reconstruction quelle
qu'en soit la durée (*Voy.* Ord. 25 juillet 1838, Lay ;
8 avril 1840, Min. fin.) ; mais, en même temps, elle
prescrit de considérer comme distincte, sous ce rapport, chaque partie successivement mise en valeur
dans les maisons composées de plusieurs parties.
(*Voy.* Ord. 24 déc. 1838, Pagès.)

La troisième comporte une appréciation de faits
essentiellement variables ; elle a trait aux caractères
distinctifs de la reconstruction et de son achèvement.
Pour une maison d'habitation ou d'exploitation, la
conservation des murs de face exclut l'idée d'une reconstruction et réduit les travaux à de simples travaux de réparation. (*Voy.* Ord. 28 nov. 1834, Thi-
baut.) Il en est autrement des bâtiments affectés à
une usine, par exemple d'un moulin ; les murs ne
forment plus qu'un accessoire, leur conservation

n'enlève point le bénéfice de l'exemption au propriétaire qui a renouvelé son établissement. C'est au moins ce qu'on a jugé pour un meunier qui avait rétabli son moulin incendié. (*Voy.* Ord. 15 oct. 1826, Boudousquié.)

Quant à l'achèvement de la construction ou de la reconstruction, il est réputé complet du jour que la maison se trouve *habitable*, alors même qu'elle ne serait ni louée, ni mise en location. (*Voy.* Ord. 3 mars 1840, Visitandines de Marseille; 8 avril 1840, Min. fin.; 24 juin 1840, Laurence.)

848. — Aux termes de l'art. 84 de la loi du 3 frimaire an VII, les maisons qui restaient inhabitées pendant un an étaient imposées, non comme propriétés bâties, mais comme terres labourables de première qualité, à raison du terrain enlevé à la culture. Ce système a été changé par la loi du 15 septembre 1807 dont les art. 37 et 38 ont interdit, pour l'avenir, les réductions pour pertes de revenus provenant de vacances de loyers. Mais l'usage ayant, dans quelques villes, et notamment à Paris, résisté aux prohibitions de cette dernière loi, on a dû chercher à mettre la légalité en harmonie avec la pratique. C'est en effet le but de l'art. 5 de la loi de finances du 28 juin 1833; il porte: «Dans les villes de « 20,000 âmes et au-dessus, et lorsque les conseils municipaux en auront formé la demande, les « vacances, pendant un trimestre au moins, de tout « ou partie des *maisons* dont les propriétaires ne sont « pas dans l'usage de se réserver la jouissance, « pourront, en cas d'insuffisance des sommes allouées sur le fonds de non-valeurs, donner lieu au

« dégrèvement de la portion d'impôt afférente au re-
« venu perdu. Ces dégrèvements seront prononcés
« par les conseils de préfecture, à titre de décharges
« et réductions, et réimposés au rôle foncier de l'an-
« née qui suivra la décision. »

Dans les villes réunissant les conditions voulues
pour l'application de cette disposition, elle constitue
une exemption qui présente seulement cela de particulier que son motif est emprunté à des considérations d'équité de nature à justifier une grâce plutôt
qu'à faire naître un droit (1).

**849.** — Ici se termine la série des exceptions au
principe qui veut que toutes les propriétés immobilières soient soumises à l'impôt foncier ; c'est le lieu
de rappeler que ce principe est empreint d'une rigueur absolue, et que rien ne peut échapper à son
empire en dehors des objets et des circonstances spécialement déterminés. Dans le doute, par conséquent, la loi commune doit l'emporter, car elle a
pour elle la présomption ; on n'ignore point qu'il est
de l'essence de l'exception de demeurer circonscrite
dans les plus étroites limites.

**850.** — *L'avertissement* distribué à chaque contribuable, lors de l'émission des rôles annuels, le met
à même, en lui donnant le détail de ce qu'il doit
payer, de reconnaître s'il lui a été fait une exacte application de la loi. Il est admis à réclamer, dans le dé-

---

(1) Dans les villes et communes de moins de 20,000 âmes de population, les demandes en réduction de cotes pour défaut de location n'ont d'autre caractère que celui de demandes en remise ou
modération ; et sont, dès lors, de la compétence du préfet, et non
du conseil de préfecture. (*Voy.* Ord. 26 déc. 1840, Min. fin.)

lai de trois mois à partir de l'émission des rôles, lorsqu'il ne lui a pas été tenu compte de l'exemption à laquelle il croit avoir droit. Les demandes à cet effet participent du caractère des demandes en décharge totale
ou partielle. (*Voy.* Ord. 6 mars 1835, Trubert.) Le
conseil de préfecture en est saisi dans des formes et les
juge suivant des règles que nous expliquerons plus au
long dans l'art. 4.

ART. 2. — **Répartition de l'impôt foncier entre les départements,
les arrondissements et les communes.**

851. — L'assemblée constituante avait ordonné la répartition entre
les départements au marc le franc des anciennes contributions.

852. — Système actuellement en vigueur.

853. — Répartition entre les arrondissements et les communes.

854. — Voie de recours ouverte en cette matière.

---

**851.** — L'autorité législative fixe par la loi annuelle du budget le chiffre de l'impôt foncier. Ce
chiffre fixé, l'opération pour arriver à déterminer la
somme à recouvrer sur chaque individu se réduit à
une répartition. Il semble au premier coup d'œil que
ce soit là une opération du ressort exclusif de l'administration, et il en serait ainsi, en effet, si l'échelle
d'évaluation étant la même pour la surface entière
du royaume, on n'avait qu'à se baser sur ses résultats. On additionnerait les valeurs représentatives
du revenu de ses membres pour obtenir le chiffre du
revenu imposable de la commune ; le total des revenus des diverses communes exprimerait le revenu
de l'arrondissement ; celui du département se com-
poserait de la réunion des chiffres afférents aux ar-

rondissements ; on n'aurait par conséquent à procéder qu'à un calcul d'une extrême simplicité. Ce
système est empreint d'un caractère d'exactitude et
d'unité trop frappant pour ne pas s'être présenté
avec tous ses avantages à la pensée des membres de
l'assemblée constituante. Mais cette assemblée dut
craindre que l'application immédiate à la répartition de l'impôt, qui touche à tant d'intérêts et suscite tant de défiance, d'un nouveau système de division territoriale qui, en même temps qu'il choquait
toutes les habitudes, inquiétait des prétentions auxquelles leur ancienneté tenait lieu de légitimité, ne
le compromît sans retour. Elle rendit hommage à
ce principe qui veut que la législation, suivant les
mœurs pas à pas, ne les modifie que par une action
lente et graduée. On se résigna, pour déterminer la
part à assigner à chaque division territoriale, à calculer les impôts de tout genre supportés par les terres dans toute la France, *y compris ce que les privi-
légiés auraient dû payer*, et à répartir la contribution
foncière entre les localités, au marc le franc des anciennes contributions. Les bases d'évaluation posées
par la loi ne furent destinées qu'à servir à la répartition entre les individus, du contingent de chaque
commune.

**852.** — Cependant, en subissant le joug des abus
du passé, on n'avait pas renoncé à l'espoir de le briser dans l'avenir; et les réclamations, de jour en
jour plus vives, contre l'inégalité de condition faite
aux départements, permettaient d'envisager comme
prochain le jour où la répartition entre les communes, les arrondissements et les départements repo-

serait sur la même base que la répartition individuelle, lorsqu'on signala dans ce système un danger
qui le fit écarter. On supposa que la législature pourrait se laisser entraîner à fixer l'impôt dans son rapport avec le revenu individuel et disposer, par exemple, que chaque propriétaire payerait un dixième ou
un vingtième de son revenu, au lieu de déterminer
annuellement les sommes allouées à l'état, si elle
avait une fois la connaissance de l'évaluation du revenu de toutes les propriétés du royaume, et si la
répartition, à quelque degré qu'elle s'opérât, ne devait avoir d'autre base que cette évaluation. Ce résultat dont la conséquence pouvait être la mise en
oubli de la maxime qui veut que l'impôt se mesure
*sur ce que le peuple doit, et non pas sur ce qu'il peut
payer*, éveilla des inquiétudes assez vives pour que
le législateur eût à les calmer. La loi du 31 juillet
1821, dont l'objet fut de réaliser l'institution du *cadastre* que l'assemblée constituante avait créée, déclare qu'à *partir du* 1ᵉʳ *janvier* 1822, *les opérations
cadastrales seront circonscrites dans chaque département* (Voy. art. 20), et met, par ce moyen, obstacle
à ce que ces opérations se fassent sur une même
échelle et donnent un résultat commun à la totalité
du royaume.

La loi annuelle portant fixation du budget assigne
à chaque département son contingent particulier.
La proportion suivie dans le principe était empruntée, nous l'avons vu, au régime détruit en 1789 ; elle
demeura la même jusqu'en 1821 ; mais, à cette
époque, elle subit une légère rectification d'après les
documents recueillis par l'administration sur les

forces contributives des départements. (*Voy.* loi du 31 juill. 1821, art. 17.)

La nécessité de maintenir, dans l'intérêt des stipulations dont elle est l'objet, et aussi dans le but d'encourager les améliorations agricoles, la fixité des charges incombant à la propriété foncière, ne permet de reviser qu'à de longs intervalles les bases des contingents départementaux ; mais les mêmes motifs ne sauraient s'appliquer à la portion de ces charges qui porte spécialement sur les propriétés bâties dont la valeur est toujours essentiellement variable ; les chambres doivent, aux termes de la loi du 17 août 1835 (*Voy.* art. 2), avoir égard, dans la fixation du contingent départemental, à l'augmentation ou à la diminution du nombre des propriétés bâties (1).

**853.** — La constitution, dans le but de confier la répartition aux autorités les plus rapprochées des éléments dont l'appréciation doit lui servir de base, a remis ce soin aux corps électifs locaux. Entre les arrondissements, la répartition est faite par le con-

---

(1) Il convient d'observer que la loi prescrit de tenir compte des changements intervenus dans cette matière imposable non-seulement après la fixation du budget, mais même après l'ouverture des recettes. A cet effet, les contrôleurs, à l'époque de la tournée des mutations, dressent tous les ans une matrice particulière des propriétés bâties devenues imposables; et il est rédigé, sur cette matrice, des rôles spéciaux dont le recouvrement profite au trésor; ce n'est que l'année suivante que la nouvelle matière imposable entre dans le rôle général.

Pour les démolitions, comme elles ne peuvent être constatées *annuellement* avant l'époque de la répartition, elles ne peuvent motiver un dégrèvement pour l'année même ; mais le ministre des finances les admet en diminution sur les contingents de l'année suivante. (*Voy.* Circul. du 18 août 1855.)

seil général du département. Le conseil d'arrondissement l'effectue entre les communes.

884. — Ces assemblées accomplissent cette mission comme *délégués du pouvoir législatif* auquel est réservée la fixation de l'impôt. La conséquence en est que leurs décisions, en cette matière, sont *souveraines* de leur nature.

Toutefois, le défaut absolu de recours n'existe que pour les décisions du conseil général. Les communes, en effet, après en avoir vainement appelé au conseil d'arrondissement mieux informé, ont la ressource de porter leur demande en réduction devant le conseil de département. (*Voy.* L. du 10 mai 1838, art. 1 et 2.)

Voici le mode de procéder.

Lorsque la loi du budget a été promulguée, les conseils d'arrondissement sont d'abord convoqués pour une première session. Ils délibèrent, alors, sur les réclamations auxquelles peut donner lieu le contingent de l'arrondissement. Ce contingent étant fixé d'après les éléments pris par les chambres pour base de la répartition entre les départements (*Voy.* L. 31 juillet 1821, art. 19), il suit une proportion non moins constante que celui du département et peut être prévu, ou du moins présumé à l'avance.

La délibération prise par le conseil d'arrondissement à l'effet d'obtenir une réduction est remise, par le préfet, au conseil général qui l'apprécie et statue avant de procéder à la répartition. (*Voy.* L. du 10 mai 1838, art. 1.)

Les communes, de leur côté, ne procèdent pas autrement, elles saisissent, par l'intermédiaire du sous-préfet, le conseil d'arrondissement de leurs réclamations contre le contingent qu'elles présument devoir être mis à leur charge. Le conseil d'arrondissement statue sur ces demandes dans le cours de sa première session, qui précède toujours la réunion du conseil général. Et les communes ont encore le temps de porter leur demande devant ce conseil, si elles ont à se plaindre de la décision du conseil d'arrondissement. (*Voy. ibid.*, art. **2.**)

Dans le cas où l'arrondissement ou la commune ne s'apercevrait d'une lésion que postérieurement à la répartition, le jugement de la réclamation serait nécessairement renvoyé aux réunions de l'année suivante ; mais elle n'en conserverait pas moins le droit qui lui servirait de fondement. La complication d'opérations que nécessiterait son admission aurait tout au plus pour effet d'en rendre le succès moins facile.

### ART. 3. — Répartition du contingent assigné à la commune.

855. — La répartition est faite par une commission que nomme l'autorité municipale.

856. — La répartition a lieu au marc le franc du revenu de chaque contribuable.

857. — La confection du cadastre a eu pour objet de découvrir ce revenu.

858. — Origine du cadastre.

859. — La première opération cadastrale a pour objet la délimitation de la commune. — Règles relatives à cette opération.

860. — Triangulation. — Levée des plans et arpentage.

861. — Faculté pour chaque propriétaire de se procurer un extrait du plan, en ce qui concerne ses propriétés.

862. — Expertise.

863. — Création des classes.

864. — Formation du tarif des évaluations.

865. — Classement des parcelles.

866. — Règles tracées par la loi pour l'évaluation des diverses natures de propriétés. — Terres labourables.

867. — Jardins.

868. — Vignes.

869. — Prairies.

870. — Pâtis, palus, marais et bas prés.

871. — Terres vaines et vagues.

872. — Bois et forêts.

873. — Étangs.

874. — Salines, marais salants.

875. — Carrières, mines et tourbières.

876. — Canaux.

877. — Chemins de fer.

878. — Maisons d'habitation, forges et fabriques.

879. — Bâtiments d'exploitation rurale.

880. — Ponts.

881. — Bains, moulins sur bateaux, bacs et bateaux de blanchisserie.

882. — Les indications législatives doivent être rigoureusement suivies pour l'évaluation du revenu imposable.

883. — Le droit d'assister au classement n'exclut point le droit de réclamer contre ses résultats.

884. — Confection des états de sections et de la matrice.

885. — Expédition des rôles.

886. — Du droit de réclamer après l'émission du rôle cadastral.

887. — Le délai est de six mois.

888. — Les réclamations sont personnelles et individuelles. — Le maire représente la commune.

889. — Les réclamations, dont il est parlé ici, sont seulement celles qui ne peuvent être dirigées que contre le premier rôle cadastral et se trouvent, à jamais, frappées de déchéance si elles n'ont été présentées dans les six mois qui suivent son émission.

890. — Réclamations contre le tarif des évaluations.

891. — Réclamations contre le classement.

892. — L'instruction de ces deux sortes de réclamations ne comporte nulle règle spéciale.

---

**855.** — Dans le sein des communes, la réparti-

tion entre les individus s'effectue sous la surveillance
de l'autorité municipale par une commission de répartiteurs qu'elle nomme : l'opération à ce dernier degré a d'autant plus d'importance qu'elle est destinée
à donner le chiffre du *quantùm* que le contribuable
devra verser dans les mains des préposés du trésor.

**856.** — La part assignée au département, à
l'arrondissement et à la commune ne suit point exactement, on l'a vu, la proportion de la richesse im-
mobilière. Le revenu est le principal, mais il n'est
pas le seul élément qui serve de base à la répartition
entre elles. La participation de chaque citoyen au
contingent mis à la charge de la commune est, au
contraire, mesurée sur sa richesse ; il contribue
proportionnellement au revenu net de ses propriétés
immobilières comprises dans le territoire communal. C'est donc seulement dans ces limites qu'il est
vrai de dire que l'impôt ne pèse sur chacun que
proportionnellement à sa fortune (*Voy*. art. 2 de la
Charte), et que l'impôt foncier, en particulier, ne
frappe que le revenu net des propriétés immobilières.
(*Voy*. L. du 3 frimaire an VII, art. 2.)

**857.** — Pour découvrir le revenu net qui sert de
base à la répartition du contingent communal, il a
nécessairement fallu constater l'étendue et la nature
des propriétés de tous ceux appelés à concourir au
payement ; c'est le but qu'on s'est proposé dans la
confection du cadastre, vaste opération qui doit d'ici
à peu de temps embrasser tout le territoire de la
France, et dont l'achèvement, aujourd'hui presque
complet, nous dispensera de détails qui bientôt
n'auraient plus qu'un intérêt historique.

**858.** — L'idée du cadastre est fort ancienne : le Dauphiné en avait un avant 1359, puisqu'à cette époque Charles V en fit faire la révision. Quelques provinces de l'ancienne monarchie avaient leur cadastre; déjà même plusieurs ministres, et parmi eux Colbert, avaient pensé à faire un cadastre général. Mais c'est, à proprement parler, dans les décrets des 21 août et 16 septembre 1791 que se trouve l'origine du cadastre tel qu'il a été fait, sauf quelques modifications, et ce n'est que depuis la loi du 31 juillet 1821 que sa confection a été poussée avec une activité égale à son importance. Les diverses opérations qu'il embrasse vont faire comprendre en quoi il consiste.

**859.** — La première opération a pour objet la délimitation de la commune. Elle est confiée à des géomètres qui ont le caractère d'agents de l'administration publique et qui, à ce titre, ne peuvent être actionnés pour les dommages occasionnés dans le cours de leur travail aux héritages privés, qu'après qu'il a été décidé par le conseil de préfecture si le fait qui leur est imputé se rattache ou non à l'exécution des lois sur le cadastre et sur les travaux publics. (*Voy.* Ord. 25 janvier 1831, de Vergennes.)

Lorsque la délimitation ne soulève aucune contestation, le géomètre se contente de rédiger, de signer et de faire signer par les maires des communes intéressées un procès-verbal à la suite duquel doit se trouver celui de la division du territoire de la commune en sections.

S'il y a contestation, il porte sur un croquis figuratif les limites prétendues de part et d'autre, consigne les prétentions respectives dans son procès-verbal et termine en donnant son avis. Il est ensuite prononcé par le préfet pour les communes du même département, et par le gouvernement, c'est-à-dire par le roi, sur le vu des avis des conseils municipaux, des sous-préfets et des préfets, si les communes appartiennent à différents départements. Quant aux changements de limites, ils ne s'opèrent que par des échanges et des réunions de territoires, d'après des ordonnances royales. (*Voy.* Règl. 10 oct. 1821, art. 8.)

Mais il convient de remarquer que les mesures dont il s'agit ici se distinguent essentiellement des *distractions et réunions de communes* dont nous avons parlé au chapitre sixième de cet ouvrage.

La délimitation n'échappe aux formalités prescrites par la loi du 18 juillet 1837 pour le fractionnement des communes que lorsqu'elle n'a trait qu'aux opérations cadastrales et n'atteint pas un assez grand nombre d'habitants ou une assez notable portion de territoire pour intéresser l'existence ou la constitution de la commune. (*Voy.* avis du 28 fév. 1838.)

**860.** — Les limites qui circonscrivent la commune reconnues et fixées, il est procédé à la *triangulation* du terrain qu'elles renferment. La triangulation n'est qu'une opération géométrique dont le but est, en fixant d'avance avec une grande précision des points déterminés, de faire reconnaître promptement toute erreur qui viendrait à se glisser dans le travail destiné à donner la configuration et la consistance des propriétés individuelles.

Ce travail comprend le *levé du plan* et l'*arpentage.* Les plans se lèvent et l'arpentage se fait par *parcelle,* c'est-à-dire par portion se distinguant par la diffé-

rence soit du propriétaire, soit de la nature de culture; à raison de l'importance des résultats de cette
double opération, on a fait en sorte de se ménager
le contrôle des propriétaires personnellement intéressés. Pour les mettre à même de vérifier les désignations et les contenances données à leurs fonds, il
est dressé pour chacun d'eux, par le géomètre qui
lève le plan, un bulletin, présentant l'indication et
la contenance exacte de toutes les parcelles qui lui
appartiennent et qui sont éparses dans le plan général.

Le géomètre procède lui-même à la communication de ces bulletins; il les porte dans la commune;
il fait appeler les propriétaires; il les aide à reconnaître les parcelles portées sous leur nom, reçoit
leurs observations, répare immédiatement et en leur
présence, les omissions, les erreurs et les faux ou
doubles emplois, et fait signer chaque bulletin par le
propriétaire ou, faute par celui-ci de savoir signer,
par le maire, pour constater qu'il n'y a pas eu de réclamations ou qu'il y a été fait droit. (*Voy.* règlement du 10 oct. 1821, art. 14.)

Après cette vérification qui met fin aux travaux
d'art, il semble qu'on soit assuré de leur perfection,
et que la rectitude du plan et la fixité des noms et
des contenances ne laissent plus rien à désirer; cependant on se réserve encore la possibilité de réparer
les erreurs que les opérations subséquentes vien-
draient à faire découvrir. Ce n'est que lorsqu'il a été
procédé à l'évaluation du revenu imposable de toutes
les parcelles, que le plan est définitivement arrêté,
et que le géomètre en chef en fait pour la commune,

une copie sur des feuilles qui sont reliées en atlas. (*Voy.* règlement du 10 oct. 1821, art. 15.)

**861.** — Aux termes de l'art. 35 du règlement du 10 octobre 1821, le propriétaire qui désire se procurer un extrait du plan, en ce qui concerne ses propriétés, doit s'adresser au géomètre en chef et lui en payer le prix d'après le tarif arrêté par le préfet. Ces extraits peuvent être utiles à produire dans les contestations du ressort des tribunaux ordinaires non moins que dans les litiges soumis aux juges administratifs. Car si le cadastre ne peut jamais suppléer aux titres de propriété, il représente les faits existant au moment où il a été dressé, et constitue, par conséquent, un document précieux à consulter dans les questions de possession.

**862.** — Lorsqu'on a obtenu par le levé du plan la configuration et la contenance des parcelles, il ne reste plus qu'à évaluer le revenu net de chacune d'elles. On désigne sous la dénomination *d'expertise* l'ensemble des opérations destinées à conduire à ce résultat.

Désormais la mission des géomètres a pris fin; ce sont les propriétaires eux-mêmes, nommés au nombre de cinq par le conseil municipal auquel ont été adjoints les plus forts imposés en nombre égal à celui des membres du conseil, qui, sous le nom de commissaires vérificateurs et classificateurs, sont chargés de procéder, avec l'assistance du contrôleur, à l'expertise.

**863.** — Après que les propriétaires classificateurs ont fait, conjointement avec le contrôleur, une reconnaissance générale du territoire et choisi et indiqué, spécialement et nominativement, les fonds devant servir de type pour chacune des classes de chaque nature de propriété, le conseil municipal est appelé à s'occuper de la classification, qui consiste à déterminer en combien de classes chaque nature de propriété doit être divisée, à raison des divers degrés de fertilité du terrain.

Le nombre des classes ne doit jamais excéder celui de cinq pour les cultures.

Les maisons peuvent, dans les communes rurales, être divisées en dix classes, au plus; dans les villes, bourgs et communes très-peuplées, elles ne sont point susceptibles d'être divisées en classes. Chaque maison est évaluée séparément.

La division en classes n'est pas non plus applicable aux usines, fabriques et manufactures. Chaque usine, fabrique et manufacture doit recevoir une évaluation particulière. (*Voy.* règlement du 10 oct. 1821, art. 20.)

864. — « La classification étant une fois arrêtée, « porte le règlement, le conseil municipal s'occupe « du tarif des évaluations.

« Pour obtenir des évaluations proportionnelles, « il s'attache avant tout à établir le plus juste rap- « port entre les quatre principales natures de culture.

« Ainsi, commençant par les terres labourables, « s'il décide que le prix de la première classe est de « 12 fr., il réglera le rapport dans lequel le prix de « la première classe des prés, des vignes, des bois « taillis, etc., doit être, relativement à la première « classe des terres.

« S'il est reconnu que la première classe des prés

« doit être portée au double de celle des terres, la
« première classe des vignes également au double,
« la première classe des bois taillis au quart, il en
« résulte les gradations de prix suivantes :

    « 1$^{re}$ classe des terres.. . . . . . 12 fr.
    « 1$^{re}$ classe des prés. . . . . . 24
    « 1$^{re}$ classe des vignes. . . . . 24
    « 1$^{re}$ classe des bois taillis.. . . 3

   « Les prix des premières classes des principales
« natures de cultures se trouvant proportionnelle-
« ment réglés, le conseil municipal procède à la fixa-
« tion des prix des classes subséquentes, d'après les
« mêmes procédés.

   « Ainsi, revenant aux terres labourables, si la
« première classe est de 12 fr., et que, proportion-
« nellement à cette première classe, la seconde doive
« être inférieure d'un sixième, la troisième d'un
« tiers, la quatrième de moitié, et enfin la cinquième
« de trois quarts, le tarif des terres labourables sera
« fixé comme il suit :

    « 1$^{re}$ classe. . . . . . . 12 fr.
    « 2$^{e}$ classe. . . . . . . 10
    « 3$^{e}$ classe. . . . . . . 8
    « 4$^{e}$ classe. . . . . . . 6
    « 5$^{e}$ classe. . . . . . . 3

   « Le conseil municipal règle de même les prix des
« différentes classes des prés, des vignes, des bois
« taillis, comparativement à la première.

   « Les autres cultures sont évaluées eu égard aux
« prix des cultures principales avec lesquelles elles
« ont une espèce d'analogie.

   « Les maisons doivent être estimées dans la même

« proportion que les fonds ruraux, eu égard à leur
« situation et aux avantages qu'elles présentent.

« Chaque usine recevra une évaluation particu-
« lière.

« Dans les villes et les communes où les maisons
« ne sont point divisées en classes, chaque maison
« devant être évaluée séparément, l'estimation n'en
« est point portée dans le tarif; elle est faite sur le
« terrain même, par les propriétaires classifica-
« teurs. » (*Voy.* art. 21.)

Le tarif des évaluations est envoyé au préfet qui
l'approuve ou le modifie s'il y a lieu, après avoir
pris l'avis du conseil de préfecture.

Les contribuables ont intérêt à ce que ce tarif soit
établi sur de justes bases, ils doivent donc être admis
à réclamer pour le faire rectifier. Mais comme cet
intérêt ne se révèle dans tout son jour que par le
résultat définitif, nous attendrons que ce résultat soit
porté à la connaissance des citoyens pour parler des
réclamations à diriger contre les opérations qui l'auront amené.

**865.** — Dès que le tarif est arrêté, on entreprend
le *classement;* il consiste à distribuer chaque parcelle de propriété dans les classes arrêtées par le conseil municipal.

Les classificateurs se transportent successivement
dans chaque section de la commune pour l'exécuter
sur le terrain. Ils sont d'ailleurs, autorisés à s'adjoin-
dre les indicateurs qu'ils jugent en état de leur fournir des éclaircissements utiles. De leur côté, les propriétaires ou leurs fermiers ou régisseurs, peuvent,

si bon leur semble, assister au classement et présenter leurs observations.

**866.** — C'est ici le lieu d'indiquer sommairement les règles tracées par la loi pour l'évaluation
des diverses natures de propriétés. Commençons par
les propriétés non bâties.

Pour les terres labourables, cultivées ou susceptibles de l'être, on détermine en premier lieu la nature des produits qu'elles peuvent donner, en s'en
tenant aux cultures généralement usitées dans la
commune. On suppute ensuite quelle est la valeur
du produit brut ou total qu'elles peuvent rendre,
année commune, en les supposant cultivées sans travaux ni dépenses extraordinaires, mais, selon la cou-
tume du pays, et en formant l'année commune sur
quinze années antérieures, moins les deux plus fortes et les deux plus faibles. Ce qui reste du produit
brut de chaque article de terre labourable, déduction
faite des frais de culture, semence, récolte et entretien, forme le revenu net imposable. (*Voy.* art. 56 et
57 ; L. 3 frim. an VII.)

**867.** — Les jardins potagers s'évaluent d'après le
produit de leur location possible, année commune
prise sur quinze, sans que l'évaluation puisse tomber au-dessous de celle des meilleures terres labourables de la localité. (*Voy.* art. 58.)

Les emplacements de pur agrément, jardins, par-
terres, pièces d'eau, etc., se portent purement et
simplement au taux des meilleures terres labourables. (*Voy.* art. 59.)

**868.** — On calcule le produit brut des vignes de
même que pour les terres labourables, en prenant

l'année commune sur quinze, mais, en outre des frais de culture, de récolte, d'entretien, d'engrais et de pressoir, on déduit, pour obtenir le revenu imposable, un quinzième de ce produit, en considération du dépérissement annuel. (*Voy.* art. 60 et 61.)

**869.** — Le revenu des prairies naturelles se calcule d'après la valeur de leur produit, année commune prise sur quinze, déduction faite des frais d'entretien et de récolte. (*Voy.* art. 62.)

Les prairies artificielles sont évaluées comme les terres labourables d'égale qualité. (*Voy.* art. 63.)

**870.** — Le revenu imposable des *pâtis*, *palus*, *marais*, *bas prés*, et en général de tous les terrains qui ne peuvent servir que de simples pâturages, s'obtient par l'appréciation approximative de ce qu'en peut tirer le propriétaire, année commune, soit en faisant consommer la pâture, soit en les louant, sous la déduction des frais d'entretien. (*Voy.* art. 64.)

**871.** — La cotisation des terres vaines et vagues, des landes et bruyères et des terrains inondés, quelque minime que soit leur produit, ne peut être moindre d'un décime par hectare. (*Voy.* art. 65.)

**872.** — Le revenu imposable des bois consiste dans le prix moyen de leurs coupes annuelles, déduction faite des frais d'entretien, de garde et de repeuplement. L'évaluation des bois taillis qui ne sont pas en coupes réglées, sera faite d'après leur comparaison avec les autres bois de la commune ou du canton. (*Voy.* L. 3 frim., art. 67 et 68.)

A la différence de ce qui se pratiquait sous l'empire de la loi de frimaire, les bois, quel que soit leur âge, ne sont plus évalués, aujourd'hui, que comme bois taillis. Cette disposition introduite pour encourager les propriétaires à laisser croître leurs bois en futaie, n'empêche cependant pas de tenir compte des différences de fertilité du sol; elle ne fait pas une obligation, par exemple, de ranger dans la classe des taillis de la commune une futaie plantée sur un sol infiniment meilleur, on doit seulement se contenter de faire abstraction de l'âge et estimer le bois d'après ce qu'il vaudrait comme taillis, toutes ses autres conditions demeurant, d'ailleurs, les mêmes. (*Voy.* Ord. 6 août 1839, veuve d'Amoneville.)

Il ne faudrait pas, non plus, supposer qu'on pût s'en prévaloir pour faire écarter de l'estimation le produit des ventes annuelles de baliveaux. Ces arbres gênent le taillis dans sa croissance, d'un autre côté, ils sont pris sur les coupes annuelles; il est donc juste de chercher une compensation à cette moins-value. Or, on y parvient en comprenant le produit des baliveaux dans les produits du taillis; on les considère comme faisant partie de ce taillis et on embrasse le tout dans une même évaluation. (*Voy.* Ord. 4 juillet 1837, Holtermann; 31 décembre 1838, Leboucher de Richemont.)

**873.** — Pour les étangs, on évalue le produit de la pêche, année commune sur 15, moins les deux plus fortes et les deux plus mauvaises, et on déduit les frais d'entretien, de pêche et de repeuplement. Le revenu des terrains alternativement en culture et en étang est évalué d'après ce double rapport. (*Voy.* art. 79 et 80.)

**874.** — Les salins, les *marais salants* et les *salines* sont taxés, à raison de leur superficie, sur le pied des meilleures terres labourables.

Les bâtiments sont estimés comme les autres propriétés bâties. (*Voy.* décret du 15 octobre 1810.)

**875.** — Les carrières, les mines et les tourbières ne sont évaluées qu'à raison de la superficie occupée pour leur exploitation et sur le pied des terrains environnants. (*Voy.* L. 3 frim., art. 81 et décret du 10 décembre 1811.) On ne doit même pas comprendre dans cette superficie les parties sur lesquelles l'exploitation a été abandonnée; celles-là ne sont évaluées qu'en raison des produits dont elles sont réellement susceptibles. (*Voy.* Ord. 3 mai 1834, commune de Daours.)

**876.** — Les canaux de navigation, quel qu'en soit le propriétaire, doivent la contribution foncière en raison du terrain qu'ils occupent, y compris leurs francs-bords, comme terre de première qualité. (*Voy.* LL. des 5 floréal an XI et 23 juillet 1820.) Mais les bourdigues ou pêcheries dépendant d'un canal, ainsi que les terrains inutiles à la navigation qui figurent comme annexes dans la concession dont il a fait l'objet ne sont imposables qu'en raison de leurs produits particuliers. (*Voy.* Ord. 4 nov. 1835, commune de Cette.)

Les canaux non navigables simplement destinés aux conduites d'eau pour le roulement des usines ou pour l'irrigation ne sont évalués qu'en raison de l'espace qu'ils occupent et sur le pied des terres qui les bordent. (*Voy.* L. 3 frimaire an VII, art. 104; Ord. 20 février 1835, Min. fin.) (1)

_____

(1) Le droit n'est point assis sur le sol occupé par les eaux, il

**877.** – Les chemins de fer, pour leur surface et leurs dépendances, sont assimilés aux canaux de navigation ; quant aux bâtiments et magasins d'exploitation , ils suivent le sort des propriétés bâties de la localité. C'est une condition que le gouvernement a soin d'insérer dans le cahier des charges et que le pouvoir législatif n'a jamais manqué de sanctionner en autorisant l'établissement des divers chemins de fer. ( *Voy.* notamment l'art. 31 du cahier des charges annexé à la loi du 9 juillet 1835.)

**878.** — Nous passons aux propriétés bâties.

Le revenu imposable des maisons d'habitation et des forges, fabriques, manufactures, moulins et autres usines est déterminé d'après leur valeur locative calculée sur dix années, sous la déduction d'un quart de cette valeur pour les maisons, et d'un tiers pour les usines, en considération du dépérissement et des frais d'entretien et de réparation. ( *Voy.* L. 3 frim. an VII, art. 82 et 87.)

Dans l'appréciation de la valeur locative que la loi assigne ici pour base à l'impôt, il est essentiel de ne point oublier qu'il ne s'agit que de l'impôt foncier dont la destination est de n'atteindre que les revenus

---

porte sur le canal lui-même , abstraction faite du terrain qui forme son lit. Ce point est important à considérer, lorsque les propriétaires du canal prétendent que la *conduite d'eau* ne constitue à leur profit, qu'une servitude sur l'héritage traversé, qu'elle n'enlève point la propriété du terrain occupé par les eaux au maître de cet héritage et que , par suite, lui seul est tenu de l'impôt vis-à-vis de l'état. On a à répondre que le canal est considéré comme objet imposable par la loi de frimaire, et que ceux qui en ont la jouissance exclusive sont les *contribuables* désignés aux préposés de l'état. ( *Voy.* Ord. 5 mai 1851, Moyroux.)

donnés par les immeubles, que par conséquent la valeur locative des maisons et établissements industriels que l'on a à rechercher n'est autre chose que le loyer qu'on en retire ou qu'on en pourrait retirer en les louant dans leur condition d'immeubles. La distinction est d'une application aisée en ce qui concerne les maisons; on fait tout simplement abstraction des meubles qu'elles peuvent renfermer, par exemple, lorsqu'elles constituent des hôtels garnis. Mais la question est infiniment plus délicate pour les établissements industriels; car parmi les objets servant à leur exploitation, on a à reconnaître ceux qui, en raison de leur nature ou parce qu'ils font corps avec les bâtiments, doivent entrer dans l'estimation. L'administration des contributions directes, dans une instruction ministérielle du 22 juillet 1833, propose la règle à suivre en ces termes : « Jusqu'ici, « on n'a évalué les manufactures, fabriques et usines « qu'en raison des bâtiments, chutes d'eau et autres « objets immeubles par leur nature. Si des effets « mobiliers sont quelquefois entrés dans les bases « d'évaluation, c'est qu'alors ces effets étaient at- « tachés au fonds à perpétuelle demeure et en « faisaient partie intégrante. C'est ainsi que les ma- « chines à vapeur fixées à perpétuelle demeure doi- « vent, aux termes d'une ordonnance royale rendue « en conseil d'état le 31 décembre 1828, être consi- « dérées comme grossissant la valeur locative des « établissements où elles sont placées. Mais les dis- « positions de cette ordonnance ne sauraient s'ap- « pliquer aux métiers à filer ou à carder, ni à d'au- « tres machines du même genre, qui peuvent être

« déplacées d'un instant à l'autre, dont le nombre
« peut constamment varier au gré de l'exploitant,
« qui sont essentiellement mobiliers, et ne parais-
« sent pas, dès lors, devoir plus entrer dans l'éva-
« luation d'une manufacture que l'on n'a égard aux
« meubles pour fixer le revenu imposable d'une
« maison servant d'hôtel garni. »

Cette doctrine nous paraît, en effet, répondre exactement à la volonté législative ; aussi avons-nous hâte
de rapporter une décision récente du conseil d'état
qui vient évidemment la confirmer.

Le conseil de préfecture de la Sarthe avait décidé
que les tournants et les machines attachés à l'usine
d'un fabricant de papier devaient rester en dehors de
l'évaluation cadastrale , par ce motif, entre autres,
que les machines servant à la fabrication du papier,
ne sauraient être considérées comme immeubles à
raison de leur mobilité, des modifications qu'y ap-
portent journellement les perfectionnements de la
mécanique et des changements de destination que
peut, au gré du propriétaire, subir l'usine elle-même.

Sur le recours, le ministre a observé que les tournants et la machine à papier continu, dont il s'agissait , constituaient , conformément aux principes
établis dans l'instruction du 22 juillet 1833, des effets attachés au fonds à perpétuelle demeure et en
faisant partie intégrante, et ne pouvaient par conséquent, suivre le sort des meubles.

C'est ce qui a été jugé ; le conseil a statué ainsi :
« Considérant qu'aux termes des art. 5 et 87 de la
« loi du 3 frimaire an VII, le revenu net imposable
« des usines doit être déterminé d'après leur valeur

« locative ; considérant que la valeur locative des éta-
« blissements industriels doit être établie d'après
« l'état matériel de ces établissements considérés
« comme usines, tels qu'ils se comportent au mo-
« ment où il s'agit de les imposer ; que, dès lors,
« c'est à tort que le conseil de préfecture du dépar-
« tement de la Sarthe n'a point tenu compte, dans
« l'appréciation de l'usine du sieur Montaru-Pothée
« *des machines qui en font partie intégrante ;* consi-
« dérant qu'il résulte de l'instruction que le revenu
« net imposable de ladite usine, tant pour les bâti-
« ments et la chute d'eau que pour les machines, a
« été justement fixé par les experts à la somme de
« 3,101 fr. ; — Art. 1er. L'arrêté du conseil de pré-
« fecture du département de la Sarthe, en date du
« 30 déc. 1839, est annulé... » (*Voy.* Ord. 8 mai
1841, Min. fin.)

**879.** — Les bâtiments servant aux exploitations
rurales, tels que granges, écuries, greniers, caves,
celliers, pressoirs... ainsi que les cours desdites fer-
mes et métairies ne sont soumis à la contribution
foncière qu'à raison du terrain qu'ils enlèvent à la
culture, évalué sur le pied des meilleures terres labourables de la commune. (*Voy.* art. 85.) C'est, du
reste, la destination de fait, l'usage habituel qu'il convient de considérer pour l'application de cette disposition. (*Voy.* Ord. 18 mars 1841, Luce.) Un bâtiment
dans lequel on ne logerait des bestiaux ou on ne serre-
rait des récoltes que dans des circonstances extraordinaires et essentiellement passagères ne tomberait
certainement pas dans la classe des bâtiments ruraux ;
de même que des granges ou des écuries ne per-

draient point ce caractère parce qu'elles auraient été affectées au logement d'ouvriers venus de villages voisins pour travailler au compte du fermier pour la durée de la saison. (*Voy.* Ord. 26 déc. 1830, Jarre.)

**880.** — Les ponts appartenant à des individus ou à des compagnies ne sont imposés dans l'usage, qu'à raison du terrain occupé par les culées évalué sur le pied des meilleures terres labourables.

**881.**—La jurisprudence ayant considéré les bains, moulins sur bateaux, les bacs, bateaux de blanchisserie et autres simplement retenus par des amarres, comme biens meubles, et à ce titre non soumis à la contribution foncière, le législateur est venu au secours de l'impôt. Ils tombent désormais dans la classe des usines (*Voy.* Loi 18 juillet 1836, art. 2), frappées par l'art. 87 de la loi de frimaire.

**882.** — Le but que la loi s'est proposé dans le système d'évaluation qu'elle a pris soin d'organiser, c'est de n'assigner pour base au prélèvement à faire au profit de l'état que le *revenu net,* c'est-à-dire le produit, déduction faite des frais d'exploitation, de semence, de récolte, d'entretien et de réparation, et de restreindre autant que possible l'arbitraire inhérent à une appréciation de cette nature. La volonté du législateur, sous ce rapport, doit donc être sans cesse présente à la pensée des commissaires appelés à évaluer les biens imposables; ils ne doivent pas oublier un seul instant que s'ils ont à rechercher le revenu net, leur devoir est, pour y parvenir, de suivre avec rigueur les indications données par la loi. (*Voy.* Ord. 31 déc. 1838, Leboucher de Richemont.)

**883.** — Le droit pour les propriétaires d'assister

au classement, leur assure la faculté de veiller à
l'exacte observation des dispositions législatives dont
nous venons de présenter le tableau. Cette garantie
néanmoins n'est pas la seule qui leur ait été ménagée,
nous parlerons bientôt du droit de réclamation qui
leur est ouvert, et appartient même à ceux qui ont
participé aux opérations cadastrales. (*Voy.* Ord. 8
août 1834, Bordet-Giey.)

884. — Le classement effectué, le directeur des
contributions rassemble les résultats des opérations
cadastrales. Il dresse d'abord un état par sections du
plan, qui comprend les propriétés non bâties et bâties et contient : 1° les noms des propriétaires ; 2° les
numéros du plan ; 3° les cantons ou lieux dits ; 4° la
nature de la propriété ; 5° la contenance de chaque
parcelle ; 6° l'indication des classes ; 7° le revenu de
chaque parcelle de propriété non bâtie ou bâtie.
(*Voy.* règlement du 10 oct. 1821, art. 26.) Il ré-
capitule ensuite, sous le nom de chaque propriétaire, porté sur une feuille distincte, les détails qui
le concernent dans les divers états de sections, en
ayant soin de laisser à la suite de son article un
espace en blanc suffisant pour recevoir les parcelles
qu'il acquerra. (*Voy.* Règl. du 10 oct. 1821, article 27.)

Ce dernier travail, qui a pour objet la formation de
ce qu'on appelle *la matrice* pour indiquer que les rôles n'en sont qu'une copie, donne tous les éléments
de la répartition individuelle. On n'a plus, en effet,
qu'à distribuer le contingent assigné à la commune
au marc la livre des évaluations faites et portées sur
la matrice ; opération toute de chiffres et de calcul

qu'on a également réservée à l'administration pour assurer la régularité, l'unité et la promptitude du service.

**885.** — Le directeur des contributions transcrit les noms des contribuables portés sur la matrice, la somme du revenu cadastral de chacun et exprime en chiffres la quotité à payer pour sa part de contribution. C'est là l'*expédition des rôles*.

Dès que le rôle d'une commune est terminé, il est transmis à la préfecture ; on vérifie si les évaluations de la matrice ont été exactement suivies, et le préfet le rend exécutoire par un arrêté pris en conseil de préfecture. (*Voy.* arr. du 22 brum. an vi, et l'instruction annexée.)

**886.** — Nous avons observé, à divers degrés de l'opération cadastrale, que les propriétaires avaient le droit d'assister à l'exécution du travail pour faire valoir leurs intérêts et leurs droits. Ainsi, la communication des bulletins de contenance, pour le plan, le dépôt à la mairie, pour le tarif des évaluations, et enfin la faculté d'assister au classement des parcelles leur ont donné le moyen de découvrir et de faire rectifier toute erreur. Cependant, l'expérience a prouvé que ce n'est qu'au moment où ils ont leur revenu et leur cote sous les yeux, que les contribuables sont réellement à portée de juger s'ils sont ou non surtaxés; on leur a accordé, en conséquence, le droit de réclamer après l'émission du rôle cadastral. Le directeur joint à l'avertissement qui doit être adressé à chaque contribuable pour lui faire connaître le montant de sa cote, une lettre particulière destinée à lui donner avis de la remise des états de sections et matrices à la mairie, ainsi que du délai accordé pour les réclamations contre le rôle mis en recouvrement.

887. — Le délai pour toutes les réclamations contre le premier rôle est de six mois à partir de sa mise en recouvrement. Nous verrons qu'il est réduit de moitié pour les réclamations contre les rôles annuels autres que celui qui suit immédiatement la confection du cadastre.

888. — Une règle non moins générale, c'est que les réclamations doivent être individuelles et personnelles à celui qui les forme. En d'autres termes, un contribuable ne peut, en aucun cas et sous aucun prétexte, demander, par la voie contentieuse, ni la refonte totale du cadastre, ni la modification de ses résultats à l'égard d'un ou de plusieurs propriétaires autres que lui-même ; ses conclusions ne sauraient tendre qu'à la rectification de la cote qui lui est personnelle. ( *Voy.* Ord. 5 mai 1831, Dupasquier ; 15 mars 1838, Lebeschu ; 14 fév. 1839, de Mélignan.)

Cette règle néanmoins ne fait pas obstacle aux réclamations fondées sur l'intérêt collectif des membres de la communauté. Lorsqu'un contribuable est taxé dans une proportion trop faible, on obtient une réduction ; ce qu'il paye de moins retombe sur les autres contribuables ; il est donc de toute justice qu'il leur soit permis de réclamer pour faire élever les cotes trop faibles, et de combattre les demandes en décharge et en réduction de cotes que ceux qu'elles atteignent prétendent trop fortes. Ce droit d'agir pour attaquer et pour se défendre s'exerce selon les règles tracées pour tous les droits propres à l'association

communale par l'intermédiaire du maire, représentant légal de la commune. (*Voy. suprà*, tit. 2, chap. 6.)

**889.** — Pour introduire plus d'ordre et de clarté
dans notre travail, nous ne parlerons ici que des réclamations qui ne peuvent avoir lieu que dans les six
mois qui suivent la mise en recouvrement du rôle
cadastral, et qui, par l'expiration de ce délai, deviennent inadmissibles, non-seulement contre le premier
rôle émis, mais aussi contre les rôles de toutes les
années ultérieures.

Il en est deux espèces, à savoir : les réclamations
dirigées contre le tarif des évaluations et celles dirigées contre le classement.

**890.** — Lorsque le contribuable se borne à critiquer le tarif des évaluations, lorsqu'il soutient que
les proportions n'ont pas été gardées dans l'évaluation
des types des classes diverses, que le type de la
deuxième classe, par exemple des terres labourables, a été porté à un chiffre trop élevé relativement à celui adopté pour la première classe, et que
par suite, les parcelles du second degré de fertilité
sont surchargées vis-à-vis des terres de première
qualité, la réclamation se réduit à une demande en
rectification de tarif.

Or, le tarif général des évaluations ne repose que
sur une appréciation qui a dû être abandonnée à la
sagesse de l'administration, parce qu'elle intervient
entre des intérêts collectifs : il est donc juste que les
réclamations dirigées contre cette appréciation, soient
soumises à l'autorité purement administrative ; on les
porte devant le préfet, en conseil de préfecture et,
après lui, devant le ministre des finances. (*Voy.* Ord.

11 juillet 1834, Bouvery; 23 avril 1836, Barbeau; 26 juillet 1837, commune de Savigny-sous-Beaune; 23 juillet 1841, ville de Bar-sur-Seine.) Ni le conseil de préfecture ni le conseil d'état n'en sauraient connaître sans excéder les limites de leur compétence. (*Voy.* Ord. 9 mars 1836, Min. fin.; 11 avril 1837, ville d'Epernay.)

Il n'y a d'exception à cette règle que pour le cas où, le réclamant se trouvant posséder la totalité ou la presque totalité d'une culture, le tarif n'a d'application qu'à lui, ne repose que sur une appréciation entre l'intérêt collectif des autres membres de la commune et son intérêt individuel et se confond à son égard avec le classement : on a compris qu'il ne pouvait être sacrifié par l'assemblée municipale, et on lui a ménagé la protection de l'autorité juridique. Les réclamations, dans ce cas, sont assimilées aux réclamations contre le classement (*Voy.* règlement du 15 mars 1827); le conseil de préfecture est compétent pour en connaître.

Mais observons que c'est là une exception consacrée au profit du contribuable seulement, sans qu'on puisse s'en armer contre lui (*Voy.* Ord. 11 avril 1837, Villedavray); et que, même à son égard, on doit se montrer rigoureux dans l'exigence des conditions. On s'est refusé à considérer comme propriétaire de la presque totalité d'une culture un contribuable qui possédait 215 hectares de bois sur 445. (*Voy.* Ord. 23 avril 1836, Marbeau.)

**894.** — Passons aux réclamations contre le classement.

L'art. 9 de l'ordonnance du 3 octobre 1821 porte :

« Tout propriétaire est admis à réclamer contre le
« classement de ses fonds, pendant les six mois qui
« suivront la mise en recouvrement du rôle cadas-
« tral. Passé ce délai, aucune réclamation ne pourra
« être admise *qu'autant qu'elle portera sur des cau-*
« *ses postérieures et étrangères au classement.* »

Le règlement du 10 octobre 1821 ajoute : « Les
« propriétaires sont admis à réclamer, à toute époque,
« lorsque la diminution qu'ils éprouvent dans leur
« revenu imposable provient de causes postérieures
« et étrangères au classement, telles que démolition
« ou incendie de maisons, cession de terrain à la
« voie publique, disparition de fonds par l'effet de
« corrosion ou d'envahissement par les eaux, enfin,
« perte de revenu dans quelque propriété dont la
« valeur, justement évaluée dans le principe, aura
« été détériorée *par suite d'événements imprévus et*
« *indépendants de la volonté du propriétaire.* » (*Voy.*
art. 31.)

Enfin, le règlement du 15 mars 1827 reconnaît
expressément que l'ordonnance royale et le règle--
ment de 1821 n'ont rien changé à l'art. 38 de la loi
du 15 sept. 1807 qui établit une différence entre
les réclamations relatives aux propriétés non bâties
et celles concernant les propriétés bâties et excepte
les dernières de la déchéance. (*Voy.* Ord. 30 nov.
1841, Parpaite.)

Il résulte clairement de ces dispositions que les réclamations fondées sur l'inexactitude de l'évaluation
du revenu imposable ne peuvent être formées que
dans les six mois qui suivent l'émission du premier
rôle dressé d'après les opérations cadastrales toutes

les fois qu'elles sont dirigées contre le classement, qu'elles s'appliquent à des propriétés *non bâties*, et que l'état du fonds imposé n'a pas été modifié par un fait postérieur au classement et indépendant de la volonté de son propriétaire. (*Voy.* Ord. 16 déc. 1841, Renaud.)

Les réclamations contre le classement se distinguent aisément. Ce caractère appartient à toute réclamation tendant à établir que l'objet imposé a été rangé dans une classe tandis qu'il aurait dû être placé dans une autre, et à obtenir que cette erreur soit rectifiée. On ne nie pas que l'immeuble ne soit compris dans les limites de la commune, qu'il n'ait été justement compté au nombre des propriétés du contribuable, que sa contenance ne soit exactement indiquée, mais on prétend que l'évaluation de son revenu net a été mal faite, soit parce qu'on s'est mépris sur sa culture en le considérant comme verger, tandis qu'il ne formait qu'une terre labourable, soit parce qu'on a négligé de faire subir au produit brut toutes les déductions, ou seulement les déductions marquées par la loi, soit enfin parce qu'on a exagéré ou diminué ce produit lui-même.

Nous ne pensons pas que la distinction entre les réclamations contre le classement des fonds de terre et celles relatives au classement des propriétés bâties puisse présenter aucune difficulté, puisque la loi, en traçant les règles d'évaluation, a séparé les propriétés bâties de celles non bâties (1).

Quant aux causes de changement de valeur posté-

---

(1) On a jugé que les bordigues devaient, à raison de leur construction et de l'éventualité de leurs produits, être assimilées aux

rieures et étrangères au classement, on a quelquefois perdu de vue que ces changements ne donnaient lieu à une réclamation susceptible d'être présentée après l'émission des rôles autres que celui qui suit la confection du cadastre, qu'autant qu'ils s'étaient réalisés indépendamment de la volonté du contribuable. Mais la jurisprudence a constamment ramené les réclamants à une saine interprétation de la volonté législative. Ainsi elle a successivement rejeté, comme formées en dehors du délai fixé par l'ordonnance du 3 oct. 1821, des demandes en descente de classe, fondées sur ce que des prés avaient été, depuis les opérations cadastrales, transformées en terres labourables (*Voy.* Ord. 1er août 1834, Jacob); sur ce que des bois avaient été défrichés (*Voy.* Ord. 4 juillet 1834, Min. fin.; 23 juin 1841, de Colnet); sur ce que des vignes avaient été arrachées. (*Voy.* Ord. 15 fév. 1840, Leblanc.) (1)

**892.** — L'instruction des réclamations qui tombent sous l'empire de la déchéance prononcée par l'ordonnance du 3 octobre 1821 ne comporte que les règles communes ; elles seront exposées dans l'article suivant.

usines en ce qui concerne l'impôt foncier et que, par suite, le dégrèvement pour causes postérieures au classement pouvait en être demandé chaque année lors de la mise en recouvrement du rôle. (*Voy.* Ord. 18 mars 1841, Cie des Canaux de Cette et des Étangs.)

(1) Je rappelle que là il n'est question que des propriétés non bâties, et qu'aux termes de l'art. 38 de la loi du 15 sept. 1807 la démolition, bien que volontaire, d'un bâtiment est, au contraire, de nature à justifier une demande en dégrèvement, et cela pour l'année même pendant laquelle la démolition a eu lieu et à partir de l'époque où elle a été terminée. (*Voy.* Ord. 5 fév. 1841, Dessaigne.)

### ART. 4. — Des rôles annuels.

***

**893.** — Il ne suffisait pas de parvenir, au moyen des opérations cadastrales, à la confection des *matrices de rôles;* ce travail nécessitait, comme complément indispensable, une mesure qui eût pour résultat de le maintenir sans cesse au courant des changements de propriétaires et des modifications dans les objets imposables, de nature à motiver une réduction permanente ou temporaire dans le chiffre assigné pour base à la répartition.

La mesure prise à cet effet est empreinte d'une grande simplicité.

Les contrôleurs se rendent chaque année dans les communes, les commissaires répartiteurs sont convoqués pour le jour et l'heure de leur arrivée, et tous les contribuables sont avertis et invités à se présenter pour indiquer les changements à opérer dans les articles de la matrice qui les concernent.

Les principaux changements sont ceux qui résultent des translations de propriété, achat, vente ou échange. Le contrôleur rédige pour chaque mutation, une déclaration qu'il fait signer par le déclarant ou, à son défaut, par le maire ; et l'application de la mutation sur la copie de la matrice appartenant à la commune se fait dans les bureaux du directeur.

On a aussi des changements à opérer lorsque le revenu d'un fonds de terre s'est accru ou a diminué par suite d'un événement postérieur à la confection du cadastre et indépendant de la volonté du propriétaire, tel qu'une alluvion ou une corrosion par l'effet des eaux, ou lorsque la valeur locative d'une propriété bâtie a cessé d'être la même. Mais alors il ne suffit point de constater un fait. Le maire et les commissaires répartiteurs, ces derniers statuant au moins au nombre de cinq, apprécient l'existence et la nature des changements déclarés et arrêtent et signent les déclarations d'après lesquelles le directeur modifiera les articles de la matrice.

Ce dernier mode de procéder a également lieu

pour les changements à effectuer par application des dispositions qui consacrent des exemptions permanentes ou temporaires. Le maire et les répartiteurs sont chargés d'apprécier et d'arrêter les changements demandés. (*Voy.* L. du 22 brumaire an VI, art. 1, 2 et 3.)

**894.** — Dans les communes non cadastrées, il existe une matrice formée selon les règles prescrites par les lois des 3 frimaire an VII et 3 frimaire an VIII, sur laquelle les mutations s'effectuent à la même époque et de la même manière que sur les matrices cadastrales.

**895.** — La direction dresse, chaque année, le rôle des contributions d'après la matrice modifiée en raison des indications et évaluations arrêtées par les répartiteurs. Le préfet le rend exécutoire par un arrêté, et alors se fait l'*émission des rôles*.

L'émission des rôles est accompagnée d'avertissements rédigés par le directeur au fur et à mesure de leur confection et adressés par les percepteurs au domicile des contribuables ; ils énoncent en détail le montant de ce que chacun doit payer.

**896.** — Les contribuables ont, pour former leurs réclamations, un délai de trois mois à partir *de l'émission* des rôles annuels, c'est-à-dire à dater de l'arrêté préfectoral qui les rend exécutoires. (*Voy.* Ord. 12 avril 1838, Larouvraye.) Autrefois, le délai ne courait que du jour de la publication (*Voy.* L. 2 messidor an VII) et se trouvait ainsi subordonné à l'accomplissement d'une formalité à laquelle les maires ne procèdent pas tous avec la même diligence.

**897.** — Parcourons les causes principales aux-

quelles se peuvent rapporter les réclamations contre
la fixation des cotes portées aux rôles.

Le contribuable peut se plaindre d'avoir été imposé pour un bien situé en dehors des limites de la
commune. (*Voy.* arrêté du 24 floréal an VIII, art. 1.)

D'autres fois, la réclamation a lieu parce qu'on a
cotisé l'un pour un bien appartenant à l'autre (*Voy.*
*ibid.*, art. 2), ou même par suite de l'omission pure
et simple d'un contribuable au rôle. (*Voy.* L. 21 avril
1832, art. 28.)

On conçoit que les dispositions consacrant des
exemptions permanentes ou temporaires sont également susceptibles de motiver des demandes en décharge ou en réduction.

Les réclamations qui se rattachent à l'un de ces
trois premiers chefs, restent absolument étrangères
à l'évaluation et au classement ; il est, par conséquent, hors de doute qu'elles échappent à la déchéance prononcée par l'ordonnance du 3 octobre
1821 (*Voy. suprà*, n° 891), et peuvent, dès lors,
être présentées chaque année.

Les réclamations contre les erreurs de contenance
nous semblent devoir suivre la même condition ; car
elles n'ont rien de commun, non plus, avec les demandes en descente de classe ; et, d'un autre côté,
le conseil d'état a décidé que, même en matière de
classement, les erreurs matérielles étaient susceptibles de réparation à toute époque. (*Voy.* Ord. 12 décembre 1834, commune d'Ornel.)

Les réclamations les plus nombreuses et les moins
faciles à trancher sont celles qui ont pour cause une
surtaxe provenant d'une évaluation exagérée, et ten-

dent à obtenir une rectification du classement.

Les demandes de ce genre, spécialement dirigées contre le tarif des évaluations, ne peuvent être formées, ainsi qu'il a été expliqué dans l'article précédent, que dans les six mois qui suivent l'émission du premier rôle cadastral. Il en est de même des réclamations contre le classement des propriétés non bâties, à moins qu'elles ne soient motivées par un changement dans la condition des fonds de terre postérieur aux opérations cadastrales et indépendant de la volonté du propriétaire. Nous n'avons point à nous occuper ici de ces deux espèces de réclamations, voyons celles qui s'en distinguent.

Le législateur est parti de ce principe, que le revenu imposable devait se déterminer d'après les années communes, sans égard aux variations extraordinaires. Il s'en suit que les diminutions accidentelles et passagères de produits ne sauraient être invoquées pour obtenir une modification de classement ; il faut que le dommage éprouvé par suite d'un événement postérieur au cadastre et indépendant de la volonté du réclamant, ait affecté le fonds même de la propriété, par une disparition ou destruction totale ou partielle. (*Voy.* L. du 15 septembre 1807, art. 37 et 38.)

Vainement un propriétaire de prairies ou de bois viendrait-il se prévaloir d'une destruction de récolte occasionnée par l'intempérie des saisons (*Voy.* Ord. 14 oct. 1836, Min. fin.), sa réclamation ne serait accueillie que si les eaux avaient emporté la terre végétale ou creusé dans son terrain des ravins assez profonds pour en rendre la culture impossible ou peu fructueuse. (*Voy*. Ord. 19 août 1835, Gard.)

Soit que les propriétés bâties aient été distribuées dans des classes, soit qu'elles aient été évaluées séparément, il n'est point de délai fixé pour les réclamations relatives à l'évaluation de leur revenu. Le contribuable qui suppose que la valeur locative de sa maison ou de son usine a diminué, est maître de demander la révision de son revenu imposable, chaque année, dans les trois mois de l'émission du rôle. (*Voy*. Ord. 22 juillet 1835, de la Garde; 19 janvier 1836, Milliard.) Mais le même droit appartient à la commune; lorsqu'une propriété bâtie ne lui parait pas cotisée dans une juste proportion avec les autres propriétés de même nature (*Voy*. Ord. 27 avril 1838, Lasserre; 6 novembre 1839, Délibéré-Duret), elle a la faculté de former une demande en rappel à l'égalité proportionnelle (1).

Pour que la demande en rappel à l'égalité proportionnelle soit accueillie, faut-il que la différence atteigne un certain degré?

Nullement, la loi n'a point fixé de minimum. (*Voy*. Ord. 22 mai 1834, Machart; 29 janvier 1839, ville de Charleville.) Dès que la différence est sensible, le droit de réclamer pour la faire disparaître

(1) Nous avons eu déjà l'occasion de reconnaître que la loi du 15 sept. 1807 est encore en vigueur dans la disposition de son art. 38, qui autorise les demandes en décharge ou réduction pour destruction totale ou partielle des bâtiments, et qu'il n'y a point lieu de distinguer à cet égard entre les actes de la volonté des propriétaires et les événements imprévus et inévitables; il s'en suit que les propriétaires qui font démolir leurs maisons sont fondés à se pourvoir en dégrèvement. (*Voy*. Ord. 5 fév. 1841, Dessaigne.)

est ouvert. On a même l'exemple d'une réduction prononcée pour une simple différence d'un vingt-quatrième. (*Voy.* Ordon. 29 août 1834, Guyot.)

**898.** — Toutes les réclamations qui viennent d'être énumérées sont formées au nom d'intérêts privés contre le résultat d'une répartition confiée à des agents et opérée au moyen d'actes administratifs. Elles appartiennent par conséquent au contentieux et tombent, à ce titre, dans la compétence des conseils de préfecture et, en appel, du conseil d'état. La loi du 28 pluviôse an VIII a confirmé cette attribution, puisqu'elle énonce que « le conseil de « préfecture prononcera sur les demandes de par-« ticuliers, tendant à obtenir la décharge ou la ré-« duction de leur cote de contributions directes. » (*Voy.* art. 4.) Mais il importe de remarquer que cette disposition n'ajoute ni ne retranche rien à la compétence, telle qu'elle résultait des principes généraux, et que dès lors c'est à ces principes, comme à la source de la règle, qu'il faudra remonter, pour en saisir l'esprit et en découvrir la juste portée.

**899.** — Les demandes fondées sur ce que la cote comprend un bien étranger au territoire de la commune ou appartenant à un autre propriétaire, ou bien sur une omission ou une erreur de contenance, sont adressées au sous-préfet, avec la quittance des termes échus. Ce fonctionnaire remet d'abord la pétition au contrôleur, qui vérifie le fait et donne son avis ; et puis, il la transmet, avec son propre avis, au préfet, pour être communiquée au directeur des contributions, et enfin jugée par le conseil de pré-

fecture. (*Voy.* Arrêté du 24 floréal an viii, art. 1
et 2.)

**900.** — La marche n'est pas moins simple pour
les demandes fondées sur les droits d'exemption.
Le conseil de préfecture prononce entre le contribuable et la commune, sur l'avis du sous-préfet et
des agents des contributions, d'après les procès-
verbaux et arrêtés qui ont dû intervenir sur la déclaration prescrite par les art. 117, 118 et 120 de la
loi du 3 frimaire et après avoir complété, par des
vérifications de lieux et expertises, les renseignements qui peuvent lui manquer sur l'importance et
la nature des travaux effectués.

**901.** — Les formes sont plus compliquées et
moins rapides lorsque le contribuable se croit taxé
dans une proportion plus forte qu'un ou plusieurs
autres propriétaires de la commune.

La première règle à observer a trait à la justification de la surtaxe alléguée.

Toutes les fois qu'il s'agit d'une propriété classée,
le réclamant est rigoureusement tenu de prouver la
surtaxe, par comparaison avec les types ou étalons
choisis pour chaque classe. (*Voy.* Règlement du
15 mars 1827, art. 8.)

Dans le cas, au contraire, où l'immeuble imposé
a fait l'objet d'une évaluation séparée, ce qui n'arrive que pour les propriétés bâties, le contribuable
est maître de désigner, parmi les objets de même
nature compris dans les rôles de la commune, les
cotes qui devront servir de termes de comparaison.
(*Voy.* Arrêté du 24 floréal an viii, art. 5; Ordon.
11 mai 1838, Lehéricey.)

Mais l'exercice de ce droit n'exclut point l'esprit d'équité et de raison qui doit toujours présider à l'interprétation de la volonté législative. Il est bien certain que si l'on avait pris pour point de mire des maisons dont la valeur locative se serait notablement accrue depuis l'époque de leur évaluation, le conseil de préfecture devrait se refuser à les prendre pour base de la réduction demandée. Voici un exemple de ce discernement :

Un sieur Lefeuve, propriétaire de maisons sises à Paris, rue Neuve Saint-Augustin, avait pris pour point de comparaison, à l'effet de justifier d'une surtaxe, des maisons bâties sur la place Vendôme.

Les agents des contributions ont fait remarquer au réclamant que les maisons indiquées par lui se trouvaient dans un cas exceptionnel, attendu qu'elles avaient augmenté de valeur depuis l'époque où elles avaient été cadastrées, soit par la confection définitive des rues de la Paix et Castiglione, soit par l'ouverture des magasins et boutiques, qui était interdite auparavant aux propriétaires; que dès lors, ces maisons ne pouvaient être considérées comme types des évaluations cadastrales du quartier, puisque, lors du renouvellement du cadastre, elles subiraient une augmentation juste et rationnelle.

Le conseil d'état, se rendant à ces observations, s'est refusé à accepter pour points de comparaison les maisons désignées. (*Voy.* Ord. 27 février 1835, Lefeuve.)

La pétition rédigée conformément à ces principes, le réclamant y joint une déclaration de ses propriétés et de leurs revenus, et l'adresse au sous-préfet (*Voy.*

arrêté du 24 floréal an VIII, art. 3), qui l'envoie au contrôleur.

Celui-ci prend alors l'avis des répartiteurs, qui doivent le donner au moins au nombre de 5 (*Voy.* Ord. 4 novembre 1835, commune de Cette; 1er juillet 1840, Paul), ou rend compte de leur refus au préfet, pour qu'il nomme un expert, chargé de procéder à la vérification des points en litige, de concert avec celui que désignera le réclamant. (*Voy.* Ord. 25 novembre 1831, Torterat.)

Si la justice de la réclamation est reconnue par les répartiteurs ou les experts, le procès est promptement tranché. Le contrôleur dresse un procès-verbal de la déclaration favorable au réclamant et le fait passer au sous-préfet, avec la demande introductive d'instance. Le sous-préfet transmet les pièces au préfet avec son propre avis ; on consulte le directeur des contributions ; et le conseil de préfecture prononce. (*Voy.* arrêté du 24 floréal an VIII, art. 4.)

Si les répartiteurs ne conviennent pas de la surtaxe et que le directeur des contributions ne soit pas d'avis d'admettre la demande, ce dernier exprime les motifs de son opinion (*Voy.* Ord. 15 juin 1841, fabrique de Saint-Epvre de Nancy), transmet le dossier à la sous-préfecture, et invite le réclamant à en prendre communication et à faire connaître, dans les dix jours, s'il veut fournir de nouvelles observations ou recourir à la vérification par voie d'experts. (*Voy.* L. 21 avril 1832, art. 29.) (1)

_____

(1) En cas de nouvelles observations du réclamant, si le directeur croit devoir faire un second rapport, il est tenu d'en donner com-

Ce n'est qu'après cette mise en demeure et sur la déclaration du réclamant, qu'il n'entend point recourir à l'expertise ou, au moins, en cas de silence de sa part durant le délai fixé, que le conseil de préfecture peut être valablement saisi et mis en mesure de prononcer. (*Voy.* Ord. 14 février 1839, de Mélignan.) Il importe d'ailleurs d'observer que le refus de l'expertise doit être considéré comme un aveu tacite du mal fondé de la réclamation. (*Voy.* Ord. 17 décembre 1841, Min. fin.) Lorsque l'expertise est demandée, les experts nommés, l'un par le sous-préfet, et l'autre par le réclamant, se rendent sur les lieux avec le contrôleur; et, en présence de deux répartiteurs et du réclamant ou de son fondé de pouvoir, ils vérifient les revenus, objet de la cote du réclamant, et des autres cotes prises ou indiquées pour comparaison.

Le contrôleur rédige un procès-verbal des dires des experts et y joint son avis. Enfin, le sous-préfet, après avoir donné lui-même son avis, envoie le tout au préfet, et le conseil de préfecture prononce, mais toujours sur un second avis du directeur des contributions. (*Voy.* Arrêté du 24 floréal an VIII, art. 3 et 6; Ord. 17 mars 1825, commune de Crolles.)

Le conseil d'état, tout en admettant que les experts sont dispensés de la formalité du serment (*Voy.* Ord. 25 novembre 1831, Torterat), et que les

munication au réclamant. Le défaut d'accomplissement de cette formalité suffirait pour faire annuler l'arrêté intervenu à la suite de l'instruction qui en serait entachée. (*Voy.* Ord. 27 avril 1841, Baligand.)

juges ne sont pas liés par leur rapport, décide constamment que le conseil de préfecture n'est maître
d'écarter leur avis, qu'à la charge de le discuter et
de faire connaître les éléments qu'il lui substitue.
(*Voy.* Ord. 4 juillet 1837, Holtermann.)

**902.** — Les arrêtés des conseils de préfecture sont
susceptibles du recours au conseil d'état comme
toute décision rendue en matière contentieuse; ils
jouissent d'ailleurs d'un privilége qui a sa raison
dans la faveur que méritent les mesures destinées à
assurer l'égalité dans la répartition des charges publiques. Ces recours n'entraînent d'autres frais que
les droits de timbre, qui même ne sont point dus pour
les cotes inférieures à trente francs. (*Voy.* L. du 21
avril 1832, art. 28 et 30.) Mais la condition de ce privilége est que le préfet soit pris pour intermédiaire;
dès que le recours n'est pas transmis par ce fonctionnaire, le réclamant est censé avoir entendu se placer
sous l'empire des règles de la procédure ordinaire.
(*Voy.* Ord. 3 févr. 1835, Teulade; 20 nov. 1840,
Girardin.) Les parties, pour se ménager les avantages qu'offre le ministère des avocats au conseil sans
renoncer au bénéfice de la dispense de frais, doivent,
en même temps qu'ils remettent leur réclamation au
préfet, charger l'avocat de leur choix de se présenter
au secrétariat du conseil pour prendre communication des pièces à leur arrivée. L'instruction de la demande se poursuit alors avec les mêmes garanties
que dans les affaires introduites par la voie ordinaire.
J'ai dit en exposant les règles de procédure tracées
pour le conseil d'état, en quelle forme et dans quel
délai la requête devait parvenir au secrétariat du con-

seil ( *Voy. suprà*, n° 258, p. 215, n° 253, p. 216, n° 266, p. 220); je n'ai point à y revenir.

**903.** — Les frais ne sont supportés par le réclamant que lorsque sa réclamation est rejetée. Lorsqu'elle est reconnue juste, ne fût-ce qu'en partie, les frais tombent à la charge de la commune. (*Voy.* arrêté du 24 flor. an VIII, art. 17 et 18.) Les contribuables ont plus d'une fois soutenu que ces frais devaient comprendre toutes les dépenses nécessitées par l'instruction du litige, et, spécialement, le coût des expéditions à produire devant le conseil d'état pour le recours contre l'arrêté du conseil de préfecture. Mais on a toujours décidé que les frais de vérification et d'expertise étaient les seuls dont le remboursement dût être ordonné. (*Voy.* Ord. 14 juillet 1841, Vintant.)

Ils sont réglés par le préfet sur l'avis du conseil de préfecture. (*Voy.* arrêté 24 floréal an VIII, art. 17 et 18.) Le conseil d'état considère, à cet égard, que les vacations des experts sont convenablement réglées d'après les dispositions de l'art. 159 du tarif des frais et dépens en matière civile, et l'indemnité de voyage d'après les dispositions de l'art. 91 du tarif en matière criminelle. (*Voy.* Ord. 25 décembre 1840, Cordier.)

**904.** — Les décisions définitives qui prononcent une réduction s'exécutent sur une ordonnance rendue par le préfet. La cote est rectifiée, et les termes payés sont restitués par l'intermédiaire du percepteur.

Quant à l'état, il se trouve garanti de toute diminution dans ses recettes par la disposition qui enjoint à l'administration de répartir le montant de la dé-

charge sur les autres propriétaires de la commune.
(*Voy.* arrêté du 24 floréal an VIII, art. 4.) (1)

**905.** — Ici se termine l'exposé des règles concernant les réclamations fondées sur un droit, et, à
ce titre, du ressort de l'autorité juridique; disons un
mot, pour n'omettre aucune des demandes dont la
contribution foncière peut être l'objet, des remises
et modérations que l'administration est autorisée à
accorder dans certaines circonstances.

La loi du 15 septembre 1807, en déclarant qu'à
l'avenir les propriétaires ne seraient admis à se
pourvoir en décharge ou réduction pour diminution
de revenu que dans le cas de disparition et destruction totale ou partielle de leurs propriétés non bâties
ou bâties, a reconnu la faculté de solliciter des *remises ou modérations* au profit de ceux qui auraient
perdu tout ou partie de leur revenu annuel.

Cette perte peut provenir pour les fonds de terre,
des grêles, gelées, inondations ou autres intempéries,
et pour les propriétés bâties, des vacances de loyers.
(*Voy.* L. du 15 septembre 1807, art. 37 et 38.)

**906.** — Quelles sont les voies à suivre pour ces
demandes en remise ou modération?

Les remises ou modérations ne sont point réclamées au nom de la justice. Le contribuable ne vient
pas se plaindre d'avoir été lésé dans la répartition
de l'impôt; il signale, seulement, les pertes extra-

---

(1) De l'obligation de supporter cette réimposition, naît pour
la commune le droit de se pourvoir devant le conseil d'état contre
tout arrêté prononçant, en matière d'impôt de répartition, une décharge totale ou partielle, et pour le contribuable qui l'a obtenu la
nécessité de le faire signifier au maire.

ordinaires qu'il a éprouvées, pour obtenir que l'administration veuille bien, par mesure d'équité, adoucir sa condition. La loi exclut même la pensée que ces sortes de demandes puissent avoir pour effet une réduction de la somme à payer par l'un et nécessiter une réimposition sur les autres; le contribuable, en effet, alors même qu'elles sont accueillies, ne doit pas moins continuer à verser exactement la totalité de chaque terme et n'obtient pas de restitution ; il est simplement admis à participer, à l'expiration de l'année, à la distribution faite par le préfet d'une masse de fonds mise à sa disposition pour cet objet. (*Voy.* arrêté du 24 floréal an VIII, art. 5 et 6.) Le caractère essentiel des demandes en remise ou modération est donc de demeurer essentiellement étrangères à l'office du juge. Elles n'ont pour objet qu'une faveur du ressort de l'administrateur.

De là il suit, quant à la compétence, qu'il n'est prononcé que par le préfet, sauf appel au ministre des finances, sans recours devant le conseil d'état, (*Voy.* Ord. 14 juillet 1841, Macquet); et, quant à la forme, que le délai de trois mois, à partir de de l'émission des rôles fixé pour les réclamations à raison de surtaxe, étant inapplicable à ces sortes de demandes, on a la ressource de les présenter durant tout le cours de l'année. (*Voy.* L. du 21 avril 1832, art. 28.)

**907.** — L'arrêté du 24 floréal an VIII trace, au surplus, la marche de l'instruction.

La pétition étant remise au contrôleur par le sous-préfet, il se transporte sur les lieux, vérifie les faits en présence du maire, constate la quotité de la perte des revenus et en dresse un procès-verbal qu'il transmet au sous-préfet. Celui-ci le fait parvenir, avec son avis, au préfet, qui, avant de statuer, prend lui-même l'avis du directeur des contributions. (*Voy.* art. 24 et 25.)

Que la demande soit faite par un seul contribuable ou qu'elle intervienne au nom et dans l'intérêt d'une commune, les règles sont toujours les mêmes, si ce n'est que, dans le dernier cas, le sous-préfet nomme deux commissaires pour assister le contrôleur dans sa vérification. (*Voy.* art. 28.)

Nous avons observé que le préfet attendait l'expiration de l'année pour faire entre les contribuables ou les communes dont les réclamations auront été reconnues justes et fondées, la distribution des sommes qu'il pourra accorder, d'après la portion des fonds de non-valeur mise à sa disposition pour cet objet ; ajoutons que cet état de distribution sera communiqué par le préfet au conseil général du département. (*Voy.* art. 28.)

## SECTION DEUXIÈME.

### DE LA CONTRIBUTION PERSONNELLE ET MOBILIÈRE.

908. — Les revenus des capitaux mobiliers ne doivent pas moins contribuer aux charges de l'état que les produits des immeubles.

909. — Difficulté de saisir le signe indicateur de la fortune mobilière.

910. — L'assemblée nationale a pris pour signe le logement destiné à l'habitation personnelle.

911. — La contribution établie sur le loyer d'habitation a été, d'abord, combinée avec la taxe par tête, l'impôt sompluaire et la cote d'habitation. Aujourd'hui, la législation ne

consacre que la taxe personnelle et la taxe mobilière.
912. — Transition.

—

**908.** — Les produits des immeubles ne composent
pas seuls la fortune privée ; elle comprend aussi les
revenus des capitaux mobiliers : « Tous ceux qui
« jouissent de semblables revenus, en jouissent sous
« la protection publique, comme les propriétaires
« fonciers jouissent de leurs propriétés , sous la
« même protection ; les uns doivent donc contribuer
« comme les autres » aux charges de l'état. (*Voy.*
l'Adresse de l'ass. const. à la date du 24 juin 1791.)

**909.** — Lorsque l'assemblée constituante se pro-
posa d'organiser l'application de ce principe dans le
nouveau système de contribution, elle découvrit ,
sans trop de peine, le rapport existant entre les produits des immeubles et ceux des capitaux mobiliers.
Elle pensa que les revenus des capitaux étaient dans
la proportion d'un cinquième avec les revenus des
immeubles, et il lui parut juste de les frapper d'une
contribution égale au cinquième de l'impôt foncier.
Mais elle eut ensuite à déterminer les signes indicateurs de la fortune mobilière, pour en faire la base
de la répartition entre les contribuables : là se ren-
contrèrent les difficultés les plus graves.

« La contribution foncière ne présente que des
« idées nettes, qu'un mécanisme simple. Toute pro-
« priété foncière doit contribuer à raison de son re-
« venu net : cette propriété ne peut être cachée ; les
« fruits qu'elle produit sont visibles ; le revenu est
« facile à calculer et à imposer. »
Mais « il n'en est pas de même pour la contribu-

« tion mobilière ; elle doit porter sur tous les autres
« revenus qui n'ont pas contribué, et ces revenus
« sont ceux qui ne viennent pas de la propriété
« foncière : les rentes actives, les rentes des capitaux
« placés dans les fonds publics, les intérêts des ca-
« pitaux placés dans les entreprises industrielles de
« tout genre, les salaires de toute espèce de travaux
« qui, exigeant une intelligence exercée et une habi-
« leté perfectionnée, supposent des apprentissages
« dont les frais peuvent être considérés comme un
« capital qu'on a placé soi-même et dont on doit
« tirer un bénéfice proportionnel...... »

D'un autre côté, « il importe, en taxant les reve-
« nus mobiliers, de considérer les risques auxquels
« ces revenus sont exposés, l'incertitude d'un pro-
« duit constant et uniforme, la difficulté de les re-
« connaître et de les évaluer à leur véritable taux. »
(*Voy. ibid.*)

**910.** — L'assemblée crut que le parti le plus sage
était de donner pour base à la répartition le *loyer
d'habitation*. Voici ses raisons :

« Les produits des capitaux mobiliers ne sont
« point faciles à connaître, surtout dans un pays où
« la constitution, les principes, les droits, les lois
« et les mœurs proscrivent toute espèce d'inquisition.

« Cependant, il est une indication, sinon parfai-
« tement exacte, du moins assez régulièrement
« approximative ; cette indication est le logement
« destiné à l'habitation personnelle ; il est si naturel
« à l'homme de chercher à embellir le séjour où il
« passe la plus grande partie de sa vie, que presque
« personne n'est arrêté, dans ce penchant, que par

« l'impuissance de le satisfaire, et que, à très-peu
« d'exceptions près, le prix des logements d'habita-
« tion indique la graduation des richesses. »

**911.** — Toutefois, la contribution, répartie en
raison du *loyer d'habitation,* ne fut pas adoptée,
sans doute à cause du peu de confiance du législateur dans une base qu'il n'acceptait qu'à défaut
d'autre plus exacte, comme le seul moyen d'atteindre
les revenus mobiliers. On la combina avec trois
autres espèces de contributions.

La première se payait par tête et pesait sur tous
les citoyens actifs ; elle consistait dans une taxe équi-
valente à trois journées de travail.

La seconde, destinée à porter plus spécialement
sur la richesse, était assise sur les domestiques et
chevaux de luxe.

La troisième, fixée au trois-centième du revenu,
évalué d'après le loyer, et désignée sous le nom de
cote d'habitation, ne se distinguait de la contribution
mobilière proprement dite, qu'en ce qu'elle frappait
également les propriétaires fonciers et les capitalistes, tandis que la contribution mobilière, fixée au
vingtième du revenu, ne se payait que sous la déduction de la somme versée par le contribuable,
à titre d'impôt foncier.

Nous ne suivrons pas ces taxes diverses au travers
des vicissitudes que l'impôt mobilier a eu à subir
de 1791 à 1806. Qu'il nous suffise de constater que
la cote d'habitation qui n'avait pour but que de venir
au secours de la contribution foncière fut abandonnée dès l'origine, et que les taxes somptuaires, dont
les produits allaient diminuant, à mesure de la divi-

sion des fortunes, donnèrent naissance à des réclamations si vives et à des difficultés de perception si
nombreuses, qu'on dut, à la fin, renoncer à ce mode
d'imposition, pour ne conserver que les taxes personnelle et mobilière.

**912.** — Les taxes personnelle et mobilière, néanmoins, ne sont pas les seules destinées à atteindre
la fortune mobilière, qui aient survécu jusqu'à ce
jour. Pour atténuer, sinon pour faire disparaître les
conséquences de l'arbitraire inséparable d'une répartition basée sur une appréciation aussi incertaine
que celle de la valeur locative, on a voulu qu'une
portion des charges à imposer sur les facultés fût répartie d'après une base déterminée, et on a établi la
contribution des portes et fenêtres. Cette contribution, qui n'est en réalité qu'un supplément à la contribution personnelle et mobilière, est soumise à une législation spéciale et doit être considérée séparément.

Cette section est exclusivement consacrée à la
contribution personnelle et mobilière, telle qu'elle
a été maintenue par la loi du 21 avril 1832. Occupons-nous successivement de son assiette et de sa
répartition.

### ART. 1er. — De l'assiette de la contribution personnelle et mobilière.

913. — Pour être imposable il faut être habitant, jouir de ses droits
civils et ne pas être réputé indigent.

914. — De la qualité d'habitant.

915. — De la jouissance de ses droits.

916. — Désignation des indigents.

917. — Les fonctionnaires, les ecclésiastiques et les employés sont
soumis à la contribution personnelle et mobilière.

918. — Des membres de l'armée qui sont imposables à la contribution.

**913.** — Les personnes qui sont soumises à la contribution personnelle et mobilière sont désignées par l'art. 12 de la loi du 21 avril 1832.

« La contribution personnelle et mobilière est « due, porte cet article, par chaque habitant français et par chaque étranger de tout sexe, jouissant « de ses droits, et non réputé indigent.

« Sont considérés comme jouissant de leurs droits « les veuves et les femmes séparées de leur mari; « les garçons et filles majeurs ou mineurs ayant des « moyens suffisants d'existence, soit par leur fortune « personnelle, soit par la profession qu'ils exercent, « lors même qu'ils habitent avec leur père, mère, « tuteur ou curateur. »

Trois conditions doivent ainsi être réunies pour justifier, soit la taxe personnelle, soit la taxe mobilière; il faut d'abord être habitant, puis jouir de ses droits, et enfin ne pas être réputé indigent.

**914.** L'habitant est celui qui réside habituellement dans une ville, dans un pays, par opposition au voyageur qui, ne faisant que passer, s'abstient ordinairement de louer et de meubler une maison et n'occupe que *temporairement* un appartement garni. (*Voy.* Ord. 26 décembre 1834, Min. fin.) Nous disons *temporairement*, parce que le fait qu'on n'est point logé dans ses meubles n'exclut la qualité d'habitant, qu'autant qu'il concourt avec cet autre fait, que le séjour n'est que passager. La loi, en effet, s'en est expliquée elle-même, car elle dispose que « les habitants qui n'occupent que des apparte-« ments garnis ne seront assujettis à la contribution « mobilière qu'à raison de la valeur locative de leur « logement, évalué comme un logement non meu-« blé. » (*Voy.* L. 1832, art. 16.)

Mais tous ceux qui résident habituellement dans une localité en sont-ils *habitants,* dans le sens de la loi ?

Nous pensons qu'il convient de ne comprendre dans cette dénomination que ceux que leur résidence attache au sol de manière à les faire ranger au nombre des membres de l'association communale, par opposition aux domestiques et gens de service. (*Voy.* Ord. 31 juillet 1833, Dutaillis.)

**915.** — La loi a défini ce qui constitue la jouissance des droits. A l'égard des veuves et des femmes séparées de leurs maris, pas de difficulté ; leur état est le plus souvent constaté par des actes légaux, et dans tous les cas, le fait qu'une femme vit seule devient la source d'une présomption qui ne cède que devant la preuve contraire. (*Voy.* Ord. 21 juin 1839, Daubigny.)

Il n'en est pas de même de la suffisance de moyens

d'existence pour les garçons ou filles majeurs et mineurs qui habitent avec les père et mère ou avec les tuteur ou curateur. Ce fait ne comporte qu'une appréciation arbitraire et si essentiellement dépendante des circonstances, qu'on ne saurait songer à la soumettre à aucune règle précise. Remarquons seulement que la jurisprudence, en même temps qu'elle prescrit d'examiner jusqu'à quel point l'héritage laissé par un père à ses enfants est susceptible de pourvoir à leur existence (*Voy.* Ord. 19 oct. 1837, Vaufrey), défend de discuter l'importance des produits d'une profession, dès l'instant que le contribuable l'exerce réellement (*Voy.* 16 août 1833, Leygue); comme aussi de s'attacher à des arrangements de famille, pour juger si le fils qui a, en apparence, des moyens personnels d'existence, n'est pas en réalité à la charge de ses parents. (*Voy.* Ord. 23 avril 1836, Delimal.)

On comprend facilement que l'enfant ou le pupille demeurant avec ses parents ou son tuteur ou curateur, se trouve posséder des moyens suffisants d'existence et doive, par suite, supporter la taxe personnelle, mais on a, au premier abord, quelque peine à concevoir qu'il soit imposable à la taxe mobilière, puisque cette taxe, ainsi qu'on va l'expliquer, ne peut être établie que sur l'habitation personnelle du contribuable. Cependant, il n'est point impossible que l'enfant ou le pupille ait à sa disposition, entre autres biens, quelque habitation meublée. En second lieu, il arrive fréquemment qu'un enfant habitant la même maison que ses parents occupe un appartement distinct. Les répartiteurs sont toujours à portée de recueillir à cet égard les renseignements les plus exacts; rappelons seulement qu'ils doivent, encore sous ce rapport, ne tenir compte que de l'état extérieur des choses, sans entrer dans la discussion ou l'examen des arrangements de famille.

**916.** — Le conseil municipal désigne chaque année, suivant des formes que nous indiquerons bientôt, ceux qu'il croit devoir exempter comme indigents, soit de la taxe mobilière seulement, soit des taxes mobilière et personnelle. Le pouvoir qui lui est délégué à cet effet participe évidemment de la nature du pouvoir législatif; car le conseil municipal prononce, au profit des indigents, une véritable exemption et augmente d'autant le contingent à répartir entre les autres habitants de la commune. Nous n'hésitons pas dès lors à considérer sa désignation comme souveraine et à refuser le droit de réclamer à tout individu qu'il n'a pas cru devoir exempter. (*Voy.* Ord. 14 décembre 1837, Massad–Élias; 2 janvier 1838, Trollé.) Son indigence fût-elle notoire et absolue, il n'aurait d'autre ressource que de s'adresser au préfet, non pas pour solliciter une exemption que ce fonctionnaire n'aurait pas le droit de lui accorder, mais pour demander une remise et faire porter sa cotisation au rang des cotes irrécouvrables. (*Voy. infrà*, section 5°.)

**917.** — La taxe mobilière, sinon la taxe personnelle, pouvant souffrir quelques difficultés à l'égard des fonctionnaires et employés logés gratuitement, la loi a cru devoir les prévenir, et elle a statué que « les fonctionnaires, les ecclésiastiques et les em- « ployés civils et militaires, logés gratuitement dans

« des bâtiments appartenant à l'état, aux départe-
« ments, aux arrondissements, aux communes ou
« aux hospices, sont imposables d'après la valeur
« locative des parties de ces bâtiments affectées à
« leur habitation personnelle. » (*Voy.* L. 21 avril
1832, art. 15.)

**918.** — La condition de l'armée, relativement à
la contribution personnelle et mobilière, est réglée
ainsi qu'il suit :

« Les officiers de terre et de mer ayant des habi-
« tations particulières, soit pour eux, soit pour leur
« famille, les officiers sans troupes, officiers d'état-
« major, officiers de gendarmerie et de recrutement,
« les employés de la guerre et de la marine, dans les
« garnisons et dans les ports, les préposés de l'ad-
« ministration des douanes, sont imposables à la
« contribution personnelle et mobilière, d'après le
« même mode et dans la même proportion que les
« autres contribuables. » (*Voy.* art. 14.)

D'après cette disposition, les soldats et sous-offi-
ciers et ceux d'entre les officiers qui, ayant avec
eux des troupes, se contentent du logement fourni
par l'état, sont seuls exempts de l'impôt. On s'est
demandé si l'officier, ayant avec lui des troupes, qui
occupe, dans le lieu de sa garnison, un logement
qu'il paye avec l'indemnité allouée pour défaut de
logement dans les bâtiments militaires, se trouve
compris dans l'exemption, et l'affirmative a paru
non douteuse. (*Voy.* Ord. 23 avril 1837, Tessier.)
Il est de fait que l'officier, dans ce cas, ne peut être
réputé avoir une habitation *particulière*, dans le sens
de la loi. Sa condition, sous le rapport de l'habi-

tation, n'est bien que celle que lui fait l'état. A quel titre d'ailleurs le faire souffrir d'un arrangement tout à fait indépendant de sa volonté et qui, en réalité, ne lui procure aucun avantage?

Les officiers qui ne sont détachés de leur régiment que pour un service temporaire et ne cessent point de lui appartenir et de figurer sur ses contrôles, ne sauraient évidemment être assimilés aux officiers sans troupes, tels que les officiers d'artillerie et du génie attachés aux arsenaux. (*Voy.* Ord. 27 février 1835, Josse.) On l'a décidé notamment au profit d'officiers d'artillerie, appelés à un service temporaire dans une direction (*Voy.* Ord. 17 mai 1837, Lechevallier), et d'officiers de cavalerie, momentanément attachés à un dépôt de remonte. (*Voy.* Ord. 4 juillet 1838, Salse.) On a jugé que l'esprit de la loi leur donnait droit à l'exemption, pourvu que leur logement n'excédât pas l'importance de celui qui leur eût été accordé dans les bâtiments militaires.

Il faut remarquer la disposition relative aux officiers d'état-major. Qu'ils soient logés gratuitement dans les bâtiments de l'état, des départements ou des communes, ou qu'ils se logent à leurs frais, ils sont, dans tous les cas, passibles de la contribution. De là, pour eux la nécessité de subir l'impôt mobilier dans le lieu de la résidence que leur assigne le service. Vainement un maréchal de camp, résidant dans une citadelle, opposerait-il que son habitation est ailleurs, et qu'il acquitte la taxe mobilière dans la commune où elle est fixée. La cotisation qu'il subit pour l'habitation qu'il garde à sa disposition, ne le dispense pas de l'obligation d'en subir une autre dans la commune où son service l'appelle à résider et à occuper, par suite, une habitation. (*Voy.* Ord. 27 février 1835, Bugeaud.)

919. — Passons à l'indication des éléments d'après lesquels doivent être taxées les personnes comprises dans la classe des imposables, telle qu'elle vient d'être déterminée.

920. — La taxe personnelle n'est assise que sur la personne, abstraction faite de ses biens; elle atteint, par conséquent, tout individu qui réunit les conditions exigées pour être passible de la contribution personnelle et mobilière. Mais elle ne se paye qu'une fois et dans un seul lieu.

Elle n'est due que dans la commune du domicile réel. (*Voy.* L. 21 avril 1832, art. 13.) Autrefois on exigeait une résidence d'un an (*Voy.* L. 3 nivôse an VII, art. 20), ou de six mois (*Voy.* L. 26 mars 1831, art. 2), pour constituer ce domicile. Aujourd'hui, le fait seul de la résidence suffit. On doit imposer toute personne dans la commune où elle réside au moment où s'effectue la répartition individuelle des contingents communaux. La loi ne donne au contribuable que le droit d'opposer que la commune où il se trouvait au moment de la confection des rôles n'était pas ou n'est plus le lieu de sa résidence principale, et la jurisprudence exige même, pour que la preuve de ce fait puisse motiver la radiation sur les rôles, qu'elle soit accompagnée de la justification de l'imposition du contribuable dans une autre résidence. (*Voy.* Ord. 26 juin 1835, de Landrevie; 1er juin 1836; Ferdinand-Goupil; 12 avril 1838, de la Rouvraye; 8 mai 1841, Min. fin.)

**921.** — Le montant de la taxe personnelle est toujours et partout de la valeur de trois journées de travail. Le législateur avait même cru devoir, dans la loi du 26 mars 1831, fixer lui-même, en raison de la population, pour chaque commune, le prix moyen de la journée, et déterminer ainsi le chiffre de la cote personnelle afférente à chaque contribuable. Mais, revenant aux anciens principes dans la loi du 21 avril 1832, il a fait de cette fixation l'objet d'une délégation au profit des conseils généraux, et s'est contenté de leur imposer l'obligation de ne procéder à l'évaluation que sur la proposition du préfet, de ne point la porter au-dessus de 1 fr. 50 c., et de ne point la descendre au-dessous de 50 c. (*Voy.* L. 21 avril 1832, art. 10.)

**922.** — L'esprit qui a présidé à la création de la taxe personnelle se révèle si clairement dans l'organisation de ce genre de contribution, que, dès le premier pas, il nous est donné de le découvrir et de le signaler. Le législateur a voulu donner un moyen d'appeler tous ceux qui profitent des avantages de l'état social à concourir aux charges qu'il impose. Il a voulu qu'il fût possible de convier tout le monde à l'accomplissement d'un devoir qui est aussi un honneur, car il distingue le citoyen et constitue chez nous le titre d'où dérivent les droits civiques les plus précieux. C'est pour cela qu'il a établi une taxe qui ne repose que sur la personne, et qu'en permettant de l'abaisser jusqu'à un chiffre qui ne saurait être dépassé, sans qu'elle cessât, pour ainsi dire, d'avoir une valeur saisissable, il lui a assigné pour *maximum* un taux infiniment peu élevé. Les conseils municipaux ont à ne pas perdre cette intention de vue dans l'exercice du droit qui leur est conféré. Ils ne doivent exempter de la taxe personnelle que les habitants que leur état d'indigence met vraiment dans l'impossibilité de l'acquitter. Quant à la taxe mobilière, qui doit fournir toute la portion du contingent non répartie en taxes personnelles, ils n'ont à consulter que leur humanité et à se guider sur la puissance des forces contributives de l'association communale, pour désigner ceux qui en sont exemptés.

**923.** — La sollicitude du législateur pour les contribuables que leur peu d'aisance commande de n'assujettir qu'à la taxe personnelle, se manifeste dans la disposition de l'art. 19 : il est dit dans cet article, que « les centimes additionnels, généraux et « particuliers, ajoutés au principal du contingent per- « sonnel et mobilier de la commune, ne porteront « que sur les cotisations mobilières; la taxe person- « nelle sera imposée en principal seulement. »

**924.** — La taxe mobilière, à la grande différence de la taxe personnelle, est due autant de fois que le contribuable a d'habitations meublées et dans autant de lieux que ces habitations occupent de communes différentes. (*Voy.* L. 21 avril 1832, art. 13.)

**925.** — La multiplicité des taxes peut néanmoins motiver une réclamation, dans le cas où elle se réalise à l'égard d'une même habitation.

Les changements de résidence deviennent même assez fréquemment l'occasion d'erreurs de ce genre, surtout lorsqu'ils s'effectuent dans l'intervalle qui s'écoule entre la confection des rôles et leur mise en recouvrement. Le contribuable qui s'éloigne d'une

commune, dans laquelle le travail de répartition a
été opéré, et va se fixer dans une autre où ce travail
est encore à faire, pourra fort bien se trouver cotisé
dans les deux. Mais rien de plus simple que la voie à
prendre pour obtenir la décharge de la cotisation
assise sur l'habitation abandonnée. On n'a que deux
choses à prouver : la première qu'on n'a, en aucune
manière, conservé l'ancienne habitation à sa disposition, qu'on l'a bien réellement quittée de fait et
d'intention (*Voy.* Ord. 21 avril 1836, de Narp), la
seconde, non moins essentielle que la première,
qu'on est imposé dans le lieu de sa nouvelle résidence. (*Voy.* Ord. 12 avril 1838, Duchâtel; 22 août
1839, Robion; 24 juin 1840, Thiessé.)

**926.** — Le législateur, en ne soumettant à l'impôt
que les bâtiments d'*habitation*, a subordonné la détermination de l'objet imposable à une appréciation
de destination qui peut, parfois, motiver quelque
discussion. Nous devons dire cependant qu'en fait
les difficultés sérieuses sont infiniment rares. En
voici la raison :

D'abord, la loi du 3 nivôse an VII, et plus tard,
celle de 1831, dont la loi du 21 avril 1832 a, sous
ce rapport, reproduit la pensée, ont nominativement
désigné les bâtiments qui restaient en dehors de la
classe des maisons d'habitation : « Ce sont les ma-
« gasins, boutiques, auberges, usines et ateliers,
« pour raison desquels les contribuables payent pa-
« tente, les bâtiments servant aux exploitations ru-
« rales, les locaux destinés au logement des élèves
« dans les écoles et pensionnats, et aux bureaux des
« fonctionnaires publics. » (*Voy.* L. du 26 mars

1831, art. 8.) Or, on a admis en principe que les locaux non compris dans cette énumération rentraient virtuellement dans la classe des locaux d'habitation, dans le sens de la loi qui soumet à l'impôt tous les locaux de ce genre. On a donc écarté ainsi d'un seul coup un grand nombre de réclamations, dont le jugement,· à la lueur d'un tout autre principe, aurait pu présenter quelques difficultés. Pour n'en citer que deux exemples, il allait de soi que les cercles littéraires ( *Voy.* Ord. 9 mars 1836, Min. fin.) et les loges de francs-maçons (*Voy.* Ord. 5 décembre 1837, Min. fin.) fussent imposés, dès l'instant que les locaux désignés par la loi de nivôse échappaient seuls à l'impôt, tandis que la question n'eût pas été sans gravité, si on avait pu soutenir qu'en ne soumettant que les *habitations* à l'impôt, on s'était proposé de soustraire à son atteinte tout bâtiment non destiné à servir de logement.

D'un autre côté, en se reportant à l'esprit de la loi qui a choisi le loyer d'habitation comme signe indicateur de la richesse, on n'a pas eu de peine à comprendre que l'habitation affectée au logement habituel n'était pas la seule qui dût la taxe mobilière, et qu'il fallait imposer tout appartement, tout local meublé que le propriétaire garde à sa disposition, quelle que soit son importance, plus ou moins grande, et quelque usage qu'on en fasse ; et cette doctrine a eu pour effet de mettre obstacle à toutes les réclamations fondées sur l'impossibilité de loger dans le local imposé (*Voy.* Ord. 6 décembre 1836, veuve Ramé ; 28 décembre 1836, Ansianne), ou sur le défaut d'usage.

**927.** — En 1831, on avait cru assurer à l'état une augmentation de produits en séparant la taxe personnelle de la taxe mobilière. On avait fait de la première un impôt de quotité, en laissant à la seconde le caractère d'impôt de répartition. Cette distinction dans la nature des deux contributions avait entraîné pour chacune un mode de perception particulier. Tandis que la taxe mobilière ne se percevait qu'en vertu de cotisations basées sur le travail de réparti-tion, effectué dans le sein des communes par les élus des citoyens, les agents des contributions recher-chaient tous ceux que leur condition permettait d'as-sujettir à l'impôt personnel, et, sans s'inquiéter de savoir si les répartiteurs les avaient ou non considérés comme imposables à la contribution mobilière, les soumettaient au payement du prix de trois journées de travail, d'après le tarif annexé à la loi du 26 mars. Cette innovation eut, en effet, pour résultat de révéler l'existence d'une multitude de personnes imposables et de faire rendre plus d'argent à l'une des branches du revenu public. Mais le contact des agents du fisc et l'exactitude rigoureuse qui présida à l'accomplissement de leur mission suscita des plaintes si vives, qu'on dut renoncer au nouveau système. La loi du 21 avril 1832 réunit les deux taxes en une seule contribution. Cette contribution ne se perçoit que par voie de répartition, en sorte que la liste des imposables n'est, en définitive, dressée que par les répartiteurs. Toutefois, elle présente ce caractère remarquable que l'un des éléments composant toute cotisation portée sur les rôles du domicile réel du contribuable, la seule qui puisse comprendre à la fois la taxe personnelle et une taxe mobilière, est le même pour tous les imposables de la commune. C'est un point d'analogie avec les impôts de quotité.

928. — Les dépositaires du pouvoir législatif fixent le montant de la contribution personnelle et mobilière pour chaque année, et le répartissent entre les divers départements. Les conseils généraux distribuent le contingent départemental entre les arrondissements, et les conseils d'arrondissement déterminent le contingent de chaque commune. Les conseils de département et d'arrondissement, dans l'accomplissement de cette mission, agissent en vertu

des mêmes pouvoirs et suivant les mêmes règles que
pour la contribution foncière. Nous ne reviendrons
donc pas sur ce qui a été dit de la nature de ces
actes et du recours dont ils peuvent être susceptibles.
Passons immédiatement à l'indication des bases sur
lesquelles la répartition est assise.

**929.** — L'assemblée nationale se crut réduite à
subir, pour la contribution personnelle et mobilière,
les mêmes bases que pour la contribution foncière.
Elle régla les contingents des divers départements,
en raison de leur participation au payement des
anciennes contributions. Ce système s'est perpétué
fort longtemps, mais, une fois pénétré de l'idée, déjà
signalée plus haut (*Voy.* n° 852), que la stabilité
n'est précieuse à maintenir que dans les charges
foncières, le législateur n'hésita point à entrer dans
la voie des réformes, et sut y marcher à grands pas,
pour ramener au principe de l'égalité la répartition,
entre les localités, du montant de la contribution
personnelle et mobilière. Dès 1820, il fut déclaré que
le contingent des départements, des arrondissements et des communes serait fixé d'après les valeurs
locatives d'habitation. (*Voy.* L. 23 juillet, art. 29.)

**930.** — Les autorités départementales, d'abord
chargées de l'évaluation des valeurs locatives, pour
servir à cette fixation, n'ayant, dans des intérêts de
localités faciles à comprendre, présenté que des
chiffres empreints de la plus grande inexactitude, le
ministre des finances dut recourir aux agents de
l'administration des contributions. Une ordonnance
du 16 juillet 1826 organisa, à cet effet, un travail de
recensement dont toutes les parties se coordonnaient

pour donner des résultats complets et uniformes.

**951.** — En 1832, l'administration était déjà en possession de documents assez nombreux pour qu'on pût appeler l'attention du législateur sur les moyens de réaliser le principe posé dans la loi du 23 juillet 1820 pour la répartition entre les départements. Après un long examen des divers éléments que le pouvoir législatif avait à sa disposition, on crut qu'il était essentiel, pour éviter un changement trop brusque dans la participation aux charges publiques, de ménager une sorte de compensation en combinant trois éléments de nature diverse ; on répartit le contingent de 34 millions alloué au gouvernement, un tiers au centime le franc du montant des taxes personnelles de 1831 ; un tiers d'après les contingents assignés aux départements pour 1830, et un tiers d'après les valeurs locatives d'habitation. (*Voy.* état B, n° 2, annexé à la loi du 21 avril 1832.) Mais, en même temps, il fut dit, dans l'art. 31, « qu'il serait « soumis aux chambres, dans la session de 1834, et « ensuite de cinq en cinq années, un nouveau projet « de répartition entre les départements. »

**952.** — Quant à la répartition entre les arrondissements et les communes, on jugea convenable de laisser les conseils généraux et ceux d'arrondissements maîtres d'en régler la proportion, en leur assurant d'ailleurs la facilité de prendre pour base les valeurs locatives, et de se conformer ainsi au vœu précédemment exprimé dans la loi de 1820. C'est ce qui résulte de l'art. 11 de la loi de 1832 qui est ainsi conçu : « Le directeur des contributions directes « formera, chaque année, un tableau présentant :

« par arrondissement et par commune, le nombre
« des individus passibles de la taxe personnelle et
« le montant de leurs valeurs locatives d'habitation.

« Ce tableau servira de renseignement au conseil
« général et aux conseils d'arrondissements pour la
« répartition de la contribution personnelle et mo-
« bilière. »

**935.** — Le nouveau projet de répartition entre les départements qui, aux termes de la loi de 1832, devait être soumis aux chambres en 1834, ne fut point présenté à cette époque, parce que l'administration n'était pas encore parvenue à donner à l'évaluation des valeurs locatives l'unité et l'exactitude nécessaires pour en faire une base définitive de répartition. M. le ministre des finances ajoutait d'ailleurs, en donnant cette explication aux chambres en 1835, que les documents recueillis prouvaient que les contingents, fixés selon le mode provisoirement adopté par la loi de 1832, étaient généralement en rapport avec la force contributive des départements, et que, par conséquent, il n'y avait pas d'urgence à les abandonner. Les chambres, déterminées par les observations du ministre, maintinrent jusqu'en 1842 le système créé par la loi de 1832, et décidèrent même que ce ne serait que tous les dix ans que reviendrait la proposition de modifier la répartition entre les départements. On reconnut qu'il ne fallait pas moins de cet intervalle pour que le développement de la richesse mobilière pût amener des changements assez notables pour nécessiter une révision du classement des départements. De là, l'art. 2 de la loi du 14 juillet 1838 qui statue :

« L'art. 31 de la loi du 21 avril 1832 est abrogé.
« Il sera soumis aux chambres, dans la session de
« 1842, et ensuite de dix années en dix années, un
« nouveau projet de répartition entre les départe-
« ments, tant de la contribution personnelle et mo-
« bilière, que de la contribution des portes et fe-
« nêtres. A cet effet, les agents des contributions
« directes continueront de tenir au courant les ren-
« seignements destinés à faire connaître le nombre
« des individus passibles de la contribution person-
« nelle, le montant des loyers d'habitation et le
« nombre des portes et fenêtres imposables. »

**934.** — En résumé, les bases de la répartition
entre les départements sont encore aujourd'hui celles
consacrées provisoirement par la loi de 1832, mais
les chambres auront incessamment à les examiner,
pour les modifier au besoin, et il en sera ainsi de dix
ans en dix ans. Quant aux conseils généraux, ils ne
sont, non plus que ceux d'arrondissement, astreints
à aucune base déterminée pour la distribution du
contingent départemental entre les arrondissements
et les communes; les tableaux d'évaluation des valeurs locatives ne leur sont soumis qu'à titre de
renseignement. « Voici, au surplus, disent les au-
« teurs du traité de *la Fortune publique en France*,
« comment la répartition a lieu généralement. On
« commence par additionner le produit de la taxe
« de trois journées de travail, dans chaque arrondis-
« sement et dans chaque commune, le surplus du
« contingent est fourni par la taxe mobilière, en
« raison des valeurs locatives d'habitation. » (*Voy.*
t. III, p. 279.)

**935.** — Il nous reste à parler de la répartition du quatrième degré, de celle qui s'effectue entre les divers membres de l'association communale.

### ART. 3. — De la répartition individuelle dans le sein de la commune.

956. — Les rôles de la contribution mobilière sont, comme ceux de la contribution foncière, dressés par les agents de l'administration, d'après une matrice qui contient, pour chacun, le chiffre de la valeur imposable, et ne laisse plus qu'à exécuter un calcul pour obtenir le chiffre de sa quote-part dans le contingent communal. La matrice du rôle de la contribution personnelle et mobilière est l'œuvre des commissaires répartiteurs, nommés ainsi qu'il a été expliqué pour la contribution foncière et assistés du contrôleur. Leur travail annuel se borne à la revoir, lors de la tournée du contrôleur, non pas seulement pour effectuer les mutations pour cause de décès ou changement de domicile, mais aussi pour modifier, s'ils jugent qu'il y ait lieu, le chiffre de la valeur imposable, en raison de la diminution ou de l'augmentation du loyer. A la différence, en effet, des évaluations des revenus fonciers, celles des valeurs locatives sont essentiellement variables; elles peuvent, au besoin, être renouvelées chaque année. (*Voy.* Loi 21 avril 1832, art. 17.)

957. — La matrice doit contenir : 1° le nom de chaque imposable ; 2° le montant du loyer, qui donne la mesure de sa participation au contingent communal.

**938.** — 1° La désignation nominative de la personne imposable a une importance facile à saisir. La contribution personnelle et mobilière n'a rien de commun avec les droits réels ; elle ne porte que sur la personne ; nul ne peut donc être contraint à acquitter une cote qui ne se trouverait pas inscrite à son nom ; l'état manquerait de titre pour agir contre lui.

**939.** — Ce principe n'admet d'exceptions que celles résultant des art. 21, 22 et 23 de la loi de 1832, qui sont ainsi conçus :

« Art. 21. La contribution personnelle et mobi-
« lière étant établie pour l'année entière, lorsqu'un
« contribuable viendra à décéder dans le courant de
« l'année, ses héritiers seront tenus d'acquitter le
« montant de sa cote.

« Art. 22. En cas de déménagement hors du
« ressort de la perception, comme en cas de vente
« volontaire ou forcée, la contribution personnelle
« et mobilière sera exigible pour la totalité de l'an-
« née courante.

« Les propriétaires et, à leur place, les princi-
« paux locataires, devront, un mois avant l'époque
« du déménagement de leurs locataires, se faire re-
« présenter par ces derniers les quittances de leur
« contribution personnelle et mobilière. Lorsque les
« locataires ne représenteront point ces quittances,
« les propriétaires ou principaux locataires seront
« tenus, sous leur responsabilité personnelle, de
« donner, dans les trois jours, avis du déménage-
« ment au percepteur.

« Art. 23. Dans le cas de déménagement furtif,

« les propriétaires et, à leur place, les principaux
« locataires, deviendront responsables des termes
« échus de la contribution de leurs locataires, s'ils
« n'ont pas fait constater, dans les trois jours, ce
« déménagement par le maire, le juge de paix ou le
« commissaire de police.

« Dans tous les cas, et nonobstant toute déclara-
« tion de leur part, les propriétaires ou principaux
« locataires demeureront responsables de la contri-
« bution des personnes logées par eux en garni... »

L'art. 21, en mettant la dette du défunt à la charge
de l'héritier, n'exprime que la conséquence des
règles · ordinaires en matière de succession. Cet
article n'est remarquable qu'en ce qu'il consacre
pour l'état le droit à la contribution pour l'année
courante tout entière, à quelque époque que se soit
réalisé le décès. Mais les art. 22 et 23, indépendamment du même droit, créent, au profit de l'état et
dans le but de lui assurer les ressources sur lesquelles il a à compter, des cas de responsabilité
étrangers aux prévisions du droit commun.

Les préposés du trésor puisent dans ces dispositions des armes pour contraindre au payement de
la contribution des individus, autres que ceux nominativement inscrits sur les rôles. Mais ce privilége,
qui n'existe que dans des circonstances spécialement
déterminées, ne s'applique jamais qu'à l'année dans
le cours de laquelle s'est réalisé le fait de la disparition, par décès ou autrement, du contribuable
porté sur le rôle. (*Voy.* Ord. 22 novembre 1836, de
Pressy; 30 juin 1839, héritiers Lextrait.)

S'en suivra-t-il que si un mari, par exemple, ne

décède qu'après le travail des mutations, mais avant l'ouverture de l'exercice, sa veuve, devenue par le fait imposable, échappera à la loi de l'impôt pour cet exercice? Non, sans doute. Il en résulte simplement qu'au lieu d'imputer à sa charge la cote de son mari, il y aura lieu de procéder, à son égard, à la confection d'un rôle supplémentaire. (*Voy.* Ord. 23 février 1839, veuve Landoire; 25 février 1841, Carton.)

**940.** — La nécessité d'une désignation nominative reconnue, à quelles conditions cette désignation sera-t-elle suffisamment claire et complète?

On rentre ici sous l'empire des principes du droit commun. La désignation est suffisante, lorsqu'elle exclut le doute sur l'individualité de la personne qui en fait l'objet; et les circonstances et les faits guideront, sous ce rapport, l'appréciation du juge. Nous n'hésitons point à approuver celle qui sert de base à une ordonnance du 18 juillet 1834, par laquelle le conseil a maintenu la cote établie sur des *frères* directeurs d'une école chrétienne, simplement désignés par leur nombre, en se fondant sur ce que ces frères n'avaient pas été nominativement indiqués à l'administration, et sur ce que leur nombre n'était pas contesté.

**941.** — 2° L'indication du montant du loyer n'est pas moins nécessaire que la désignation du contribuable, puisque c'est la valeur locative qui donne la mesure de la participation à l'impôt. Il ne saurait y avoir deux manières d'exprimer cette indication; nous n'avons par conséquent rien à observer sur ce point. Mais il importe d'exposer les règles suivant lesquelles on devra procéder à l'évaluation.

942. — On n'a point à se demander si les bâtiments doivent être évalués dans leur ensemble, ou si l'on ne doit pas considérer successivement leurs diverses parties pour distinguer celles qui sont imposables, et celles qui ne le sont pas; la loi dit formellement que «les parties de bâtiments consacrées « à l'habitation personnelle doivent seules être com- « prises dans l'évaluation des loyers. » (*Voy.* L. 21 avril 1832, art. 17.)

943. — Les portions de bâtiments affectées aux destinations énumérées par l'art. 8 de la loi du 26 mars 1831 se présentent en première ligne comme devant rester en dehors de l'évaluation. (*Voy. suprà* n° 926.)

Lorsqu'une maison renferme un magasin, une boutique, une auberge (*Voy.* Ord. 5 déc. 1833, Devaux), une usine ou un atelier, les répartiteurs sont tenus, pour obtenir la valeur imposable, de déduire du total du loyer la portion afférente au local occupé par le magasin, la boutique, l'auberge, l'usine ou l'atelier. Mais la loi, en ajoutant à la suite de l'énumération ces mots : «*pour raisons desquels les con-* « *tribuables payent patente,*» indique clairement de quel esprit on doit s'inspirer pour décider si l'affectation d'un bâtiment ou d'une portion de bâtiment doit ou non le faire assimiler à l'un des locaux énumérés dans l'art. 8 de la loi du 26 mars 1831. La disposition que renferme cet article a sa source dans une raison de justice; on n'a pas voulu que le local frappé par la patente supportât la taxe mobilière, et motivât ainsi une double contribution. D'après cela, le premier point à prouver pour le contribuable qui veut se retrancher sous la protection de cette disposition, c'est que l'affectation du local qu'il prétend devoir rester en dehors de l'évaluation, le rend passible de la patente. A la lumière de ce principe, on reconnaît que les ateliers des peintres et statuaires doivent entrer dans l'évaluation du loyer imposable (*Voy.* Ord. 2 juillet 1836, Min. fin.), et qu'il en est de même d'un musée d'amateur ou d'une bibliothèque. (*Voy.* Ord. 18 mai 1838, Lever.)

**944.** — Les bâtiments ou portions de bâtiments servant aux exploitations rurales ne doivent pas, non plus, être compris dans l'évaluation des loyers d'habitation. (*Voy.* art. 8 de la loi du 26 mars 1831.) La destination de ces bâtiments, il est vrai, ne donne pas lieu à la patente; mais elle en fait une dépendance et un moyen de culture pour les propriétés foncières qui supportent un impôt particulier.

**945.** — La loi, en prescrivant, en troisième lieu, de ne point comprendre dans l'évaluation les locaux destinés au logement des élèves dans les écoles et pensionnats (*Voy. ibid.*), ne nous paraît encore dominée que par le désir de ne pas frapper deux fois le même objet. Nous pensons qu'elle a considéré que les maîtres d'écoles et de pensionnats, en acquittant la taxe universitaire, ne devaient plus rien à l'état à raison de l'exercice de leur profession.

**946.** — Enfin, il n'est pas moins facile de s'expliquer pourquoi les bureaux des fonctionnaires publics sont aussi exceptés de l'évaluation. (*Voy. ibid.*) La contribution établie sur ces bureaux n'opèrerait, en définitive, qu'un retranchement sur le salaire des fonctionnaires; or, en fixant ce salaire, on l'a ré-

duit à son taux légitime, l'état en a retranché tout
ce qu'il pouvait se croire en droit de prélever sur les
fruits du travail dont il forme le prix. Ce motif découvre la juste portée de l'exception ; les fonctionnaires salariés par l'état sont évidemment les seuls
en droit d'en réclamer le bénéfice. Les avocats, les
notaires (*Voy.* Ord. 17 mai 1833, Michel), et, en général, tous ceux qui, ne s'occupant que de la gestion d'intérêts privés, ne sont rétribués que par les
particuliers, doivent donc la contribution pour leurs
bureaux, études ou cabinets, comme pour le reste
de leur habitation personnelle.

**947.** — Les locaux désignés par l'art. 8 de la loi
du 26 mars 1831 une fois reconnus et rejetés de l'é-
valuation, les répartiteurs ont encore à distinguer
parmi les bâtiments étrangers à ces désignations
ceux qui font partie de l'habitation personnelle du
contribuable.

En quoi consiste cette habitation personnelle ? Ne
comprend-elle que les appartements que le contribuable occupe, ou faut-il y joindre les écuries, remises, celliers, buanderies et, en un mot, toutes les
dépendances affectées au service de sa maison; et
dans les appartements eux-mêmes, ne convient-il
pas de ne tenir compte que des pièces meublées?

La réponse à ces questions et à toutes celles qui
peuvent s'élever sur le même point, découle de l'idée
qui a présidé au choix du loyer d'habitation comme
signe indicateur de la richesse. Le logement destiné
à l'habitation personnelle n'a été adopté que parce
que l'expérience enseignait que l'embellissement de
la demeure est presque toujours proportionné à la

fortune de celui qui l'habite ; n'est-il pas évident, dès
lors, que, bien loin de pouvoir être négligés, les bâtiments destinés à la rendre plus agréable ou plus
commode deviennent les éléments essentiels de la
graduation entre les valeurs locatives? Vainement
observerait-on qu'ils forment une construction séparée, qu'ils ont même été loués à un autre propriétaire, et sont situés à une certaine distance : le lien
de dépendance naît ici de l'usage. (*Voy.* Ord. 18
mai 1838, Olive.) (1)

C'est aussi l'usage qu'il faut prendre pour guide
lorsque l'appartement renferme des pièces non meublées. Pour peu qu'elles aient d'utilité, pour peu
qu'on s'en serve, ne fût-ce que pour avoir accès aux
pièces occupées, elles font partie nécessaire de l'appartement, elles en sont dépendantes et doivent être
comptées. (*Voy.* Ord. 7 déc. 1832, Brossaud de Juigné ;
19 janv. 1836, Von-Elsberg.) Le fait même qu'on les
conserve, sans les mettre en location, n'est-il pas la
meilleure preuve que le contribuable se ménage quelque compensation à ce sacrifice, ou, tout au moins,
que sa fortune le met à même de supporter un loyer
qui, pour lui, s'accroît d'autant ?

948. — Arrivons à l'évaluation :

« Les répartiteurs, dit l'art. 17 de la loi du
« 21 avril 1832, pourront faire usage des éléments
« d'après lesquels étaient fixées les cotes indivi-

_____

(1) C'est d'après ce principe qu'il a été décidé que les petites
maisons édifiées dans les vignes et meublées pour être habitées durant les vendanges devaient être prises en considération pour la
fixation du contingent dans la contribution mobilière. (*Voy.* Ord. 5
mars 1841, Bréchan.)

« duelles antérieurement à 1831. » Quels sont ces éléments ?

Le cadastre est l'élément principal. Cependant l'évaluation en matière d'impôt foncier, ne portant que sur la valeur nue des bâtiments et n'ayant pour objet que la détermination exacte de leur produit, ne saurait toujours donner l'expression de la fortune des contribuables, telle qu'on cherche à l'obtenir par l'appréciation des valeurs locatives. Les répartiteurs ont besoin de plus de latitude. La position, l'étendue, la distribution, le décor, l'ameublement même sont autant d'éléments à combiner pour arriver à une juste appréciation de la valeur locative. (*Voy.* Ord. 20 mars 1838, de Mylius ; 29 octobre 1839, de Vintant.)

**949.** — Mais il est une base dont il faut avoir grand soin de s'abstenir, c'est celle des *facultés présumées.*

Dans un grand nombre de communes, les répartiteurs, trompés par la disposition de la loi de 1832 qui autorise l'emploi des éléments usités antérieurement à 1831, ont cru pouvoir négliger la valeur locative, pour se reporter à la fortune présumée des contribuables et opérer sur cette base. La loi du 14 thermidor an v et l'arrêté du 24 floréal an viii, qui font mention des *facultés* des contribuables, leur ont semblé les mettre au nombre des éléments admis avant 1831. Mais la jurisprudence s'est constamment élevée contre ce système. Les considérants d'une ordonnance du 28 novembre 1834, commune d'Embry, rédigés dans le but de dissiper à cet égard une erreur trop commune, démontrent, avec ses in-

convénients, la fausseté du raisonnement qui lui sert
d'appui. Le conseil d'état a dit : « que les disposi-
« tions de la loi du 14 thermidor an v, d'après la-
« quelle la contribution mobilière était répartie par
« un jury d'équité, institué dans chaque canton, et
« portait sur tous les revenus non imposés à la con-
« tribution foncière, ont été abrogées par la loi du
« 3 nivôse an vii ; qu'aux termes de cette dernière
« loi, la contribution mobilière doit être répartie au
« marc le franc de la valeur du loyer d'habitation
« personnelle de chaque contribuable ;

« Que l'arrêté du 24 floréal an viii, relatif seule-
« ment à la forme et à l'instruction des réclama-
« tions, n'a pu rien changer à l'assiette même de
« l'impôt, et que les articles de cet arrêté, dans
« lesquels il est fait mention des facultés des con-
« tribuables, ne doivent être considérés comme
« applicables qu'à la contribution somptuaire, qui
« était encore perçue à cette époque ;

« Que la loi du 23 juillet 1820 a mis le système
« de répartition générale entre toutes les parties de
« la France, en corrélation avec celui que la loi de
« l'an vii avait créé dans le sein de chaque com-
« mune, en disposant (art. 29, rappelé par l'art. 9 de
« la loi du 21 avril 1832) qu'à partir du 1er jan-
« vier 1821, le contingent mobilier des départe-
« ments, des arrondissements et des communes
« serait fixé d'après *les valeurs locatives* d'habita-
« tion ; que tel était encore l'état de la législation
« en 1831, et que dès lors la loi du 21 avril 1832,
« en autorisant l'usage des éléments d'après lesquels
étaient fixées les cotes individuelles antérieurement à

1831, n'a entendu permettre que l'emploi des élé-
« ments de nature à mener à une juste appréciation
« de la *valeur locative* de l'habitation des contri-
« buables ;

« Que, d'ailleurs, l'art. 29 de la loi de 1820 donne
« aux contribuables qui se croiraient surtaxés, le
« droit de recourir à une expertise, laquelle n'aurait
« aucun résultat possible, s'il s'agissait de leur for-
« tune présumée, et que, dans ce système, la con-
« tribution mobilière étant due, aux termes de l'ar-
« ticle 13, pour toute habitation meublée, située
« soit dans la commune du domicile réel, soit dans
« toute autre commune, il s'en suivrait que chaque
« contribuable pourrait être imposé à raison de sa
« fortune, autant de fois qu'il aurait d'habitations
« meublées, ce qu'il est impossible d'admettre... »

Cette doctrine reçoit chaque jour son application.
(*Voy.* Ord. 29 oct. 1839, Vintant ; 1er juillet 1840, de
la Rouvraye de Sapandré ; 26 nov. 1841, Dartaud.)

**950.** — « Lors de la formation de la matrice, le
« travail des répartiteurs sera soumis au conseil
« municipal, qui désignera les habitants qu'il croira
« devoir exempter de toute cotisation, et ceux qu'il
« jugera convenable de n'assujettir qu'à la taxe per-
« sonnelle. » (*Voy.* art. 18.)

La définition que nous avons donnée plus haut
(*Voy.* n° 916) du pouvoir conféré ici aux conseils municipaux, lui assigne pour objet exclusif, la désignation des contribuables dont l'indigence réclame des
ménagements ; elle ne permet pas de supposer qu'il
puisse en aucun cas, ni sous aucun prétexte, impli-
quer le droit de reviser et de rectifier le travail des

répartiteurs. Le conseil municipal, s'il découvre des irrégularités dans la confection de la matrice, n'a d'autre parti à prendre, que de les signaler aux répartiteurs pour qu'ils réparent eux-mêmes leurs erreurs et, à défaut par ceux-ci de les reconnaître, d'adresser ses observations au maire pour qu'il réclame devant le préfet, avant l'émission des rôles, et, au besoin, devant le conseil de préfecture, dans les trois mois qui suivent leur mise en recouvrement. (*Voy.* les observations du Min. des fin. sur le recours du maire de Rouen, Ord. 9 mai 1838, ville de Rouen.)

951. — Avant que de parler des réclamations, nous devons dire un mot du droit pour les villes de rejeter sur l'octroi tout ou partie de leur contingent dans la contribution personnelle et mobilière.

« Dans les villes ayant un octroi, porte l'art. 20 « de la loi du 21 avril 1832, le contingent personnel « et mobilier pourra être payé en totalité ou en par- « tie par les caisses municipales, sur la demande « qui en sera faite aux préfets par les conseils mu- « nicipaux. Ces conseils détermineront la portion du « contingent qui devra être prélevée sur les produits « de l'octroi. La portion à percevoir au moyen d'un « rôle sera répartie en cote mobilière, seulement, « au centime le franc des loyers d'habitation, après « déduction des faibles loyers que les conseils muni- « cipaux croiront devoir exempter de la cotisation.

« Les délibérations prises par les conseils muni- « cipaux ne recevront leur exécution qu'après avoir « été approuvées par ordonnance royale. »

La conversion de l'impôt mobilier en impôt indireet soulève de graves questions. Le pauvre prend dans la contribution établie sur les objets de consommation la même part que le riche. D'après cela, rejeter sur l'octroi la totalité du contingent mobilier, c'est tromper l'humanité prévoyante du législateur et faire supporter aux classes peu aisées toute la portion que les classes riches payeraient en plus, si la contribution était répartie en suivant la graduation des fortunes. Au contraire, si, en affranchissant les pauvres de la contribution mobilière, on reporte sur l'octroi la portion dont on les décharge, les classes fortunées se trouveront surtaxées, au profit des classes peu aisées, en raison de leur participation aux objets frappés par le droit d'octroi. Le second résultat est assurément le seul que l'on doive chercher à ménager, et, dans les grandes villes surtout, il est d'autant plus facile à obtenir que la population flottante se trouve atteinte par la portion de l'impôt mobilier rejetée sur l'octroi et qu'elle vient en aide aux riches.

Le législateur s'est, d'abord, montré peu confiant dans l'usage qui serait fait de cette faculté. En 1831, sa volonté bien manifeste était de la restreindre : les seules villes, qui jusque-là, avaient été autorisées à prendre cette mesure, étaient confirmées dans le droit d'y recourir, et devaient même le perdre au 1ᵉʳ janvier 1839, si une loi spéciale n'en ordonnait la continuation. (*Voy.* L. 26 mars, art. 16.)

Mais en 1832, le droit a été dégagé de ses entraves, il est devenu perpétuel, de temporaire qu'il était, il a été rendu commun à toutes les villes ayant un octroi, et il a été permis d'en user même pour la totalité du contingent. Il est vrai que la portion afférente aux faibles loyers est la première à prélever sur les produits de l'octroi, mais il n'est pas dit que ce sera la seule; et, d'ailleurs, les conseils municipaux sont arbitres souverains pour la désignation des loyers que leur chiffre doit faire considérer comme faibles. La sollicitude pour les classes pauvres ne se manifeste bien utilement que dans la disposition qui enjoint de ne rien rejeter sur la taxe personnelle de la partie du contingent non payée par l'octroi, et, plus particulièrement encore, dans la disposition qui exige que les délibérations des conseils municipaux soient soumises à l'approbation du gouvernement.

**952.** — Depuis 1818, les quatre contributions directes sont réunies dans un seul rôle qui exprime pour chaque contribuable la somme qu'il doit, suivant la base imposable de chaque état de répartition. L'émission des rôles ne présente donc rien de particulier en ce qui a trait à la contribution personnelle et mobilière. Il faut se reporter à ce qui a été dit sur ce sujet relativement à la contribution foncière.

**953.** — La commune est naturellement intéressée à réclamer contre les omissions d'inscription au rôle, mais il n'est point impossible qu'un contribuable tienne lui-même à faire réparer l'omission dont il aura été l'objet; il suffit pour cela que son inscription lui soit nécessaire pour atteindre le cens d'éligibilité ou participer à la distribution de produits communaux. Le défaut d'intérêt, au surplus, ne saurait lui être opposé; le concours aux charges publiques ne dût-il être considéré que comme un honneur, il est pour tout citoyen l'objet d'un droit, non moins que d'une obligation. (*Voy.* Ord. 21 avril 1836, Noël.)

La réclamation pour cause d'omission, qu'elle vienne du contribuable lui-même ou de la commune, se porte devant le conseil de préfecture.

954. — On conçoit sans peine que les règles relatives à l'assiette, soit de la taxe personnelle, soit de la taxe mobilière, serviront souvent de base à des demandes en décharge ou en réduction que les contribuables auront à faire triompher au préjudice de la communauté. Tantôt le réclamant prétendra manquer des caractères distinctifs de l'habitant, tantôt il se plaindra d'un double emploi ; d'autres fois enfin, il soutiendra que tout ou partie de ses bâtiments a été mal à propos considéré comme imposable.

955. — Mais les réclamations les plus nombreuses et les plus intéressantes à prévoir ont pour objet le rappel à l'égalité proportionnelle et se rapportent à l'appréciation des valeurs locatives.

Les contribuables, pour reconnaître s'ils n'ont pas été imposés dans une proportion trop forte, comparent leur habitation aux autres habitations de la même commune (*Voy.* Ord. 6 avril 1836, Min. fin.), et jugent si la proportion entre leur cote et celles établies sur ces habitations suit exactement la proportion entre les valeurs locatives de l'une et des autres.

La circonstance qu'une cotisation se trouve, eu égard à la différence des contingents, plus élevée que les années précédentes, révèle assez ordinairement une surtaxe. Cette circonstance néanmoins, ne suffit par pour la prouver, car on conçoit que le contribuable ait pu, jusque-là, se trouver trop faiblement imposé. (*Voy.* Ord. 10 janvier 1839, Tison.) Il est de principe, au surplus, que les réclamations relatives à un rôle se forment et se jugent, abstraction faite des rôles de toute autre année. De même qu'on ne peut justifier une demande par la comparaison de la cote qui la motive aux cotes des exercices précédents, on ne saurait ni se fonder sur ce que la cotisation de l'année expirée était trop faible pour maintenir une surtaxe dans le rôle de l'année courante (*Voy.* Ord. 20 février 1835, Pourbaix), ni consacrer, à l'occasion d'une réclamation dirigée contre le rôle en recouvrement, une mesure à prendre pour la confection des rôles à venir.

**956.** — Toute réclamation pour cause de surtaxe ne tend qu'à la rectification de la cote de son auteur. Un contribuable n'a pas plus qualité pour demander la refonte totale de la matrice en matière de contribution personnelle et mobilière, qu'en matière d'impôt foncier. (*Voy.* Ord. 2 juillet 1836, de Salomon.)

**957.** — Ces sortes de réclamations se portent, d'ailleurs, comme toutes celles qui se rattachent au contentieux des contributions directes, devant le conseil de préfecture. (*Voy.* L. du 21 avril 1832, art. 29.)

**958.** — Le délai pour les demandes en décharge ou en réduction, quelle qu'en soit la cause, est de trois mois, à partir de l'émission des rôles. (*Voy. ibid.*, art. 28.)

**959.** — Le contribuable qui prend le parti de réclamer, adresse sa demande au sous-préfet ou au préfet, en y joignant la quittance des termes échus. Le contrôleur, sur le renvoi qui lui est fait de la pélition, vérifie les faits et donne son avis, après avoir pris celui des répartiteurs. Le directeur reçoit ensuite les pièces, fait son rapport et transmet le tout au préfet ; ce fonctionnaire met lui-même les pièces sous les yeux du conseil de préfecture, qui statue, après avoir fait procéder aux visites de lieux ou expertises, s'il sent le besoin de recourir à ces mesures d'instruction. (*Voy. ibid.*, art. 28 et 29.)

Les demandes sont soumises à quelques autres formalités, dans le cas particulier où le directeur des contributions n'est pas d'avis d'admettre la réclamation. Au lieu de faire son rapport pour que le conseil de préfecture statue immédiatement, il exprime les motifs de son opinion, transmet le dossier à la sous-préfecture, et invite le réclamant à en prendre communication et à faire connaître dans les dix jours s'il veut fournir de nouvelles observations, ou recourir à la vérification par voie d'experts. Cette mise en demeure est de rigueur ; si le conseil de préfecture avait omis de l'exiger, le conseil d'état, en annulant son arrêté, renverrait les parties devant lui pour l'accomplissement de la formalité. (*Voy.* Ord. 27 mars 1839, Garnier ; 19 mars 1840, Péronnier.) Mais, lorsqu'elle a eu lieu, le silence du contribuable, pendant le délai qui lui est accordé pour faire connaître ses intentions, autorise le conseil de préfecture à passer outre, et peut même être considéré comme une sorte d'adhésion aux moyens proposés contre sa réclamation, si l'instruction ne fournit, d'ailleurs, rien qui soit de nature à la justifier. (*Voy.* Ord. 27 février 1840, Petit des Rochettes.)

Nous n'avons rien à dire des observations nou-

velles que le contribuable a le droit de produire, si
ce n'est que le conseil de préfecture prend, au besoin,
un arrêté interlocutoire pour lui assigner un délai, et
qu'une fois saisi de ces observations, il est tenu de
ne point passer outre sans qu'elles aient été commu-
niquées aux agents des contributions. (*Voy.* Ord. 20
juin 1840, Chapelle.)

L'expertise n'est valablement demandée que lorsque la réclamation repose sur un fait de nature à
comporter ce genre de vérification. (*Voy.* Ord. 19
août 1835, Gailhard.) Lorsqu'elle a été demandée
et qu'il y a lieu d'y recourir, les experts sont nommés, l'un par le sous-préfet, l'autre par le réclamant, et il est procédé à la vérification dans les
formes prescrites par l'arrêté du gouvernement du
24 flor. an VIII. (*Voy.* L. 21 avril 1832, art. 29.)
Les experts se rendent sur les lieux avec le contrôleur de l'arrondissement, et là, en présence de deux
répartiteurs et du réclamant, ou de son fondé de
pouvoirs, ils vérifient les faits, s'il s'agit d'objets mal
à propos compris dans les facultés du réclamant ; et
s'il s'agit d'une demande en rappel à l'égalité proportionnelle, ils vérifient les évaluations servant de
base à la cote du réclamant, et celles des autres
cotes prises ou indiquées par celui-ci, pour comparaison dans le rôle de la contribution personnelle de
la même commune et de la même année. (*Voy.* Arr.
du 24 flor. an VIII, art. 11.)

Le contrôleur rédige son procès-verbal, il est
adressé au préfet, le directeur donne son avis, et le
conseil de préfecture prononce. (*Voy. ibid.*) Si l'expertise lui paraît irrégulière ou incomplète (*Voy.*

Ord. 18 juillet 1838, Schultz), le conseil de préfecture doit en ordonner une seconde. Il n'en faut pas conclure toutefois qu'il soit jamais lié par cette opération ; il est maître de rejeter l'avis des experts, à la seule condition d'exprimer les motifs qui l'ont porté à s'en écarter. (*Voy. suprà* n° 901.)

960. — Le règlement des frais, ou l'exécution des décisions prononçant une décharge ou une réduction, et enfin la faculté du recours contre les arrêtés du conseil de préfecture, suivent les mêmes règles que pour la contribution foncière. Il faut se reporter à l'exposé de ces dernières. (*Voy. suprà*, n°s 903, 904 et 902.)

961. — La perte des facultés mobilières, qu'elle provienne d'incendie, d'inondation ou de toute autre cause, ne peut motiver une réclamation par la voie contentieuse, mais les contribuables ont la ressource des *demandes en remise ou modération,* comme en cas de perte des revenus fonciers. Les explications dans lesquelles nous sommes entrés, en traitant de la contribution foncière (*Voy. suprà*, n° 906), sur la nature et les formes propres à ces sortes de demandes, sont communes à celles qui se rapportent à la contribution mobilière ; nous ne saurions donc revenir sur ce sujet.

## SECTION TROISIÈME.

### DE LA CONTRIBUTION DES PORTES ET FENÊTRES.

#### PRÉLIMINAIRES.

962. — Cette contribution n'est qu'un supplément à la contribution mobilière.

963. — Justification de ce mode d'impôt.

964. — **D'abord impôt de quotité**, la contribution des portes et fenêtres constitue, aujourd'hui, un impôt de répartition.

---

**962.** — La contribution des portes et fenêtres a
été établie pour venir au secours de la contribution
personnelle et mobilière et atteindre, comme elle,
mais par une autre voie, la fortune, abstraction
faite des divers éléments qui la composent. (*Voy.
suprà*, n° **912.**)

**963.** — L'un des rapporteurs de la loi du 4 frimaire
an VII qui eut pour objet la création de cet impôt,
le justifiait ainsi :

« La seule chose à laquelle le corps législatif doit
« s'attacher, lorsque les circonstances le forcent de
« recourir à de nouvelles impositions, c'est de choisir
« une espèce d'impôt qui présente tout à la fois faci-
« lité dans l'assiette, égalité proportionnelle dans la
« répartition et économie dans la perception.

« L'impôt sur les portes et fenêtres nous paraît
« réunir ces trois avantages. Quant à l'assiette, il ne
« faut que voir et compter le nombre des portes et
« fenêtres d'une maison pour savoir combien de
« fois elle doit payer la taxe. Quant à l'égalité pro-
« portionnelle, il est difficile de trouver un impôt
« qui en présente les bases d'une manière plus sim-
« ple : le loyer est le thermomètre des facultés des
« contribuables.

« L'homme riche prend un logement cher, éclairé
« par beaucoup de fenêtres ; mais celui qui est dans
« la médiocrité ou dans l'indigence proportionne
« son logement à ses moyens, et cette taxe, qui a
« cela d'avantageux qu'elle fait payer les jouis-

« sances, ménage cependant le pauvre, quoiqu'elle
« porte sur lui; celui-ci est toujours logé au moins
« au troisième étage, il n'a presque jamais plus d'une
« croisée, d'où l'on doit conclure que, d'après la
« résolution, il ne devra à la taxe que 25 centimes.

« Quant à l'économie dans la perception, il est
« difficile de la réduire à plus de simplicité. Après
« avoir compté la somme que devra une maison en
« raison du nombre des portes et fenêtres, on exi-
« gera cette somme du propriétaire ou du principal
« locataire, qui se la feront ensuite rembourser par
« leurs locataires particuliers, eu égard au nombre
« de fenêtres que ceux-ci auront. »

964. — On voit par ce passage qu'on fit dès le
principe, de la contribution des portes et fenêtres,
un impôt de quotité. L'art. 3 de la loi du 4 frimaire
an VII fixait la taxe à 20, 25, 30, 40, 50 et 60 centimes par ouverture, suivant le chiffre de la population dans chaque commune ; et l'art. 4 disposait que,
dans les communes de plus de 10,000 âmes, les fenêtres des étages au-dessus du second ne payeraient
que 25 centimes. Cette sorte de matière imposable
est en effet si facile à saisir et à frapper au moyen
d'un tarif, qu'elle comporte au suprême degré le
mode d'établissement propre aux impôts de quotité.

Cependant, telles sont les difficultés inhérentes à
ce système, difficultés qui réduisirent l'administration à user de modération, au point de perdre tous
les avantages d'une perception directe, que trois années s'étaient à peine écoulées, lorsque le gouvernement sentit le besoin de transformer la contribution
des portes et fenêtres en impôt de répartition. Ce fut

l'objet de la loi du 13 floréal an x. Mais le législateur a profité des caractères qui en rendent l'assiette plus aisée, pour établir de nombreuses distinctions destinées à procurer une application plus exacte du principe de l'égalité proportionnelle. Nous verrons que l'obligation de suivre dans la répartition un tarif réglé par la loi, la rend infiniment moins arbitraire que celle de la contribution personnelle et mobilière en particulier.

La loi du 26 mars 1831, en même temps et par les mêmes motifs qu'elle faisait de la contribution personnelle et mobilière un impôt de quotité, consacrait la même innovation relativement à la contribution des portes et fenêtres. Mais la tentative n'a pas été plus heureuse pour la seconde que pour la première ; et on est revenu pour l'une comme pour l'autre, à l'ancien système, par la loi du 21 avril 1832.

C'est cette dernière loi que nous allons avoir à combiner avec les lois antérieures, et notamment celle du 4 frimaire an VII, pour obtenir les règles qui président aujourd'hui à l'assiette et à la répartition de la contribution des portes et fenêtres.

ART. 1er. — De l'assiette de la contribution des portes et fenêtres.

965. — La contribution est établie sur les usines et sur les bâtiments d'habitation.

966. — Les portes détachées de la maison sont-elles imposables ?

967. — Du moment où la maison est réputée achevée et, par conséquent, habitable.

968. — Parmi les usines, celles qui constituent des *manufactures* sont exemptes de l'impôt.

969. — Ouvertures exemptées de l'impôt.

970. — Exemption au profit des locaux affectés aux exploitations rurales.

———

**965.** — *La contribution*, aux termes de la loi du 4 frimaire an VII, art. 2, *est établie sur les portes et fenêtres donnant sur les rues, cours ou jardins des bâtiments et usines, sur tout le territoire du royaume.* Mais la portée de cet article est précisée par l'article suivant qui, en exceptant de la contribution, ainsi que nous l'expliquerons tout à l'heure, les bâtiments d'exploitation rurale, exprime d'ailleurs fort clairement qu'il a été dans l'intention du législateur de n'atteindre pour les bâtiments autres que les usines, que les locaux consacrés à l'habitation des hommes. C'est en effet dans ce sens que la disposition de l'art. 2 de la loi de frimaire est journellement appliquée.

Nous ferons seulement remarquer que l'habitation ici, de même que pour l'assiette de la contribution mobilière, ne doit pas être prise dans l'acception la plus restreinte de ce mot, qu'il faut considérer comme bâtiments d'habitation tous ceux que les hommes occupent, non-seulement pour leur logement mais aussi pour l'exercice de leur industrie ou pour leur agrément. Les ateliers, les boutiques et magasins rentrent dans cette catégorie; et les ouvertures, vitrages (1), portes ou grilles, qui les éclairent ou y donnent accès doivent être recensés et soumis à la contribution des portes et fenêtres. (*Voy.* Ord. 1$^{er}$ nov. 1838, Bordin; 1$^{er}$ nov. 1838, Coste.) Les pavillons et maisonnettes situés dans les jardins, parcs, vignes et bois, sont dans le même cas; cependant, le conseil d'état a admis une distinction relativement à ces constructions d'agrément; lorsqu'elles ne sont point fermées par des portes et fenêtres, il les considère comme de simples abris et se refuse à les comprendre au nombre des bâtiments habitables. (*Voy.* Ord. 17 mai 1833, Michel; 8 août 1834, Min. fin.)

**966.** — *Les portes et fenêtres des bâtiments sont*

(1) D'après la jurisprudence adoptée par l'administration et confirmée par le conseil d'état (*Voy.* Ord. 28 janvier 1835, Prevel), lorsqu'une boutique a une porte d'entrée par le côté, et que le surplus de la façade est fermé par un châssis, on doit compter une porte et une fenêtre; si la porte est au milieu et qu'il y ait un vitrage à droite et à gauche, les instructions prescrivent de compter trois ouvertures.

*seules imposables*, s'en suivra-t-il que les portes
détachées de la maison, et par exemple celles des
cours et jardins, resteront en dehors de l'application
de la loi ?

Non, sans doute ; le législateur a voulu atteindre
toutes les ouvertures donnant accès aux bâtiments
ou les éclairant. C'est là le caractère auquel il convient de s'attacher pour distinguer les ouvertures
imposables de celles qui ne le sont pas. Peu importe
dès lors, qu'une porte ne soit établie que dans la
clôture du parc, du jardin ou de la cour, s'il résulte
d'ailleurs de la disposition des lieux, qu'elle donne
sur la voie publique ou les champs et conduit à la
maison d'habitation. (*Voy.* Ord. 14 août 1837, Ro-
choux ; 30 déc. 1841, Min. fin.)

**967.** — Nous avons dit, en traitant de la contribution foncière (*Voy.* n° 847), à quel moment une
maison était achevée et commençait d'être habitable.
Ce moment est évidemment le même quelle que
soit la contribution (*Voy.* Ord. 24 juin 1840, Laurence) ; nous ne reviendrons donc pas sur ce sujet.

**968.** — La loi de frimaire soumettait à l'impôt,
sous le titre d'usines, tous les établissements industriels, mais, postérieurement, la loi du 4 germinal
an XI en a exempté ceux qui constituent des *manufactures.* Nous essayerons de dire un peu plus tard
suivant quelles règles on doit distinguer les manufactures des autres usines ; mais nous pouvons dès
à présent constater que ce titre ne saurait convenir qu'à des établissements de fabrication, et que
c'est sans aucun fondement que les établissements

de bains, par exemple, songeraient à le revendiquer.
(*Voy.* Ord. 16 août 1833, Min. fin.)

**969.** — Passons aux ouvertures que leur nature
plaçait sous l'empire de l'art. 2 de la loi de frimaire tel qu'il vient d'être expliqué, et dont la loi
a cru devoir faire l'objet d'exceptions expresses et
formelles. Ce sont les ouvertures : 1° des bâtiments
d'exploitation agricole; 2° des toitures des maisons habitées; 3° des bâtiments affectés à un service public ; 4° des manufactures. Chacune de ces
exceptions mérite quelques observations.

**970.** — 1° « Ne sont pas soumises à la contribu-
« tion , porte l'art. 5 de la loi du 4 frimaire an
« vii, les portes et fenêtres servant à éclairer ou aé-
« rer les granges, bergeries, étables, greniers caves
« et autres locaux non destinés à l'habitation...»

La loi du 21 avril 1832 a ajouté une nouvelle faveur à celle consacrée par la loi de frimaire, en
disposant qu'il ne serait compté qu'une «seule porte
« charretière pour chaque ferme, métairie, ou
« toute autre exploitation rurale ; » et que « les
« portes charretières existant dans les maisons à
« une, deux, trois, quatre et cinq ouvertures, ne
« seraient comptées et taxées que comme portes
« ordinaires. » (*Voy.* art. 27.)

Le motif qui a présidé à cette exemption est précisément le même qui a inspiré les dispositions qui,
en matière de contribution foncière, prescrivent de
n'imposer les bâtiments ruraux qu'à raison du terrain qu'ils enlèvent à la culture ( *Voy.* n° 879 )
et qui, en matière de contribution personnelle et
mobilière, commandent de les laisser en dehors de

l'évaluation des loyers imposables. ( *Voy.* n° 944).
Les développements auxquels nous nous sommes
livrés pour expliquer ces dispositions, nous dispen-
sent d'insister sur l'exception applicable aux bâtiments ruraux en matière de contribution des portes
et fenêtres. Les limites qui circonscrivent l'application des unes conviennent parfaitement à l'autre.

**971.** — 2° La loi de frimaire exceptait de la contribution des portes et fenêtres « toutes les ouver-
« tures du comble ou toiture des maisons habitées. »
( *Voy.* art. 5.) Mais cette disposition était devenue
la source de tant d'abus que le législateur a dû la
modifier. *Aujourd'hui, les fenêtres dites mansardes
et autres ouvertures pratiquées dans la toiture des
maisons, sont imposables aux termes de la loi du* 21
*avril* 1832, *lorsqu'elles éclairent des appartements
habitables.* ( *Voy.* art 27. )

**972.** — 3° D'après la loi de frimaire, les portes et
fenêtres des bâtiments employés à un service public
militaire ou d'instruction, ou aux hospices, ne sont
pas soumises à la contribution. ( *Voy.* art. 5.)

Néanmoins, la loi du 21 avril 1832 a statué « que
« les fonctionnaires, les ecclésiastiques et les em-
« ployés civils et militaires, logés gratuitement dans
« des bâtiments appartenant à l'état, aux départe-
« ments, aux arrondissements, aux communes ou
« aux hospices, seraient imposés nominativement
« pour les portes et fenêtres des parties de ces bâti-
« ments servant à leur habitation personnelle. »
( *Voy.* art. 27.)

La double question de savoir quels bâtiments
doivent être réputés affectés à un service public,

et quelles portions de ces bâtiments doivent être réputées affectées à l'habitation personnelle du contribuable, a été examinée et résolue pour l'assiette de la contribution mobilière qui comporte une disposition pour ainsi dire identique. (*Voy. suprà*, n° 946.)

**973.** — 4° « Les propriétaires des manufactures, « dit l'art. 19 de la loi du 4 germinal an XI, ne « seront taxés que pour les fenêtres de leurs habita-« tions personnelles et celles de leurs concierges et « commis. *En cas de difficultés sur ce que l'on doit* « *considérer comme manufactures, il y sera statué* « *par le conseil de préfecture.* »

La loi ne s'est point référée à celle des patentes pour la définition des manufactures; ce n'est que par la nature des travaux qu'on peut les distinguer des usines ou ateliers; mais on a pour se guider l'intention qui a manifestement animé le législateur. L'exception consacrée pour les manufactures n'est destinée qu'à protéger les grands établissements industriels qui, employant beaucoup de monde, exigent une grande quantité d'ouvertures. Il faut donc, pour demeurer fidèle à cette pensée, ne considérer comme manufactures que les établissements dans lesquels de nombreux ouvriers sont occupés à fabriquer eux-mêmes les produits, ou à mettre en mouvement les machines et les métiers destinés à les façonner, et qui, par suite, renferment de vastes ateliers, et reléguer au rang d'usines les établissements qui fonctionnent principalement à l'aide des éléments, et dans lesquels l'emploi d'ouvriers n'est qu'un agent secondaire de la fabrication.

La jurisprudence est partie de cette idée pour refuser le caractère de *manufacture*, soit aux locaux occupés par un fabricant de chapeaux (*Voy.* Ord. 20 déc. 1836, Mory), soit à un four à cuire le pain (*Voy.* Ord. 28 fév. 1834, Duclos), soit à un moulin (*Voy.* Ord. 6 août 1839, Michaud; 30 déc. 1841, Min. fin.), soit à une fabrique de sucre indigène dans laquelle il était fait usage de la vapeur pour toute la fabrication (*Voy.* Ord. 13 fév. 1840, Dejean), et pour l'accorder à une fabrique de pianos comprenant un local étendu, divisé en plusieurs ateliers et occupant un grand nombre d'ouvriers. (*Voy.* Ord. 8 avril 1840, Min. fin.)

Du reste, l'exemption n'est point applicable aux locaux habitables. Il est bien vrai qu'il n'est parlé que des habitations du manufacturier, du concierge et des commis. Mais la volonté législative n'en est pas moins fort claire, et tous les logements établis dans les manufactures, ceux des ouvriers aussi bien que ceux des commis, doivent supporter l'impôt. (*Voy.* Ord. 25 oct. 1833, Maugars.)

Ici se termine l'exposé des règles qui déterminent les ouvertures imposables; nous avons maintenant à faire connaître le tarif d'après lequel les ouvertures imposables doivent être cotisées.

974. — Le tarif actuellement en vigueur a été établi par la loi du 21 avril 1832. On sait que le but que l'on s'est proposé, c'est de proportionner la contribution aux facultés du contribuable et d'alléger, autant que possible, la portion d'impôt à la charge de la classe peu aisée. Pour parvenir à ce résultat, on a gradué les taxes en raison de quatre éléments, à savoir la population, le nombre des ouvertures

pratiquées à la maison, l'espèce des ouvertures, et enfin l'élévation des étages.

La première partie du tarif comprend les maisons à une, à deux, à trois, à quatre et à cinq ouvertures, et taxe les ouvertures pour chacune de ces cinq classes à un taux qui varie suivant la population de la ville ou de la commune. (*Voy.* art. 24.)

**975.** — On voit que pour les maisons à moins de six ouvertures, la loi de 1832 ne distingue point entre leurs diverses espèces, non plus qu'entre les divers étages. Mais la loi de frimaire, après avoir établi son tarif en tenant seulement compte des différences de population, avait ajouté que « les portes-cochères « et celles de magasins, de marchands en gros, « commissionnaires et courtiers, payeraient double « contribution. » (*Voy.* art. 3.) On a eu à se demander si la loi du 21 avril 1832 n'avait pas, par le seul effet de son silence, abrogé cette disposition. Le conseil d'état ayant décidé à l'égard des portes de magasins, dans les maisons à moins de six ouvertures, que l'on devait se reporter à la loi de frimaire et les frapper d'une contribution double des portes ordinaires, on a eu recours à l'intervention législative. Mais le législateur s'est contenté de répondre dans la loi du 20 juillet 1837 : « les portes charre-« tières des bâtiments à moins de six ouvertures, « situés dans les villes de cinq mille âmes et au-des-« sus, et employés à usage de magasins, seront « taxées comme les portes charretières des magasins « établis dans les maisons à six ouvertures ; les au-« tres ouvertures des maisons ayant moins de six « ouvertures continueront d'être taxées conformé-

« ment au tarif contenu dans l'art. 24 de la loi du
« 21 avril 1832. » (*Voy.* art. 3.) Or, cet article, qui
évidemment n'a d'autre objet que de rendre inapplicable aux *magasins* la disposition consacrée en faveur des exploitations rurales par l'art. 27 de la loi
de 1832, lequel enjoint de ne compter les portes
charretières des maisons à moins de six ouvertures
que comme portes ordinaires, est absolument étranger à la loi de frimaire. Les portes de magasins, autres que les portes charretières, les portes cochères
et celles de marchands en gros, commissionnaires et
courtiers se trouvent donc encore sous l'empire de
cette loi, et doivent payer double contribution. (*Voy.*
Ord. 29 octobre 1839, Lajard.)

**976.** — La seconde partie du tarif a pour objet les
maisons à six ouvertures et au-dessus, dont il ne
fait, d'ailleurs, qu'une seule classe.

Les portes cochères, charretières et de magasins
sont les plus imposées; elles sont taxées à un même
taux, qui varie en raison de la population.

Les portes ordinaires et les fenêtres du rez-de-
chaussée, de l'entresol et des premier et deuxième
étages viennent en second lieu, et sont aussi taxées
à un même taux, qui varie d'après la population.

Une troisième et dernière catégorie embrasse les
fenêtres du troisième étage et de tous les étages supérieurs; leur taxe est également graduée sur la population.

**977.** — La population est le seul élément commun aux deux parties et à tous les degrés du tarif,
et le plus important à considérer dans l'application.

« Dans les villes et communes au-dessus de cinq

« mille âmes, la taxe correspondante au chiffre de
« leur population ne s'appliquera qu'aux habita-
« tions comprises dans les limites intérieures de l'oc-
« troi. Les habitations dépendantes de la banlieue
« seront portées dans la classe des communes rura-
« les. » (*Voy.* art. 24.) (1)

Dès qu'une maison est en dehors des limites de
l'octroi, le bénéfice de cette disposition lui est acquis.
Vainement prétendrait-on prouver qu'elle se trouve,
en fait, dans des conditions non moins avantageuses
que les maisons de l'intérieur. (*Voy.* Ord. 22 fév.
1834, Min. fin.)

**978.** — Mais certaines villes ont deux limites
d'octroi dont l'une, la plus étendue, comprend les
faubourgs et ne les assujettit qu'à une partie des
droits et, le plus ordinairement, qu'à ceux établis
sur les boissons.

Quelle sera, pour ces villes, la limite au delà de
laquelle les maisons devront être portées dans la
classe des communes rurales?

Le conseil d'état a décidé « que les limites inté-
« rieures sont celles qui circonscrivent la première
« enceinte dans laquelle les droits se perçoivent sur
« tous les objets indiqués au tarif. » (*Voy.* Ord. 14
mars 1834, Min. fin.)

**979.** — C'est ici le lieu de dire un mot du mode

(1) Les villes au-dessus de cinq mille âmes qui n'ont pas d'octroi, sont, dans l'usage, assimilées aux communes rurales. (*Voy.*
lettre du Min. fin. au directeur du département de la Loire-Infé-
rieure, du 30 mai 1832.)

Cette assimilation a même lieu au profit des maisons qui, bien
que comprises dans les limites de l'octroi, sont néanmoins dissémi-
nées. (*Voy. ibid.*)

de constater la population et d'examiner quelle est la nature de l'acte qui intervient à cet effet.

La population est constatée au moyen des recensements. Ces opérations ont été, dès l'origine, confiées à l'autorité administrative qui a dû en régler elle-même l'exécution. (*Voy.* L. des 28–30 juin 1790, art. 5.) La loi des 19–22 juillet 1791 dit simplement que « les corps municipaux feront constater « l'état des habitants, soit par des officiers munici- « paux, soit par des commissaires de police, s'il y « en a, soit par des citoyens commis à cet effet. » (*Voy.* tit. 1, art. 1). Un décret du 10 vendémiaire an IV, sur la police intérieure et la responsabilité des communes, qui ordonne aussi un recensement, ne le confie également qu'aux corps municipaux sans indiquer, d'ailleurs, aucune mesure de détail.

Conformément à ces lois, les recensements de population n'ont jamais cessé de s'effectuer comme mesures du domaine exclusif de l'administration, et par les soins du ministre de l'intérieur. C'est ainsi qu'une simple ordonnance royale du 16 janvier 1822 a disposé que le tableau de la population qui lui est annexé, serait considéré comme seul authentique pendant cinq ans, à compter du 1er janvier 1822, et que les ordonnances des 15 mars 1827, 11 mai 1832 et 30 déc. 1836 ont successivement reproduit la même disposition.

Cependant, le ministre des finances, qui, dans l'intérêt de la perception des divers droits qui croissent en raison de la population, contrôlait par l'intermédiaire de ses agents les résultats des recensements confectionnés par les soins du ministre de l'intérieur, était souvent frappé d'une inexactitude, qui s'explique aisément par l'intérêt de chaque corps municipal à déguiser le chiffre de la population de sa commune. Le ministre, gardien des intérêts du trésor, chercha d'abord un remède à cet inconvénient dans la faculté de recours ouvert aux communes en matière d'octroi (*Voy.* L. du 28 avril 1816, art. 22); il soutint que l'administration des contributions avait le droit de réclamer, au nom du trésor, contre les erreurs qui pouvaient entacher les tableaux officiels de population. Cette prétention, contestée par le ministre de l'intérieur, fut l'objet d'une délibération du conseil d'état, qui l'accueillit par un avis du 11 oct. 1837, et décida qu'en cas de réclamation, *il devait être fait un recensement particulier auquel l'administration des contributions serait appelée à concourir par l'intermédiaire de ses agents.*

Les choses étant en cet état, les deux ministres des finances et de l'intérieur s'entendirent, et, pour prévenir toute réclamation de la part du ministre des finances, celui de l'intérieur l'invita à *assister* aux opérations de l'autorité municipale, par l'intermédiaire d'un des agents des contributions, *qui devrait, d'ailleurs, se borner à requérir, lorsqu'il y aurait lieu, l'insertion au procès-verbal des faits et observations dont la mention lui paraîtrait utile aux intérêts du trésor.* C'est, en effet, ce qui a eu lieu pour le dernier recensement, celui de 1841. (*Voy.* Circ. du 5 avril 1841.)

Envisagé dans son objet, le recensement n'étant destiné qu'à procurer l'exécution de la loi et ne consistant qu'en une constatation de faits, il appartient

essentiellement au pouvoir réglémentaire d'en organiser la confection, et au pouvoir administratif proprement dit de la réaliser. La législation telle qu'elle
existe ne nous semble d'ailleurs avoir en aucune
manière méconnu ce principe ou restreint ses conséquences, puisque la désignation des officiers municipaux n'est pas même obligatoire, et que le ministre
est libre de prendre pour instrument les commissaires
de police, ou même de simples citoyens commis à cet
effet. (*Voy.* loi des 19-22 juillet 1791, tit. 1, art. 1.)
Fût-il vrai, au surplus, que l'autorité municipale dût
être seule chargée de l'opération, l'intervention des
agents des contributions avec le simple droit *d'assistance* et de *réquisition* ne porterait assurément nulle
atteinte au privilége des corps municipaux ; car leur
présence ici n'a pas d'autre caractère ni d'autre effet
que celle des parties aux opérations confiées à des
experts. Le trésor est tout simplement appelé
pour que sa présence confère à l'opération le caractère d'opération contradictoirement exécutée vis-à-
vis de lui. On est donc réduit à n'attribuer qu'à la
passion les attaques si vives dirigées contre la légalité
des mesures prises en dernier lieu par l'administration pour le recensement de la population.

**980.** — Quoi qu'il en soit, demandons-nous quelle
sera relativement aux particuliers et aux communes,
la nature et la force de l'acte intervenu pour proclamer et consacrer les résultats de l'opération.

De sa nature, l'ordonnance approbative du tableau
de la population du royaume est un acte administratif. Mais cet acte devant servir de base à l'application
de lois qui font dépendre certains droits et certaines

obligations du chiffre de la population, il est de
toute évidence qu'il participe du caractère des actes
administratifs qui atteignent et sont susceptibles de
modifier les droits privés. Or, le propre de ces actes
est de comporter le recours, et le recours par la voie
contentieuse ; on sait, en effet, que c'est la garantie réservée aux tiers, pour tous les cas où ils se
sentent blessés dans leurs droits par l'action administrative.

Existerait-il dans la législation quelque disposition dont l'objet fût de déroger, en ce qui concerne
l'impôt, à ce principe fondamental ?

Bien loin de là ; la loi du 28 avril 1816 dit formellement qu'en matière de droits d'octroi, « s'il s'é-
« lève des difficultés relativement à l'assujettisse-
« ment d'une commune, ou à la classe dans laquelle
« elle devra être rangée par sa population, la récla-
« mation de la commune sera soumise au préfet,
« qui, après avoir pris l'opinion du sous-préfet et
« celle du directeur, la transmettra avec son avis
« au directeur général des contributions indirectes,
« sur le rapport duquel il sera statué par le ministre
« des finances, *sauf le recours de droit*, et la déci-
« sion du préfet sera provisoirement exécutée. »
(*Voy.* art. 22.) Cette disposition est la confirmation
la plus expresse de la doctrine qui résulte des principes généraux.

Vainement observerait-on qu'il n'est statué qu'en
ce qui regarde spécialement le droit d'octroi.

La loi de 1816, en effet, ne s'occupe point de
créer la faculté du recours ; elle ne s'inquiète que d'en
régler l'exercice et suppose qu'elle existe de droit.

D'un autre côté, comment admettre que la faculté du recours contre l'ordonnance approbative du tableau de recensement pût n'avoir lieu que relativement à son application au droit d'octroi? Il en résulterait que le même chiffre serait à la fois réputé vrai et suivi pour l'établissement de certains droits, et réputé inexact et abandonné pour l'assiette de certains autres; et un semblable résultat ne serait pas moins contraire au vœu de la loi qu'aux exigences de la raison.

Disons-le donc hautement, le droit de recours ne saurait être mis en doute. Mais par qui et devant quelle autorité devra-t-il être exercé?

981. — Qu'il s'agisse du droit d'octroi ou des contributions directes, le tableau de recensement n'est destiné qu'à donner la mesure de la force contributive de la commune. C'est par conséquent dans son rapport avec les droits intéressant la communauté que ce tableau doit être apprécié. Il s'en suit que la réclamation dont il peut faire l'objet rentre dans la classe des actions appartenant à la commune, et que les personnes déclarées par la loi municipale du 18 juillet 1837, aptes à exercer ces actions ont, seules, qualité pour la former.

Nous comprenons et nous approuvons dans ce sens, que le conseil d'état ait annulé un arrêté de dégrèvement, fondé sur ce que le chiffre de la population était inférieur à celui porté au tableau officiel, et qu'il ait déclaré « que nul n'est recevable à dis- « cuter les éléments de ce tableau, ni à former oppo- « sition à l'ordonnance qui l'homologue. » ( *Voy.* Ord. 30 août 1832, Bourdeau.)

Dans le silence de la loi sur la marche à suivre pour l'exercice de la faculté de recours dont est susceptible l'ordonnance homologative du tableau de recensement, elle est suffisamment indiquée par les principes généraux. Les communes ont la ressource de l'attaquer par voie d'opposition. Mais elles ont à se tenir en garde contre la doctrine qui en interdit l'usage contre les ordonnances régulièrement et *contradictoirement* rendues. (*Voy. suprà*, n° 21, t. 1er, p. 21.) Si la commune a présenté, par des organes légaux, ses moyens et observations dans le cours de l'instruction, le gouvernement est censé les avoir appréciés et jugés une fois pour toutes, et on ne croit point devoir ménager la faculté de les reproduire par un autre chemin.

### ART. 2. — De la répartition entre les départements, les arrondissements et les communes.

982 — La répartition s'effectue dans ces trois degrés par les mêmes autorités, et en vertu des mêmes pouvoirs que pour les contributions foncière, personnelle et mobilière.

983. — D'après quelle base s'effectue cette triple répartition?

984. — Des accroissements ou diminutions de matière imposable par suite de constructions ou de démolitions.

**982.** — La contribution des portes et fenêtres est répartie par les mêmes autorités. et en vertu des mêmes pouvoirs que la contribution foncière et la contribution personnelle et mobilière. Les chambres fixent les contingents départementaux, les conseils généraux partagent le contingent départemental entre les arrondissements, et les conseils d'arrondissement effectuent la répartition entre les communes. Nous avons dit quelle était la nature et la

force des actes de répartition ; nous ne reviendrons
pas sur ce sujet. (*Voy.* nos 854 et 928.)

**985.** — D'après quelle base la répartition se fait-
elle ?

La loi du 4 frimaire an VII enjoignait aux municipalités de dresser ou faire dresser un état des portes
et fenêtres sujettes à l'imposition , et disposait que
la réunion de ces états formerait le rôle de chaque
arrondissement. (*Voy.* art. 6 et 7.) Quelque in-
exacts que fussent des états que ceux-là mêmes qui
les dressaient avaient le plus grand intérêt à rendre
incomplets, on ne laissa cependant pas de les prendre pour base de la répartition lorsque la loi de
l'an x eut enlevé à la contribution son caractère
d'impôt de quotité. Ce n'est qu'en 1822 qu'on a
cherché à remédier aux vices d'une base qui devenait de jour en jour plus incertaine par suite de l'in-
stabilité inhérente à la propriété bâtie.

A cette époque, le ministre des finances fit procéder par ses agents à un recensement des ouvertures
imposables, qui découvrit que plus de 12 millions
d'ouvertures échappaient à l'atteinte de l'impôt au
préjudice des ouvertures figurant aux matrices.
Toutefois, ces documents ne servirent point à modifier la répartition entre les départements; on se
contenta de les communiquer à titre de renseignements, aux conseils chargés de la répartition entre
les arrondissements et les communes.

Mais l'exécution de la loi du 26 mars 1831, qui
avait rendu son caractère originaire à la contribution, ayant nécessité un nouveau recensement, le
législateur adopta ses résultats, lorsqu'il revint ,

l'année suivante, sur l'innovation tentée en 1831.

Depuis la loi du 21 avril 1832, la répartition entre les départements a pour base le recensement opéré en 1831 ; et ce n'est qu'en 1842, et ensuite de dix en dix années, comme pour la contribution mobilière (*Voy. suprà*, n° 933), que le gouvernement a dû présenter aux chambres un nouveau projet de répartition. (*Voy.* LL. des 21 avril 1832, art. 31, et 14 juillet 1838, art. 2.) (1)

Le vœu de la loi est, d'ailleurs, que la base prise pour la répartition entre les départements soit suivie par les conseils généraux et par les conseils d'arrondissement. C'est à cet effet qu'elle dispose que « le « directeur des contributions directes formera, « chaque année, un tableau présentant 1° le nombre « des ouvertures imposables des différentes classes ; « 2° le produit des taxes d'après le tarif ; 3° le projet « de la répartition, et que ce tableau servira de ren- « seignement au conseil général et aux conseils « d'arrondissement pour fixer le contingent des ar- « rondissements et des communes. » (*Voy.* Loi du 21 avril 1832, art. 26.)

**984.** — Nous avons à mentionner ici une disposition commune à la contribution foncière et à la contribution des portes et fenêtres qui se trouve contenue dans la loi du 17 août 1835.

Aux termes de cette loi, les maisons et usines nouvellement construites ou reconstruites et devenues

(1) La loi portant fixation du budget des recettes de l'exercice de 1843 a renvoyé à la session de 1844 la présentation aux chambres des projets de nouvelle répartition qui devaient leur être soumis en 1842. On a voulu donner ainsi au ministre des finances le temps de compléter le travail et d'en bien asseoir les résultats.

imposables, accroissent d'autant le contingent de
la commune, de l'arrondissement et du département,
et viennent ainsi en augmentation des recettes du
trésor ; mais, par une juste réciprocité, toute maison ou usine détruite ou démolie donne lieu à une
réduction dans ces mêmes contingents. (*Voy.* article 2.) Pour le mode d'exécution de cette prescription, il faut se reporter à ce qui a été dit dans le titre
consacré à la contribution foncière. (*Voy.* n° 852.)

**ART. 3. — De la répartition dans le sein de la commune entre
les divers contribuables.**

985. — Les rôles sont confectionnés d'après une matrice revue annuellement par les commissaires répartiteurs.
986. — Bien qu'à la charge de chaque locataire, la contribution doit
être acquittée par le propriétaire ou par le principal locataire.
987. — L'émission des rôles a lieu comme pour les autres sortes de
contributions.
988. — Diverses causes de réclamations.
989. — La procédure est la même que pour les réclamations dirigées
contre les rôles de la contribution personnelle et mobilière.
990. — Demandes en remise ou modération.

**985.** — Les rôles sont dressés d'après une matrice annuellement revue par les commissaires répartiteurs assistés du contrôleur, et contenant pour
chaque contribuable la mention du nombre et des
diverses espèces d'ouvertures imposables. Le travail des agents de l'administration consiste à appliquer aux ouvertures portées sur la matrice la taxe
réglée par le tarif, et à faire ensuite subir aux cotes
en résultant une augmentation ou une réduction
proportionnelle, suivant que le chiffre du contingent est supérieur ou inférieur à celui qu'on obtient

en les additionnant. (*Voy.* L. 21 avril 1832, art. 24.)

**986.** — La contribution des portes et fenêtres participant essentiellement de la nature des impôts mobiliers, la raison commandait d'accepter le principe consacré pour la contribution personnelle et mobilière, et de donner pour débiteur au trésor l'habitant, le locataire. Mais la loi n'a pas craint de sacrifier la logique et peut-être aussi la justice aux intérêts du fisc.

« La contribution des portes et fenêtres, a-t-elle « dit, sera exigible contre les propriétaires et usu- « fruitiers, fermiers et locataires principaux des mai- « sons, bâtiments et usines, sauf leur recours contre « les locataires particuliers pour le remboursement « de la somme due à raison des locaux par eux « occupés. (*Voy.* art. 12.)

« Lorsque le même bâtiment sera occupé par le « propriétaire et un ou plusieurs locataires, ou par « plusieurs locataires seulement, la contribution des « portes et fenêtres d'un usage commun sera acquit- « tée par les propriétaires ou usufruitiers. » (*Voy.* art. 15.)

La contribution, qu'on le remarque, n'en est pas moins en réalité à la charge du locataire ; il est tenu de la supporter, dès qu'il a omis de stipuler le contraire dans le bail passé avec le propriétaire. (*Voy.* arrêt de cassation du 26 oct. 1814.) La dérogation au droit commun n'a trait qu'à la divisibilité de l'action accordée au trésor.

Cette dérogation, au surplus, comme toute exception, doit être circonscrite dans ses plus étroites limites ; elle n'a lieu que dans les cas et aux conditions prévues par la loi. Le conseil d'état a jugé, conformément à cette doctrine, que la contribution établie sur une porte cochère commune non pas à un propriétaire et à ses locataires, ou à un locataire principal et à d'autres locataires, mais à plusieurs propriétaires, devait être répartie entre eux au lieu d'être inscrite sur un seul. (*Voy.* Ord. 10 fév. 1835, Min. fin.)

Je ne saurais approuver une décision par laquelle il a été jugé que les propriétaires devaient, à l'exclusion des locataires, être portés au rôle et payer la contribution des portes et fenêtres, même pour les maisons louées en entier à un seul individu. (*Voy.* Ord. 15 juin 1841, Leclercq.) La lettre de la loi résiste à une semblable interprétation, puisqu'elle n'oppose le propriétaire ou l'usufruitier, tant dans l'art. 12 que dans l'art. 15, qu'aux locataires *particuliers* et qu'elle met sur la même ligne le locataire *principal*. Et son esprit ne s'en écarte pas moins, puisque la contribution des portes et fenêtres, à la différence de la contribution foncière, ne constitue, ainsi qu'on l'a vu, qu'un auxiliaire de la contribution mobilière, n'est destinée à frapper la fortune que dans sa manifestation par les dépenses d'habitation et, par conséquent, ne s'adresse en principe, qu'à celui qui occupe la maison.

**987.** — La contribution des portes et fenêtres est comprise dans le même rôle que les contributions foncière, personnelle et mobilière. On sait comment se fait l'émission de ce rôle. (*Voy. suprà*, n° 952.)

**988.** — Les omissions, la violation des règles qui déterminent les ouvertures imposables et de celles

qui les divisent en diverses espèces, la fausse application du tarif, et enfin les erreurs dans la désignation des contribuables; telles sont les causes principales des réclamations à diriger contre les rôles.

989. — La présentation des réclamations, leur
instruction et enfin leur jugement ne comportent
d'autres règles que celles applicables à la contribution personnelle et mobilière. Nous renvoyons à l'exposé qui en a été fait dans l'article précédent. (*Voy.*
n° 953 et suiv.)

990. — Quant aux *demandes en remise ou modé-*
*ration*, elles sont ici, comme pour les autres contributions, réservées pour les faits qui, sans pouvoir
motiver une réclamation juridique, sont cependant
de nature à justifier quelques ménagements de la part
de l'administration. Elles ont le plus ordinairement,
pour fondement, la vacance des maisons ou le chômage des usines. (*Voy. supra, n° 961.*)

## SECTION QUATRIÈME.

### DE LA CONTRIBUTION DES PATENTES.

#### PRÉLIMINAIRES.

991. — L'industrie, dans l'acception la plus

large de ce mot, se distingue, comme élément de la fortune privée, des immeubles et des capitaux mobiliers; il est donc juste de la frapper d'une contribution spéciale. On a créé, pour atteindre ce but, un impôt consistant en une redevance annuelle qui s'acquitte, suivant le taux déterminé par la loi, comme prix d'un acte désigné sous le nom de *patente*, dont chacun est tenu de se munir pour avoir le libre exercice de sa profession.

**992.** — On disait, pour justifier l'établissement de cette nouvelle contribution, dans l'adresse du 24 juin 1791 :

« Le droit de patentes correspond aux jurandes,
« aux maîtrises, aux vingtièmes d'industrie, à la
« portion de taille personnelle qu'on faisait payer
« aux artisans et aux marchands de plus qu'aux
« autres citoyens... Les patentes sont jointes à un
« grand avantage, bien longtemps désiré, celui
« d'établir pour tout le monde la liberté de toute
« espèce d'industrie et de commerce, et de propor-
« tionner l'impôt qu'on se voit dans la nécessité d'y
« attacher à la durée du temps pendant lequel on s'y
« livre, comme à l'importance des capitaux qu'on
« y emploie et des profits qu'on en retire...

« Anciennement, lorsqu'un homme voulait faire
« un métier dans une ville, il était obligé de dé-
« bourser, pour sa maîtrise, une somme considé-
« rable qui lui aurait été très-utile pour son com-
« merce; si, faute de cette somme retirée de son
« commerce, ou par toute autre cause, il ne réus-
« sissait pas, s'il était obligé de quitter, ou bien s'il

« venait à mourir, le capital employé à sa maîtrise
« était perdu pour lui et pour ses enfants.

« Si, croyant trouver plus de ressources, espé-
« rant plus de succès dans un autre métier ou un
« autre commerce, il se déterminait à les embras-
« ser ; si, étendant ses combinaisons, il voulait en
« cumuler plusieurs, il fallait pour chacun d'eux
« payer une nouvelle maîtrise.

« Il ne pouvait exercer cette maîtrise que dans la
« ville où il avait été reçu ; s'il passait dans une
« autre ville, il lui fallait une maîtrise nouvelle...

« Aujourd'hui, il peut changer de séjour et de
« métier comme il lui plaît, il peut réunir autant
« de professions qu'il le juge convenable ; au lieu
« d'une avance en pure perte, il n'acquitte qu'une
« redevance annuelle, faible si son commerce est de
« peu d'importance, qui augmente ou diminue avec
« le succès de son établissement, qui cesse le jour
« où il veut se retirer. »

**995.** — Ce passage met en lumière les avantages
du mode de contribution choisi pour frapper l'industrie ; mais cette contribution, considérée dans son
principe et dans son but, est-elle à l'abri de toute
critique ? Sans doute, le travail est protégé par l'état
et le prélèvement qu'ont à supporter ses produits
peut être envisagé comme le juste prix de la protection qu'il reçoit. Mais le travail ne tient-il pas d'assez
près aux éléments de moralité, d'ordre et de prospérité pour que la société ait le plus grand intérêt
à le voir s'étendre et se développer ? L'état n'est-il
pas assez récompensé des soins qu'il lui donne par
l'heureuse influence qu'il exerce dans son sein ?

Est-il bien vrai de dire, d'ailleurs, que l'industrie soit de la même manière que les propriétés foncières et mobilières un élément de la fortune privée ? Que les biens meubles et immeubles soient imposés, rien de plus juste, c'est la richesse acquise, réalisée, qui supporte un prélèvement. Mais le travail, ce n'est qu'un instrument de fortune, et frapper sur lui, n'est-ce pas le rendre plus difficile et moins fructueux ? n'est-ce pas couper une branche de l'arbre au lieu de prendre simplement une part de ses fruits ?

Si de telles considérations doivent céder devant la nécessité d'assurer des revenus à l'état et de diviser, pour les rendre moins lourdes et d'une répartition moins inégale, les contributions destinées à les lui procurer, qu'elles président au moins à l'application des dispositions relatives à celle qu'on a cru devoir établir sur l'industrie. Il n'en est pas qui exige plus de modération et plus de discernement. L'administration, disons-le à sa louange, a compris que cette mission, qui n'aurait pu se concilier avec un impôt dont la répartition eût dû se faire par les soins des municipalités, était par-dessus tout, la sienne. Guidée par l'intérêt bien entendu du trésor lui-même, elle surveille et protége la naissance de chaque industrie nouvelle, elle la suit pas à pas, et elle ne la frappe qu'alors qu'elle a pris assez de force et d'extension pour que la contribution qui lui est demandée puisse se payer sans compromettre son existence ni entraver ses progrès. Que si, égarée ou surprise par le zèle de ses agents, elle venait à s'écarter de cette pensée, c'est à la juridiction administrative à se rappeler qu'il lui appartient d'éclairer l'administra-

tion comme de la seconder dans ses vues et à la ramener à une application de la loi qui, pour être sage,
doit être mesurée.

**994.** — Dans l'origine, le prix des patentes se
réglait à raison du prix du loyer ou de la valeur locative de l'habitation, des boutiques, magasins et
ateliers occupés par les patentables. (*Voy.* L. 2-17
mars 1791, art. 12.) On était parti de l'idée que
l'importance des capitaux engagés et des profits qu'on
en retire se manifeste par l'étendue, la beauté et
le prix du logement affecté à l'entreprise ou occupé
par l'entrepreneur.

Plus tard, on reconnut que cette base manquait
d'exactitude, parce que certaines professions très-
lucratives s'exercent dans des locaux peu considérables. Pour remédier à cet inconvénient, le législateur entreprit de classer les diverses industries et régla le prix des patentes en raison de leur importance
relative combinée avec la population de la ville où
elles s'exerçaient. (*Voy.* L. 4 therm. an III.) Mais
dès l'année suivante, il fallut renoncer à ce système
dans lequel il n'était tenu aucun compte de l'étendue
des opérations et de l'inégalité des bénéfices entre
ceux de la même profession, dans une même commune. On imagina alors de diviser le droit de patente en deux parties : l'une, formant le droit fixe,
devait être réglée en raison de l'importance de l'industrie, combinée, pour certaines professions, avec la
population, l'autre, sous la qualification de *droit proportionnel*, devait être déterminée d'après le loyer des
maisons d'habitation, usines, ateliers, magasins et
boutiques (*Voy.* L. 6 fruct. an IV), pris comme signe

indicateur de l'étendue des opérations et de l'importance des bénéfices réalisés. On envisageait ainsi la position du contribuable sous divers points de vue; on considérait d'abord la nature de la profession, on avait ensuite égard à la population du lieu où elle s'exerçait, lorsque cette condition était susceptible d'influer sensiblement sur ses produits; enfin, on s'attachait à la réalité de ces produits mêmes, que l'on saisissait dans leur manifestation la plus ordinaire. Ce mode d'imposition devait amener dans la contribution une égalité dont on avait jusque-là été réduit à déplorer l'absence; tel fut, sous ce rapport, son avantage, qu'il n'a pas été dépassé depuis, et que ses bases sont encore celles sur lesquelles repose la législation actuellement en vigueur.

**995.** — Recherchons, d'abord, à quelles personnes et dans quels cas incombe l'obligation de prendre une patente; nous exposerons ensuite les règles relatives à la détermination du *droit fixe* et du *droit proportionnel*, et nous terminerons en traitant de la confection des rôles et des réclamations dont ils peuvent être l'objet.

ART. 1er. — **Des personnes assujetties à l'obligation de se munir d'une patente.**

996. — Tout particulier qui se livre à une suite d'opérations en vue de réaliser un bénéfice est soumis à l'obligation de se munir d'une patente.

997. — Première exception en faveur des fonctionnaires publics. — Ses motifs.

998. — L'exemption ne s'applique qu'aux actes relatifs à l'emploi des fonctionnaires.

999. — L'incompatibilité de certains actes avec leurs fonctions ne s'oppose point à ce qu'ils acquittent le droit de patente, si, en fait, ils se livrent à ces actes.

1000. — La règle, à cet égard, doit être généralisée.

1001. — La seconde exception a lieu en faveur des laboureurs et cultivateurs.

1002. — Cette exception s'étend à la manipulation, mais non pas à la consommation des produits agricoles.

1003. — Les substances minérales autres que celles renfermées dans les *mines* définies par la loi de 1810, doivent-elles être rangées, relativement à l'exemption, dans la classe des produits agricoles ?

1004. — Exemption en faveur des commis, ouvriers et personnes à gages. Elle s'applique à tous ceux qui ne travaillent que moyennant un salaire fixe, annuel, mensuel ou journalier.

1005. — Distinction, sous ce rapport, entre les commis à gages et les commissionnaires.

1006. — Exemption au profit des peintres, graveurs et sculpteurs. — Elle ne s'applique qu'aux beaux-arts.

1007. — Exemption applicable aux officiers de santé, attachés aux armées ou au service des pauvres. — Limites de cette exception.

1008. — Exception pour les sages-femmes ;

1009. —     —     pour les maîtres de poste ;

1010. —     —     pour les pêcheurs, cardeurs, blanchisseurs, savetiers, tripiers, marchands ambulants.

1011. — Exemption applicable aux mines. — Elle comprend les salins.

1012. — Exemption pour les marais salants.

1013. — Exemption pour les porteurs de contraintes, les capitaines au cabotage, les ouvriers à un seul métier travaillant chez eux pour un maître, les associés attachés aux établissements à métiers ou de filature, les fabricants de salpêtre.

1014. — Chaque contribuable n'a à prendre qu'une seule patente.

1015. — Celui qui change de profession dans le cours de l'année paye un supplément au prorata de ce qui reste à courir de l'année, si son industrie nouvelle est taxée à un droit plus élevé.

1016. — De l'obligation de prendre patente pour les divers membres d'une société.

1017. — Quelles sont les sociétés patentables ?

1018. — Comment et par qui se prend la patente dans les diverses sociétés.

1019. — L'associé en nom collectif qui ne participe point à la gestion sociale doit, sous le rapport de la patente, être assimilé à un commanditaire.

**996.** — Dégagée, dans la création de l'impôt des patentes, des entraves que le souvenir d'anciens abus lui imposait pour les contributions que leur nature rattachait à l'ancienne organisation financière, l'assemblée constituante s'est inspirée de cet esprit d'égalité qui distingue ses œuvres les plus recommandables. Rien de plus général que la nouvelle contribution qu'elle établit. Après avoir prononcé la suppression de tous les droits perçus sur le travail, sous les formes et les titres les plus divers, elle ajoute : « Il sera libre à toute personne de faire tel « *négoce*, ou d'exercer telle *profession, art* ou *métier* « qu'elle trouvera bon; mais elle sera tenue de se « pourvoir auparavant d'une patente... » ( *Voy.* art. 7.) L'art. 10, qui vient après l'indication des formalités relatives à la délivrance de la patente, dispose qu'elles devront être remplies par tous « ceux qui voudront faire le négoce ou exercer une « profession, art et métier quelconque. » Et l'art. 19, dont l'objet est de sanctionner la prescription, en établissant une peine contre ceux qui négligeraient de s'y conformer, dit de nouveau, qu'elle concerne

« tout particulier qui fera le négoce, exercera une
« profession, art ou métier quelconque. » La loi exclut ainsi toute distinction entre les diverses espèces
d'actes susceptibles d'un profit immédiat et matériel ; car depuis les opérations dans lesquelles l'intelligence a seule part jusqu'aux travaux manuels,
il n'en est pas un seul qui ne se rattache à l'un de
ces quatre états, le négoce, les métiers, les arts et les
professions. Il en faut conclure que la loi s'est proposé
d'atteindre tous les actes, quelle qu'en soit la forme et
la nature, auxquels les citoyens procèdent dans le but
d'en tirer un lucre, lorsque ces actes se renouvellent
et se succèdent de manière à constituer une habitude.

Cette conclusion reçoit une confirmation puissante
des exceptions mêmes que le législateur a cru devoir
stipuler. Puisqu'il a fallu une disposition expresse
pour excepter *les fonctionnaires publics, les culti-*
*vateurs occupés aux exploitations rurales, les ap-*
*prentis, compagnons et ouvriers à gages, les proprié-*
*taires et les cultivateurs pour la vente de leurs bes-*
*tiaux, denrées et productions, les vendeurs et ven-*
*deuses de fleurs, fruits, légumes, poissons, beurre et*
*œufs, vendant dans les rues, halles et marchés publics*
(*Voy.* art. 8), n'est-il pas certain que l'obligation a
été créée par la loi de 1791, pour atteindre toute
sorte d'opérations, et qu'en dehors des exceptions
consacrées, la question de savoir si tel ou tel acte
y soumettait son auteur, se réduisait à décider, en
point de fait, si l'acte, quelle qu'en fût la nature, se
produisait dans une pensée de lucre, et s'il se produisait avec assez de suite et de fréquence ?

Dans la loi du 4 thermidor an III, on restreignit la

patente au commerce et négoce ; les arts, métiers et professions n'y furent point soumis. Celle du 6 fructidor an IV donna plus d'étendue à ce domaine, puisqu'elle y comprit, indépendamment du *commerce*, l'*industrie*, les *métiers* et *professions ;* mais elle resta encore bien loin de la loi de 1791, car, en même temps qu'elle laissait les *arts* en dehors de l'obligation, elle ne s'imposait qu'aux commerce, industrie, métiers et professions désignés dans un tableau dressé à cet effet. Toutefois, ces lois se reliaient manifestement à celle de 1791 qui avait créé l'impôt. Elles changeaient les limites posées par cette loi, en rejetant en dehors de son empire tantôt l'un et tantôt l'autre des termes de l'énumération qu'elle présentait. Mais, pour tous ceux qu'elles reproduisaient, elles les tiraient de la loi de 1791 et les prenaient et les maintenaient dans l'acception et avec toute l'étendue que leur avait attribuée cette loi.

Vint enfin la loi de brumaire, qui n'a point fait autre chose. Cette loi, dont la portée est d'autant plus essentielle à préciser qu'elle est encore en vigueur, s'exprime ainsi : «Art. 3. Dans toute l'éten-
« due de la république, ceux qui exerceront le com-
« merce, l'industrie, les métiers ou professions
« désignés dans le tarif annexé à la présente, seront
« tenus de se munir d'une patente et de payer les
« droits fixés pour la classe du tarif à laquelle ils ap-
« partiendront, suivant la population de leur com-
« mune ou sans égard à cette population, pour le com-
« merce, l'industrie, les métiers ou professions mis
« hors classe dans le tarif. » Cette disposition règle
le sort de tout commerce, industrie, métier et pro-

fession nominativement désigné dans le tarif ; et, si
elle était seule, on dirait que son objet est aussi de
déterminer les opérations que leur nature soumet à
la patente. Mais la même loi dit à l'art. 35 : « Les
« commerce, industries et professions qui ne sont
« pas désignés n'en seront pas moins assujettis à la
« patente ; elle sera délivrée sous la désignation de
« la classe dans laquelle lesdits commerce, indus-
« tries ou professions seront placés, d'après l'ana-
« logie des opérations ou des objets du commerce,
« par les administrations chargées de la délivrance
« des patentes. » Or, rien de plus clair que ces expressions ; le législateur proteste d'abord contre l'i-
dée qu'on pourrait avoir d'attribuer à l'article un
objet autre que celui qui lui appartient, en supposant qu'il détermine, par voie de restriction, ceux
d'entre les commerçants, industriels et gens à métier ou à profession qui sont soumis à la patente ; il
pose en principe que les commerce, industries et
professions non désignés au tarif n'en sont pas moins
assujettis à la patente ; et ce n'est qu'après avoir posé
ce principe dans des termes absolus, qu'il s'occupe,
dans un second membre de phrase parfaitement distinct du premier, d'organiser l'assiette de l'impôt,
et qu'il décide que pour classer les opérations et objets de commerce non mentionnés, on consultera
leur analogie avec ceux du tarif. Il s'en suit que l'o-
bligation de se munir d'une patente n'est bornée ni
aux objets désignés dans le tarif, ni même à ceux
qui s'y rattachent par quelque analogie. Jusqu'où
s'étendra donc cette obligation ?

La loi de brumaire, si on en excepte les arts

qu'elle omet à dessein, reproduit chacun des termes employés par le législateur de 1791 pour désigner les actes et opérations assujettis à la patente,
et les emploie, sans restriction aucune, ainsi qu'on le
voit par la combinaison de l'art. 35 avec l'art. 3;
n'en résulte-t-il pas, dès lors, que la loi de brumaire
a disposé dans la même pensée que celle de 1791 et
qu'elle s'est proposé, comme elle, d'attribuer à
l'état le droit d'atteindre et de frapper à son profit
tout acte auquel il est habituellement procédé dans
l'espoir d'en tirer un lucre? Pour nous, cette conclusion, quelque tempérament que sa rigueur, ainsi
qu'on l'a vu déjà, doive recevoir dans la pratique,
est incontestable en théorie. Nous n'hésitons point
à le dire : toutes les fois qu'un particulier se livre sur
le territoire français à des opérations quelconques
en vue de réaliser un lucre, et que ces opérations se
renouvellent dans un esprit de suite, se succèdent
comme habitudes, il ne saurait échapper à l'obligation de se munir d'une patente, qu'en vertu d'une
exception expresse et formelle.

**997.** — Voyons immédiatement quelles sont les
exceptions écrites dans la loi.

La première s'applique « aux fonctionnaires pu-
« blics et employés salariés de l'état, en ce qui con-
« cerne seulement l'exercice de leur profession. »
(*Voy.* L. 1er brum., art. 29.)

Les motifs qui ont dicté cette disposition ne sont
point autres que ceux qui ont fait dispenser les fonctionnaires publics de la contribution mobilière et de
celle des portes et fenêtres. Nous nous dispenserons,
par conséquent, de revenir sur les détails dans les-

quels nous sommes entré en traitant de ces contributions. (*Voy. suprà*, nᵒˢ                .)

**998.**—Bornons-nous à remarquer que l'exception
qui protége les fonctionnaires contre la patente n'a
trait qu'à ce qui concerne les opérations relatives à
leurs fonctions, et que pour les opérations auxquelles ils procèderaient en dehors de leur qualité de
fonctionnaires, ils tombent sous l'empire du droit
commun. Qu'un architecte, commissaire voyer, par
exemple, se charge de constructions pour les particuliers et s'en fasse une profession, c'est bien vainement qu'il invoquerait sa qualité de commissaire
voyer pour se faire exempter de la patente à raison
de travaux entrepris pour les particuliers. (*Voy.* Ord.
19 juin 1838, Visconti.)

**999.** — La décision serait-elle moins facile dans
le cas où le réclamant opposerait l'incompatibilité
de la profession ou de l'industrie pour laquelle on
prétendrait l'imposer avec sa qualité de fonctionnaire
public, dans le cas où il soutiendrait que cette profession ou cette industrie est *illicite*, et que l'administration n'a que le droit et le devoir de l'interdire,
bien loin d'en reconnaître l'existence en l'assujettis-
sant à la patente? Non, sans doute. La patente n'est
exigée qu'au nom et dans l'intérêt du trésor, par les
agents d'une administration dont la mission exclusive
est de procurer l'application de la loi de l'impôt à
tous ceux qui se trouvent et durant tout le temps
qu'ils demeurent sous son empire. Quant à la question de savoir jusqu'à quel point les imposables ont
le droit de procéder aux actes qui entraînent la participation aux charges publiques, elle est subordon-

née à l'application des lois civiles ou politiques du pays, et il n'appartient d'en connaître qu'aux autorités préposées à cette application.

**1000.** — C'est là, au surplus, une observation qu'il importe de généraliser. La règle que le fait doit seul être pris en considération, est vraie, quel que soit le titre auquel on conteste la légitimité de l'industrie qui motive la contribution. L'administration, pour la perception des droits de patente, n'a jamais à vérifier si les patentables ont, ou non, rempli les conditions et formalités exigées, soit dans un intérêt de police, soit dans un intérêt spécial de sûreté ou de salubrité publique, de ceux qui veulent embrasser certaines professions ou se livrer à certaines industries. Elle est et doit toujours rester étrangère à la prescription et à l'observation de ces sortes de mesures. (*Voy.* Ord. 14 févr. 1838, Deriencourt; 30 juillet 1839, Morlet.)

**1001.** — « Les laboureurs et cultivateurs, seu-« lement pour la vente des récoltes et fruits prove-« nant des terrains qui leur appartiennent, ou par « eux exploités, et pour le bétail qu'ils y élèvent » (*Voy.* L. 1er brum., art. 29), sont aussi exemptés de l'obligation de se munir d'une patente.

Quelle que soit l'opération pratiquée par le propriétaire ou le fermier, dès l'instant qu'elle n'a pour objet que les fruits de la terre ou les bestiaux qu'elle nourrit, et pour but, que d'en procurer l'écoulement, elle profite du bénéfice de l'exemption. On s'est proposé de favoriser l'agriculture en facilitant l'écoulement de ses produits; il faut donc, pour répondre à l'intention du législateur, laisser le propriétaire ou le fermier parfaitement libre de choisir et d'adopter tous les moyens propres à lui procurer ce résultat. La jurisprudence a sanctionné cette doctrine, en décidant que l'exploitation industrielle, appliquée par le propriétaire ou le fermier au produit de ses terres, ne pouvait donner lieu à une patente. Et, en effet, une scierie qui ne sert que pour les bois et forêts appartenant à celui qui l'a fait construire (*Voy.* Ord. 26 déc. 1834, Mignot), de même que la sucrerie qui n'emploie que les betteraves plantées et récoltées par celui qui l'a établie (*Voy.* Ord. 24 août 1834, Woog), ne constituent qu'un moyen de livrer les produits agricoles à la consommation, qu'un moyen de les écouler facilement et avantageusement. On comprend sans peine que, dans les mêmes circonstances, la fabrication et la vente de la résine, du charbon et de mille autres denrées, n'aurait pas d'autre sort que la fabrication et la vente de planches ou de sucre.

**1002.** — Mais il est une limite qu'il faut se garder de méconnaître ; le propriétaire ou le fermier n'est protégé qu'autant qu'il se borne à manipuler ses produits pour les livrer à la consommation ; la protection cesserait s'il consommait lui-même. Supposons qu'au lieu d'exploiter ses bois et de les réduire en planches, il en fasse confectionner des meubles ; il n'aura plus à écouler des produits agricoles, mais bien des produits industriels. Or, ce n'est point en faveur de ces derniers qu'a été consacrée l'exemption. Nous expliquons et nous approuvons, par cette raison, une ordonnance qui refuse l'exemption aux particuliers qui fabriquent de la chaux avec les pierres de leurs carrières et les bois sortis de leurs forêts. (*Voy.* Ord. 1ᵉʳ juill. 1839, Olivier.)

**1003.** — Encore bien que la loi ne parle que des récoltes et fruits de la terre en général, ceux que donnent les jardins (*Voy.* Ord. 6 décembre 1836, Aldebert), les pépinières (*Voy.* Ord. 31 juillet 1833, Noisette) et les vergers y sont compris au même titre que les blés, les bois et les vins ; mais doit-on étendre l'exemption aux produits extraits des fonds de terre qui sont étrangers à l'agriculture, aux tourbes, pierres, marbres et, en général, à toutes les substances minérales renfermées dans les minières ou les carrières non concessibles, ni soumises à une redevance au profit de l'état? (*Voy.* L. 21 avril 1810, art. 3 et 4.) La jurisprudence répond affirmativement, car elle accorde le bénéfice de l'exemption aux propriétaires qui n'exploitent que les tourbes (*Voy.* Ord. 3 septembre 1836, Liévin) ou les matières pyrito-alumineuses de leurs fonds. (*Voy.* Ord. 8 janvier 1840, Bergier.) Mais nous ne saurions souscrire à cette réponse ; elle suppose, ainsi qu'on l'a quelquefois exprimé formellement (*Voy.* Ord. 23 décembre 1835, Lefebvre), que l'exemption aurait eu pour but de *soustraire à la patente les fonds déjà soumis à l'impôt foncier.* Or, rien n'est moins exact ; car, à ce titre, les usines, les bains et les moulins auraient dû être également exemptés, et jamais on n'y a songé. L'exemption stipulée dans la loi de brumaire, pour les laboureurs et cultivateurs, n'a, en réalité, d'autre motif que celle qui protège les bâtiments d'exploitation rurale contre l'impôt foncier lui-même. (*Voy.* L. 3 frimaire an VII, art. 85.) C'est l'agriculture,

considérée comme la source la plus précieuse des richesses publiques, qu'on a voulu favoriser dans un
cas comme dans l'autre. N'est-ce pas, dès lors, méconnaître l'esprit de la loi que d'en étendre le bénéfice à des produits pleinement étrangers à l'agriculture? Sans doute, dans le cas d'une exploitation
bornée à l'usage de celui qui la fait, ou au moins
établie sur une petite échelle, poursuivie avec de
faibles moyens, on comprend que l'on hésite à dé-
tacher l'accessoire du principal pour imposer comme
extracteur de pierres ou de tourbes, le propriétaire
ou le fermier qui n'a pas cessé d'être laboureur ou
cultivateur; mais combien l'erreur ne prend-elle
pas d'évidence et de gravité à mesure que l'exploitation se développe jusqu'au point d'enlever toute la
propriété à la culture et de constituer un véritable
établissement industriel !

1004. — Ne sont pas, non plus, assujettis à la
patente, « les commis, les ouvriers journaliers, et
« toutes personnes à gages, *travaillant pour autrui*
« *dans les maisons, ateliers et boutiques de ceux qui*
« *les emploient.* Ne sont point réputés ouvriers tra-
« vaillant pour le compte d'autrui ceux qui travail-
« lent chez eux pour les marchands et fabricants en
« gros et en détail, ou pour les particuliers, même
« sans compagnons, enseignes ni boutiques; ils de-
« vront être pourvus de la patente de la sixième
« classe, ou de celle de leur profession désignée dans
« le tarif. » (*Voy.* art. 29.)

Au premier abord, on serait tenté de supposer que
cette circonstance que l'on travaille dans la maison,
atelier et boutique d'autrui, forme la condition ri-

goureuse et absolue de l'exemption. Cependant, en considérant la disposition dans son ensemble, on ne tarde pas à être convaincu que la volonté du législateur a été de laisser en dehors de l'exception ceux qui, bien que travaillant pour autrui, travaillent à la *pièce* ou à *façons*, pour nous servir des expressions usitées dans l'industrie, mais de l'étendre à tous ceux qui, travaillant pour autrui, ne travaillent que moyennant un salaire fixe et annuel, mensuel ou journalier. Quelle est, en effet, la pensée qui a présidé à l'exemption dont il s'agit ici ? En partant du principe fondamental sur lequel repose l'impôt de la patente, on arrive, sans peine, à comprendre qu'il n'est guère possible de confondre celui qui loue son industrie à l'année, au mois ou au jour, avec celui qui reçoit un prix pour chacun des actes auxquels il procède, ou pour chaque ouvrage qu'il confectionne, et que c'est précisément la distinction entre les uns et les autres, que la disposition que nous examinons a pour objet.

Cela posé, on doit interpréter la lettre par l'esprit de la loi et admettre au bénéfice de l'exemption tous les commis et gens à gages fixes, annuels, mensuels ou journaliers, alors même que les fonctions qui leur sont confiées sont susceptibles de se concilier avec la résidence hors des magasins et bureaux de ceux qui les emploient. Dans cette classe se trouvent compris les agents (*Voy.* Ord. 4 nov. 1835, Debussac) et employés des compagnies d'assurances, maisons de commerce, sociétés ainsi que leurs directeurs, gérants ou mandataires, et en général tous ceux qui les assistant, les aidant ou les dirigeant dans leurs entreprises, moyennant un salaire fixe, n'agissent point en qualité de parties directement ou indirectement intéressées. (*Voy.* Ord. 20 janv. 1819, Dumontel.)

1005. — Nous expliquerons bientôt, en parlant des associés, quels sont les agents qu'il faut considérer comme directement intéressés. Ceux qui ne touchent qu'une remise ou un droit de commission sur les opérations qu'ils effectuent, ne sont qu'indirectement intéressés. Leur industrie est distincte de l'industrie pratiquée par ceux qui les emploient, et la question de patente se décide à leur égard en raison de sa nature et de ses caractères.

La plupart des agents indirectement intéressés dans les opérations qui leur sont confiées rentrent dans la classe des *commissionnaires*, que le tarif désigne nominativement. D'ordinaire, les commissionnaires ne se contentent pas de traiter, d'acheter et vendre pour une seule personne, ou une seule maison, ils se mettent à la disposition de tous ceux qui ont besoin d'intermédiaires pour une certaine branche de commerce. Mais ce caractère, d'une constatation facile, n'existe pas toujours ; à son défaut, c'est au mode de rétribution adopté qu'il faut s'attacher. (*Voy.* Ord. 16 mai 1834, Pousin ; 12 avril 1838, Beaussieux.)

1006. — L'exemption pour les peintres, graveurs, sculpteurs, considérés comme artistes et ne vendant que le produit de leur art, résultait suffisamment de l'omission dans la loi de brumaire du mot *arts* qui se trouve dans l'énumération des opérations que la loi de 1791 soumettait à la patente.

Néanmoins, le législateur a cru devoir les mentionner expressément (*Voy*. art. 23), sinon pour consacrer l'exemption, au moins pour en limiter la portée et bien expliquer que toutes les professions qui,
sans dépendre des beaux-arts proprement dits, se
rapprochent plus ou moins, de celle des artistes,
peintres, graveurs et sculpteurs, par exemple, celles
des imprimeurs-lithographes, des mouleurs en plâtre, cire ou carton, des dessinateurs pour broderies,
étoffes et papiers peints, ne doivent point jouir du
privilége.

**1007.** — Sont exemptés en cinquième lieu « les
« officiers de santé attachés aux armées, aux hôpi-
« taux ou au service des pauvres, par nomina-
« tion du gouvernement ou des autorités constituées.»
(*Voy*. art. 29.)

L'expression *officiers de santé* embrasse incontestablement tous ceux qui professent l'art de guérir
les maux départis à l'humanité, les médecins, les
chirurgiens, et même les dentistes. (*Voy*. Ord. 27
avril 1838, Delabarré.)

L'exemption est subordonnée à deux conditions :

La première c'est que l'on soit attaché aux armées, aux hôpitaux ou au service des pauvres. Elle
n'est remplie que lorsque le service est habituel et
régulier, par opposition à celui qui incombe aux
docteurs adjoints ou à ceux qui ne sont appelés que
dans des cas déterminés. (*Voy*. Ord. 25 sept. 1834,
Marc ; 28 déc. 1836, Deleau ; 25 janvier 1839, Fre-
jacque ; 18 mars 1841, Fiévet.)

La seconde, c'est que la nomination soit du fait
du gouvernement ; que si elle résulte d'une délibé-

ration du conseil municipal, cette délibération ait
été sanctionnée par une approbation du préfet (*Voy.*
Ord. 28 nov. 1834, Masson), que si une désignation a
été faite par un bureau de bienfaisance, la nomination
émane du préfet. (*Voy*. Ord. 14 juillet 1841, Min fin.)

**1008.** — Les sages-femmes sont exemptées pour
l'exercice de leur profession. (*Voy. ibid.*, art. 29.)

**1009.** — Les maîtres de la poste aux chevaux ne
doivent pas non plus de patente. On reconnaît même
que le droit de conduire sur le parcours de leurs relais des voitures publiques, annoncées par affiches
et partant à heures fixes, étant inhérent à leur profession, s'exerce sous le bénéfice de l'exemption. (*Voy.*
Ord. 26 déc. 1839, Paravey.) Ils ne rentrent dans le
droit commun que s'ils deviennent entrepreneurs
et établissent des voitures pour leur propre compte.

**1010.** — La loi de brumaire exempte encore « les
« pêcheurs, les cardeurs-fileurs de laine et coton,
« les blanchisseuses, les savetiers, les tripiers ; ceux
« qui vendent en ambulance, dans les rues, dans
« les lieux de passage et dans les marchés des
« communes, les fruits, les légumes, le beurre,
« les œufs, le fromage et autres menus comestibles ;
« et ne soumet tous ceux vendant d'autres objets
« en ambulance, échoppe ou étalage qu'à la moitié
« des droits dus par ceux qui vendent en bou-
« tique. » (*Voy*. art. 29.)

**1011.** — L'art. 32 de la loi du 21 avril 1810
qui dispose que « l'exploitation des mines n'est
« pas considérée comme un commerce, et n'est
« pas sujette à patente, » consacre aussi une véritable exemption. Elle s'explique par l'article suivant

dont l'objet est de soumettre les propriétaires de mines à une double redevance, l'une fixe et l'autre proportionnée aux produits, au profit de l'état. Il n'eût pas été juste de frapper deux fois le même objet.

Les salins, sources ou puits d'eau salée étant comme les mines de sel, susceptibles d'une concession sous la condition d'une redevance, il n'est pas douteux qu'ils ont le même titre à l'exemption. (*Voy.* Ord. 10 août 1828, Bazin; 17 avril 1834, Parmentier.)

**1012.** — Quant aux marais salants, il a été décidé par un avis du conseil d'état du 24 floréal an VIII que les propriétaires, fermiers et cultivateurs de ces marais étaient nécessairement fondés à invoquer l'art. 29 de la loi de brumaire, qui porte que les laboureurs et cultivateurs ne sont pas assujettis à la patente pour la vente des récoltes et fruits provenant de terrains qui leur appartiennent.

**1013.** — Nous devons ajouter, pour compléter le tableau des exemptions, que la patente n'est due ni par les porteurs de contraintes (*Voy.* arrêté du 16 messidor an VIII), ni par les marins commandant des navires ou barques de petit cabotage ou de pêche (*Voy.* décret 25 oct. 1806), ni par les ouvriers à un seul métier travaillant chez eux pour un maître (*Voy.* L. 15 mai 1818, art. 53), ni par les associés attachés aux établissements de fabrication à métiers ou de filature (*Voy.* L. 25 mars 1817, art. 67), ni par les fabricants de salpêtre commissionnés. (*Voy.* L. 10 mars 1819, art. 4.)

**1014.** — Passons à l'exposé des règles générales auxquelles sont soumis les patentables.

Nul n'est obligé à prendre plus d'une patente, quelles que soient les diverses branches de commerce, profession ou industrie qu'il exerce ou veuille exercer.

Mais dans ce cas, la patente est due pour le commerce, profession ou industrie qui donne lieu au plus fort droit. (*Voy.* L. 1ᵉʳ brum., art. 24.)

1015. — Tout citoyen qui, après avoir pris une patente, entreprend un commerce, une profession ou un métier de classe supérieure à celle de sa patente, est tenu de prendre une nouvelle patente de cette classe et d'en payer le droit sous la déduction du premier droit payé, et au prorata de ce qui reste à courir de l'année calculée par trimestre. (*Voy. ibid.*, art. 26 et 4.)

1016. — Il est de principe que les patentes sont personnelles et ne peuvent servir qu'à ceux qui les obtiennent ; en conséquence, chaque associé d'une même maison de banque, de commerce en gros ou en détail, et de toute autre profession et industrie assujettie à la patente, est tenu d'avoir la sienne.

Toutefois, quand les associés occupent en commun la même maison d'habitation, les mêmes usines, ateliers, magasins et boutiques, et même, lorsqu'ils résident seulement dans la même commune, il n'est dû qu'un droit proportionnel, qui est payé en entier par le principal associé ; les autres ne payent que le droit fixe. (*Voy. ibid.*, art. 25, et L. 25 mars 1817, art. 67.)

1017. — Appliquons cette disposition aux diverses espèces de sociétés, et d'abord, demandons-nous quelles sont les sociétés imposables.

Nos codes distinguent, d'après leurs divers modes

de constitution, les sociétés en nom collectif, celles en commandite, et les sociétés anonymes. L'impôt n'atteindrait-il que les unes, tandis qu'il épargnerait les autres? Il est trop évident, d'après l'économie de la loi, que le droit du fisc procède essentiellement de la nature des opérations, pour qu'on puisse supposer que son existence dépende jamais du mode d'organisation de l'entreprise. Peu importe que la société soit en nom collectif, en commandite ou anonyme; si l'objet de son exploitation rentre dans les commerce, industrie et profession assujettis à la patente, elle doit être patentée.

Quant à la détermination des actes qui donnent lieu à la patente, on n'a pas perdu de vue les développements dans lesquels nous sommes entré pour établir que la loi a voulu proscrire toute distinction entre les actes de commerce et les actes civils, entre les travaux purement manuels et ceux dans lesquels l'intelligence a plus ou moins de part, et qu'en un mot, tout acte non compris dans une des exceptions formellement stipulées, dès l'instant qu'il se produit dans une pensée de bénéfice à réaliser, et qu'il est destiné à se renouveler dans un esprit de suite et de succession habituelle, tombe sous le coup de la patente. Que cette règle soit applicable aux actes des sociétés aussi bien qu'aux actes émanant des individus, c'est ce qui nous semble hors de doute. La société, en effet, quelle que soit sa condition vis-à-vis des membres qui la composent, n'est et ne peut être vis-à-vis des tiers, soit sous les rapports de police, soit sous les rapports fiscaux, soit enfin sous les rapports civils et commerciaux, qu'une personne : on n'en a fait un *être moral* que pour la soumettre à toutes les règles propres aux individus.

En fait, les sociétés commerciales sont de beaucoup les plus nombreuses, et il est naturel que ce caractère soit le plus ordinairement invoqué pour justifier la patente à leur égard, parce qu'il est décisif et, en général, d'une constatation facile. Mais le droit, tel que nous nous sommes efforcé de l'établir, n'en a pas moins une grande importance. Son application ne donne pas seulement le moyen d'atteindre les sociétés dont le caractère est purement et évidemment civil ; elle est surtout précieuse en ce qu'elle dispense de rechercher, recherche souvent difficile, quel est le véritable caractère commercial ou civil de telle ou telle société. Prenons les compagnies d'assurance. La discussion ne serait-elle pas longue et sérieuse, s'il fallait les suivre dans la variété de leurs objets et analyser leurs diverses opérations pour distinguer celles qui doivent êtres considérées comme sociétés commerciales de celles qui demeurent étrangères à tout négoce ? Combien n'est-il pas plus simple, le renouvellement et la succession des actes étant ici incontestables, de se demander quel est le but proposé, le résultat promis et espéré pour les membres de la compagnie ; si c'est ou non, dans l'espoir d'un lucre qu'on opère, On voit tout d'un coup ce genre de société se partager en deux classes. Dans les unes, celles qui ne reposent que sur la mutualité, les particuliers qu'elles comprennent ne se proposent, comme but direct et principal, que de se mettre en garde contre le malheur, en se ménageant une indemnité à des pertes possibles. Les actes n'interviennent point dans une pensée de lucre, ils ne sauraient être assujettis à la patente; la société ne la devra ni pour ses membres, ni pour son directeur, sans néanmoins que celui-ci puisse s'en dispenser pour sa propre industrie, si la nature de ses relations avec la société, si son mode de rétribution le plaçait hors de la classe des commis à gages, des employés à traitement fixe et annuel. Les autres, au contraire, existent en dehors des assurés, elles traitent avec eux, d'après des calculs de probabilité, en vue de réaliser des bénéfices à partager entre leurs membres et, à ce titre, elles sont imposables.

**1018.** — Les associés en commandite ne sont point obligés de se munir d'une patente. La société n'est représentée aux yeux de la loi, que par les associés solidaires et en nom. Dans la société anonyme, les associés sont tous inconnus; elle n'existe même pas sous un nom social et n'est qualifiée que par la désignation de l'objet de son entreprise. Cette société agit, traite et s'oblige par l'intermédiaire d'un ou plusieurs administrateurs. Ses mandataires la représenteront pour l'accomplissement de son obligation relative à la patente, comme pour toutes les autres. Ils la prendront et en acquitteront le droit pour elle et en son nom, sans préjudice de celle à laquelle ils pourraient se trouver assujettis eux-mêmes.

**1019.** — Chaque associé en nom collectif, qui agit en cette qualité au nom et dans l'intérêt de la société, est tenu d'avoir sa patente suivant les règles écrites dans l'art. 25 de la loi de brumaire, que nous

avons transcrit plus haut. Mais la même obligation
incombe-t-elle à l'associé qui demeure étranger à la
gestion sociale? Voici la raison qui nous décide pour
la négative. La patente n'est exigée que de *ceux qui
exercent une industrie* (*Voy.* L. 1er brumaire, art. 1);
or, l'associé en nom collectif qui demeure étranger
à la gestion sociale, n'exerce vraiment pas l'industrie
entreprise par la société et motivant la patente. La
loi elle-même, en déduisant l'obligation pour chaque associé de se munir d'une patente du principe
que *la patente ne peut servir qu'à celui qui l'a obtenue*, n'a en vue que l'associé qui a à se servir de la
patente, que celui, par conséquent, qui participe
aux opérations qui la motivent (*Voy.* art. 25); et si
elle n'a expressément désigné comme exempts que
les *commanditaires*, c'est qu'à une époque où l'on
était bien loin d'avoir sur les sociétés des idées
exactes et de distinguer des espèces que le code de
commerce lui-même a eu peine à définir, il était
naturel de se laisser entraîner à désigner sous la dénomination générale de *commanditaire* tout associé
qui s'abstenait de participer à la gestion sociale.

**1020.** — Dans les questions de participation à
la gestion sociale, l'administration a pour guide les
règles du droit commun et les décisions des tribunaux, qui ont, chaque jour, à examiner et juger ces
sortes de questions, dans les contestations commerciales ou civiles. Le même secours aide aussi à distinguer l'associé du commis ou du mandataire;
toutefois, la différence du point de vue sous lequel
la question se présente nous semble commander
quelque modification dans les règles qui doivent

présider à la solution. Lorsque la question s'engage entre les membres de la société, ou bien entre les associés et les tiers, que les actes constitutifs de la société soient interrogés, et que la participation aux bénéfices et aux pertes forme le caractère distinctif de l'associé, rien de plus juste; mais dès qu'il s'agit de l'application de la loi des patentes, ce n'est plus dans son rapport avec les droits vis-à-vis de l'association ou des tiers, que la qualité d'associé est débattue et jugée; elle ne s'élève et ne doit être tranchée que relativement à l'assiette des droits fiscaux, vis-à-vis du trésor; le caractère auquel il importe de s'attacher de préférence, est donc celui qui, en raison de la pensée qui l'animait, a dû principalement frapper l'esprit du législateur. Cela posé, qu'a voulu le législateur? Ce qu'il a voulu pour toutes les industries, à savoir ménager un prélèvement au profit de l'État sur la totalité des produits de l'industrie sociale. Quel moyen a-t-il pris pour atteindre ces produits? Il a pour la société, comme pour les individus, frappé sur ceux qui exercent l'industrie et qui profitent de ses produits. L'associé pour lui, c'est donc avant tout, celui qui, participant à la gestion sociale, vient prendre une part dans les bénéfices de l'entreprise.

Voici une ordonnance qui nous semble conforme à cette doctrine :

Un sieur Court, imposé comme associé d'une maison de commerce, connue à Marseille sous la raison *Payen et Comp.*, invoquait, pour justifier sa réclamation, diverses circonstances que M. le Ministre des finances, en émettant un avis favorable au réclamant, résumait ainsi :

« Le sieur Court fait tous les actes de commerce « que ferait un associé ; néanmoins, comme son « nom ne figure pas dans l'acte de société, qu'il « n'est pas prouvé qu'il ait pris le titre ou la qualité « d'associé de la maison de commerce Payen et Comp. « dans aucune des transactions commerciales qu'il « a opérées pour cette maison ; que, s'il prend part « aux bénéfices que fait le sieur Payen, il n'est point « établi qu'il participe aussi à ses pertes, ce qui « constitue l'associé proprement dit ; qu'il persiste « enfin à se dire le simple commis du sieur Payen, « l'homme revêtu de toute sa confiance, et que le « contraire ne résulte pas de l'instruction ; j'estime « qu'il n'y avait pas lieu de le soumettre au droit de « patente. »

Malgré ces observations, la requête a été rejetée. « Considérant qu'il résultait de l'instruction que le « sieur Court était associé du sieur Payen. » (*Voy.* Ord. 11 avril 1837, Court.)

La même doctrine nous paraît aussi servir de base à une décision plus récente. (*Voy.* Ord. 27 août 1839, Chenot.)

1021. — Nous dirons, en traitant des droits fixe et proportionnel, comment ces droits se déterminent pour les patentes en matière de société.

1022. — Remarquons, pour terminer ce qui a trait à l'obligation de se munir d'une patente personnelle, qu'une seule suffit pour les maris et femmes, à moins qu'il n'y ait entre eux séparation de biens. (*Voy. ibid.*, art. 25.)

**1023.** — Tout citoyen muni d'une patente peut exercer son commerce, sa profession ou industrie dans toute l'étendue du royaume. (*Voy. ibid.*, art. 27.) Mais si un citoyen patenté, changeant son domicile pendant le cours de l'année, se retire dans une commune où, en raison de la population, le droit fiscal est plus fort, il a à payer un supplément au prorata du nombre de trimestres qui restent à courir. (*Voy.* art. 28.) Quant au droit proportionnel, nous expliquerons plus tard qu'il est dû dans chaque commune où le patenté a un établissement, et qu'en cas de changement, il paye, aussi au *prorata*, pour celui qu'il prend. (*Voy. ibid.*, art. 28.)

**1024.** — *Les patentes doivent être prises dans les trois premiers mois de l'année pour l'année entière, sans qu'elles puissent être bornées à une partie de l'année.* (*Voy.* L. 1ᵉʳ brum., art. 4.) C'est par conséquent l'état du contribuable au commencement de l'exercice, qui détermine sa position définitive vis-à-vis du trésor. Ceux qui, au 1ᵉʳ janvier, se trouvent compris dans la classe des patentables, y demeurent, quoi qu'il arrive de la cause qui les y a fait entrer : les cessations de commerce, industrie, métier ou profession, les exemptions même ne peuvent être invoquées et avoir d'effet que pour l'année suivante. (*Voy.* Ord. 28 nov. 1834, Dunez; 27 juin 1838, Louise; 14 août 1838, Puypéroux; 6 fév. 1839, Fitch.) Si l'application de cette règle n'était maintenue avec une grande rigueur, les ressources de l'état manqueraient du degré de certitude et de régularité qui fait la base du système financier.

**1025.** — Elle n'admet qu'une seule exception

consacrée par la loi du 13 floréal an x, qui porte que « la cote des citoyens sujets à patente qui vien- « dront à décéder, ne sera exigible que pour le « passé et le mois courant. » (*Voy.* art. 26.) Cette exception, qui repose sur un motif d'équité, dépend d'un événement que les statistiques permettent, jusqu'à un certain point, de prévoir et de prendre en considération, lors de la fixation des contingents alloués à l'état. Et d'un autre côté, il arrive le plus ordinairement, que les héritiers continuent, au moins pour un peu de temps, les opérations du défunt, qu'ils se rendent, par conséquent, eux-mêmes sujets à la patente et sont portés à ce titre sur les rôles supplémentaires.

**1026.** — Les rôles supplémentaires, dont la confection et la destination seront expliquées plus au long lorsque nous parlerons de la rédaction des matrices et de la confection des rôles, comprennent notamment ceux qui entreprennent, dans le courant de l'année, un commerce, une profession, une industrie sujets à patente. Ils ne doivent le droit qu'au *prorata* de l'année, calculée par trimestre, sans toutefois qu'un trimestre puisse être divisé ; mais ils sont tenus de le payer dans le premier mois de leur établissement. (*Voy.* L. 1ᵉʳ brum., art. 4.)

Passons à l'examen des droits auxquels sont assujettis les patentables.

### ART. 2. — Des droits payés par les patentables.

1027. — Les droits de patente se divisent en droits fixes et en droits proportionnels.

———

**1027.** — Les droits de patente se divisent en

droit *fixes* et en droits *proportionnels.* (*Voy.* L. 1$^{er}$ brum., art. 5.) Le droit *fixe* ne se paye qu'une fois; mais il doit être acquitté par tous les patentables. Le droit *proportionnel* se paye autant de fois que le patentable a d'établissements ; mais il n'est pas dû par tous. (*Voy. ibid.*, art. 6.)

Parlons d'abord du droit fixe.

### § 1$^{er}$. — Du droit fixe.

1028.—Le droit fixe ne se paye qu'une fois pour l'industrie la plus fortement taxée et dans un seul lieu, celui où, à raison de la population, le droit est plus élevé.

1029. — L'application de ce principe, lorsqu'il est méconnu, est réclamée devant le conseil de préfecture.

1030. — Les sociétés font exception au principe que. le droit fixe est dû par tous les patentables.

1031. — Objet du tarif. — Division servant de base à un travail dressé par les soins de l'administration dans le département de la Seine, pour faciliter l'application du tarif.

1032. — La première catégorie comprend sept classes. Première classe. — Directeurs d'agences ou bureaux d'affaires. — Marchands en gros.

1033. — Deuxième classe. — Entrepreneurs de bâtiments. — La patente est due, même par ceux qui construisent sur leur terrain pour revendre.

1034. — Troisième, quatrième, cinquième, sixième et septième classes.

1035. — La seconde catégorie comprend les patentables que le tarif laisse en dehors des classes. — Patentables dont le droit est fixé en raison de la population.

1036. — Commissionnaires.

1037. — Armateurs.

1038. — Négociants.

1039. — Patentables dont le droit est fixé sans égard à la population. — Banquiers.

1040. — Entrepreneurs ou directeurs de spectacles.

1041. — Troisième catégorie. — Fabricants à métiers.

1042. — Quatrième catégorie. — Filateurs de laine et coton.

1043. — Cinquième catégorie. — Fabricants et manufacturiers en général.

—

**1028.** — Il est de l'essence du droit fixe de ne se payer qu'une fois (1); mais si le contribuable exerce simultanément plusieurs industries, il le doit, pour celle qui donne lieu au droit le plus fort, de même que s'il possède divers établissements, il est tenu de l'acquitter dans la localité où, à raison de la population, il atteint le chiffre le plus élevé.

L'application de ce principe ne comporte que des difficultés d'appréciation d'une solution facile. Remarquons seulement, que la jurisprudence considère comme constituant un établissement distinct, le dépôt formé pour l'écoulement des produits d'une manufacture (*Voy.* Ord. 22 nov. 1836, Morel); et que cette destination se révèle d'ordinaire, par les circonstances de fait et notamment, celles qui ont trait à l'éloignement du centre de fabrication.

**1029.** — Quant aux voies à prendre par les contribuables au préjudice desquels le principe aurait été mis en oubli, elles sont d'une extrême simplicité. Ils n'ont qu'à se pourvoir en décharge devant le conseil de préfecture, dans les formes et suivant les règles que nous indiquerons plus tard. Le conseil de

---

(1) Ce principe ne souffre d'exception qu'en ce qui regarde les marchands de vin de Paris, qu'un décret du 15 déc. 1815, encore en vigueur, assujettit à payer autant de droits fixes de 100 fr. qu'ils possèdent en ville de caves de débit, moins une. (*Voy.* Ord. 31 janv. 1834, Bidault.)

préfecture compétent, au cas où l'erreur provient d'une méprise dans le choix de la localité, est d'ailleurs celui du département dans lequel le patentable a été mal à propos imposé. ( *Voy.* Ord. 23 juill. 1838, Lemonnier; 10 mai 1839, Blot.)

**1030.** — Le second caractère du droit fixe est-il aussi absolu que le premier; peut-on dire, sans restriction, que le droit fixe est dû par tous les patentables?

Les sociétés font exception à la règle. Lorsque plusieurs associés résident dans la même commune, le principal associé paye, seul, le droit fixe en entier; chacun des autres ne paye qu'un demi-droit fixe. Les établissements de fabrication à métier ou de filature jouissent même d'une plus grande faveur. Il n'est dû qu'un seul droit fixe, quel que soit le nombre des associés. (*Voy.* LL. des 25 mars 1817, art. 67; 15 mai 1818, art. 62.)

**1031.** — Le chiffre du droit fixe a été déterminé par la loi pour chaque commerce, industrie, métier et profession sujet à patente; c'est là l'objet du tarif annexé à la loi du 1<sup>er</sup> brumaire an VII et modifié par les lois des 25 mars 1817 et 15 mars 1818.

Sans essayer de reproduire l'énumération dans toute son étendue, nous pensons devoir en indiquer les divisions principales et appeler l'attention sur les caractères distinctifs des professions les moins faciles à reconnaître.

Pour faciliter l'application du droit fixe aux différentes espèces de commerces et de professions, l'administration des contributions pour le département de la Seine, a fait dresser, d'après la législation interprétée par les instructions de l'autorité supérieure et par la jurisprudence, un cadre étendu dans lequel sont portées, par ordre alphabétique, sous la dénomination en usage à Paris, toutes les professions, avec l'indication, à la suite de chacune, du rang qui lui est assigné dans le tarif. Ce cadre correspond à une division du tarif en cinq catégories, dans lesquelles les professions sont distribuées. Guidons-nous sur cette dernière partie d'un travail qui a été aussi bien conçu qu'habilement exécuté.

1032. — La première catégorie se compose de patentables partagés en sept classes pour chacune desquelles la taxe comporte sept degrés calculés d'après la population, depuis 100,000 âmes et au-dessus, jusqu'à 5,000 âmes et au-dessous (1). Elle n'est, à peu de chose près, que la reproduction littérale de la seconde partie du tarif annexé à la loi de brumaire.

La première classe comprend notamment, les directeurs d'agences ou bureaux d'affaires et les marchands en gros.

La loi n'ayant pas défini ce qu'on doit entendre par les mots directeurs d'agences ou bureaux d'affaires, la jurisprudence est d'autant plus importante à consulter.

Le petit nombre des opérations, le défaut d'employés, de bureaux ouverts, l'absence de marque et d'annonces et enfin, le plus ou moins d'importance

_____

(1) Il n'y a point à distinguer entre ceux qui habitent la banlieue et ceux qui résident à l'intérieur. (*Voy. infrà*, p. 225 à la note.)

des salaires n'ont jamais été considérés comme circonstances exclusives de la profession d'agent d'affaires.
On a imposé, comme tel, tout individu acceptant des
procurations (*Voy.* Ord. 13 avril 1836, Meunier),
faisant des recouvrements de rentes (*Voy.* Ord. 30
sept. 1830, Daucher), se livrant à des opérations
de prêt et d'escompte (*Voy.* Ord. 3 avril 1834,
Donon), faisant des ventes, des acquisitions et des
locations de biens pour autrui (*Voy.* Ord. 31 juill.
1833, Denize), liquidant des successions et donnant des conseils pour la direction des affaires de
ceux qui lui donnent leur confiance. (*Voy.* Ord.
13 août 1840, Brisset). Les juges, dans le silence de la loi, se sont attachés à apprécier les faits
dans leur réalité, et nous paraissent l'avoir fait avec
une constante sagesse ; car ils n'ont vu d'agent d'affaires que là où il y avait gestion et gestion habituelle
pour autrui, en vue d'obtenir un salaire.

Pour les marchands en gros, l'art. 30 de la loi de
brumaire, en déclarant qu'il faut « réputer mar-
« chands en gros, tous ceux qui font des reventes,
« sous les enveloppes usitées pour les premières
« entrées dans le commerce des objets commerça-
« bles, » a indiqué le caractère le plus ordinaire,
mais non pas le seul auquel se reconnaisse le commerce en gros. Il est, en effet, nombre de marchandises telles que les bois, les charbons, qui ne sauraient
circuler sous enveloppe. Le signe le plus sûr pour distinguer le marchand en gros du marchand en détail,
c'est l'importance des ventes habituelles, en poids,
nombre ou mesure. Ce signe, lorsqu'il existe, sup-
plée à tous les autres. (*Voy.* Ord. 7 juin 1836, Laisné.)

C'est ainsi qu'on soumet à la patente de marchand en gros, le marchand de charbon de terre qui, tout en vendant plus fréquemment à la petite mesure, vend néanmoins par voiture et par quantité de dix hectolitres (*Voy.* Ord. 14 juillet 1841, min. fin.), le marchand de filasse, qui débite par balles et par quintaux (*Voy.* Ord. 13 nov. 1841, min. fin.), et enfin, celui qui achète du beurre pour le revendre par paniers de cinquante kilogrammes et au-dessus. (*Voy.* Ord. 14 juillet 1841, Milon.)

Un débitant d'eau-de-vie réclamait contre l'imposition à la patente de marchand en gros, sur le prétexte que s'il vendait de l'eau-de-vie par tonneaux à quelques autres débitants, c'était par tolérance de la part de l'administration des contributions indirectes; que cette même administration avait toujours refusé de le reconnaître comme marchand en gros, malgré sa demande ; qu'il ne pouvait être considéré en même temps comme marchand en détail, pour l'exercice, et comme marchand en gros, pour la patente.

Mais le directeur des contributions directes a répondu que le refus de l'administration des contributions indirectes, quant à l'exercice, ne pouvait avoir aucune influence sur le classement de la patente, et qu'aux termes de la circulaire ministérielle du 26 février 1815, explicative de l'art. 30 de la loi du 1er brumaire an VII, « tout marchand qui vend à balle et « à pièce ne peut être assimilé à celui qui vend à « mesure et à poids, et doit être considéré comme « marchand en gros; que celui qui vend en gros et « en détail exerce en réalité deux états différents, et

« doit être compris dans la première classe du tarif,
« lors même qu'il n'exerce qu'accidentellement la
« vente en gros. »

Et c'est en effet ce qu'a décidé le conseil d'état. Il
a jugé « que si le réclamnt exerçait la profession de
« marchand en détail, il résultait de l'instruction
« et de son aveu même, qu'il était en même temps
« marchand d'eau-de-vie en gros; qu'ainsi c'était
« avec raison qu'il avait été porté au rôle des pa-
« tentes en qualité de marchand en gros. » (*Voy.*
Ord. 27 avril 1841, Bléry-Cauchy.)

**1033.** — On remarque dans la seconde classe les
*entrepreneurs de bâtiments.* Que doit-on comprendre
sous cette qualification? N'y a-t-il d'entrepreneurs
soumis à la patente que ceux qui entreprennent des
constructions pour autrui, ou doit-on étendre l'o-
bligation à ceux-là mêmes qui construisent sur des
terrains qu'ils achètent, pour leur propre compte
mais en vue de revendre?

Le mode de spéculation n'est pas le même, mais
la spéculation est aussi évidente dans un cas que
dans l'autre. Le particulier qui achète des terrains et
des matériaux pour élever des constructions et les
revendre, ne se propose pas moins de réaliser des
bénéfices que celui qui se borne à bâtir pour le compte
d'autrui; toute la différence, c'est qu'il opère sur
de plus larges bases, c'est qu'il se montre plus riche
et plus hardi dans ses entreprises. La question pour
lui, doit donc se réduire à savoir s'il renouvelle assez
fréquemment ces sortes d'opérations, pour qu'il soit
réputé en faire une profession.

Il semble au premier abord, qu'une ordonnance du

3 mars 1837 est contraire à cette solution, puisqu'elle a décidé qu'un sieur Leroy avait été mal à propos considéré comme entrepreneur de bâtiments, « at- « tendu qu'il n'avait exécuté aucuns travaux pour « autrui, et qu'au contraire les constructions qu'il « avait faites étaient pour son propre compte. » Toutefois, les circonstances de fait qui ont motivé cette décision, lui assignent une restriction qui la concilie avec l'opinion que nous n'hésitons pas à émettre avec une entière confiance. Le sieur Leroy, dont la réclamation a été accueillie, sur cinq maisons construites dans l'espace de douze ans, n'en avait revendu qu'une seule, et l'instruction établissait, d'ailleurs, qu'il n'avait jamais entrepris de travaux pour le compte de qui que ce fût ; il était donc constant que les constructions n'avaient pas été effectuées pour être revendues, et tout porte à croire que le conseil d'état n'a pas entendu exprimer autre chose en disant que *le réclamant n'avait construit que pour son propre compte.*

1034. — Les professions rangées dans les 3e, 4e, 5e, 6e et 7e classes ne nous paraissent devoir faire l'objet d'aucune difficulté digne d'être prévue.

1035. — Abordons la seconde catégorie. Elle se forme des patentables que le tarif annexé à la loi de brumaire laisse en dehors des sept classes qui composent, ainsi qu'on l'a observé plus haut, sa seconde partie.

1036. — Parmi ces patentables, les commissionnaires de marchandises en gros, les armateurs pour le long cabotage et les négociants sont les seuls pour lesquels le droit fixe comporte des degrés calculés d'après la population. Il est de 300, de 200 ou de 150 fr., suivant que la ville a une population de 50,000 âmes et au-dessus, de 30 à 50,000 âmes ou de moins de 50,000 âmes (1).

Les caractères auxquels se reconnaissent les commissionnaires ont été signalés plus haut.

**1037.** — Les armateurs ne sont autres que les propriétaires de bâtiments affectés à la navigation marchande. Ceux dont les navires naviguent au long cours sont présumés les charger pour leur compte et doivent être imposés à la patente, s'ils ne détruisent cette présomption, en prouvant que le navire est, en réalité, chargé et expédié par un négociant patenté. (*Voy.* Ord. 4 juillet 1838, Garcin.)

Du reste, les intéressés dans la propriété du navire, qui ne concourent aux frais d'armement et d'équipement que par une mise de fonds, sans participer personnellement aux opérations, sans se mêler de la gestion des affaires, ne sauraient être considérés comme exerçant la profession d'armateurs et comme passibles de la patente en cette qualité. (*Voy.* Ord. 18 décembre 1840, Min. fin. ; 11 août 1841, Jacquemont.)

**1038.** — Le ministre des finances, dans une instruction du 30 sept. 1817, que vise une ordonnance du 19 mars 1823, rendue au profit d'un sieur Raveau, a défini le négociant « un commerçant dont « les spéculations embrassent indistinctement l'a-

(1) On ne peut étendre à l'impôt des patentes la disposition de la loi du 21 avril 1832 qui veut que les habitations de la banlieue des villes au-dessus de 5,000 âmes soient considérées comme appartenant à des communes rurales. (*Voy.* Ord. 27 mai 1839, Barbaroux.)

« chat et la vente en gros de tous genres de mar-
« chandises, ou dont le commerce réunit à l'achat
« et à la vente des marchandises des opérations de
« banque, lorsque ces opérations n'ont point assez
« d'étendue et d'importance pour faire classer leurs
« auteurs parmi les banquiers. »

Cette définition paraît avoir servi de base à la jurisprudence. (*Voy.* Ord. 8 février 1838, Tisserand ;
1er juillet 1839, Collin ; 22 janvier 1840, Maze ;
17 août 1841, Min. fin.)

**1059.** — Au nombre des patentables de la seconde catégorie dont le droit est fixé sans égard à la
population, on remarque les banquiers et les entrepreneurs ou directeurs de spectacles.

Dans un avis du 30 mai 1817 le comité des finances
disait : « La qualité de banquier ne dépend pas de
« l'existence d'une bourse dans une ville, mais de
« la cumulation des opérations dites de banque,
« telles que les crédits, les acceptations, les changes,
« les traites et remises de place en place, et autres.

« La patente de banquier est hors de classe et fort
« élevée ; quelques opérations de banque, inévita-
« blement liées avec les opérations commerciales,
« ne suffisent pas pour transformer en banquier un
« commerçant qui exploite notoirement une bran-
« che de commerce. On doit, en conséquence, s'abs-
« tenir de multiplier la qualification de banquier :
« cette patente ne peut être justement demandée
« qu'à ceux qui font des opérations de banque l'ob-
« jet habituel et principal de leurs spéculations,
« sous aucune des dénominations qui distinguent
« les différents genres de commerce. »

Le conseil d'état s'est, dans le principe, guidé sur cette doctrine, car il n'a soumis à la patente de banquier que les négociants chez lesquels on trouvait en tout temps et pour toute somme du papier sur les principales places de l'intérieur et de l'étranger. (*Voy.* Ord. 14 janv. 1824, Faure.)(1)

Mais, dans la suite, il s'en est progressivement écarté, jusqu'à arriver à imposer tout particulier, commerçant ou non, qui se livre à des opérations de banque telles que l'escompte et le recouvrement des effets de commerce, sans avoir égard ni à l'importance des affaires, ni à celle de la localité (*Voy.* Ord. 13 février 1840, Richelot; 3 juin 1840, Trudin; 24 juin 1840, Poulin), et sans même s'inquiéter de savoir s'il emploie ou non des capitaux autres que les siens propres. (*Voy.* Ord. 2 juillet 1840, Laperrine d'Hautpoul; 14 juillet 1841, Min. fin.)

Rien de plus sage, suivant nous, que la marche suivie en ce point; elle offre un exemple éclatant de l'esprit que nous avons reconnu devoir présider à l'application des lois fiscales, et, en particulier, de la loi des patentes. En 1817, le calme ne faisait que de naître, la confiance ranimait peu à peu les affaires, mais elles n'avaient point encore pris un grand essor. Les opérations de banque, qui suivent le cours des affaires, étaient elles-mêmes peu nombreuses, peu régulières, partant, peu fructueuses, et il importait d'autant plus de ne les point gêner dans leur développement, qu'elles sont l'instrument

---

(1) C'est dans l'analyse de cette affaire que l'arrêtiste a reproduit l'avis que je viens de citer, du 30 mai 1817. *Voy.* le Recueil de M. Lebon, alors rédigé par M. Macarel.

de toutes les transactions. A ce double titre, il était juste, il était sage de se montrer animé de la plus grande modération, et de ne frapper de la patente que les maisons de banque réellement en état d'en supporter le poids. Mais à mesure que la prospérité s'est accrue et que la circulation des fonds a pris une activité qui fait, à l'heure qu'il est, de la banque, l'une des industries les plus étendues et surtout les plus riches, le trésor a dû renoncer à ses sacrifices et étendre une perception dont la rigueur devenait sans danger.

**1040.** — Les entrepreneurs ou directeurs de spectacles et autres amusements publics dans lesquels les spectateurs payent leur place, doivent, pour droit fixe, le produit d'une représentation complète calculé d'après le prix et le nombre des places.

Mais, en province, un directeur exploite souvent plusieurs théâtres situés dans diverses localités, en se transportant de l'un à l'autre; quelquefois aussi, il donne, simultanément, des représentations journalières sur des théâtres divers. Comment le droit se fixera-t-il dans chacun de ces deux cas?

Lorsque les représentations se donnent tour à tour sur des théâtres différents, il est tout simple de calculer le produit d'une représentation sur chaque théâtre, et de prendre le chiffre moyen pour montant du droit à payer. (*Voy.* Ord. 31 janv. 1838, Ferchaud.) Si les théâtres sont exploités simultanément, il faut faire entrer dans la patente le nombre et le prix des places de tous les théâtres exploités à la fois. La loi a voulu que, pour ce genre d'industrie, le droit fixe fût proportionné à l'importance de l'entreprise. (*Voy.* Ord. 2 juill. 1836, Seveste.)

**1041.** — La troisième catégorie ne comprend que les fabricants à métiers.

Les fabricants à métiers qui n'occupent ou n'entretiennent pas plus de cinq métiers, soit chez eux, soit hors de leur domicile, ne sont assujettis qu'au droit de patente de la cinquième classe de la première catégorie. (*Voy.* L. 1ᵉʳ brum., art. 33.)

Les fabricants qui entretiennent plus de cinq métiers doivent payer, en outre de ce droit de la cinquième classe, pour les métiers d'une largeur au-dessus d'un mètre, 4 fr., et pour les métiers d'un mètre et au-dessous, 2 fr. par chaque métier; le tout jusqu'au *maximum* de 300 fr., qui ne peut être dépassé. (*Voy.* L. 15 mai 1818, art. 53.)

Les fabricants qui travaillent par eux-mêmes sans employer d'ouvriers, et qui, n'ayant ni boutique ni magasin, vendent au fur et à mesure les produits de leurs travaux, ne doivent que la patente de la sixième classe. (*Voy.* L. 1ᵉʳ brum., art. 33.)

A l'égard de ceux qui travaillent chez eux pour le compte des fabricants et marchands-fabricants en gros ou en détail, ils ne sont point assujettis à la patente s'ils n'entretiennent qu'un métier, et s'ils déclarent le nom et la demeure du fabricant ou marchand-fabricant pour lequel ils travaillent. (*Voy.* L. 15 mai 1818, art. 53.)

**1042.** — La quatrième catégorie contient les filateurs de laine et de coton.

Ils payent un droit fixe de 15 fr., quelle que soit la population du lieu de leur domicile, lorsqu'ils n'emploient pas plus de 500 broches, non compris celles des bellys et autres métiers préparatoires.

Ils payent, en outre, un droit de 3 fr. par chaque cent broches excédant le nombre de 500, jusqu'au *maximum* de 300 fr., qui ne peut être dépassé. (*Voy.* L. 15 mai 1818, art. 54.)

1043. — La cinquième et dernière catégorie, comprend les fabricants et manufacturiers, c'est-à-dire : les teinturiers travaillant pour les fabricants et pour les marchands, ou qui teignent les étoffes et les matières premières servant à la fabrication des tissus ; les imprimeurs d'étoffes, les tanneurs, les manufacturiers de produits chimiques, les entrepreneurs de fonderies, de forges, de verreries, d'acieries, de blanchisseries et de papeteries ; les fabricants de tuiles et de briques, de poterie, de cire et de chandelles ; et, en général, tous ceux qui convertissent des matières premières en des objets d'une autre forme ou qualité, soit simple, soit composée, à l'exception néanmoins de ceux qui manipulent les fruits de leur récolte. (*Voy.* L. 1er brum., art. 22, et 15 mai 1818, art. 30.)

On voit par la lettre même de la loi, qu'il n'est nullement nécessaire qu'il soit fait emploi de machines et de moteurs extraordinaires, et que partout où il y a conversion de matières premières en des objets d'une autre forme ou qualité, il faut voir la fabrication que le législateur s'est proposé d'atteindre. C'est d'après ce principe que les horlogers sont considérés comme fabricants. (*Voy.* Ord. 14 janvier 1841, Bailly.)

Ces patentables payent, sans égard à la population, un droit fixe de 300 fr. pour la première classe, de 200 fr. pour la seconde, de 150 fr. pour la troisième, de 100 fr. pour la quatrième, de 50 fr. pour la cinquième, et de 25 fr. pour la sixième. L'importance de leurs établissements industriels est d'ailleurs seule prise en considération pour leur distribution dans ces classes diverses. (*Voy.* L. 15 mai 1818, art. 60.)

**1044.** — Le tarif annexé à la loi de brumaire, aussi bien que les modifications consacrées par les lois des 25 mars 1817 et 15 mai 1818, participent incontestablement de l'autorité qui entoure tous les actes du pouvoir législatif. L'administration est donc liée par ce tarif, pour toutes les professions qu'il désigne et dont il règle le classement. Si elle venait à s'en écarter, le devoir du conseil de préfecture serait de la faire rentrer sous son empire, quelque prétexte de justice ou d'équité qu'elle eût invoqué pour le méconnaître. (*Voy.* Ord. 8 nov. 1838, Raphaël; 21 juin 1839, Mahieu.)

**1045.** — Le même principe doit présider à l'application de la disposition qui veut que les professions non comprises au tarif soient classées par analogie. L'administration n'a reçu, pour opérer cette sorte de classement, aucune délégation de pouvoir spéciale; à l'égard de la disposition dont il fait l'objet, elle n'a point à procéder autrement que pour l'application de toutes celles que renferme la loi relativement à l'assiette de l'impôt. Les agents chargés de rédiger la matrice des rôles rangent le patentable dans la classe à laquelle son industrie leur semble le rattacher; et c'est au conseil de préfecture, en cas de réclamation, à juger du mérite de leur appréciation et à la rectifier au besoin. (*Voy.* Ord. 22 fév. 1838, Gauthier.)

**1046.** — Essayerons-nous de définir l'analogie et de dire à quelles conditions elle existe ?

Il faudrait sans doute examiner cette question et, sinon donner une réponse précise qu'elle ne saurait comporter, multiplier au moins les exemples, si le législateur n'avait étendu l'obligation de supporter la patente qu'aux commerces, industries, métiers ou professions analogues à ceux qu'il désignait lui-même. Mais nous nous sommes efforcé de le démontrer au commencement (*Voy. suprà*, nᵒ 996), l'analogie est pleinement indifférente à l'existence de l'obligation de se munir d'une patente ; cette obligation naît à l'instant où un particulier commence de se livrer, en vue de réaliser un profit matériel, à un acte qui doit pour lui, devenir habituel. L'analogie n'est importante à considérer que lorsqu'il s'agit de distinguer le mode selon lequel l'obligation, qui est désormais complète et certaine, doit s'accomplir et qu'à cet effet, on a à rechercher parmi les industries qualifiées par le législateur, quelle est celle avec laquelle l'industrie à classer offre le plus d'analogie. Dans ces termes, il est de toute évidence que l'*analogie* n'est point indiquée comme un rapport qui ait rien d'*absolu*, que c'est là au contraire, une condition si essentiellement relative qu'il ne peut jamais être vrai de dire, qu'elle existe ou n'existe pas, et que la question se réduit toujours à discerner la profession vis-à-vis de laquelle elle se révèle le plus, de celles à l'égard desquelles elle se manifeste le moins. De cette doctrine, il résulte comme règle pratique, que le conseil de préfecture n'a point à se préoccuper de l'analogie pour décider si un particulier est ou non, assujetti à la patente, et qu'une fois l'obligation de se munir d'une patente reconnue, il ne peut se dispenser d'en fixer le taux, sous prétexte du défaut d'analogie avec chacune des professions mentionnées au tarif.

### § 2. Du droit proportionnel.

1047. — Le droit proportionnel n'est point dû par les patentables qui ne payent qu'un certain droit fixe. La question du droit proportionnel est ainsi subordonnée au règlement du droit fixe.

1048. — Le droit proportionnel est le dixième du loyer. — Exception à la règle.

1049. — L'évaluation doit comprendre, même les appartements affectés à l'habitation personnelle.

1050. — Application de ce principe aux sociétés.

1051. — Etablissements distincts de l'établissement principal.

1052. — Éléments d'évaluation. — A défaut de baux, la valeur locative s'établit par comparaison avec les bâtiments dont le loyer est constaté, ou notoirement connu.—L'importance et la prospérité de l'établissement doivent rester étrangères à l'évaluation.

———

**1047.** — Le droit proportionnel n'est imposé qu'aux patentables compris dans les cinq premières classes de la première catégorie et aux patentables des autres catégories dont le droit fixe est de 40 fr. et au-dessus. Il n'est dû que le droit fixe par ceux qui sont dans la sixième classe et au-dessous, ou dont l'état, quand il est hors des classes, ne donne lieu qu'à un droit fixe de 30 fr. et au-dessous. (*Voy.* L. 1er brum., art. 6.) La question relative au droit proportionnel se trouve ainsi subordonnée au règlement du droit fixe; elle ne peut être résolue et ne doit être examinée que lorsqu'il a été décidé que le patentable doit supporter le droit fixe et qu'on a déterminé à quelle classe il appartient, ou à quel taux son état doit être taxé, s'il est de nature à rester hors des classes. (*Voy.* Ord. 8 nov. 1838, Vauchel.)

**1048.** — Le droit proportionnel est le dixième du loyer ou des maisons d'habitation, ou des usines, ou des ateliers, ou des magasins, ou des boutiques, suivant la nature du commerce ou de l'industrie (*Voy.* L. 1ᵉʳ brum. an VII, art. 5); cependant, cette règle générale souffre exception pour quelques professions. Les paumiers ne payent qu'un vingtième du prix total de la valeur de leur location (*Voy. ibid.*, article 34), les meuniers qu'un trentième (*Voy.* L. 13 flor. an x) (1), et les maîtres d'hôtel garni qu'un quarantième. (*Voy.* L. 1ᵉʳ brum., art. 34.)

Les marchands en ambulance, échoppe ou étalage jouissent, d'ailleurs, pour le droit proportionnel, de la même faveur que pour le droit fixe; ils ne payent que la moitié du droit proportionnel. (*Voy.* L. 1ᵉʳ brum., art. 29, § 10.)

**1049.** — Voyons maintenant comment se calcule le droit, c'est-à-dire sur quels locaux il est assis, et comment on constate leur valeur.

L'évaluation doit comprendre non-seulement les locaux affectés à l'exercice de l'industrie ou de la profession patentée, mais, encore, l'habitation personnelle du contribuable. Ce principe a sa raison dans la nécessité de considérer l'habitation comme signe indicateur de l'aisance, et, par suite, de l'im-

(1) Les moulins à tan profitent de cette disposition. (*Voy.* Ord. 23 juill. 1841, Min. fin.)

portance des bénéfices dus à l'industrie dont les produits doivent subir un prélèvement au profit de l'état ; nécessité surtout frappante à l'égard de certaines industries qui, telles que celle des banquiers, sont bien loin d'exiger des locaux aussi considérables que mille autres infiniment moins lucratives.

Toutefois, la loi de brumaire offre cette différence avec les lois qui, pour d'autres contributions, ont également mesuré sur la valeur des habitations la fortune du contribuable, qu'elle ne permet pas d'asseoir le droit sur toutes les maisons d'habitation que le même particulier peut garder à sa disposition. Aux termes de l'art. 27, *le droit est dû dans toutes les communes où le patentable a des établissements pour l'exploitation de l'industrie qui l'assujettit à la patente*, mais il n'est dû que dans ces communes, et, dans chacune, proportionnellement aux maisons d'habitation, usines, ateliers, magasins et boutiques qu'il y occupe. Il en résulte que dans les communes où il n'a point d'établissement, le patentable ne doit point être coté au droit proportionnel pour les maisons d'habitation qu'il peut y posséder.

1050. — La règle qui veut que le droit proportionnel se paye pour les maisons d'habitation et pour les établissements dépendant de l'exploitation soumise à la patente, s'applique aux sociétés, suivant les principes que nous avons posés plus haut.

Supposons d'abord que les associés gèrent eux-mêmes.

S'ils habitent en commun, pas de difficulté ; le droit proportionnel imposé à l'associé principal, au nom et pour le compte de la société, est assis sur les usines, magasins, ateliers, boutiques, comptoirs, bureaux, appartements d'employés logés par la société et sur l'habitation des associés.

Si les associés habitent séparément, la difficulté n'est pas plus grande. L'associé principal acquitte un droit proportionnel basé sur son habitation et sur les locaux affectés à l'exploitation qui fait l'objet de l'association. Chacun des autres associés paye ensuite un droit assis sur son habitation personnelle.

Rien, au surplus, n'est plus facile à concevoir et à justifier que le résultat auquel on arrive en procédant ainsi. Quand les associés gèrent eux-mêmes, leur industrie et les produits se confondent avec ceux de l'être social; leur bourse et la bourse de la société ne sont point distinctes l'une de l'autre. Il faut donc, pour arriver à une exacte évaluation du revenu imposable de cette dernière, s'emparer aussi des signes indicateurs de la fortune industrielle de ses membres.

Lorsqu'il est reconnu ou qu'il a été décidé que celui ou ceux qui agissent pour la société ne participent point de la qualité d'associé (*Voy. suprà*), le compte qu'il faut faire de l'habitation du gérant ou directeur, sous quelque dénomination et à quelques conditions qu'il agisse, que ce soit une seule personne ou un conseil composé de plusieurs, dépend uniquement de la question de savoir si, en fait, il est ou non logé par la société. Le directeur est-il logé par la société? Son habitation constitue une dépendance de l'établissement, et une dépendance qui, par sa destination, est précieuse à considérer comme signe indicateur de la richesse de la société; elle sera com-

prise dans l'évaluation pour la fixation du droit proportionnel. Le directeur se loge-t-il, au contraire,
lui-même, à ses frais ? Son habitation donne l'idée
des bénéfices que lui procure son industrie personnelle, du profit qu'il retire de ses relations avec la
société ; et si cette industrie, ces relations l'assujet-
tissent à la patente pour son propre compte, la valeur de cette habitation servira de base au droit proportionnel qu'il devra payer. Mais quel lien, quel
rapport pourrait-il y avoir entre la dépense qu'il
convient au mandataire salarié de la société de consacrer à son habitation et l'aisance de cette dernière?
Aucun assurément, il en faut conclure que l'habitation du directeur reste étrangère à l'assiette du droit
proportionnel à payer par la société, dès qu'elle ne
lui est point fournie par celle-ci.

**1051.** — La jurisprudence offre de nombreuses
décisions dont l'objet est de déterminer ce qui, à l'é-
gard des diverses industries, constitue un établissement distinct de l'établissement principal. Nous n'en-
trerons pas dans l'examen de ces questions de détail; disons seulement, en règle générale, que, pour
se fixer sur l'existence du caractère d'*établissement*,
dans le sens de l'art. 27 de la loi de brumaire, il importe de considérer la destination et l'usage par rapport à l'exploitation, de la dépendance à évaluer.

**1052.** — La loi de brumaire assignait comme
éléments d'évaluation, les baux authentiques, pour
les locataires, et l'extrait du rôle de la contribution
foncière, pour les propriétaires; mais la jurisprudence
a toujours distingué entre ces deux éléments, que la
loi semblait mettre sur le même rang. Elle a tou-

jours décidé que, tandis que le patentable est fondé à
exiger que son droit soit fixé d'après le loyer dont il
justifie par le bail authentique (*Voy.* Ord. 28 mai
1840, Benoît), il ne saurait demander que l'on s'en
tienne à l'évaluation portée dans la matrice cadastrale. (*Voy.* Ord. 18 déc. 1839, Cosson ; 28 mai 1840,
Prudhomme.) La raison justifie cette distinction, car
si le bail authentique offre la constatation la plus
sûre de la réalité du loyer payé par le contribuable,
il n'en est pas de même de la cote foncière. Et en effet, pour la contribution foncière, ainsi que pour
tous les impôts de répartition, on ne cherche qu'à
maintenir les évaluations en proportion les unes avec
les autres, sans s'inquiéter d'arriver au chiffre exact
des valeurs réelles. Or, pour l'assiette du droit de
patente, qui se perçoit comme impôt de quotité, c'est
la valeur réelle qui sert de base à la fixation du
droit (1). La législation actuelle, au surplus, a tranché la question dans ce sens : aux termes de la loi du
26 mars 1831, *lorsque les bâtiments ne sont ni loués,
ni affermés, leur valeur locative doit être établie par
comparaison avec ceux dont le loyer a été régulièrement constaté ou est notoirement connu.* (*Voy.* art. 26.)

Dans le cas où l'élément indiqué par la loi viendrait à manquer absolument ou se trouverait insuf-
fisant, on aurait à s'aider de tout autre moyen d'é-
valuation ; on pourrait, par exemple, recourir à une

---

(1) Par cette même raison on ne saurait prendre en considération la comparaison, soit avec les valeurs attribuées à certaines
maisons (*Voy.* Ord. 15 juill. 1841, Laroche), soit avec celles adoptées pour une précédente année. (*Voy.* Ord. 18 mars 1841, Min.
fin.)

expertise. Mais quel que fût ce moyen, l'importance des produits de l'établissement, son plus ou moins de prospérité doit toujours rester complétement en dehors de l'évaluation; cette base empruntée aux revenus présumés n'est pas moins rigoureusement proscrite pour l'assiette du droit de patente, que celle tirée des facultés présumées, pour la répartition de la contribution personnelle et mobilière. (*Voy*. Ord. 15 juill. 1835, de Lapparent; 7 août 1835, Brosson; 19 août 1835, concessionnaires du pont de Bourg-Saint-Andéol.)

### ART. 3. — De la confection des rôles et des réclamations.

1053. — Déclaration par les fabricants à métiers et filateurs de laine et coton du nombre de métiers qu'ils entretiennent et de broches qu'ils occupent.

1054. — Classement des établissements industriels formant la cinquième catégorie.

1055. — Confection de la matrice.

1056. — Le directeur des contributions dresse les rôles.

1057. — Rôles supplémentaires; on en profite pour réparer les omissions commises dans les rôles généraux.

1058. — Confection et remise des patentes. — Demande et délivrance des patentes pour ceux qui entreprennent un commerce dans le cours de l'année et les colporteurs, qui ne peuvent attendre l'émission des rôles. — *Duplicata* de la patente.

1059. — A quelle époque s'acquitte l'impôt.

1060. — Enumération des diverses causes de réclamation.

1061. — Réclamations. — Le conseil de préfecture en est seul juge. — Délai pour les former.

1062. — Formes de l'instruction.

1063. — Règlement des frais de vérification et d'experts.

1064. — Exécution des arrêtés accordant décharge ou réduction de cote. — Défaut de droit pour la commune de combattre les réclamations.

1065. — Demandes en remise et modération.

1066. — Renvoi pour leur formation et leur instruction.

**1053.** — Pour la plupart des commerce, métier, industrie et profession, les particuliers n'ont aucune déclaration à faire ; la *notoriété publique* renseigne suffisamment les agents chargés de la confection des rôles. (*Voy.* L. 1ᵉʳ brumaire, art. 31.) Mais il en est autrement pour les fabricants à métiers et pour les filateurs de laine ou de coton, dont le droit proportionnel se fixe en raison du nombre de métiers entretenus et de broches occupées.

Chaque année, à l'époque et dans le délai indiqués par le préfet du département, les fabricants et marchands fabricants, qui occupent ou entretiennent plus de cinq métiers et qui, par là même, sont soumis à un droit proportionnel par métier au-dessus du nombre de cinq, jusqu'à 300 fr., sont tenus de faire devant le maire de la commune de leur domicile, la déclaration du nombre de métiers qu'ils occupent ou entretiennent habituellement, soit chez eux, soit hors de leur domicile. (*Voy.* L. 15 mai 1818, art. 53, 58 et 59.)

Les filateurs de laine et de coton, qui payent un droit proportionnel par 100 broches excédant le nombre de 500, sont également tenus de faire, devant le maire, la déclaration du nombre de broches au-dessus de 500 qu'ils entretiennent habituellement, non compris celles des bellys et autres métiers préparatoires. (*Voy. ibid.*, art. 54, 55 et 59.)

Ces déclarations peuvent être vérifiées, au gré de l'administration, par des commissaires nommés au nombre de cinq au plus, et de trois au moins, par les maires, pour les villes, et par les sous-préfets, pour les cantons ruraux. Les commissaires classent les fabricants et filateurs, soit d'après les déclarations faites par ceux-ci, soit d'après les autres renseignements qu'ils ont recueillis, sans préjudice du droit pour les patentables de se pourvoir en décharge ou de former une demande en remise, ainsi qu'il sera expliqué plus loin. (*Voy.* L. 15 mai 1818, articles 56 et 57.)

Mais les fabricants, les marchands fabricants et les filateurs qui déclarent qu'ils se soumettent au *maximum* du droit, sont dispensés de toutes autres déclarations et vérifications.

Quant à ceux qui ne font pas de déclarations, ils sont taxés d'office à un droit double de celui auquel il est estimé qu'ils sont assujettis : ce double droit ne peut cependant pas excéder le *maximum*.

Ceux qui sont reconnus avoir fait une fausse déclaration sont taxés au maximum du droit, et encourent une amende de 200 fr. (*Voy.* L. 15 mai 1818, art. 58.)

La loi ne dit rien des contestations que peut soulever l'application de ces dispositions dont l'objet est de sanctionner ses prescriptions ; mais la raison indique que c'est au conseil de préfecture, juge ordinaire en ces matières, qu'il appartient d'en connaître ; c'est, par conséquent, lui que l'administration doit saisir de ses poursuites pour fausses déclarations.

**1054.** — A l'époque et dans le délai fixé par le préfet pour les déclarations dont il vient d'être parlé, il est procédé à la distribution en six classes, à raison de l'importance de leurs établissements industriels, des fabricants et manufacturiers qui, ainsi qu'on l'a vu, composent la cinquième catégorie. (*Voy. suprà*, n° 1043.)

Ce classement tout particulier est effectué pour les cantons ruraux, par les sous-préfets, sur l'avis des maires des communes où sont situés les établissements, et sur celui des répartiteurs et des contrôleurs des contributions directes; et, pour les villes, par les maires, aussi sur l'avis des répartiteurs et contrôleurs.

Toutefois, dans les cantons ruraux et dans les villes où l'administration a usé de la faculté de faire nommer des commissaires pour le classement des fabricants et des filateurs, ces mêmes commissaires sont chargés de faire le classement des entrepreneurs d'établissements industriels.

Quel que soit, au surplus, l'auteur du classement, il n'a lieu comme celui qui concerne les fabricants à métier et les filateurs, que sous la garantie du recours devant le conseil de préfecture.

**1055.** — Les contrôleurs des contributions reçoivent des maires ou du sous-préfet les états de déclarations ou de classement pour les fabricants à métiers et les filateurs, et les tableaux de classement dressés pour les établissements de la cinquième catégorie. Ils forment, d'ailleurs, eux-mêmes, chacun dans son arrondissement, le tableau des patentables rentrant dans les autres catégories, en établissant la nature de leur commerce, industrie et profession les plus imposables, et la valeur locative de leurs maisons d'habitation, usines, ateliers, magasins et boutiques, d'après les règles exposées plus haut. Ces tableaux, qu'ils dressent et font arrêter par les maires, lorsqu'ils se rendent dans les communes pour la révision des matrices affectées aux autres contributions, complètent dans leurs mains, les éléments nécessaires pour la confection de la matrice générale, et il ne leur reste qu'à exécuter ce travail. (*Voy.* arrêté du 15 fructidor an VIII.)

1056. — Le directeur des contributions dresse, d'après la matrice confectionnée par les contrôleurs, les rôles de perception, en fixant la somme due pour le droit fixe et, s'il y a lieu, celle due pour le droit proportionnel par chaque patentable nominativement désigné. Ces rôles sont ensuite adressés au préfet qui les vérifie et les rend exécutoires, en même temps et par le même acte que ceux des autres contributions. On sait, en effet, que les quatre contributions directes sont comprises dans le même rôle.

1057. — Pour l'exécution des dispositions qui veulent que ceux qui entreprennent une industrie sujette à patente dans le cours de l'année, ou qui changent d'industrie pour en adopter une nouvelle plus fortement imposée, ou bien enfin ceux qui augmentent leurs maison, usines, magasins ou boutiques, soient imposés pour le reste de l'année, en raison du changement survenu dans leur position (*Voy.* L. 1er brumaire, art. 4, 26 et 28), les contrôleurs se transportent dans les principales communes au commencement des mois de mars, juin et septembre et rédigent des états supplémentaires, d'après lesquels sont rédigés des rôles supplémentaires, suivant les formes indiquées pour les rôles généraux.

On profite aussi de ces rôles supplémentaires,

sinon pour rectifier les cotes comprises dans les rôles généraux et qui, une fois publiées, constituent des titres du ressort de l'autorité juridique (*Voy.* Ord. 23 avril 1840, de Villepin), au moins pour réparer les omissions qui auraient pu être commises, et mettre à la charge du contribuable la somme due au trésor pour l'année entière. (*Voy.* Ord. 13 août 1840, Bizard.) L'omission ne peut valoir à son profit comme emportant prescription.

**1058.** — Le directeur des contributions transmet au percepteur en même temps que les rôles, les patentes toutes rédigées. Celui-ci délivre à chaque contribuable celle qui lui est destinée, en exigeant le prix du timbre et le payement des termes échus. Le contribuable a, ensuite, à se rendre à la mairie pour obtenir la signature du maire et l'apposition du sceau de la commune, qui doivent figurer sur sa patente.

Quant aux particuliers, qui n'entreprennent un commerce que dans le cours de l'année, et aux marchands colporteurs, qui ont un besoin immédiat de la patente, ils font leur déclaration au contrôleur de l'arrondissement et lui remettent une feuille de papier timbré à 1 fr. 25 c. Le contrôleur, après avoir pris les renseignements nécessaires, rédige la patente sur la feuille qui lui a été remise, conformément à un modèle arrêté par l'administration, et la transmet au percepteur.

C'est dans la même forme que se demandent et s'obtiennent les première, seconde et troisième expéditions de la patente, lorsque les patentables ont perdu leur patente ou se trouvent dans la nécessité d'en justifier dans d'autres cantons que celui de leur domicile. Les frais se réduisent pour eux à ceux du papier timbré. (*Voy.* L. 1ᵉʳ brum., art. 39.)

1059. — L'impôt des patentes s'acquitte comme les autres, de mois en mois par douzième ; cependant, les marchands forains et colporteurs sont tenus d'acquitter le montant total de leurs patentes au moment où elle leur est délivrée. Il en est de même des marchands vendant, en ambulance, échoppe ou étalage, dans les lieux de passage, places publiques, marchés des villes et communes, des marchandises autres que des comestibles. (*Voy.* L. 15 mai 1818, art. 64 et 65.)

1060. — Parlons des réclamations.

Les omissions sur les rôles, l'inscription pour une industrie non assujettie à la patente, les erreurs de classement, les inexactitudes dans l'évaluation du loyer servant de base à la fixation du droit proportionnel, telles sont les causes principales des réclamations susceptibles d'être dirigées contre les rôles dressés pour la perception de la contribution des patentes.

Les contribuables sont admis à réclamer leur inscription aux rôles d'après ce principe établi plus haut, que le payement de l'impôt, en même temps qu'il honore, donne naissance à divers droits politiques.

Les règles que nous avons exposées comme ayant trait à la distinction des industries, métiers et professions soumis à la patente et aux exemptions accordées, consacrent des droits dont la violation comporte des réclamations indubitablement empreintes du caractère juridique.

L'application du tarif, l'identité des professions imposées avec celles qu'il désigne, l'appréciation de l'analogie pour le classement des professions non mentionnées au tarif font également naître des questions essentiellement contentieuses.

Il semble, au premier abord, que les réclamations relatives à la distribution des établissements industriels dans les six classes composant la cinquième catégorie appellent plutôt une appréciation de l'office de l'administrateur, puisqu'elles ne mettent en question que le plus ou moins d'importance de l'établissement. Cependant, c'est moins la raison de décider que l'objet de la décision qu'il faut prendre en considération; et c'est sans doute par ce motif que la loi a pris soin de placer expressément ces réclamations dans le domaine de la juridiction contentieuse. (*Voy.* LL. 25 mars 1817, art. 64, et 15 mai 1818, art. 60.)

Enfin, l'évaluation du loyer est prévue et réglée par des dispositions précises dont l'observation a d'autant plus de prix qu'elles ont trait à la fixation du droit proportionnel, qui est le plus élevé de ceux auxquels donne lieu la patente.

**1061.** — Aux termes de l'arrêté du 15 fructidor an VIII, il doit être statué sur les réclamations formées par les citoyens compris aux rôles des patentes de la manière prescrite par l'arrêté du 24 floréal an VIII, concernant les décharges et réductions en matière de contributions directes. (*Voy.* art. 6.)

Cette disposition, qui est confirmée par les lois des 25 mars 1817 et 15 mai 1818 pour les réclamations spéciales aux modifications apportées par ces lois à la législation sur les patentes (*Voy*. art. 65 et 60), rend communes aux patentes les règles que nous avons présentées, en traitant successivement des diverses contributions, sur la formation et l'instruction des réclamations ; ainsi :

Le conseil de préfecture est seul compétent pour connaître de toutes celles qui, reposant sur un droit, appartiennent au contentieux. (*Voy*. L. du **28** pluviôse an vIII, art. 4.)

Toutes les réclamations doivent être formées devant lui, dans le délai de trois mois à partir de l'émission des rôles. (*Voy*. L. **21** avril 1832, art. **28**.)

**1062.** — Lorsque le réclamant se plaindra seulement d'avoir été omis sur les rôles, ou d'avoir été taxé dans une commune autre que celle de son domicile, la pétition remise au sous-préfet sera adressée au préfet qui communiquera les pièces au directeur des contributions, et le conseil de préfecture prononcera immédiatement, sur l'avis de celui-ci.

Mais pour les réclamations d'une appréciation moins simple et moins facile, lorsqu'il s'agira de statuer sur la question de savoir si le réclamant est ou non patentable, ou s'il a été placé dans la classe convenant à son industrie, ou si la fixation du droit proportionnel porté à sa charge, est ou non exacte, la marche à suivre est celle tracée pour les réclamations pour cause de surtaxe.

Si le directeur des contributions n'est pas d'avis d'admettre la demande, il exprime les motifs de son opinion, transmet le dossier à la sous-préfecture, et invite le réclamant à faire connaître dans un délai qu'il indique, et qui est au moins de dix jours, s'il veut fournir de nouvelles observations ou recourir à la vérification par voie d'experts.

Le réclamant n'est admis qu'à fournir des observations et justifications nouvelles, lorsque les faits contestés ne comportent point une appréciation par experts ; mais il a le choix, dès que la question dépend d'une évaluation rentrant dans leurs attributions.

On sait que les experts sont nommés, l'un par le sous-préfet, et l'autre par le réclamant. (*Voy. suprà*, n° 901.)

Ils ne peuvent d'ailleurs procéder qu'avec l'assistance du contrôleur et le réclamant ou son fondé de pouvoir, ou lui dûment appelé.

La règle qui, en laissant le conseil de préfecture maître de s'écarter des résultats de l'expertise, exige néanmoins qu'il donne les motifs de sa décision à cet égard, ne convient pas moins aux réclamations en matière de patente qu'à celles relatives aux autres contributions. (*Voy.* Ord. 27 juin 1838, Louise.)

1063. — Les art. 17 et 18 de l'arrêté du 24 floréal an VIII, sur le règlement des frais de vérification et d'experts, s'appliquent également aux patentes. (*Voy.* 27 juin 1838, Louise.)

1064. — Quant à l'exécution des arrêtés qui accordent une décharge ou une réduction, elle a bien lieu, comme à l'ordinaire, sur une ordonnance du préfet, et par voie de restitution, par l'intermédiaire du préfet, mais elle ne donne pas lieu à une réimposition, puisqu'il s'agit d'un impôt de quotité et non plus d'un impôt de répartition.

De là résulte pour la commune un défaut d'intérêt qui s'oppose à ce qu'elle intervienne pour combattre les réclamations formées contre le rôle des patentes. Vainement les communes ont-elles observé que la loi du 2 ventôse an XIII leur accorde, pour l'affecter aux dépenses municipales, l'excédant sur les 15 centimes que l'on prélève sur le produit de l'impôt des patentes depuis la loi du 13 floréal an x, après que l'on a fourni aux frais de confection des rôles, aux frais des formules de patente, et enfin aux décharges et réductions. Le conseil d'état a jugé avec raison, qu'il n'y avait pas là l'intérêt né et actuel qui peut seul motiver les actions en justice. (*Voy.* Ord. 28 janv. 1836, ville de Lyon.)

**1065.** — La loi de brumaire portait à l'art. 40 :
« Les administrations chargées de la délivrance des
« patentes, sont autorisées à faire descendre dans la
« classe immédiatement inférieure, ou la suivante,
« les citoyens qui justifieront l'impossibilité où ils
« sont d'acquitter les droits de leur classe. L'arrêté
« pris à ce sujet par les administrations sera motivé
« et mentionné dans la patente ; il sera envoyé à
« l'administration centrale, pour être approuvé par
« elle s'il y a lieu ; » mais la loi du 25 floréal an x a formellement abrogé cette disposition, et déclaré que les demandes en descente de classe prévues et réglées par l'art. 40 de la loi de brumaire, seraient faites, présentées et jugées comme celles concernant les contributions directes. S'en suivra-t-il que ces sortes de demandes, dont le caractère est d'être fondées sur le défaut de moyens des contribuables, devront être portées devant le conseil de préfecture?

Évidemment non.

La loi de floréal an x n'a eu d'autre pensée que de placer les demandes autorisées par l'art. 40 de la loi de brumaire sous l'empire de l'arrêté du 24 floréal an viii relatif aux réclamations en matière de contributions, que l'arrêté du 15 fructidor de la même année avait déjà étendu aux patentes. Or, cet arrêté distingue les demandes fondées sur la position malheureuse ou gênée des contribuables, pour en réserver la connaissance aux préfets, et les soumettre à des principes spéciaux. Les demandes en descente de classe motivées sur le défaut de moyens, se confondent donc aujourd'hui avec les demandes en remise ou modération, définies et réglées par l'arrêté du 24 floréal an viii; et, dès lors, aux préfets seuls appartient le droit d'en connaître. (*Voy.* Ord. 16 mai 1834, Brisseaud.)

**1066.** — Nous avons expliqué fort au long comment se forment et s'instruisent les demandes en remise et modération, et comment il est statué sur ces demandes dans le titre consacré à la contribution foncière; nous ne reviendrons pas sur ce sujet.

## SECTION CINQUIÈME.

### DU RECOUVREMENT DES CONTRIBUTIONS DIRECTES.

—

**1067.** — Nous avons successivement indiqué, pour chacune des contributions, les réclamations susceptibles d'être dirigées contre la fixation même des cotes par les particuliers nominativement inscrits aux rôles, ou dont le droit est d'y figurer. Le propre de ces réclamations est de ne se rapporter qu'à la désignation du débiteur et à la détermination du *quantum* de la dette vis-à-vis du trésor. Il nous reste maintenant à tracer les règles qui doivent présider au remboursement de cette dette et à prévoir les contestations que peut soulever l'exécution du titre que les agents du trésor ont désormais, dans leurs mains.

Les quatre contributions n'étant comprises que dans un seul rôle, le titre est pour toutes le même ; nous n'avons point à distinguer entre leurs diverses espèces.

**1068.** — L'impôt est exigible par douzième, aussitôt après l'expiration de chaque mois. Néanmoins, toute poursuite est suspendue pendant huit jours, à dater d'un avertissement sans frais qui doit être donné à tout contribuable. Après ce délai, les poursuites peuvent commencer.

C'est d'abord une sommation avec frais et menace d'établissement de garnisaire sous trois jours.

Vient ensuite la contrainte par garnisaire ; elle est délivrée par le receveur. (*Voy.* Arrêté du 16 thermidor an VIII, art. 40 et suiv.)

**1069.** — Avant d'aller plus loin, demandons-nous quels moyens peuvent motiver l'opposition à ces premiers actes de poursuite.

Ils sont de trois sortes.

Le contribuable contestera la validité du titre, quant au fond ou quant à la forme ; il prétendra, par exemple, que l'impôt n'a pas été autorisé, sans préjudice de l'action en concussion, s'il y a lieu (*Voy. suprà*, n° 831), ou que les rôles n'ont pas été revêtus de la forme exécutoire ou publiés suivant le vœu de la loi.

Ou bien le contribuable répondra qu'il a payé tout ou partie de la somme qui lui est demandée et il soulèvera des questions relatives à la régularité des quittances, à des versements d'à-comptes, à des imputations de payement.

Ou bien enfin, il opposera l'irrégularité des actes de poursuite eux-mêmes, ou le défaut de qualité des agents dont ils émanent.

Dans le premier cas, l'attaque est dirigée contre un titre qui, envisagé dans son principe et dans sa forme, ne procède que de l'administration et dont la légalité n'est mise en question qu'à l'occasion d'actes de poursuite qui n'émanent eux-mêmes que de l'administration. Tout ici porte au plus haut degré l'empreinte du contentieux administratif. Le conseil de préfecture doit et peut seul être saisi. (*Voy.* Ord. du 16 février 1832, Pichon.)

Dans le second cas, la question n'est pas moins claire. Il s'agit d'établir ce que le contribuable devait, ce qu'il a payé et ce qu'il doit encore, et de l'établir par une vérification des registres du percepteur et une appréciation des mentions qu'il y a insérées, des quittances qu'il a délivrées, et, en un mot, de ses divers actes, en qualité d'agent du trésor. Le juge ordinaire du contentieux administratif est encore le seul compétent.

Les questions concernant la qualité des agents auxquels sont dus les actes de poursuite sont si essentiellement du ressort de la juridiction administrative que, si elles venaient à surgir même à l'occasion d'un procès civil, les tribunaux seraient tenus de s'abstenir d'en connaître, sauf à surseoir à statuer sur l'action principale.

En serait-il autrement des questions se rapportant spécialement à la validité des actes de poursuite?

Nous ne pouvons pas le supposer.

Quel est le caractère de ces actes?

Les actes de poursuite, jusqu'au commandement exclusivement, émanent des agents de l'administration et se produisent en la forme administrative. D'un autre côté, ces actes, quant à leurs effets et quant à leur principe, sont absolument étrangers aux dispositions du droit commun. Leur caractère d'actes administratifs ne saurait donc être un instant mis en doute ; d'où il faut conclure qu'il n'appartient qu'au juge ordinaire du contentieux administratif d'en apprécier le mérite.

C'est ce que décide formellement une ordonnance, rendue sur conflit le 22 février 1821, entre les sieurs Devillenouvette et Demnié ; elle est ainsi conçue :

« Louis, etc. ; considérant, dans l'espèce, que le
« sieur Devillenouvette fonde le motif de son oppo-
« sition aux contraintes décernées contre lui par le
« percepteur Demnié......, sur ce que lesdites con-
« traintes n'ont pas été visées par le maire de
« Plaigne ;

« Considérant que le préfet s'est borné à élever le
« conflit sur la question de savoir si les poursuites
« qui ont précédé le commandement sont réguliè-
« res et si le contribuable est réellement débiteur,
« qu'ainsi le conflit a été bien élevé ;

« Art. 1er. L'arrêté, pris par le préfet du départe-
« ment de l'Aude, le 2 décembre 1826, est con-
« firmé...... »

Des auteurs citent une ordonnance du 15 mars 1826 (Petiniaud), comme établissant un principe contraire ; mais ils se méprennent complétement sur le sens et la portée qu'il convient de lui attribuer.

Dans l'espèce jugée par cette ordonnance, il s'agissait du recours contre un arrêté, pris par le préfet pour valider *des saisies et une foule d'actes de procédure*, que le contribuable présentait comme nuls et vexatoires, pour n'avoir pas été précédés des actes de poursuite administratifs prescrits par l'arrêté du

16 thermidor an VIII; et le conseil d'état s'est borné à déclarer, en principe, que *les tribunaux étaient seuls compétents pour décider si les actes de procédure, faits au sujet des poursuites, étaient nuls pour n'avoir pas été revêtus de toutes les formalités requises.* On voit, par conséquent, que la validité des actes préalables au commandement qui signale le commencement des poursuites juridiques, n'était point mise en question, et que le conseil d'état, en déclarant que les actes de procédure qui se rattachaient à ces poursuites juridiques ne pouvaient être appréciés que par les tribunaux, n'a absolument rien préjugé sur la compétence au regard des actes administratifs, préalables à ces poursuites. Le conseil d'état n'a fait là que rappeler une distinction que nous allons nous-même établir.

**1070.** — Après que le percepteur a épuisé les moyens de contrainte dont la loi a particulièrement armé les agents du trésor, il a le droit de recourir aux moyens d'exécution créés et réglés par le droit commun. Il est autorisé à poursuivre le payement par la saisie et vente des meubles des contribuables, même des fruits pendants par racine; il peut même, mais avec une autorisation spéciale de l'administration supérieure, poursuivre l'expropriation forcée. (*Voy.* L. du 17 brumaire an V, art. 3; arrêté du 16 thermidor an VIII, art. 5.)

Les porteurs de contrainte ont seuls qualité à l'effet de faire les fonctions d'huissiers pour ces saisies, ainsi que pour tout ce qui a trait aux contributions directes. (*Voy.* arrêté du 16 thermidor, article 18.) Mais, à cela près, les saisies s'effectuent suivant les règles tracées par le code de procédure civile.

**1071.** — A quelle autorité soumettra-t-on les difficultés relatives aux actes de poursuite ?

Les actes qui se rattachent à la saisie, y compris le commandement qui la doit précéder, interviennent sur la demande, mais en dehors de l'administration. Dans leur accomplissement, dans leurs effets et jusque dans leur forme, ces actes, à la différence des actes de poursuite émanant des agents de l'administration, ne relèvent que du droit commun. Il s'en suit que toute question relative à leur validité est de la compétence exclusive des tribunaux. (*Voy.* Ord. du 15 mars 1826, Petiniaud.)

Mais si l'opposition, étrangère à la régularité des actes de procédure, se fondait sur une dénégation des causes de la saisie; si le contribuable venait soulever l'une des contestations que nous avons prévues, comme susceptibles d'être provoquées par la poursuite administrative, et que nous avons reconnues dépendre du domaine de la juridiction des conseils de préfecture, les tribunaux rencontreraient un obstacle dans la nature du moyen opposé et, pour peu qu'il fût sérieux, leur devoir serait de surseoir.

**1072.** — Jusqu'ici nous n'avons envisagé le recouvrement que vis-à-vis des contribuables nominativement désignés; le moment est venu de porter nos regards sur les questions qui se peuvent présenter, lorsque le percepteur agit en vertu des dispositions qui assignent à l'état un débiteur autre que celui qui figure sur les rôles.

La loi du 12 nov. 1808, art. 2, porte que tous fer-

« miers, locataires, receveurs, économes, notaires,
« commissaires-priseurs, et autres dépositaires et
« débiteurs de deniers provenánt du chef des redeva-
« bles, et affectés au privilége du trésor public, se-
« ront tenus, sur la demande qui leur en sera faite,
« de payer en l'acquit des redevables et sur le mon-
« tant des fonds qu'ils doivent, ou qui sont entre
« leurs mains, jusqu'à concurrence de tout ou partie
« des contributions dues par ces derniers. Les quit-
« tances des percepteurs pour les sommes légitime-
« ment dues leur seront allouées en compte. »

Les poursuites contre les fermiers et détenteurs de
fonds dénommés dans cette disposition sont les mêmes que celles autorisées contre les contribuables
eux-mêmes. Sans avoir à recourir à la saisie-arrêt,
le percepteur leur fait une sommation de payer et obtient au besoin une contrainte décernée contre ces
tiers personnellement. ( *Voy. traité des poursuites en
mat. de contrib. direct.* par E. Durieu, t. 1, p. 296,
et t. 2, p. 195. )

Nous ne parlerons pas de l'opposition fondée sur
l'irrégularité de ces actes; puisque ce sont des actes
administratifs, leur mérite ne peut jamais être apprécié que par la juridiction administrative. Mais
quelle sera l'autorité compétente si les causes de la
poursuite sont contestées ?

Nous croyons qu'il faut faire une distinction entre
les exceptions opposées du chef des redevables et
celles personnelles aux tiers poursuivis. Les exceptions opposées du chef des redevables ne changent
pas de nature, pour être invoquées par les tiers qui
les représentent. Si l'on conteste la légalité ou la ré-

gularité des rôles, si l'on oppose des payements déjà
effectués, ou bien enfin si l'on conteste la qualité des
agents, la question dépendra du contentieux administratif et, à ce titre, ressortira du conseil de préfecture.

À l'égard des exceptions personnelles aux tiers
poursuivis, soit qu'ils dénient la qualité de fermiers,
de détenteurs et enfin de débiteurs des redevables,
soit qu'ils contestent le droit conféré au trésor en lui-
même, les tribunaux civils nous paraissent, seuls,
compétents. Sur quoi, en effet, pourrait-on fonder la
compétence du conseil de préfecture? La question de
savoir si les tiers sont ou non, débiteurs des contribuables portés aux rôles est purement civile de sa
nature.

Quant au droit conféré au trésor, il touche jusqu'à
un certain point; à l'assiette de l'impôt, et, dans tous
les cas, il tend directement à en procurer le recouvrement. Toutefois, bien que ce droit soit consacré
par une loi spéciale, on ne voit pas qu'il ait été dit
nulle part que l'application en serait confiée, par dérogation au droit commun, aux conseils de préfecture, et d'un autre côté, ce droit ne se rattache à
aucun acte qui permette de comprendre les contestations dont il peut être l'objet dans le contentieux administratif. Nous ne voyons donc pas comment il serait possible d'en refuser l'application aux tribunaux
ordinaires pour la réserver aux conseils de préfecture. Notre opinion à cet égard se confirme par une
ordonnance du 17 sept. 1838, intervenue au profit
d'un sieur Lavaud que nous allons citer dans le numéro suivant.

1073. — On a déjà vu que la loi du 21 avril 1832

déclare les propriétaires et principaux locataires responsables en cas de déménagement furtif de leurs locataires, s'ils n'ont pas rempli les formalités qui leur sont imposées dans ce cas. (*Voy.* art. 22 et 23.)

En vertu de ces dispositions, le percepteur a le droit de poursuivre, de la même manière que par application de la loi de 1808 ; et les règles de compétence que nous avons tracées pour l'opposition aux poursuites contre les fermiers, dépositaires et autres débiteurs des contribuables, conviennent parfaitement aux questions de même nature, soulevées par les poursuites dirigées contre les propriétaires ou principaux locataires.

S'ils critiquent les actes de poursuite administrative, ou s'ils dénient du chef des redevables du trésor, la validité du titre, c'est-à-dire celle des rôles, ces tiers sont soumis à la juridiction du conseil de préfecture.

Se retranchent-ils, au contraire, dans des exceptions personnelles et relatives soit à leur qualité de propriétaires ou de locataires principaux, soit à l'accomplissement des formalités prescrites, la question est, par sa nature, étrangère au contentieux administratif, et, en l'absence d'un texte exceptionnel et dérogatoire qui l'en ait retirée ; il faut admettre qu'elle est restée dans le domaine des tribunaux civils.

Une ordonnance du 17 septembre 1838 (Lavaud) sanctionne cette doctrine dans les termes les plus positifs. Voici ses motifs :

« Considérant qu'il s'agit, dans la contestation, « d'une saisie faite à la requête du percepteur de la

« réunion du Grand-Bourg sur les meubles du sieur
« Cazenaud, pour le recouvrement de la contribu-
« tion personnelle et mobilière et de la patente due
« par le sieur Condoin, fermier d'un moulin appar-
« tenant audit sieur Cazenaud, en vertu de l'art. 22
« de la loi du 21 avril 1832, et par suite de la res-
« ponsabilité établie par ledit article contre les pro-
« priétaires pour payement des contributions dues
« par leurs locataires ; — *Considérant que l'appli-*
« *cation de ladite responsabilité et les poursuites*
« *faites en exécution contre des tiers non compris aux*
« *rôles sont de la compétence des tribunaux* : d'où il
« suit que le conseil de préfecture de la Creuze était
« incompétent pour en connaître. »

**1074.** — Aux termes de la loi du 12 novembre
1808, le trésor a, dans le cas de concours avec d'autres créanciers, un privilége pour le recouvrement
des contributions sur le produit des récoltes, fruits,
loyers et revenus des immeubles, pour la contribution
foncière de l'année échue et de l'année courante, et
sur le produit de la vente des meubles, pour les contributions personnelle et mobilière, des portes et fenêtres et des patentes, pendant le même temps.
(*Voy.* art. 1er.)

Les principes que nous avons professés dans les
deux numéros qui précèdent, ne laissent pas de doute
sur la compétence pour l'application du privilége
attribué à l'état, lorsque le fond du droit n'est pas
contesté. Toutes les questions de préférence, d'ordre
et de contribution, quoique relatives au recouvrement de l'impôt, sont du ressort exclusif des tribunaux civils. La jurisprudence, d'ailleurs très-posi-

tive dans ce sens (*Voy.* Ord. 22 août 1838, Hamel), offre cela de remarquable, qu'elle se fonde explicitement sur la distinction que nous avons établie entre les exceptions relatives aux rôles et celles personnelles aux tiers et étrangères aux actes de l'administration. Le conseil d'état, en effet, ne consacre la compétence des tribunaux que par le motif « que la « demande n'a pour objet ni l'assiette, ni le recou- « vrement des contributions dues par le failli ; « qu'elle ne tend à contester ni la cause, ni le mon- « tant des sommes dues à l'état ; qu'elle porte uni- « quement sur le privilége réclamé par le trésor « public..... à l'exclusion de la masse des créan- « ciers. » (*Voy.* Ord. 18 juill. 1838, faill. Cournaud.)

**1075.** — L'article 4 de la loi du 12 novembre 1808 porte : « Lorsque, dans le cas de saisie de meu- « bles et autres effets mobiliers pour le payement « des contributions, il s'élèvera une demande en re- « vendication de tout ou partie desdits meubles et « effets, elle ne pourra être portée devant les tribu- « naux ordinaires qu'après avoir été soumise, par « l'une des parties intéressées, à l'autorité adminis- « trative, aux termes de la loi des 23 et 28 octo- « bre–5 nov. 1790. »

C'est l'application à une contestation déterminée d'une règle commune à toutes les actions dirigées contre l'état. Nous expliquerons plus loin, en trai- tant du domaine de l'état, que c'est au préfet que le mémoire doit aujourd'hui être remis.

**1076.** — Nous ne nous arrêterons pas sur les demandes en répétition, ni sur aucune des actions de particulier à particulier qui peuvent se rattacher

au payement des contributions. Il est de la dernière
évidence que le débat, qui surgit et se tranche en
dehors des intérêts de l'état, est pleinement étranger
à la juridiction administrative.

**1077.** — Passons aux contestations entre l'état et
les préposés à la perception des contributions.

Les lois de finances ont, de tout temps, déclaré les
receveurs et percepteurs responsables du recouvrement des sommes dont la perception leur est confiée.
Il peut être procédé à la saisie et à la vente de leurs
meubles et même, à l'expropriation forcée de leurs
immeubles, sans préjudice des poursuites par voie
de contraintes. (*Voy.* L. 17 brum. an v, art. 2 ; arrêté 16 therm. an viii, art. 31 et suiv.)

En conséquence de leur responsabilité, les percepteurs sont et demeurent chargés, dans leurs écritures
et dans leurs comptes annuels, de la totalité des rôles, et ils doivent justifier de leur entière réalisation
avant l'expiration de l'année qui suit celle à laquelle
ils se rapportent. *Ils peuvent obtenir la décharge de
leur responsabilité, en justifiant qu'ils ont pris toutes
les mesures et fait en temps utile, toutes les poursuites et diligences nécessaires contre les redevables
et débiteurs.* (*Voy.* Ord. 31 mai 1838, art. 276 et
277.)

A côté de ces dispositions, viennent se placer des
instructions ministérielles et des mesures de comptabilité dont quelques-unes méritent d'être signalées, parce qu'elles ont donné lieu à de graves difficultés, dans leur combinaison avec le droit de se faire
décharger de leur responsabilité, que l'ordonnance
de 1838 accorde aux percepteurs. Ces mesures sont

expliquées dans une instruction du 15 décembre 1826, ainsi qu'il suit :

« Art. 97. Les cotes de contributions foncière,
« personnelle et mobilière, et des portes et fenêtres,
« dont l'existence au rôle est une erreur matérielle,
« attendu que les individus qu'elles concernent n'é-
« taient pas imposables au 1er janvier de l'année à
« laquelle s'applique le rôle, sont allouées en dé-
« charge au nom de ces individus, sur la demande
« des percepteurs.

« Les états énonciatifs et détaillés de ces cotes doi-
« vent être dressés par les percepteurs dans les trois
« mois de la publication des rôles, afin que la radia-
« tion des articles mal établis puisse être faite au
« rôle de l'année suivante et que les sommes accor-
« dées en décharge sur les contributions foncière,
« personnelle et mobilière, puissent être réimposées
« dans ce même rôle, comme il est indiqué pour les
« autres décharges et réductions. Ces états sont re-
« mis aux sous-préfets et au préfet, par l'entremise
« des receveurs des finances.

« Art. 98. Les cotes des différentes contributions
« qui peuvent, dans le cours de l'année, devenir
« irrécouvrables pour cause d'absence, décès, insol-
« vabilité, etc., tombent en non-valeurs.

« Les percepteurs sont tenus de dresser, dans les
« deux premiers mois de la seconde année de chaque
« exercice, et par nature de contributions, des états
« des cotes dont il s'agit, et de les remettre, ap-
« puyées de toutes les pièces propres à justifier l'im-
« possibilité du recouvrement, aux receveurs des

« finances, qui demeurent chargés de les faire par-
« venir aux sous-préfets et au préfet. »

1078. — A n'envisager que les termes de l'instruction qui les prescrit, les états que les percepteurs sont tenus de dresser, ne sont destinés qu'à régulariser leur comptabilité, à mettre l'administration
à même de distinguer, entre les cotes irrécouvrables,
celles dont le montant est à imputer sur les fonds de
non-valeurs et celles qui doivent être réparties l'année suivante, et enfin à préparer les éléments pour
la décision de la question de responsabilité vis-à-vis
du comptable. Ces mesures restent, par conséquent,
avec le caractère de mesures d'ordre intérieur, et ne
préjugent ni la question de responsabilité, ni même
le mode de procéder à son examen.

Cependant, suivant un usage auquel on ne peut
assigner d'autre base que *les traditions administratives*, ces états sont soumis, pour les cotes dont le
montant est sujet à répartition, au conseil de préfecture, et pour celles imputables sur les fonds de
non-valeurs, au préfet ; et ces autorités se trouvent
appelées à prononcer la décharge des cotes présentées soit comme indûment imposées, soit comme irrécouvrables.

Les arrêtés pris par les préfets dans ces circonstances, sont soumis au contrôle du ministre des finances et, par conséquent, ne sauraient former nul
obstacle à l'examen de la question de responsabilité
devant ce ministre et, après lui, devant le conseil
d'état. Mais il en est autrement des arrêtés des conseils de préfecture, et il importe souverainement
de se bien fixer sur la nature et la portée de ces actes.

Les percepteurs d'Aubagne, de Rochefort et de la commune de Montfort, qui n'avaient pu obtenir décharge de diverses cotes portées au nom de contribuables décédés avant l'ouverture de l'exercice, n'ont point hésité à considérer les arrêtés émanés des conseils de préfecture, comme des actes de juridiction, et à les attaquer, à ce titre, devant le conseil d'état. Les recours ont été admis, et les arrêtés annulés dans certaines de leurs dispositions par trois ordonnances rendues à la date du 15 août 1839. Voici en peu de mots le système que le conseil d'état a cru devoir établir.

Il a soigneusement distingué les cotes imputables sur le fonds de non-valeur de celles dont le montant doit donner lieu à une réimposition.

« Il a considéré, relativement aux premières, qu'à « l'égard des cotes établies à la charge des contri- « buables contre lesquels des poursuites peuvent « être légalement exercées, les percepteurs doivent « poursuivre, et qu'en cas d'inefficacité des poursui- « tes, ils sont admis en fin d'exercice, à porter lesdi- « tes cotes sur l'état des cotes irrécouvrables et à en « demander l'imputation sur le fonds de non-valeurs, « dont la distribution appartient au préfet, confor- « mément à l'art. 28 de l'arrêté du gouvernement « du 24 floréal an VIII. » Ainsi, on a admis, que pour les cotes imputables sur le fonds de non-valeurs, les receveurs devaient demander leur décharge au préfet.

Relativement aux cotes réimposables, il a été considéré « qu'à l'égard des cotes établies à la charge « de contribuables qui n'existeraient point ou sans

« désignation du contribuable, le percepteur, seul
« responsable du montant de la cote, doit agir
« comme un contribuable lui-même pourrait le faire,
« dans les formes et délais fixés par les lois et règle-
« ments ; que, dès lors, aux termes de l'art. 4 de la
« loi du 1er pluviôse an VIII, et des art. 28 et 29 de
« la loi du 21 avril 1832, il est recevable à demander
« dans les trois mois de l'émission des rôles, dé-
« charge au conseil de préfecture, et, en cas de re-
« cours contre la décision de ce conseil, à transmet-
« tre son recours au gouvernement, par l'intermé-
« diaire du préfet, conformément à l'art. 30 de la
« loi du 21 avril 1832, ou à se pourvoir, par le mi-
« nistère d'un avocat aux conseils, conformément aux
« dispositions du règlement du 22 juillet 1806. »
Ainsi, on a admis, pour les cotes réimposables, que
la responsabilité imposée au percepteur le mettait
dans la nécessité d'agir de la même manière qu'un
contribuable.

Mais de quelle bizarrerie n'est pas entaché un
semblable système ! à l'égard du préfet, d'abord,
comprend-on que cette circonstance qu'il a mission
de distribuer le fonds de non-valeurs, lui donne compétence pour accorder ou refuser décharge au percepteur ? Est-ce que la demande en décharge de la
part de celui-ci a quelque chose de facultatif? Est-ce
qu'elle ne présente pas une question de l'office du
juge, tandis que la distribution du fonds de non-valeurs est simplement de l'office de l'administrateur?
Et à l'égard du conseil de préfecture, où a-t-on pu
découvrir une disposition qui autorisât à assimiler le
percepteur à un contribuable, et à le soumettre, par

exemple, à agir dans le délai de trois mois pour faire
écarter des cotes dont l'inexactitude a pu n'être découverte que dans le cours de l'année? De quoi s'a-
git-il, d'ailleurs, quand le percepteur vient ainsi demander sa décharge? que veut-il prouver? à quoi veut-
il arriver? Il tend directement et uniquement à faire
juger la question de responsabilité mise à sa charge,
son action ne s'explique pas autrement. Mais alors
que devient la disposition de l'ordonnance du 21 mai
1838, qui déclare que « le ministre des finances sta-
« tue sur les questions de responsabilité, sauf l'ap-
« pel au conseil d'état. » (*Voy.* art. 279.) Pourquoi, d'un autre côté, scinder et soumettre partie
au préfet, partie au conseil de préfecture, ce débat
qui est en réalité, pleinement indépendant de l'imputation à faire des cotes non recouvrées?

Le conseil d'état remis en présence de sa doctrine, moins de trois mois après l'avoir consacrée,
n'a pu se faire illusion sur son peu de fondement. Il
a déclaré, par ordonnance du 29 octobre 1839 rendue à la requête d'un sieur Langlois, percepteur de
Vimoutiers (Orne), « que les arrêtés des conseils
« de préfecture qui prononcent sur l'état des cotes
« indûment imposées, présentées par le percepteur,
« sont rendus dans un intérêt d'administration, et
« pour régulariser l'assiette de l'impôt dans chaque
« commune; qu'ils ne font point obstacle à ce que
« le percepteur se pourvoie en fin d'exercice, en
« raison des sommes qu'il n'aurait pas pu recouvrer
« et à l'égard desquelles il aurait accompli toutes
« les formalités prescrites par les règlements; que,
« dès lors, le sieur Langlois est sans qualité. »

Cette fois, le conseil nous paraît s'être singulièrement rapproché des vrais principes. Il réduit les appréciations émises sur les états dressés par les percepteurs à la condition de simples actes d'administration étrangers à toute question de droit, tant vis-à-vis des percepteurs que vis-à-vis des contribuables. Il reconnaît, par conséquent, que c'est improprement qu'on suppose que ces appréciations interviennent sur des demandes en décharge, et qu'il n'y a demande en décharge que lorsqu'il s'agit de l'examen de la question de responsabilité, question qui ne se traite et ne se décide, pour la première fois, que du percepteur au ministre des finances, et en appel, devant le conseil d'état.

Pour que la jurisprudence soit tout à fait conforme à la loi, il ne reste plus qu'un pas à faire, il faut simplement que le conseil d'état reconnaisse et déclare que les arrêtés émanant des conseils de préfecture sur les états de cotes irrécouvrables sont *nuls*, comme entachés d'excès de pouvoir. Dans l'impossibilité de découvrir un texte de loi qui justifiât la compétence juridique des conseils de préfecture en cette matière, on a déclaré, dans des termes assez vagues, *que leurs arrêtés n'étaient rendus que dans un intérêt d'administration*, et on en a conclu que ces arrêtés ne comportaient pas le recours par la voie contentieuse. Cela revient à dire que, dans ces circonstances, les arrêtés des conseils de préfecture sont purement et simplement des actes administratifs. Mais, nous le demandons, est-il possible de concevoir que le conseil de préfecture puisse procéder à un acte de cette nature ? Lorsque le conseil de préfecture prend part à l'administration, il donne son avis ou il assiste le préfet ; lorsqu'il statue seul, et c'est ici ce qui a lieu, il fonctionne comme tribunal. Ses actes, dans ce dernier cas, sont nécessairement empreints du caractère juridique. Que le ministre des finances fasse agir le préfet, qu'il invite même le conseil de préfecture à l'assister ou à émettre son avis, rien de mieux ; mais qu'il lui soit permis de s'adresser au conseil de préfecture et de provoquer de sa part un acte administratif, c'est-à-dire un arrêté pris en dehors de tout débat, de toute contestation, c'est ce qui ne saurait se concilier avec les principes fondamentaux de l'organisation administrative.

## CHAPITRE NEUVIÈME.

### DES COURS D'EAU.

#### PRÉLIMINAIRES.

1079. — La législation a pour point de départ la destination que la nature a assignée aux cours d'eau.

1080. — La mer avec ses rivages, le long des côtes, dépend du domaine public.

1081. — Les fleuves et rivières navigables suivent la même condition.

1082. — Les cours d'eau non navigables ne tombent point dans le domaine public.

1083. — Les étangs et les sources sont exclusivement régis par les règles du droit civil.

1084. — Division du sujet en deux sections.

———

1079.—La destination que la nature ou la société a assignée aux choses, décide de la condition qui leur est faite par les lois, et donne en même temps, la raison et la mesure des droits dont elles peuvent être l'objet. Nous verrons ce principe se dessiner dans sa généralité lorsqu'il s'agira de définir le domaine public par opposition au domaine de l'état; nous aurons, ensuite, à le prendre pour point de départ dans l'étude de la législation sur les mines. Mais c'est surtout pour expliquer les dispositions relatives aux cours-d'eau, qu'il nous semble précieux à considérer.

1080. — La mer est affectée à l'usage des peuples divers; elle forme, au moyen de la navigation, le lien qui les réunit, et à ce titre, elle est *libre*; le droit des gens ne veut pas qu'une nation puisse en interdire l'accès à une autre. Toutefois, l'intérêt de la sûreté a fait reconnaître à chaque pays un droit privatif sur une certaine étendue des eaux qui bordent son territoire. Les états limitrophes de la mer ont, dans une zone qui suit leurs côtes et dont la largeur, déterminée par les traités internationaux, varie de deux à quatre lieues, un droit de possession qui, en temps de paix, se manifeste par la jouissance exclusive du droit de pêche et par la surveillance exercée pour l'observation des lois de douane. Dans l'étendue de ce rayon, la mer n'est point l'objet d'une communauté universelle, sans que néanmoins sa destination comporte l'application des règles constitutives de la propriété privée. En France, la mer avec ses rivages forme, le long des côtes, ainsi que l'exprime l'art. 538 du code civil, une dépendance du domaine public; elle tombe dans la classe des choses communes à tous les membres de la nation; le droit qui la régit procède de la souveraineté et réside dans les mains du roi, qui la représente. On a jugé avec raison que l'usage de la mer pour la navigation, que la participation aux avantages secondaires qu'on en peut retirer soit comme profits de pêche, soit par la récolte des algues, soit au moyen de l'établissement de salines, et qu'enfin l'intérêt de la défense contre les ennemis de l'extérieur et les mesures à prendre pour protéger les terres contre l'envahissement des eaux commandaient de dégager l'action de l'administration des entraves que suscite la propriété privée partout où elle parvient à s'établir, et que le seul moyen était de déclarer en principe, que les particuliers ne peuvent acquérir aucun droit de propriété *sur les rivages, lais et relais de la mer, les ports, les havres, les rades,* etc. (*Voy. infrà,* le chapitre relatif au *domaine de l'état.*)

1081. — A l'égard des fleuves et rivières navigables qui coulent à l'intérieur, leur usage pour la navigation ne saurait sans doute, être aussi général que l'usage de la mer; mais s'il ne peut être considéré comme appartenant au genre humain tout entier, il appartient évidemment à tous les membres de la société dont ils traversent le territoire. Sous ce rapport, l'intérêt qui s'attache à leur conservation, à leur entretien et à la liberté de leur fréquentation est le même qui a fait placer la mer et ses rivages dans le domaine de la souveraineté nationale, il était, dès lors, rationnel que les fleuves et rivières navigables suivissent la même condition; et en effet, l'article 538 du code civil les comprend, à titre de dépendances du domaine public, dans l'énumération qu'il renferme.

1082. — Les rivières et ruisseaux non navigables, indépendamment de l'usage qu'on en peut faire pour satisfaire les besoins naturels, usage en vertu duquel chacun a le droit de puiser dans toute espèce de cours d'eau, ont été destinés par la nature à l'arrosement des terres, et sont susceptibles d'être appliqués à l'industrie comme force motrice. Mais l'emploi des eaux courantes pour ce double objet est suborL donné à la possession des terrains qu'elles traversent. Les riverains seuls sont en position d'en profiter pour l'arrosement, car les propriétaires d'héritages plus éloignés ne sauraient imposer aux champs intermédiaires l'obligation de supporter les travaux nécessaires pour amener l'eau jusqu'à eux. De même, pour qu'un industriel se serve d'un cours d'eau pour le roulement d'une usine, il faut qu'elle soit établie sur la rive, ou qu'il ait acquis le droit de conduire les eaux au travers des terres qui l'en séparent. On a bien encore ici une chose commune à plusieurs, et il est juste qu'il soit pourvu à ce que l'usage de l'un ne mette point obstacle à l'usage de l'autre ; mais la communauté n'existe plus au profit de la société, elle est circonscrite entre des intéressés dont le nombre est ordinairement fort grand, et dont la prospérité n'est pas sans importance pour l'agriculture et le commerce du pays, mais qui néanmoins ne sauraient être pris pour la nation entière. De là le principe que les cours d'eau non navigables ne tombent point dans le domaine public, et que la mission de l'administration relativement à ces cours d'eau n'a rien de commun avec l'exercice des droits de souveraineté. Nous rechercherons plus tard s'il en faut conclure qu'ils appartiennent *privativement* aux riverains.

**1083.** — Enfin, les eaux qui sont recueillies dans des bassins creusés par la nature ou par l'art, les sources mêmes qui surgissent du sein de la terre, si on les considère séparément des eaux qui s'en échappent et forment un courant, ne sont offertes qu'à l'usage du maître du fonds dans lequel elles se trouvent; elles sont l'apanage d'un seul; on ne découvre nulle raison de les soustraire à l'empire des règles constitutives et régulatrices de la propriété. C'est donc dans la loi civile qu'il faut chercher les dispositions qui leur sont applicables. (*Voy.* art. 564 et 641 du code civil.)

**1084.** — Nous n'avons pas à nous occuper de la pleine mer, dont l'usage est réglé par le droit des gens, ni des eaux autres que les eaux courantes, qui sont régies par les dispositions de la loi civile. Nous traiterons des cours d'eau navigables, et nous dirons un mot des rivages de la mer, dans une première section; une seconde aura pour objet les cours d'eau non navigables.

## SECTION PREMIÈRE.

### DES FLEUVES ET RIVIÈRES NAVIGABLES.

ART. 1er. — **Circonscription des dépendances du domaine public.**

1085. — Formation du domaine public comme distinct du domaine de la couronne.

1086. — Confusion, dans l'origine, des cours d'eau avec les biens productifs du domaine royal. — Ses suites.

1087. — Établissement du principe de leur inaliénabilité.

1088. — Sa consécration dans les lois de l'assemblée constituante et dans le code civil.

**1085.** — Nous l'avons dit, c'est parce qu'elles

appartiennent en commun à la nation, que la garde
et la conservation des rivières navigables et des grèves de la mer sont l'attribut de la souveraineté et
qu'à ce titre, elles tombent dans le domaine public.
L'idée de ce domaine n'a pu naître qu'à l'instant où
l'on a commencé à considérer la cité comme un être
distinct des membres qui la composent, à lui reconnaître des droits indépendants de ceux des individus, à admettre que les premiers doivent dominer
les seconds et enfin à distinguer, dans le roi, les priviléges et les droits qui lui appartiennent comme
formant le *patrimoine* de la couronne, de ceux dont
il a le dépôt, à titre de représentant de la nation,
pour les maintenir et les exercer en son nom et pour
son plus grand avantage. Ce serait excéder les limites de notre sujet que de montrer comment le régime féodal avait confondu toutes ces choses et quel
long et pénible chemin il a fallu suivre pour les découvrir, les mettre en lumière et conférer à notre
droit public cette clarté et cette précision qui le distinguent à un si haut degré. Nous devons nous borner au résumé le plus succinct.

**1086.** — Dans l'origine, les cours d'eau ne furent considérés que sous le point de vue des droits
lucratifs qui pouvaient s'y rattacher. Les droits de
pêche et surtout les droits de péage donnaient un
grand prix à leur possession. Le débat était entre
les rois et les seigneurs, et il se tranchait par une
transaction : on plaçait dans le domaine du roi les
fleuves et rivières portant bateaux, et les seigneurs
profitaient des cours d'eau non navigables.

L'erreur sur le titre auquel ils tombaient sous sa

juridiction devait engendrer une méprise inévitable sur la nature du droit appartenant au roi relativement aux cours d'eau navigables ; dès l'instant qu'il ne les revendiquait et ne les obtenait qu'à titre de sources de revenus pour son trésor , il était rationnel qu'il les confondît avec les autres biens productifs de son domaine et qu'il s'attribuât à l'égard des uns le droit absolu de propriété qui ne pouvait lui être contesté à l'égard des autres. Des particuliers durent le plus souvent à la faveur, et obtinrent quelquefois, à prix d'argent, la permission d'établir sur les fleuves et rivières des usines et notamment des moulins, qui apportèrent à la navigation les plus fâcheuses entraves et finirent par rendre en plus d'un endroit, l'usage public absolument impossible. Il est vrai que l'excès de l'abus eut l'avantage de nécessiter des mesures dont on cherchait la justification dans les vrais principes et qui, par suite, les sortaient de l'oubli. C'est ainsi que le prévôt des marchands obtint, à la date du 21 août 1390, un arrêt du parlement qui l'autorisait à faire détruire, en indemnisant leurs propriétaires, les établissements qui encombraient la Seine et la Marne, au point d'arrêter le passage des bateaux amenant des vivres à Paris ; et que, dans l'impossibilité de parvenir à une exécution volontaire, il n'hésita point à recourir à la force et à faire abattre en une nuit, tout ce qui gênait la navigation (1). Mais ces actes, qui n'appli-

---

(1) *Voy.* dans l'histoire de Charles VII, Paris, 1614, p. 72, le passage de Juvénal des Ursins, cité par M. Daviel, et rapporté par M. Nadault de Buffon, t. 1, p. 574.

quaient au mal qu'un remède local et momentané, en laissaient subsister la cause.

1087. — Vainement l'inaliénabilité des droits du chef suprême de l'état sur les rivières navigables fut-elle proclamée dans l'édit de 1566, et expressément rappelée dans les divers monuments qui ont eu pour objet d'organiser le droit public, et notamment, dans l'ordonnance sur les eaux et forêts de 1669. (*Voy.* tit. 27, art. 41.) Ce principe n'avait point été puisé à sa source ; on ne l'avait point fait résulter de l'essence de la souveraineté, d'où procèdent les droits du roi sur les rivières. On était simplement parti de l'idée que les rivières dépendent du domaine de la couronne, pour leur étendre la loi d'inaliénabilité consacrée pour toutes les choses de ce domaine ; et il s'en suivit que cette loi ne fut pas plus respectée pour les rivières que pour les biens productifs avec lesquels elles étaient confondues. Il était réservé à l'esprit philosophique du dix–huitième siècle de distinguer le domaine de la couronne du domaine de la souveraineté, d'établir que tous les biens compris dans le dernier sont inaliénables de leur nature, et que les rivières en dépendent. L'exposition de cette sage doctrine se rencontre, pour la première fois, dans des remontrances faites au roi par le parlement de Bordeaux, à la date du 30 juin 1786, pour le supplier de retirer, ce qui eut lieu, des lettres patentes qui attribuaient au prince, au préjudice des particuliers, les accroissements par alluvion aux fonds riverains, des rivières navigables ; on y lit : « La mer, les rivières, leurs rivages ne sont « point une véritable propriété dans la main du

« souverain, mais plutôt un dépôt qui lui a été
« confié de la chose commune ou publique, pour la
« conserver, pour la protéger, pour la rendre plus
« utile à tous ses sujets. On ne saurait donc les re-
« garder comme un objet qui fasse partie du do-
« maine. Si le roi jouit des droits utiles que l'eau
« procure, c'est pour le prix des dépenses néces-
« saires à la conservation des fleuves et rivières, et
« de la protection sans laquelle la navigation ne
« saurait exister. » (*Voy.* le Nouveau Denisart,
v° *Domaine de la Couronne*, § 5.)

**1088.**—Lorsque l'assemblée nationale a voulu définir la nature et établir les principales divisions du domaine national dans le décret du 22 novembre–1er décembre 1790, elle n'a fait autre chose que consacrer
une distinction si clairement établie. C'est dans ce
sens qu'il est dit, dans l'art. 2, que « les chemins
« publics, les rues et places des villes, les fleuves et
« rivières navigables, les rivages, lais et relais de
« la mer, les ports, les havres, les rades, etc., et
« en général, toutes les portions du territoire natio-
« nal qui ne sont pas susceptibles d'une propriété
« privée sont considérées comme des dépendances
« du domaine public. » L'art. 538 du code civil n'est
lui-même que la reproduction, à peu près littérale,
de la disposition de la loi de 1790.

**1089.** — Après avoir montré ce qu'il faut entendre par le domaine public et à quel titre la législation y place les rivières navigables, on a à déterminer quels sont les cours d'eau qui rentrent sous
cette dénomination.

**1090.** — L'ordonnance de 1669 n'appliquait le

principe de la domanialité qu'*aux fleuves et rivières portant bateaux de leurs fonds, sans artifice et ouvrages de main.* (*Voy.* tit. 27, art. 41.) Quels que fussent le but et la portée de cette restriction, on n'a plus à s'en préoccuper, car elle n'a été reproduite, ni par la loi de 1790, ni par l'art. 538 du code civil. Toute rivière navigable, qu'elle doive ce caractère à la nature ou à l'art, est aujourd'hui du domaine public.

**1091.** — Le flottage par trains et radeaux est une véritable navigation. Ce système de transport ne diffère qu'en apparence du transport par bateaux; il comporte l'emploi des mêmes moyens de locomotion, du halage, de la rame et du gouvernail; il est susceptible d'être affecté aux mêmes usages, à la transmission des marchandises. L'ordonnance de 1669 n'avait fait nul doute, ainsi qu'on le voit par les art. 41, 42 et 44 du titre 7, qui disent tantôt les *rivières navigables* et tantôt *les rivières navigables ou flottables*, de prendre le mot *navigables* dans une acception générique, pour désigner les cours d'eau navigables par bateaux ou par trains et radeaux. La loi de 1790 s'était conformée à ce précédent, et ce n'est que pour ne point laisser le plus léger prétexte à la controverse que le code civil a fait entrer les deux mots dans sa définition, en disant *les fleuves et rivières navigables ou flottables*.

Voici un avis émis par le conseil d'état, touchant le droit de pêche de l'état dans les rivières flottables, qu'il nous semble utile de reproduire parce qu'il explique fort clairement quelles sont les rivières *flottables*, dans le sens du code civil. Cet avis du 21 février 1822 est ainsi conçu :

« Considérant que dans l'acception commune, on
« confond sous la dénomination de *rivières flottables*,
« deux espèces de cours d'eau très-distincts, savoir :
« — 1° des rivières navigables sur trains ou radeaux,
« au bord desquelles les propriétaires riverains
« sont tenus de livrer le marchepied déterminé par
« l'art. 630 du code civil, et dont le curage et l'en-
« tretien sont à la charge de l'état ; — 2° des rivières
« et ruisseaux flottables *à bûches perdues*, sur le
« bord desquels les propriétaires riverains ne sont
« assujettis qu'à livrer passage, dans le temps du
« flot, aux ouvriers du commerce de bois, chargés
« de diriger les bûches flottantes et de repêcher les
« bûches submergées.

« Considérant que les rivières flottables sur trains
« ou radeaux sont, de leur nature, navigables pour
« toute embarcation du même tirant d'eau que le
« train ou radeau flottant ; que les rivières flotta-
« bles de cette espèce ont été considérées comme ri-
« vières navigables, soit par l'ordonnance de 1669,
« soit par les premières instructions données pour
« l'exécution de la loi du 14 floréal an x ; que dès
« lors, les rivières flottables sur trains ou radeaux,
« dont l'entretien est à la charge de l'état, se trouvent
« comprises parmi les rivières navigables, dont la
« pêche peut, aux termes de ladite loi, être affermée
« au profit de l'état ; qu'il est impossible, au con-
« traire, d'appliquer les dispositions de ladite loi
« aux cours d'eau qui ne sont flottables qu'à bûches
« perdues, et qui ne peuvent, sous aucun rapport,
« être considérés comme rivières navigables, le
« conseil est d'avis : — 1° que l'état a droit d'affer-

« mer, en vertu de la loi du 14 flor. an x, la pê-
« che des rivières qui sont navigables sur bateaux,
« trains ou radeaux, et dont l'entretien n'est pas à
« la charge des propriétaires riverains ; — 2° que ce
« droit ne peut s'étendre, en aucun cas, aux rivières
« ou ruisseaux qui ne sont flottables qu'à bûches
« perdues. »

**1092.** — Le conseil d'état a pensé que les cours
d'eau simplement flottables à bûches perdues ne
pouvaient être assimilés aux rivières navigables et ne
faisaient point partie du domaine public. Cette opinion se confirme par un arrêt de la cour de cassation, en date du 22 août 1823, qui a décidé, dans le
même sens, que les rivières flottables seulement à
bûches perdues ne sont point *domaniales* et que, par
conséquent, le droit de pêche n'y appartient pas à
l'état. Enfin, s'il n'est pas permis de supposer que la
loi du 15 avril 1829, sur la pêche fluviale, l'a expressément sanctionnée, en n'attribuant le droit de
pêche à l'état que dans les rivières flottables par
trains et radeaux, puisque le ministre et le rapporteur de la loi ont pris soin de déclarer, à plusieurs
reprises, qu'il n'était pas question de statuer sur la
propriété des cours d'eau et de définir ceux qui
appartiennent au domaine, on n'en est pas moins
fondé à observer qu'en fait, les divers membres des
chambres qui ont cru devoir se prononcer n'ont fait
nulle difficulté d'exclure des rivières navigables, les
rivières simplement flottables à bûches perdues, et
qu'en principe, le droit de pêche n'étant qu'un accessoire inhérent au droit de propriété, il est ration-

nel de refuser le second à l'état, là où la loi ne lui reconnaît point le premier.

**1093.** — Les bras non navigables des rivières
navigables sont assimilés aux rivières elles-mêmes,
et font, comme elles, partie du domaine public. (*Voy.*
Ord. 11 févr. 1836, Petol.) La raison en est que l'eau,
qui sur une certaine longueur s'écoule par une voie
séparée du lit principal, n'en fait pas moins partie du
courant, qu'il importe de ne pas laisser appauvrir.

**1094.** — Le même motif serait applicable à un
canal fait de main d'homme pour détourner une
portion de l'eau sur un point et la rendre plus bas à
son cours, et devrait le faire considérer comme un
bras naturel, comme une dépendance de la rivière.
(*Voy.* Ord. 28 janv. 1835, Deschamps.) Cette résolution est importante pour déterminer le caractère des
canaux de dérivation pratiqués soit dans l'intérêt
de l'agriculture, pour l'irrigation, soit dans l'intérêt
de l'industrie, pour faire mouvoir des usines.

**1095.** — Quant aux courants qui se séparent de
la rivière pour ne plus s'y réunir, M. Proudhon enseigne (*Voy. Traité du domaine public,* n° 760), qu'ils
cessent, dès leur point de séparation, de faire partie
de la grande rivière, et n'appartiennent plus à la
classe de celles qui sont navigables et flottables. Il
observe avec raison, qu'ayant définitivement cessé
de faire partie du fleuve navigable, sans être par
elles-mêmes habiles à la navigabilité, on ne verrait
plus de cause à laquelle il fût possible de se rattacher
pour comprendre les ramifications dans le domaine
public. Vainement objecterait-on, avec M. Nadault
de Buffon (t. 1, p. 254), que par l'effet des variations

qui s'opèrent journellement dans le lit des rivières, la navigation peut à tout instant passer du corps principal dans l'une des branches, et que, dans tous les cas, les dérivations et saignées faites dans les ramifications sont susceptibles d'accroître la quantité d'eau qu'elles absorbent, et dont elles privent le fleuve. Si la navigabilité vient à se déplacer, le gouvernement a le moyen de la suivre ; il suffit qu'il en déclare l'existence pour que le cours d'eau passe virtuellement dans le domaine public ; et à l'égard des prises d'eau préjudiciables au corps principal du fleuve, ce seul résultat leur confère le caractère de contraventions commises sur les rivières navigables, et autorise l'usage des armes attribuées à l'administration pour veiller à leur conservation.

1096. — « Lors de la discussion du code de la « pêche fluviale, dit le savant auteur du traité *de* « *la législation et de la pratique des cours d'eau,* le « gouvernement avait proposé de soumettre à la do- « manialité, les fossés où l'on peut pénétrer en ba- « teau *dans les moyennes eaux.* Mais le projet a été « à cet égard, amendé par la chambre des pairs, et « la domanialité restreinte aux fossés où il est pos- « sible de pénétrer en *tout temps,* en bateau de pê- « cheur.

« Il en est de même, et par la même raison, des « noues, boires et fossés qui ont une communica- « tion libre avec les rivières dont les eaux y entrent « pendant toute l'année, où les bachots peuvent pé- « nétrer en tout temps, et qui sont entretenus aux « frais de l'état. Ils font partie intégrante des cours « d'eau.

« Mais, réciproquement, les noues, boires ou
« fossés, qui n'ont pas une communication libre avec
« les rivières, ne sont pas réputés comme dépen-
« dances du domaine public, puisqu'ils n'ont pas le
« caractère de navigabilité. » (*Voy.* t. 1, p. 39, n$^{os}$ 3,
41 et 42, 2$^e$ édit.)

Cette doctrine nous semble devoir souffrir quelque
modification. La loi sur la pêche fluviale, on l'a déjà
vu, n'a point eu pour objet de fixer les limites de la
domanialité résultant pour les rivières et leurs dépendances du caractère de navigabilité. Il a été très-nettement exprimé que les dispositions qui attribuent la
pêche aux riverains dans certaines eaux, ne formaient
point obstacle à leur revendication à titre de dépendances du domaine public. D'après cela, le droit de
pêche n'étant jamais, au profit de l'état, que l'accessoire de la domanialité, il la suppose, sans doute,
partout où il est reconnu et maintenu par la loi, mais
la réciproque n'a pas lieu ; l'interdiction du droit de
pêche n'exclut point les autres droits dérivant de la
domanialité. Leur existence dépend du rapport des
eaux sur lesquelles on prétend les exercer, avec le
fleuve ou la rivière navigable. Le fossé ou la noue
est-il lui-même navigable, pas de doute, il appartient
au domaine public. Manque-t-il, au contraire, de
ce caractère, nous ne croyons pas qu'il échappe nécessairement à la domanialité? Si, par exemple, il
communiquait avec la rivière dans des conditions
telles que le fossé ou la noue dût être considéré
comme en faisant partie, sur quoi se fonderait-on
pour en contester la domanialité ?

**1097.** — On ne saurait songer à assimiler aux

rivières navigables les affluents qui les alimentent, puisque ce serait adjuger de proche en proche, au domaine public, presque tous les cours d'eau. (*Voy.* dans ce sens M. Daviel, t. 1, p. 35, n° 39.) La loi s'oppose, d'ailleurs, à ce qu'on distingue sous ce rapport, les affluents immédiats, ceux qui se jettent dans les rivières navigables, des ruisseaux et petites rivières qui ne leur transmettent leurs eaux que par leur réunion à des courants dont ils accroissent l'importance ; car elle est également silencieuse sur les uns et sur les autres. Toutefois, il importe de remarquer que cette doctrine ne met nul obstacle à la répression des entreprises dont l'effet certain serait de compromettre la navigabilité. Nous n'hésitons point à considérer les cours d'eau qui servent à l'alimentation d'une rivière ou d'un canal de navigation, comme soumis à une servitude qui, en raison même de son objet, doit être maintenue en vertu des dispositions et par l'intervention des autorités instituées pour surveiller et protéger la navigation. Le conseil d'état nous semble s'être appuyé sur ce principe lorsqu'il a décidé, par ordonnance du 1er juillet 1839, que l'association des vidanges de Tarascon avait commis une contravention de grande voirie, en effectuant, dans un canal de desséchement dont elle était propriétaire, mais dont les eaux alimentaient l'un des biefs du canal de navigation d'Arles à Bouc, des travaux de nature à gêner, au moins momentanément, la navigation.

**1098.** — L'art. 1er d'un édit du mois de décembre 1672, dont l'objet est d'assurer l'approvisionnement de Paris, est ainsi conçu : « Pour faciliter le

« commerce par les rivières et le transport des pro-
« visions nécessaires à la ville de Paris, défenses sont
« faites à toutes personnes de détourner l'eau *des*
« *ruisseaux* et des rivières navigables et flottables,
« affluentes dans la Seine ou d'en affaiblir ou altérer
« le cours par tranchées, fossés, canaux ou autre-
« ment : et, en cas de contravention, seront les ou-
« vrages détruits réellement et de fait, et les choses
« réparées immédiatement aux frais des contreve-
« nants. » Il est bien certain qu'en dénommant les
*ruisseaux,* on n'a entendu parler que des ruisseaux
flottables à bûches perdues. Le but de la disposition
ne lui assigne point d'autre portée. Un arrêté du 13
nivôse an v, précisément émis pour rappeler à l'exécution des lois et règlements sur la navigation de la
basse Seine, est d'ailleurs explicite ; il porte que
« toutes les rivières navigables et flottables et *les*
« *ruisseaux servant au flottage des bois destinés à*
« *l'approvisionnement de Paris,* étant propriétés na-
« tionales, nul ne peut en détourner l'eau, ni en
« altérer le cours par fossés, tranchées, canaux ou
« autrement. » Mais ces actes ont-ils eu pour effet
de placer les ruisseaux dont ils font mention, dans le
domaine public ? La prohibition qu'ils consacrent
n'est en elle-même, qu'une prohibition de police qui
ne suppose nullement qu'il en soit ainsi. Vainement
l'arrêté de nivôse énonce-t-il le contraire, en repro-
duisant la prohibition comme une conséquence de
la domanialité des ruisseaux. Ce n'est point là la consécration d'un principe ; on ne doit y voir que l'invocation d'une doctrine qui, dans la pensée de ceux
qui s'en sont prévalus, n'avait eu jusque-là et ne de-

vait avoir dans la suite d'autre autorité que celle qu'elle emprunte au raisonnement. Or, s'il est aisé de concevoir que le gouvernement, au milieu de l'obscurité qui couvrait et couvre encore la législation sur la propriété des cours d'eau, ait pu songer à étendre la domanialité aux ruisseaux flottables à bûches perdues, l'examen approfondi qui a été fait un peu plus haut de cette question ne permet pas de regarder cette prétention comme fondée. Il en faut conclure que la doctrine admise par les auteurs de l'arrêté du 13 nivôse an v est une doctrine erronée et que le principe de la domanialité des cours d'eau flottables à bûches perdues, qui servent à l'approvisionnement de Paris, se trouve, à défaut d'autres bases, être absolument dénué de fondement.

**1099.** — A l'époque où fut rendue l'ordonnance de 1669, il existait en France plusieurs canaux de navigation creusés de main d'homme, et appartenant à des particuliers : le canal de Briare et celui du Languedoc sont de ce nombre. Cependant, l'ordonnance s'est abstenue de les mentionner parmi les cours d'eau du domaine du souverain. Elle les en a, au contraire, positivement exclus, en limitant ce domaine « aux fleuves et aux rivières portant ba- « teaux de leurs fonds, sans artifice et ouvrages de « mains. » (*Voy.* t. 1, tit. 27, art. 41.) Les lois de 1790 et 1791, et enfin le code civil, qui présentent sur la composition du domaine public des définitions très-précises, et qui l'ont réglée dans un temps où la canalisation du pays avait fait d'importants progrès, n'ont eu garde non plus d'y comprendre les canaux. Et en fait, les canaux circulent journellement dans le domaine de la propriété privée. Les uns ont été concédés à des individus ou à des compagnies ; ceux que l'état lui-même a construits, il les donne à bail, les vend et les aliène ; toutes choses absolument inconciliables avec la domanialité qui frappe sur les fleuves et rivières navigables. Nous n'hésitons donc point à déclarer avec une entière conviction, que les canaux de navigation ne doivent point subir la même condition. S'en suivra-t-il que leur destination ne sera point garantie ? Nullement ; tout ce qu'il faut dire, c'est que les mesures ne procèdent pas du même principe, c'est que la navigabilité n'a pas les mêmes conséquences que pour les fleuves et rivières ; c'est que, le but demeurant le même, le chemin pour l'atteindre comporte un autre point de départ. C'est, suivant nous, pour avoir négligé cette distinction que M. Daviel, dans son traité de *la législation et de la pratique des cours d'eau*, a supposé, sans d'ailleurs s'inquiéter ni des dispositions de la loi, ni de la réalité des faits, *que les canaux de navigation étaient essentiellement du domaine public.* (*Voy.* nos 32 et 33.) L'examen des dispositions qui régissent les canaux va éclaircir et confirmer notre opinion.

L'auteur du *Répertoire universel* nous apprend (*Voy.* v° *Canal*) qu'une résolution du conseil des Cinq-cents, qui lui paraît éminemment sage, a établi, à l'occasion du canal du Midi, le grand principe « que les grands canaux de navigation à l'usage du « public font essentiellement partie du domaine pu- « blic ; que les concessions qui peuvent en avoir été « faites, ne peuvent faire obstacle aux mesures à « prendre pour leur conservation, amélioration et

« agrandissement, sauf le droit des concessionnai-
« res aux remboursements et indemnités qui peu-
« vent leur être dus, et la continuation de leur jouis-
« sance jusqu'à l'acquittement entier et effectif. » Si
la loi du 21 vendémiaire an v, à laquelle la résolution du conseil des cinq cents a servi de base, eût
en effet converti en loi le principe qu'elle énonçait,
on serait bien forcé de le tenir pour certain. Mais cette
loi, dans son esprit aussi bien que dans sa lettre, est
pleinement étrangère à la question. Son objet principal est de régler la perception d'un droit de navigation sur le canal du Midi, et d'en autoriser la mise en
ferme. « Le directoire, dit l'art. 12, pourra affer-
« mer la perception desdits droits, ensemble les
« moulins, usines, bâtiments, fonds ruraux et autres
« dépendances, en chargeant le fermier de mettre
« et tenir le canal en bon état, de faire faire annuel-
« lement les ouvrages d'entretien et réparation
« tant du canal que des usines, chemins et bâti-
« ments, conformément au devis qui en sera dressé
« par l'ingénieur chargé de l'inspection générale du-
« dit canal. » Les art. 25 et 26 prévoient les faits
d'usurpation et envahissement de quelques parties
du canal de la part des riverains, les punissent d'une
amende, et en réservent l'application aux juges de
paix et tribunaux de première instance. Un silence
si absolu en présence d'une proposition si grave et si
positive, est incontestablement significatif et en implique le rejet.

Un arrêté du directoire, du 19 ventôse an vi, est
plus utile à considérer. Il rappelle les prohibitions
de l'ordonnance de 1669, destinées à prévenir l'en-

combrement et le détournement des fleuves et rivières navigables, et les dispositions des lois de 1790, 1791 et 1792, qui chargent les administrations de département de procurer le libre cours des eaux, et d'empêcher toutes les entreprises susceptibles de l'entraver. Faisant ensuite application de ces principes pour le passé, non-seulement aux rivières navigables ou flottables, mais aussi aux canaux d'irrigation et de desséchement généraux, il enjoint aux administrations départementales d'ordonner la destruction des usines, écluses, ponts, batardeaux, et tous établissements reconnus dangereux ou nuisibles à la navigation, au libre cours des eaux, aux desséchements, à l'irrigation des terres, qui ne seront pas fondés en titres, ou qui n'auront d'autres titres que des concessions féodales abolies. (*Voy.* art. 2, 3, 4 et 5.) Quant à l'avenir, les administrations centrales et municipales, aujourd'hui les préfets et les maires, sont chargés de veiller à ce qu'il ne soit établi, si ce n'est avec la permission préalable de l'administration centrale, aucun obstacle au libre cours des eaux dans les rivières navigables et flottables, et dans les canaux d'irrigation et de desséchement, et à ce que nul ne détourne les eaux des rivières et canaux navigables ou flottables. (*Voy.* art. 9 et 10.) Enfin, il est défendu aux administrations municipales de consentir à aucun établissement dans les canaux de desséchement, d'irrigation, ou de navigation, appartenant aux communes, sans l'autorisation formelle et préalable des administrations centrales. (*Voy.* art. 12.) Il résulte des dispositions que renferme l'arrêté, que l'administration est investie d'un pouvoir de police et de surveillance fort étendu, dont elle a mission de faire usage pour conserver à leur destination les canaux soit de desséchement et d'irrigation, soit de navigation. Mais il n'est fait nulle mention de la domanialité, bien loin qu'elle soit indiquée comme la source de l'autorité conférée au gouvernement.

Vient enfin la loi du 29 floréal an x ; elle porte que « les contraventions en matière de grande voi- « rie, telles qu'anticipation, dépôt de fumiers ou « d'autres objets et toutes espèces de détériorations « commises sur les *canaux*, fleuves et rivières navi- « gables, leurs chemins de halage, francs-bords, « fossés et ouvrages d'art, seront constatées, répri- « mées et poursuivies par voie administrative. » (*Voy.* art. 1.) L'assimilation entre les canaux et les rivières navigables n'a encore trait qu'à la police et à la surveillance ; sur quoi se fonderait-on pour l'étendre, bien au delà des termes de la loi, jusqu'à la propriété ?

La pensée qui a présidé à la législation applicable aux canaux de navigation, telle qu'elle ressort de l'analyse à laquelle nous venons de nous livrer, exclut donc l'idée qu'ils fassent partie des dépendances du domaine public. On s'est proposé de donner à l'autorité administrative tous les moyens de pourvoir à leur conservation et au maintien de leur affectation. D'une part, nul établissement ne peut avoir lieu sur les canaux sans sa permission, d'une autre part, il lui appartient de connaître des entreprises et détériorations susceptibles de les atteindre et d'en gêner l'usage ou d'en compromettre l'entretien. Mais le législateur n'a pas cru qu'il fût nécessaire de les soumettre à toutes les conséquences que la domanialité entraîne pour les fleuves et rivières navigables. Ces voies ne sont point créées et offertes par la nature. Qu'elles aient été établies par l'état, ou que leur confection ait été exécutée par des particuliers, avec l'autorisation et aux conditions prescrites par le gouvernement, elles ne constituent jamais que des ouvrages de main d'homme plus ou moins utiles, mais dont l'usage, par lui-même, n'appartient point à cette communauté générale, imprescriptible et inaliénable, qui s'applique aux biens qui tiennent de la nature une destination en vertu de laquelle ils tombent naturellement dans le domaine public. Les canaux n'auraient pu entrer dans ce domaine que par l'effet d'une disposition expresse. Or, si l'on eût pris ce parti, les avantages attachés à ces sortes d'entreprises eussent été frappés de si graves restrictions qu'on aurait eu à craindre de les voir retardées, peut-être même arrêtées dans leur progrès ; d'un autre côté, comment eût-il été possible de le concilier soit avec les droits des concessionnaires, droits cessibles, aliénables et assis sur les canaux considérés comme objets susceptibles de propriété, soit avec les droits de péage, qui, ici, sont le prix d'un véritable service rendu, d'une location, et qui, par conséquent, excluent l'idée d'un bien soumis à un usage commun ?

Si nous insistons sur la démonstration de cette doctrine, c'est que, dans l'application, ses conséquences prennent une grave importance. Il en résulte que les canaux et leurs dépendances ne comportent de dispositions exceptionnelles que relativement à la police et à la surveillance, ce qui comprend l'obligation de les conserver et de les entretenir, et l'interdiction de consentir à aucun établissement nuisible à leur usage, et qu'à cela près, pour le fond du droit dont ils sont l'objet, pour leur possession et leur propriété, ils appartiennent à l'empire du droit commun. Sous ce dernier rapport, le sort des concessionnaires de canaux est le même que pour les autres concessionnaires de l'état. Vis-à-vis du gouvernement, leur position est fixée par l'acte de concession, vis-à-vis des tiers, ils sont soumis aux règles consacrées pour tous les biens du domaine privé.

1100. — La loi du 29 floréal an x n'étend point aux canaux de desséchement et d'irrigation l'attribution qu'elle crée pour les canaux de navigation. La dérogation aux lois de la propriété, en ce qui les concerne, n'a trait qu'à la surveillance telle qu'elle est définie par l'arrêté du 19 ventôse an vi.

Nous examinerons et nous résoudrons, d'après ces principes, les diverses questions qui vont se rencontrer à mesure que nous avancerons.

1101. — Une ordonnance royale du 10 juillet 1836, rendue en exécution de l'art. 3 de la loi du 15 avril 1829, a déterminé, par département, les parties de fleuves et de rivières navigables ou flottables en trains, sur lesquelles la pêche doit s'exercer au profit de l'état. Il n'est pas douteux que cette ordonnance n'ait pour effet de reconnaître et de proclamer la navigabilité des parties de rivières auxquelles elle s'applique, puisque le droit de pêche n'est jamais pour l'état qu'une conséquence de la domanialité et que ce dernier droit ne peut dériver que de la navigabilité. Mais déjà l'observation en a été faite, les rédacteurs de la loi sur la pêche fluviale ne se sont point proposé de régler ce qui concerne la navigabilité et la propriété des cours d'eau, mais uniquement de faire une loi sur l'exercice et la police de la pêche. En déterminant dans quelles rivières la navigabilité emporterait le droit de pêche au profit de l'état, ils n'ont eu garde de laisser soupçonner que les rivières qu'ils désignaient dussent seules être considérées comme navigables et comme comprises à ce titre dans le domaine public. Il s'en suit que pour les parties qui ne figurent point au tableau dressé pour l'application de la loi du 15 avril 1829, la question de navigabilité n'est nullement tranchée. La même question, sinon pour le présent et l'avenir, au moins en ce qui concerne le passé, est également susceptible de surgir, en dehors de ce classement, même pour les parties de cours d'eau qu'il embrasse. On ne saurait dénier, par exemple, l'intérêt qu'elle offre toutes les fois qu'il s'agit d'apprécier les droits conférés par les titres qu'il invoque au propriétaire d'usines, dont l'établissement sur des cours d'eau, actuellement navigables, remonte à une époque reculée. Enfin, les conditions de navigabilité sont essentiellement variables, chaque cours d'eau peut devenir navigable d'un instant à l'autre. De là encore, la nécessité de prévoir la question de navigabilité et d'indiquer par qui et comment elle doit être examinée et décidée.

1102. — La navigabilité n'exprime rien autre chose qu'une aptitude à la navigation, soit sous le

point de vue de la *possibilité* de la rivière, que sa pro-
fondeur, sa largeur, la régularité et la rapidité de son
cours rendent propre à supporter des bateaux, des
trains ou des radeaux, soit sous le point de vue des besoins publics, qui exigent la conservation ou l'établissement d'une ligne de navigation dans telle ou telle
direction. L'appréciation de ce double fait est si évidemment du ressort de l'administration, qu'on n'a
jamais songé à lui contester le droit exclusif de déclarer, dans le présent et pour l'avenir, la navigabilité des cours d'eau. Nous appellerons un peu plus
loin l'attention sur la nature et l'exercice de cette
attribution réglémentaire. Ici, nous n'avons à considérer la question de navigabilité que dans son rapport avec les contestations juridiques qui la font
naître et à l'égard desquelles elle constitue une question préjudicielle. Supposons qu'un particulier poursuivi pour une prétendue contravention aux règlements sur les fleuves et rivières navigables, prétende
que la partie du cours d'eau sur laquelle s'est réalisée
son entreprise n'est point navigable, ou bien qu'un
usinier réclame une indemnité pour son établissement détruit par les ordres de l'administration, en se
fondant sur ce que le cours d'eau n'étant point navigable au moment où son usine a été créée, il en
avait la propriété absolue, et demandons-nous quel
sera le juge de la question de navigabilité. Si l'on
produisait un acte administratif bien clair et bien
positif, le juge de la question principale serait aussi
celui de la question préjudicielle, puisque nous
avons dit que les tribunaux civils n'avaient point à
se dessaisir lorsque l'exception était de nature à se

trancher par une application pure et simple des actes administratifs. (*Voy. suprà*, tit. 1ᵉʳ, ch. 6, nº 93, p. 88.) Mais il faut écarter cette circonstance, et admettre que la question soit sérieuse, difficile, obscure. Pour démontrer que les tribunaux ordinaires sont et sont seuls compétents, on dit, et ce langage a surtout une apparence de raison lorsque le litige a pour objet direct une question de propriété débattue entre le domaine public et un particulier, que la navigabilité est le principe du droit de propriété, que c'est comme source de ce droit et non comme point d'intérêt public que l'on a à rechercher et reconnaître son existence et que ce serait rendre illusoire l'attribution du juge, chargé de prononcer sur le droit de propriété, que de lui imposer l'obligation de s'arrêter devant la question de navigabilité, qui, en réalité, renferme la question de propriété, pour ne lui laisser d'autre mission que de proclamer la conséquence, d'ailleurs nécessaire, d'une décision préalablement rendue par une autre autorité. Mais on a à répondre, avec plus de raison, que, si la question de navigabilité domine la question de propriété, elle est bien loin de se confondre avec elle, qu'elle en diffère essentiellement dans son objet et dans ses éléments de solution ; que la question de navigabilité, à quelque occasion qu'elle surgisse, ne peut être examinée et résolue que comme question d'affectation à l'usage public, et indépendamment des conséquences que sa résolution est susceptible d'entraîner pour les intérêts et les droits privés ; que les titres, les principes et les règles du droit civil sont pleinement étrangers à son examen, et qu'elle ne comporte qu'une appréciation d'actes, de faits et de rapports du ressort de l'autorité administrative; qu'enfin, si la décision de la question de navigabilité préjuge la question de domanialité, elle n'implique pas nécessairement la résolution de la question de propriété, puisque le domaine public n'a pas toujours été inaliénable. La jurisprudence vient à l'appui de cette dernière doctrine ; elle veut que le juge civil s'abstienne de décider si une rivière ou partie de rivière était anciennement navigable, alors même que la question se présente préjudiciellement à une question de propriété. (*Voy*. Ord. 23 juin 1841, Lemenuet.)

Reste à examiner devant qui, de l'administrateur ou du juge administratif, elle devra se porter. En sera-t-il de la navigabilité des rivières comme de la vicinalité des chemins, qui nécessite, alors même qu'elle s'élève devant le conseil de préfecture, une reconnaissance et une déclaration de l'office de l'administrateur? (*Voy. suprà*, tit. I, chapitre 5, § 2, n° 602). Au premier coup d'œil, on est tenté de se prononcer pour l'affirmative, et cependant, c'est la négative qui seule, est vraie. (*Voy*. Ordonnance du 19 avril 1832, Cayla.) La loi exige que la vicinalité soit toujours constatée par un acte de l'administration (*Voy. suprà*, chap. 5, art. 1er, n° 574), tandis que le caractère de navigabilité résulte d'un simple fait, sans qu'il soit besoin d'aucune reconnaissance, ni déclaration préalable. Or, l'existence de ce fait, lorsqu'il est allégué par une partie, dans un litige et dénié par l'autre, ne soulève qu'une question juridique, et la circonstance qu'elle est, ainsi qu'on vient de l'établir, réservée à l'autorité administrative, ne change point sa nature ; il en faut conclure que la connaissance en appartient au juge ordinaire du contentieux administratif, au conseil de préfecture. Les actes anciens, les ouvrages dont les vestiges peuvent survivre, les faits dont on retrouve le souvenir, telles sont les sources auxquelles les preuves sont le plus ordinairement puisées.

**1103.** — Je n'ai point à m'occuper du droit de l'état sur les îles, îlots et atterrissements dans le lit des fleuves ou des rivières navigables ou flottables : il est prévu et réglé par les lois civiles. (*Voy.* article 560 du code civil.) Remarquons seulement, en passant, que ces sortes de biens tombent, non pas dans le domaine public, mais dans le domaine de l'état, et que, par conséquent, ils suivent dans ses mains, le sort commun à tous les objets susceptibles de propriété privée. (*Voy.* Daviel, t. I, p. 49, n° 55.)

**1104.** — Les rivages des fleuves et rivières navigables ne sont soumis qu'à la servitude de halage. (*Voy.* art. 650 du code civil.) Il en sera parlé plus loin.

**1105.** — La mer, dans l'étendue du rayon soumis à la souveraineté nationale, ses rivages et ses lais et relais appartiennent au domaine public. (*Voy.* art. 538 du code civil.) Cette attribution a sa raison dans l'intérêt de la sûreté des côtes et de leur libre accès.

Les facultés naturelles, qui n'ont rien d'incompatible avec cet intérêt, s'exercent librement sur le bord de la mer. Ainsi il est permis, dit l'auteur de *la législation* et *de la pratique des cours d'eau*, aux termes d'une déclaration du 23 avril 1726, « aux « pêcheurs et à tous autres de fouir des sables qui « restent à sec de basse mer, les poissons qui s'en- « sablent, pour servir d'appât à leur pêche. Ainsi, « encore, il est permis à chacun de recueillir les « débris de varech et autres plantes du fond de la « mer que ses flots rejettent et abandonnent sur le « rivage. » (*Voy*. t. 1, p. 57, n° 65.) Mais, à l'égard de ces plantes marines, désignées en Normandie sous le nom de varech, et sur les côtes de Bretagne, sous celui de goëmon, dont l'usage est de servir à l'engrais des terres ou à la fabrication de produits qui circu- lent dans le commerce sous le nom de soudes, il est essentiel de distinguer les herbes détachées des ro- chers par l'agitation de la mer, et jetées à la côte par le flot, de celles qui sont attachées aux rochers et dont on a à opérer la coupe pour les enlever. Les pre- mières n'appartiennent exclusivement à personne ; il est permis à chacun de les prendre indifféremment, en tout temps et en tout lieu sur le rivage : ce sont des *épaves*. La récolte des secondes est réservée à chaque commune, dans l'étendue des côtes qui em- brassent son territoire. (*Voy*. M. Daviel, t. 1, p. 58, n° 65.) L'ordonnance de la marine de 1671, et plus spécialement encore, une déclaration du 30 mai 1731, est positive sur ce point. Les principes qu'elle établit, relativement au droit de profiter de la récolte, n'ayant jamais été abrogés, on ne saurait se refuser à les suivre. Mais le mode d'exercice n'a pu échapper aux conséquences des changements opérés dans l'organisation du pays. Les préfets sont chargés de pourvoir par des règlements à tout ce qui concerne la récolte des goëmon et varech (*Voy.* arrêté du 18 thermidor an x); ils fixent la saison et le nombre de jours durant lesquels elle peut être faite. Quant au partage entre les membres de la communauté, il s'effectue conformément aux règles tracées pour tous les fruits communaux. (*Voy. suprà*, chap. 6, art. 3, § 5.)

**1106.** — M. Merlin s'est demandé ce qu'il faut entendre par rivages de la mer ou jusqu'où ils s'étendent. Il démontre, en s'appuyant d'un arrêt du parlement d'Aix, que, pour la Méditerranée, il faut suivre la loi romaine, d'après laquelle on doit réputer rivage tout ce que le plus haut flot de la mer peut couvrir en hiver : *Est autem littus maris quatenùs hibernus fluctus maximus excurrit ;* tandis que, par rapport à l'Océan, le rivage de la mer comprend, aux termes de l'ordonnance de 1681, liv. 4, tit. 7, art. 1, « tout ce qu'elle couvre et découvre pendant « les nouvelles et pleines lunes, et jusqu'où le plus « grand flot de mars se peut étendre sur les grèves. » (*Voy. Questions de droit*, v° *Rivages de la mer.*)

**1107.** — Cette première question l'a conduit à examiner, en second lieu, si l'on doit réputer *rivages maritimes* les terres situées le long des rivières qui ont leur embouchure dans la mer, et dont les eaux, par l'effet du flux, remontent beaucoup plus loin que le plus grand flot de mars ou d'hiver ne s'étend sur les grèves. Il a constaté que la jurisprudence s'était prononcée pour la négative, et il l'a confirmée, en observant que le principe contraire porterait, en certains endroits, les bords de la mer à soixante lieues de la mer même, ce que la raison se refuse à admettre.

L'administration, dans la reconnaissance et la détermination du rivage de la mer, ne saurait avoir aucune mission à remplir. La loi marque ses limites, par rapport à la marche des flots. Les contestations susceptibles de s'élever sur ce point ne comportent jamais, pour l'application des dispositions législatives qui les régissent, qu'une vérification et une appréciation de faits dans lesquels on ne découvre nul caractère de nature particulière. Les juges ordinaires sont donc appelés à les trancher entre les riverains et les agents ou ayants cause du domaine public.

1408. — Ce n'est point ici le lieu de prévoir les concessions dont les lais et relais de la mer peuvent faire l'objet. Il en sera parlé lorsque nous traiterons du domaine public.

1409. — L'ordonnance de 1681 fait « défenses « à toutes personnes de bâtir sur les rivages de la « mer, d'y planter aucuns pieux, ni faire aucuns « ouvrages qui puissent porter préjudice à la na- « vigation. » (*Voy.* tit. 7, art. 2.)

La loi du 29 floréal an x, non plus que le décret du 16 décembre 1811, rendu pour en compléter les dispositions répressives des délits de grande voirie, ne disait rien de la mer, ni de ses rivages. Mais cette lacune a été comblée par un décret du 10 avril 1812, qui a déclaré le tit. 9 de celui du 16 décembre 1811, applicable aux ports maritimes de commerce et travaux à la mer. Elle se trouve ainsi, sous le rapport de la police et de la surveillance, faire partie de la grande voirie. (*Voy.* Ord. du 6 avril 1836, Min. trav. publ.)

**1110.** — Après avoir déterminé quelles sont, en matière de cours d'eau, les dépendances du domaine public, il reste à rechercher quelle est la condition des propriétés privées qui les avoisinent, vis-à-vis des objets compris dans ce domaine, et quels sont les droits et les devoirs du gouvernement qui s'y rapportent.

### ART. 2. — De la servitude du halage.

——

**1111.** — Les fonds situés le long des rivières navigables ou flottables sont assujettis à une servitude d'utilité publique qui a pour objet le *marchepied.* L'art. 650 du code civil ne fait que mentionner cette servitude, en déclarant que tout ce qui la concerne est déterminé par des lois ou des règlements particuliers. C'est à l'ordonnance de 1669 qu'il faut demander les dispositions qui la définissent et en règlent l'exercice; elles forment le titre 18. L'art. 7 porte « que les propriétaires des héritages aboutissant « aux rivières navigables laisseront, le long des « bords, 24 pieds au moins, de place en largeur, « pour chemin royal et trait de chevaux, sans qu'ils « puissent planter arbre ni tenir clôture ou haie « plus près que 30 pieds du côté que les bateaux se « tirent, et 10 pieds de l'autre bord, à peine de « 50 livres d'amende, confiscation des arbres, et « d'être les contrevenants, condamnés à réparer et « remettre les chemins en état, à leurs frais. »

**1112.** — Les termes ne manquent ni de clarté, ni de précision ; cependant, nous avons à prévoir d'assez nombreuses difficultés d'application ; il faut se demander en premier lieu, au profit de qui et pour quel usage la servitude est établie.

L'ordonnance, considérée dans son ensemble, ne permet guère de se méprendre sur la portée qui appartient sous ce point de vue à l'art. 7 du titre 28.

Les intérêts et les besoins de la navigation ont seuls dicté ses dispositions diverses; c'est comme voies de communication que les rivières sont réglementées; il est, dès lors, rationnel d'en conclure que la même idée a présidé à la rédaction de l'article qui nous occupe, et que l'obligation de fournir le marchepied n'a été imposée aux riverains qu'afin de ménager le moyen d'user du fleuve pour la navigation. (*Voy.* MM. Pardessus, *des Servitudes*, n° 139; Daviel, t. 1, p. 66, n° 71.) Ce principe a été mis dans la plus vive lumière lorsqu'il s'est agi, dans la loi sur la pêche fluviale, de fixer le droit des pêcheurs sur le chemin de halage. La commission ayant supprimé, comme inutile, l'art. 36 du projet, qui déclarait que les porteurs de licence avaient le droit d'user du chemin de halage pour l'exercice de la pêche, M. le directeur général et M. de Peyronnet ont indiqué la véritable intention de cet article; ils ont dit, suivant l'analyse que j'emprunte à M. Duvergier : « Il avertit les riverains que le droit des pê« cheurs est restreint à l'usage du chemin de ha« lage; que, sur ce chemin même, ils n'ont que « les droits qui appartiennent à tous, c'est-à-dire « qu'ils peuvent en user seulement pour le tirage des « bateaux ou des filets; et qu'enfin, s'ils ont besoin « d'un espace plus étendu pour déposer leurs filets « et les sécher, ce n'est que de gré à gré qu'ils peu« vent l'obtenir. » On a demandé le renvoi à la commission; et M. le rapporteur a dit, pour rendre

compte de son nouveau travail, « qu'elle était de
« plus en plus convaincue de la vérité de ce principe
« que le chemin de halage n'est qu'une servitude ;.
« que son objet est uniquement le tirage des ba-
« teaux ; qu'elle ne peut être rendue plus onéreuse
« pour le propriétaire ; que c'est seulement pour le
« tirage des bateaux que les pêcheurs doivent s'en
« servir, *mais qu'ils ne peuvent en user pour tirer*
« *leurs filets hors de l'eau et les sécher*, ce qui en-
« traînerait une aggravation à la servitude, et que
« pour ces opérations, ils doivent traiter avec les
« riverains de la jouissance des terrains dont ils ont
« besoin. » La rédaction que ces observations ac-
compagnaient est précisément celle de l'art. 35 de
la loi ; il autorise les fermiers et porteurs de licence à user du chemin de halage et, néanmoins,
les oblige à traiter de gré à gré avec les propriétaires pour l'usage des terrains nécessaires pour retirer
et asséner leurs filets.

**1113.** — L'objet de la servitude de halage ainsi
défini, il est aisé de distinguer les actes que comporte
son exercice, puisqu'il est de règle que toute dérogation au droit commun ne doit point s'étendre au
delà des limites marquées par les motifs qui l'ont
fait établir.

Nous n'hésiterons point à admettre avec MM. Par-
dessus (*Voy. Traité des servitudes,* n° 139) et Daviel
(*Voy.* t. 1, p. 67, n° 72), que la fréquentation du chemin de halage est interdite à tous autres qu'aux navigateurs et pêcheurs ; que les ports, les abreuvoirs et
les gués publics offrent seuls l'accès du fleuve à ceux
qui veulent y puiser de l'eau, s'y baigner, y pêcher à

la ligne et en un mot, exercer l'un de ces droits que l'on désigne sous le nom de naturels, pour exprimer qu'ils ont leur source dans des vues providentielles que la loi civile n'a pu méconnaître. Le marchepied ne constitue point un chemin dans le sens ordinaire de ce mot ; ce n'est point une voie publique ; il ne désigne qu'un espace qui, sans cesser de faire partie des héritages dont il dépend, est assujetti à servir de passage dans des circonstances déterminées.

Suivant la loi romaine, *riparum usus publicus est jure gentium sicut ipsius fluminis. Itaque naves ad eas appellere, funes arboribus ibi natis religare, onus aliquod in his reponere, cuilibet liberum est, sicut per ipsum flumen navigare.* (*Inst. de rerum divisione,* § 4.) Quelques auteurs semblent s'être inspirés de cette décision pour mesurer les facultés attribuées aux navigateurs eux-mêmes ou aux pêcheurs. M. Pardessus autorise le dépôt sur le marchepied des choses destinées au transport par eau. (*Voy. Traité des servitudes,* n° 139.) M. Isambert (*Voy. Traité de la voirie,* n° 134 et suivants) va plus loin et étend l'usage des rives à tous les actes qui se rattachent à la navigation. Cependant, la servitude de halage, telle qu'elle existe chez nous, n'a rien de commun avec les dispositions de la loi romaine sur l'usage des rives. Les ordonnances des rois, et après elles, le code civil, bien loin d'admettre que la faculté d'user du chemin procède du même titre et réponde au même droit que la faculté d'user du fleuve, supposent très-explicitement que ce chemin fait partie des propriétés riveraines, qu'il se distingue, par conséquent, des rives considérées comme dépendances du lit du

fleuve, et qu'il n'est affecté qu'à certains actes déterminés. D'après cela, il faut dire que ni la lettre, ni
l'esprit des lois et règlements relatifs à la servitude
de halage n'imposent aux riverains qu'elles frappent,
d'autre obligation que de souffrir le tirage des bateaux ; que tout acte étranger à cette opération , et
notamment l'amarrage des bateaux et le dépôt des
objets de chargement, aggraverait leur position ,
soit par exemple en compromettant les productions
dont la culture peut se concilier avec le service du
tirage, soit en menaçant d'occasionner des détériorations de nature à favoriser l'action corrosive des
eaux, et qu'ils sont en droit de s'y opposer. M. Daviel, qui professe la même opinion et la confirme
par la citation d'un arrêt de rejet de la cour de cassation du 11 juin 1822, ajoute : « ce n'est qu'en cas
« de nécessité, par exemple de naufrage ou de pé-
« ril imminent, que soit le dépôt de quelques objets,
« soit l'amarrage des câbles, devrait être acciden-
« tellement toléré par les riverains ; une indemnité
« serait même due si de pareils faits se prolongeaient
« pendant quelque temps. » (*Voy.* t. 1, p. 71, n° 75.)

1114. — La servitude de halage serait sans objet
sur les bords de la mer ; il en faut conclure qu'elle
ne leur est point applicable. (*Voy.* Vaslin, sur l'article 2, tit. 27 de l'Ord. de 1681, et M. Daviel, t. 1,
p. 74, n° 77.)

1115. — De même pour les bras des rivières navigables : ces bras tombent sans doute dans le domaine public comme accessoires du corps du fleuve,
et par la raison que leur conservation intéresse directement le régime du cours d'eau principal. Mais

la servitude de halage n'a trait qu'à la navigation ; elle n'a lieu que comme moyen de la pratiquer ; elle n'est donc légitime que là où la navigation est possible.

**1116.** — C'est aussi par application de ce principe qu'il ne peut être usé du marchepied pour l'exploitation des héritages voisins. (*Voy.* M. Daviel, t. 1, p. 76, n° 76.)

**1117.** — Quoique le marchepied ne constitue pas un *chemin* dans le sens légal de ce mot, il n'en est pas moins assimilé aux grandes routes, sous le rapport de sa police et de sa conservation ; c'est dans ce sens que l'ordonnance de 1669 lui applique la qualification de *chemin royal* (1). Nous montrerons plus tard que toutes les règles de la juridiction ont leur source dans cette assimilation. On a jugé avec raison qu'elle entraînait pour les propriétaires l'obligation de se munir d'une autorisation, avec indication d'alignement pour construire et planter. (*Voy.* Ord. 28 février 1828, de Brivazac, et plus spécialement, Ord. 20 novembre 1824, Pagès-Houx.) Les termes de l'ordonnance de 1669 indiquent clairement que cette obligation n'a lieu que pour les plantations et constructions à faire sur le bord de l'espace de trente pieds du côté que les bateaux se tirent, et de dix pieds de l'autre côté, qu'elle commande de laisser libre d'arbres, haies ou clôtures. (*Voy.* tit. 28, art. 7.) Mais, pour certaines ri-

---

(1) On donnait le nom de chemins royaux à tous les grands chemins, pavés ou ferrés par ordre du roi, et qui, après leur confection, étaient inscrits sur l'état du roi, pour être entretenus par les ponts et chaussées. (*Voy.* le nouveau Denisart, v° *Chemin.*)

vières soumises à un régime particulier, les limites
ne sont plus les mêmes. Ainsi, un décret du 29 mai
1808, concernant la police générale de la rivière de
Sèvre, « fait défense de planter des arbres ou ar-
« bustes, et de faire des constructions plus près de
« dix mètres des rivages et des bords extérieurs des
« chemins de halage, sans avoir demandé préala-
« blement l'alignement et l'autorisation du préfet. »
(*Voy.* art. 16.) On voit que l'espace auquel s'applique l'interdiction absolue de construire et planter
n'est plus de trente pieds, il n'est que de dix-huit
pieds, largeur que le décret assigne au chemin de
halage; mais, et comme par compensation, ce chemin doit être établi sur chaque rive (*Voy.* art. 3), et
les riverains sont tenus d'obtenir une autorisation,
qui naturellement est facultative de la part de l'administration, pour les constructions et plantations à
faire à moins de trente pieds des bords extérieurs
des chemins de halage. En définitive, la servitude
peut, au gré de l'administration, être étendue à un
espace de quarante-huit pieds de chaque côté.

**1118.** — L'art. 2 du décret spécial à la rivière
de Sèvre, que nous venons de citer, est ainsi conçu :
« Il sera pratiqué, sur chacune de ses rives, un che-
« min de halage de six mètres de largeur, non com-
« pris le talus des bermes de la rivière ; lesdits
« chemins seront tracés par l'ingénieur, sur tous
« les terrains nécessaires pour leur donner cette
« largeur, sans que les propriétaires puissent pré-
« tendre à aucune indemnité à raison de la perte
« desdits terrains, aux termes de l'art. 7, tit. 28,
« de l'ordonnance de 1669, et de l'art. 650 du code

« civil. » Doit-on faire une règle générale du refus
d'indemnité ? En d'autres termes, lorsqu'en raison
de la variation des vents, le tirage doit s'effectuer
concurremment sur les deux rives, est-il dû une
indemnité aux riverains de l'un des côtés ? L'auteur
de la *Pratique des Cours d'eau* ne voit dans l'établissement d'un chemin de halage sur les deux côtés
qu'une hypothèse dont la réalisation est difficile à
concevoir ; il enseigne d'ailleurs, qu'il faudrait des
arrêtés spéciaux pour établir ce double chemin, la
loi n'en imposant qu'un seul, et qu'une indemnité
serait due sur la rive du marchepied de dix pieds.
(*Voy.* t. 1, p. 83, n° 87.) MM. Garnier (*Voy. Traité
des chemins*, n° 12) et Proudhon (*Voy.* n° 788)
regardent la question comme utile à prévoir, et décident que si, *d'après un ancien usage*, le tirage avait
lieu des deux côtés, la servitude du chemin de
halage frapperait des deux côtés au même titre et
avec les mêmes effets. Nous adoptons sans hésiter
cette dernière opinion ; l'ordonnance, en déclarant
que le chemin doit avoir vingt-quatre pieds *du côté
où les bateaux se tirent*, s'est proposé de sanctionner
les exigences de la nécessité, telles que l'usage les
avait manifestées. Nous irons même plus loin, nous
dirons que la servitude du halage dérive de la destination que la nature a assignée aux rivières navigables ; que c'est par cette raison qu'elle a lieu sans
indemnité ; que le titre ou la condition de la servitude, sous ce point de vue, est absolument le même,
lorsqu'une nécessité étrangère à toute espèce de travaux de mains d'hommes exige qu'elle se déplace et
passe d'une rive à l'autre, ou qu'elle s'exerce con-

curremment sur les deux rives ; et que dès lors, on ne voit pas pourquoi les riverains auraient droit à une indemnité pour une servitude qui n'avait jusquelà frappé que sur la rive opposée. Vainement songerait-on à s'emparer du décret du 22 janvier 1808, auquel nous arriverons bientôt, pour en tirer le principe que les positions fixées sous l'empire de l'ordonnance de 1669 constituent des droits acquis. Ce décret, dont le caractère est d'être spécial, n'ouvre de droit à une indemnité qu'en faveur des riverains des fleuves et rivières où la navigation n'existait pas et qui, par conséquent, n'avaient pas pu prévoir, pour se préparer à les subir, les conséquences que comporte la navigabilité pour les terres environnantes.

**1119.** — A la lueur de cette doctrine, nous ne faisons nulle difficulté d'approuver la jurisprudence relative à l'établissement du chemin de halage sur les rives des îles. Le conseil d'état a décidé, par ordonnance du 27 août 1839, que le sieur Danjou n'avait droit à aucune indemnité pour le chemin de halage pris sur l'île dont il était propriétaire dans la Loire. On lit dans les motifs, « qu'aux termes « de l'arrêt du conseil du 24 juin 1777, tout pro- « priétaire riverain est tenu de livrer, pour le che- « min de halage, vingt-quatre pieds de largeur le « long des bords des fleuves et rivières navigables « et *sur les îles où besoin serait* ; qu'il résulte de « l'instruction que les besoins de la navigation sur « la Loire ont rendu nécessaire l'établissement d'un « chemin de halage sur la rive gauche de l'île des « Genets, dont le sieur Danjou est propriétaire ; que

« le décret du 22 janvier 1808 n'ouvre de droit à
« une indemnité qu'en faveur des riverains des
« fleuves et rivières où la navigation n'existait pas
« et où elle s'établira, et que la navigabilité de la
« Loire, à la hauteur de Saint-Thibault, n'est pas
« contestée. »

1120. — L'établissement nouveau de la navigation sur un cours d'eau est prévu par un décret du
22 janvier 1808. Après avoir déclaré que les riverains sont tenus de laisser le passage pour le halage,
il ajoute : « il sera payé aux riverains des fleuves ou
« rivières où la navigation n'existait pas et où elle
« s'établira, une indemnité proportionnée au dom-
« mage qu'ils éprouveront ; et cette indemnité sera
« évaluée conformément aux dispositions de la loi
« du 16 septembre dernier. » Point de distinction
entre le cas où une rivière ne devient navigable que
par l'effet de travaux d'art, et celui où la navigabilité est due à des circonstances purement naturelles.
Le gouvernement n'a point à se procurer le long du
cours d'eau la propriété de l'espace nécessaire pour
le chemin de halage. L'établissement de la navigation entraîne virtuellement pour les riverains l'obligation de le fournir et ne leur laisse que le droit
d'obtenir une indemnité, en dédommagement du
préjudice qu'ils en éprouvent. Nous avons expliqué
un peu plus haut que le législateur aurait pu, suivant nous, se dispenser d'allouer une indemnité
pour la servitude de halage, toutes les fois que la
navigabilité n'était que le fait de la nature ; l'expression de sa volonté contraire n'en doit pas moins être respectée. S'il fallait, au surplus, la justifier par le motif

qui l'a inspirée, nous croyons qu'il serait aisé de le découvrir dans le désir de favoriser l'industrie, en garantissant, autant que possible, contre les suites de l'affectation ultérieure à la navigation les propriétaires de constructions, plantations et établissements sur les cours d'eau non navigables.

Quoi qu'il en soit, la disposition est assez claire pour que son application ne soulève aucune difficulté bien sérieuse.

**1121.** — Il a été jugé que le payement de l'indemnité ne devait point être préalable (*Voy.* Ordonnance 18 mai 1837, de Cavaignac) et que, par suite, ni le droit des mariniers d'user du chemin, ni l'obligation du propriétaire de le tenir libre d'entraves, n'étaient subordonnés à l'accomplissement de cette condition. (*Voy.* Ord. 13 mai 1836, Pierre.) C'est la conséquence directe de la disposition qui veut que la navigation soit possible dès que le cours d'eau est déclaré navigable. Nous avons vu l'intérêt de la circulation recevoir la même protection, en matière de chemins vicinaux. (*Voy.* t. 1ᵉʳ, n° 599, p. 488.)

**1122.** — Quant à la désignation de l'autorité compétente pour le règlement de l'indemnité, la doctrine admise par le conseil d'état, sur l'application de la loi du 16 septembre 1809, dans sa combinaison avec la loi de 1833 sur l'expropriation forcée, ne laisse subsister aucun doute (1).

L'obligation de laisser un espace libre pour le halage des bateaux n'entraîne aucune cession de

---

(1) Cette jurisprudence sera exposée tout au long dans le chapitre qui traitera de l'expropriation forcée.

fonds ; il s'en suit que c'est au conseil de préfecture qu'il appartient de fixer le montant de l'indemnité. (*Voy.* Ord. 2 janvier 1838, Lerebours.)

La question préalable, celle de savoir si une indemnité est due, implique inévitablement l'examen d'un point de fait. Puisque le décret n'accorde d'indemnité que pour les rivières où la navigation n'existait point à l'époque de sa promulgation, il s'agit toujours de vérifier si la rivière était ou non navigable avant 1808. La jurisprudence confirme, dans son application à la contestation spéciale qui nous occupe, la règle que nous avons présentée comme générale ; elle appelle le conseil de préfecture à décider si l'indemnité est due. (*Voy.* Ord. 6 mai 1836, Pain ; 2 janvier 1838, Lerebours.)

1123. — Dans tout ce qui a trait à l'établissement de la servitude de halage, il ne saurait être question des canaux creusés de main d'homme. Ces canaux, envisagés dans leur exécution, ne constituent que des entreprises d'utilité publique, pour lesquelles l'état ou les concessionnaires n'ont, vis-à-vis des tiers, d'autres droits et d'autres priviléges que ceux institués pour favoriser la confection des travaux publics en général. Ce n'est qu'après leur achèvement et par le fait de leur ouverture, qu'ils passent sous le régime de police et de surveillance organisé dans l'intérêt de la navigation.

1124. — Les ordonnances, en fixant la largeur du marchepied, ont dû laisser à l'autorité administrative le soin de le créer. Le préfet, en sa qualité de chef de l'administration locale, reconnaît l'utilité des chemins de halage et ordonne les mesures nécessaires pour leur établissement. (*Voy.* M. Proudhon, n° 772.) Autant que possible, le chemin a le bord du rivage pour limite du côté de la rivière ; toutefois, son tracé est subordonné à la nature du terrain et aux accidents qu'il présente, toutes choses dont l'appréciation est de l'office exclusif de l'administrateur.

La latitude dont il lui est donné d'user à cet égard atteste que la question de propriété est toujours étrangère à ses actes. L'emplacement assigné au marchepied ne préjuge point les droits respectifs des riverains et du gouvernement, représentant le domaine public, ni sur le sol qu'il occupe, ni sur les terrains qui s'étendent en dehors de ses limites. Ces droits ne relèvent que de la juridiction des tribunaux ordinaires et se règlent par application des principes et des dispositions consacrés par le code civil, pour distinguer, en matière de fleuves et rivières navigables, le domaine public du domaine privé.

1125. — La portée des arrêtés, dont l'objet est de déclarer l'utilité du marchepied, de fixer l'espace qu'il doit occuper et de le dégager de tout obstacle ainsi définie, il apparaît avec évidence que ces actes sont empreints du caractère d'actes purement administratifs. On voit qu'ils n'empruntent leur raison qu'à une *utilité* dont l'administration est seule juge. La conclusion, c'est que ces actes ne comportent point de recours par la voie contentieuse. (*Voy.* Ord. 2 janvier 1838, Lerebours.) Les riverains n'ont que la ressource de s'adresser au ministre de l'intérieur pour en obtenir l'annulation ou la modification, sauf le cas d'excès de pouvoir (*Voy.* Ord. 26 août

1818, Lucron), ce qui se rencontrerait notamment, si le préfet venait à attribuer au chemin une largeur plus grande que celle marquée par la loi. On sait, en effet, que le recours, même immédiat, est ouvert devant le conseil d'état contre les actes purement administratifs qui se trouvent entachés d'incompétence ou d'excès de pouvoir.

**1126.** — Il n'est pas sans exemple que l'administration, toujours soigneuse de n'imposer à l'intérêt privé que les sacrifices commandés par l'intérêt public, s'abstienne de maintenir au marchepied toute la largeur que lui attribue l'ordonnance. Il n'est pas douteux d'ailleurs, que le pouvoir de le réduire à un moindre espace ne constitue une faculté dont l'exercice est pour elle absolument libre. (*Voy.* Déc. 22 janvier 1808, art. 4.) Mais lorsqu'elle a pris le parti d'en user, l'abandon est-il irrévocable ? lui est-il à jamais interdit de rendre au chemin sa largeur légale ? Soit que l'on se reporte à l'intention qui a présidé à la mesure, soit que l'on se pénètre de l'idée que le droit de passage pour le halage forme une dépendance du domaine public non susceptible d'en jamais sortir, on est amené à reconnaître que l'administration, en renonçant momentanément à user de toute l'étendue du droit, ne s'en est cependant pas dessaisie.

**1127.** — Les auteurs, dans la prévision de la destruction de tout ou partie du marchepied par l'action des eaux, se demandent s'il est dû une indemnité pour les constructions et plantations à sacrifier pour le report du chemin sur une portion plus reculée des fonds riverains. L'auteur du *Traité du domaine public* (*Voy.* n° 790) se prononce pour l'affir-

mative par la double considération que l'administration a garanti l'existence des constructions et plantations, en donnant l'alignement qu'on était tenu de
demander, et qu'il est difficile de supposer qu'elle
n'ait pas à s'imputer d'avoir négligé de munir le rivage. Mais M. Daviel observe, en réponse à ce savant
professeur, que l'indication d'un alignement n'a
rien de commun avec la garantie contre les événements de force majeure et que nulle loi n'impose à
l'administration le devoir de pourvoir à la défense
des rivages. (*Voy.* t. 1, p. 87, n° 95.) La servitude
de halage n'enlève point au riverain la propriété du
sol qu'elle frappe ; d'un autre côté, elle n'est point
inhérente à une portion déterminée de l'héritage,
elle dérive du voisinage du fleuve et le suit dans les
variations de son cours ; c'est donc au riverain à contenir les eaux ; et, s'il succombe dans la lutte, la servitude retombe sur la nouvelle rive au même titre et
avec les mêmes effets que sur l'espace emporté (1).
Cependant, il paraît que, dans l'usage, l'administration renonce à s'armer du droit rigoureux que
nous lui attribuons et que par une mesure, que nous
appellerons une mesure d'équité, elle dédommage
les riverains des conséquences de la destruction des
berges. (*Voy. loc. cit.*)

**1128.** — Quant à l'entretien à l'état de viabilité
du chemin de halage, sa destination le met inévitablement à la charge de l'administration. L'arrêté du

---

(1) La cour de cassation a bien décidé par arrêt du 11 août 1835
que le report d'un chemin établi sur les bords du Tarn devait donner lieu à une indemnité. Mais il ne s'agissait là que d'un chemin
public, qui n'était nullement dû à titre de servitude naturelle.

30 floréal an x n'avait fait que reconnaître, à cet égard, la conséquence des principes, en autorisant la perception d'un droit de navigation spécialement affecté à cet entretien. Aujourd'hui, il est supporté par les fonds généraux alloués à l'administration des ponts et chaussées. Les propriétaires ne sont responsables que des dégradations provenant de leur fait.

1429. — Les ordonnances ne distinguent pas plus les cours d'eau flottables en trains ou radeaux des cours d'eau navigables par bateaux, sous le rapport du marchepied que sous tous les autres. Encore bien que le halage de ces corps flottants ne s'effectue pas ordinairement par trait de chevaux, le législateur n'a pas cru devoir réduire, en ce qui les concerne, la largeur du chemin ; la mesure qu'il a fixée est générale. L'administration trouve d'ailleurs, dans la faculté de réduction que lui reconnaît le décret du 22 janvier 1808, un moyen fort simple de tempérer ce que la règle peut avoir de trop absolu.

1430. — Ici se termine ce que nous avons à dire de la servitude de halage le long des rivières navigables. Toutefois, la servitude du chemin pour la conduite du flot sur les cours d'eau simplement flottables à bûches perdues se rattache par des liens si étroits à ce sujet, que nous ne pouvons l'abandonner sans lui donner cette sorte de complément.

L'art. 6 du tit. 17 de l'ordonnance de 1672 porte : « Les marchands de bois flotté pourront faire jeter « leurs bois *à bois perdu*, sur les rivières et ruisseaux, « en avertissant les seigneurs intéressés. » Et l'article 7 ajoute : « afin que le flottage desdits bois puisse

« être commodément fait, seront tenus les proprié-
« taires des héritages étant des deux côtés desdits
« ruisseaux, de laisser un chemin de quatre pieds
« pour le passage des ouvriers préposés par les mar-
« chands pour pousser aval l'eau lesdits bois. »

C'est en vertu de ces dispositions et pour en procurer l'exécution sur les cours d'eau servant à l'approvisionnement de Paris, que le directoire, dans
un arrêté réglémentaire du 13 nivôse an v, a émis
un article ainsi conçu : « Seront... tenus tous pro-
« priétaires d'héritages aboutissant aux rivières et
« ruisseaux flottables à bûches perdues, de laisser le
« long des bords quatre pieds pour le passage des
« employés à la conduite des flots... » (*Voy.* art. 3.)

L'obligation qui en résulte pour les riverains est
spécialement réglée par l'ordonnance de 1672; néanmoins, les principes que nous croyons avoir établis
relativement aux effets de la servitude du halage et
au pouvoir appartenant à l'administration pour en
organiser et maintenir l'exercice, conviennent incontestablement à la servitude du flottage. Le droit
de passage pour la conduite du flot, plus restreint
dans son objet, n'en tombe pas moins dans le domaine public que le droit de passage pour le tirage
des bateaux, trains ou radeaux. Nous verrons plus
tard s'il suit la même condition en ce qui regarde sa
police et sa conservation.

1134. — Passons à l'exposé des principes et des
règles concernant le profit que les particuliers peuvent tirer du voisinage des fleuves et rivières navigables pour l'irrigation ou pour l'établissement d'u-
sines mues à l'aide de courants d'eau.

Art. 3. — **Des prises d'eau pour l'irrigation et l'établissement des usines sur les cours d'eau navigables.**

1152. — Caractère des concessions anciennes antérieures à l'édit de 1566.

1133. — Caractère des concessions postérieures à cet édit.

1134. — L'ordonnance de 1669 règle les conséquences du défaut de titres. — Position, sous ce rapport, des établissements anciens.

1135. — Dispositions des lois nouvelles à l'égard des établissements anciens.

1156. — Conséquences à tirer de l'exécution qui leur a été donnée.

1137. — Création des établissements nouveaux.

1138. — Demande au préfet.

1139. — Affiche de la demande, par les soins du maire de la commune de la situation de l'établissement projeté.

1140. — Visite des lieux par l'ingénieur.

1141. — Dépôt des pièces à la mairie pour la seconde enquête.

1142. — Titres de préférence.

1143. — Des oppositions.

1144. — Oppositions fondées sur des titres et actes du droit commun.

1145. — Oppositions fondées sur l'influence de l'établissement sur le régime des eaux.

1146. — Oppositions fondées sur des droits du domaine de la juridiction administrative.

1147. — Arrêté pris par le préfet à la suite de l'instruction poursuivie devant lui. — Instruction devant l'administration supérieure. — Ordonnance royale.

1148. — Caractère de l'acte qui octroie ou refuse la permission.

1149. — La voie de la tierce-opposition est ouverte aux tiers.

1150. — Les ordonnances contradictoires sont inattaquables par la voie contentieuse.

1151. — Recours dans la forme de l'art. 40 du règlement de 1806.

1152. — Exécution des ordonnances.

1153. — Obligation de se conformer aux conditions apposées aux autorisations.

1154. — Clauses destinées à prévenir les abus sous ce rapport.

1155. — La jouissance durant toute sa durée doit être conforme au titre.

1156. — Obligation de se munir d'une autorisation pour les modifi-

—

**1132.** — Sous l'ancienne monarchie, on l'a vu plus haut, le droit de souveraineté fut pendant bien longtemps étouffé sous le droit de propriété. Le roi ne revendiquait la possession des fleuves et rivières navigables que comme une source de revenus. De là le caractère particulier des anciennes concessions sur les cours d'eau. L'octroi des permissions pour l'irrigation ou pour l'établissement des moulins et autres usines ne constituait qu'un mode de disposer, qui ne se distinguait ni par son principe, ni par ses effets des divers modes *d'aliénation* usités pour les autres biens composant le domaine de la couronne. Les courtisans n'obtinrent trop souvent, ces sortes d'autorisations qu'à titre gratuit, mais c'était l'abus. Dans la règle, on ne les obtenait qu'à prix d'argent, moyennant un capital une fois versé ou une redevance annuelle. Les clauses des titres témoignaient d'ailleurs fort clairement de la pensée d'une aliénation : on y exprimait d'ordinaire, que *la concession était faite à perpétuité*. (*Voy*. les autorités citées par MM. Daviel, t. 1, 2ᵉ édit., p. 25, n° 29, et Nadault de Buffon, *Traité des usines*, t. 1, p. 282.)

Lorsque les envahissements furent portés à ce point que, la navigation se trouvant compromise, ont du chercher le moyen de restituer au commerce le libre usage des voies de transport, on eut peu de peine à reconnaître que le droit du roi sur les cours d'eau navigables n'était pas susceptible de se confondre avec un droit absolu de propriété, que les autorisations attribuées à des particuliers n'avaient pu avoir lieu au préjudice des droits du public et que, par conséquent, le gouvernement était demeuré maître de s'opposer à tout ce qui dans leur exécution, devenait nuisible à la navigation. Nous avons cité un arrêt du parlement de Paris du 21 août 1390 rendu d'après ces principes, pour ordonner la destruction de tous les établissements formant obstacle à la navigation de la Marne (*Voy. suprà*, n° 1086).

Toutefois, et c'est là un point important à remarquer, on n'a jamais fait difficulté d'admettre que les titres délivrés sous l'empire des maximes qui autorisaient l'aliénation du domaine de la couronne conféraient des droits perpétuels.

L'arrêt du 21 août 1390 réservait expressément aux propriétaires des usines à supprimer une indemnité, qui devait être évaluée à dix fois leur revenu. Il faut même dire que c'était justice, puisque l'erreur qui avait présidé aux concessions primitives n'excluait point la bonne foi, et que la plupart n'avaient eu lieu que moyennant finances.

1135. — L'édit de 1566, il est vrai, ne mit pas de terme aux entreprises des particuliers sur les fleuves et rivières : on sait quel faible compte il fut tenu des distinctions et prohibitions établies touchant l'inaliénabilité du domaine de la couronne. Néanmoins, cet acte doit être ici, comme dans toute la législation domaniale, pris pour point de départ d'une période distincte. En fait, les aliénations nombreuses dont les divers biens du domaine de la couronne ont été l'objet à partir de 1566, n'ont pu être absolument méconnues ; mais, en droit, on leur a constamment refusé le caractère de légitimité qui protégeait les dispositions antérieures à cette époque. La loi du 14 ventôse an VII a très-nettement consacré cette doctrine en ce qui regarde les engagements et échanges (1) et, en matière d'établissements sur les cours d'eau, on la découvre déjà, même dans les ordonnances de Louis XIV.

L'édit de 1683, confirmatif d'un autre de 1668, porte que *tous les propriétaires d'usines qui rappor-*

_____

(1) Nous en donnerons la preuve lorsque nous nous occuperons des *domaines engagés.*

*teront des titres de propriété authentiques faits avec
les anciens rois, en bonne forme, auparavant l'année
1566, c'est à savoir, inféodations, contrats d'aliénations et engagements, aveux et dénombrements qui auraient été rendus et reçus sans blâme, sont maintenus
en la propriété et jouissance de leurs établissements;*
tandis que l'éviction et la réunion au domaine sont
prononcées contre les possesseurs qui ne peuvent justifier de semblables titres. Il n'est fait d'exception
que pour ceux dont la jouissance s'était continuée
sans trouble, durant plus de cent ans et *remontait au
moins au 1ᵉʳ avril* 1566; et encore est-il déclaré que
le roi ne consent à les maintenir que par *relâchement
des droits de la couronne* et à la charge par eux de
payer une redevance foncière égale au vingtième du
revenu, à titre de reconnaissance. En présence d'un
texte si positif, il est hors de doute que les maîtres
d'usines munis de titres antérieurs à 1566 sont seuls
admis à se prévaloir de la perpétuité de leurs droits.
A l'égard des concessions obtenues postérieurement,
nous ne les considèrerons cependant pas comme des
*aliénations* faites au mépris du principe de l'inaliénabilité du domaine, qui avait été inscrit dans le droit
public du royaume, aliénations dont la nullité a été
prononcée, pour les biens susceptibles de propriété
privée, par la loi du 14 ventôse an VII; nous leur ap-
pliquerons seulement, dans sa plus grande rigueur, la
doctrine que le parlement de Paris avait invoquée, dès
l'année 1390, contre les détenteurs d'établissements
nuisibles à la navigation; nous dirons que les concessions sur les fleuves et rivières ne sont intervenues
que sous la réserve des droits du public que leur na-

ture rendait incessibles, et que, dans l'intention du souverain qui les accordait, ainsi que dans la pensée des particuliers qui les obtenaient, elles ne constituaient que de simples permissions, des autorisations subordonnées dans leurs effets aux exigences de la navigation. Les conséquences pratiques de ce système se développeront un peu plus loin.

**1134.** — On ne rencontre dans l'ordonnance de 1669 nulle disposition relative aux effets des *titres*. Mais il importe souverainement d'appeler l'attention sur l'art. 43 qui règle les conséquences du défaut de titres, en ces termes : « ceux qui ont fait bâtir des « moulins, écluses, vannes, gords et autres édifices « dans l'étendue des fleuves et rivières navigables « et flottables, sans en avoir obtenu la permission, « seront tenus de les démolir; sinon, le seront à « leurs frais et dépens. » Le législateur, dans ce texte que l'arrêté du 19 ventôse an VI reproduit et confirme dans l'énumération des dispositions dont il recommande l'exécution, reconnaît à l'administration le droit d'ordonner la destruction des établissements formés sans permission, sans d'ailleurs tenir compte du plus ou moins d'ancienneté de leur existence. Nous verrons plus tard comment ce droit s'exerce journellement. Notre but n'est ici que de le mentionner afin de mettre en relief la position des établissements anciens, avant d'exposer les règles qui président à la formation des établissements nouveaux et de prévoir ce qui peut journellement advenir des uns et des autres.

Il résulte de la courte analyse que nous venons de présenter, que les établissements anciens se partagent en deux grandes classes, suivant qu'il est ou non, justifié des titres de leur existence. Relativement à ceux fondés en titres, on a à distinguer si le titre remonte au delà de l'année 1566, ou est inférieur à cette époque. Quant aux propriétaires réduits à invoquer le fait de leur possession, son plus ou moins d'ancienneté ne change rien à leur condition vis-à-vis de l'administration.

1135. — Passons aux lois nouvelles.

Les lois de 1790 et 1791 n'ont fait que rappeler la nécessité, déjà établie par l'ordonnance de 1669, d'une permission expresse du gouvernement pour tout établissement sur les cours d'eau navigables. C'est dans l'arrêté du directoire du 19 ventôse an VI qu'il a été pourvu à l'organisation du principe pour l'avenir. Mais il renferme aussi des mesures destinées à remédier aux abus du passé.

L'art. 1er ordonne la visite de toutes les rivières navigables et de tous les canaux d'irrigation et de desséchement par les ingénieurs, à l'effet de constater les établissements existants sur ces cours d'eau. L'art. 3 enjoint aux propriétaires de produire des copies authentiques de leurs titres, pour être déposées aux secrétariats des administrations départementales. Enfin, aux termes des art. 4 et 5, les administrations départementales devaient dresser un état séparé de toutes les usines *reconnues dangereuses ou nuisibles à la navigation, au libre cours des eaux, aux desséchements, à l'irrigation des terres, mais dont la propriété était fondée en titres, et ordonner la destruction dans le mois, de tous ceux de ces établissements qui ne se trouvaient pas fondés en*

*titres, ou qui n'avaient d'autres titres que des conces-*
*sions féodales abolies.*

« La visite des rivières prescrite par l'art. 1er, écrit
« l'auteur du traité *des usines sur les cours d'eau*, eut
« lieu conformément à ce qui y est ordonné, dans le
« courant de l'an vi et de l'an vii; les procès-ver-
« baux, dressés par les ingénieurs de cette époque,
« existent encore pour la plupart dans les archives
« des municipalités ou des préfectures, mais pres-
« que tous manquent de précision et ne sont pas
« susceptibles d'être consultés utilement aujour-
« d'hui. Ils sont néanmoins toujours valables,
« comme d'anciens états de lieux, quoique géné-
« ralement incomplets.

« Le dépôt des titres ordonné par l'art. 3 de l'ar-
« rêté, fut fait très-incomplétement. Il y eut néan-
« moins, des états de dressés, pour désigner ceux
« des anciens établissements qui étaient fondés en
« titres, ou susceptibles d'être conservés, et ceux qui
« étaient nuisibles à la navigation ; mais quant à la
« destruction, dans le mois, de ces derniers établis-
« sements, conformément aux dispositions de l'ar-
« ticle 5 de l'arrêté, la mesure resta d'abord à peu
« près sans effet ; car il est constant que ce n'est que
« sous les gouvernements qui ont succédé au direc-
« toire, que les moulins et usines non fondés en ti-
« tres ont été successivement détruits. Ladite me-
« sure est pour ainsi dire encore en cours d'exécu-
« tion... »

1136. — Quelles sont les conséquences à tirer des
dispositions de l'arrêté de l'an vi et de l'exécution
qui leur a été donnée ?

D'abord, en ce qui concerne la validité des titres
anciens et la nature des droits qui en résultent, l'arrêté du directoire est absolument silencieux. C'est
en vain qu'on songerait à l'invoquer si l'administration s'armait des exigences de l'intérêt public pour
obtenir la destruction d'établissements devenus nuisibles à la navigation.

D'un autre côté, il ne serait pas plus utile, pour
suppléer au défaut de titres et résister à l'application
de l'art. 43 de l'ordonnance de 1669, qui condamne
à la démolition tout ce qui se trouve avoir été bâti
sans permission. L'administration aurait toujours à
répondre que les suppressions prononcées en l'an VI
n'ont point été réalisées, que, par conséquent, la conservation de l'usine ne prouve point que son existence
ait été reconnue légitime, et que la question à cet
égard est demeurée entière.

**1137.** — Le moment est venu de nous occuper
de la création des établissements nouveaux. Les
formalités à suivre aujourd'hui sont précisément celles prescrites par le directoire ; tout ce que nous avons
à dire doit donc s'entendre, non-seulement, des concessions à venir, mais encore de toutes les créations
postérieures à l'an VI.

**1138.** — Toute personne qui désire former un
établissement, tel que pont, chaussée permanente ou
mobile, écluse ou usine, batardeau, moulin, digue
ou autre obstacle quelconque au libre cours des eaux,
dans les rivières navigables et flottables, dans les canaux qui en dérivent (*Voy.* Ord. 25 mai 1832, Apte),
ou dans les canaux d'irrigation ou de desséchement
généraux est tenue d'en demander la permission.

(*Voy.* Arr. 19 vent. an VI, art. 9.) La pétition adressée au préfet doit être motivée et circonstanciée,
c'est-à-dire qu'il faut que le projet du demandeur
soit bien défini, qu'il explique nettement ce qu'il
veut obtenir de l'autorité et pour quel usage, de manière qu'il n'y ait aucune incertitude dans ses plans
d'exécution (*Voy.* instruction 19 therm. an VI et circulaire du directeur général, 16 nov. 1834.)

Il est d'ailleurs convenable que la pétition soit
accompagnée d'un certificat du maire attestant que
son auteur est propriétaire des rives qui doivent
supporter ses constructions, ou d'un acte authentique
exprimant à cet égard le consentement des riverains. (*Voy.* M. Nadault de Buffon, t. 2, p. 478.)

**1139.** — Le préfet, après avoir examiné la demande, la transmet, par l'intermédiaire du sous-préfet, au maire de la commune de la situation de l'é-
tablissement. Ce magistrat ordonne l'affiche de la
pétition. « Cette affiche doit, aux termes de l'instruction du 19 thermidor an VI, « demeurer posée
« pendant l'espace de deux décades, avec invitation
« aux citoyens qui auraient des observations à pro-
« poser, de les faire au secrétariat de la munici-
« palité dans les dites deux décades, ou au plus
« tard, dans les trois jours qui suivront l'expiration
« du délai de l'affiche. »

Cette prescription est, sans doute, d'une grave
importance, puisqu'elle est destinée à conférer à l'instruction et à l'acte qu'elle doit amener le caractère
contradictoire. Remarquons néanmoins, que la formalité n'est écrite ni dans la loi, ni même dans un
règlement, que par suite, son inaccomplissement en

tout ou en partie ne saurait constituer une nullité absolue et qu'il est laissé à la sagesse du juge d'apprécier, d'après les circonstances, jusqu'à quel point l'irrégularité a pu vicier l'instance et quelles en doivent être les conséquences.

A l'expiration du délai de vingt-trois jours, le maire dresse procès-verbal de l'apposition des affiches ; il y relate et y joint les oppositions déposées à la mairie, de même qu'il mentionne les observations verbales qui ont pu être faites. Le magistrat municipal insère aussi dans cet acte ses propres observations, qu'il appuie de renseignements, et le plus ordinairement, d'un avis du conseil de la commune, obtenu après un transport sur les lieux. (*Voy.* Inst. 19 therm. an VI, et M. Nadault de Buffon, t. 2, p. 82.)

**1140.** — Ce procès-verbal de la première enquête adressé au préfet, avec toutes les pièces qui l'accompagnent, par l'intermédiaire du sous-préfet, est transmis à l'ingénieur en chef des ponts et chaussées, pour qu'il fasse procéder à l'instruction, sous le rapport administratif.

Les opérations à effectuer à cette fin sont confiées à l'ingénieur ordinaire de l'arrondissement. Son premier soin est de procéder à la visite des lieux à un jour et à une heure indiqués à l'avance au maire, avec invitation d'en donner avis aux parties intéressées, et notamment aux opposants. « Dans la visite « des lieux, porte une circulaire du directeur général du 16 nov. 1834, MM. les ingénieurs de- « vront s'attacher à rendre sensible aux yeux des « parties intéressées, soit à l'aide d'un barrage pro-

« visoire, construit aux frais du pétitionnaire, soit
« par des piquets de nivellement convenablement
« placés, la hauteur que pourront affecter les eaux
« après l'exécution des ouvrages projetés. A la suite
« de cette visite, ils dresseront en présence du
« maire et de toutes les parties intéressées, dûment
« convoquées à l'avance, un procès-verbal dans
« lequel ils relateront fidèlement l'état ancien des
« lieux, le résultat des expériences faites par eux,
« les observations produites par les parties présen-
« tes. Lecture du procès-verbal devra toujours être
« donnée auxdites parties, qui seront invitées à le
« signer ou à déduire les motifs de leur refus. Men-
« tion sera faite des parties absentes et de celles qui
« n'auraient voulu ni signer ni déduire les motifs de
« leur refus.

« Indépendamment de la levée ou de la vérifi-
« cation du plan des lieux, MM. les ingénieurs four-
« niront tant en plan qu'en élévation, le détail de
« tous les ouvrages régulateurs des eaux, construits
« ou à construire, tels que vannes motrices, van-
« nes de décharge, déversoirs, etc. Enfin, un profil
« en long et des profils en travers du terrain, suffi-
« samment étendus, devront toujours faire connaî-
« tre les relations du niveau des eaux retenues avec
« le relief des berges, ainsi qu'avec les points les
« plus bas des propriétés riveraines. »

A ces mesures qui, ainsi que nous l'expliquerons,
conviennent aux établissements sur les cours d'eau
non navigables aussi bien qu'aux entreprises sur les
fleuves et rivières navigables, il faut joindre quelques
précautions spéciales à ces dernières. Elles ont trait

à l'examen du projet sous le rapport de la navigation et sont recommandées par l'instruction du 19 thermidor an VI. Aux termes de cette instruction, l'ingénieur ordinaire doit s'aider des observations des mariniers instruits sur l'effet à attendre quant à l'action des eaux, à défaut d'inspecteur de la navigation dans l'arrondissement ; et s'il y a un inspecteur, il est tenu de lui donner communication des pièces pour que celui-ci se concerte avec lui pour rédiger un rapport commun, ou fasse son rapport séparément, s'il diffère d'avis.

**1141.** — Le travail des ingénieurs étant terminé, toutes les pièces de l'instruction sont, de nouveau, déposées, durant un délai de quinze jours, à la mairie. Il a paru bon et utile d'ouvrir sur les propositions des ingénieurs, propositions qui peuvent modifier les termes de la demande, une nouvelle enquête en tout semblable, sauf la réduction du délai, à celle prescrite par l'instruction ministérielle du 19 thermidor an VI. (*Voy.* circulaire du directeur général, 16 nov. 1834.) La circonstance qu'elle intervient alors que les lieux ont été visités, que toutes les pièces sont rassemblées, que le projet a été complétement étudié par des hommes de l'art et que, par conséquent, le contrôle est plus facile, la rend plus efficace pour donner à l'instruction un caractère vraiment contradictoire.

Le résultat de cette seconde enquête est communiqué à l'ingénieur en chef, pour qu'il y joigne au besoin ses observations, ou qu'il modifie, s'il y a lieu, ses premières propositions. (*Voy.* circulaire 16 novembre 1834.) C'est le dernier acte de l'instruction locale ; mais, avant d'arriver à l'arrêté préfectoral qui doit la clore, arrêtons-nous un instant ou plutôt effectuons un retour en arrière, pour dire un mot des incidents qui peuvent venir compliquer l'instance ou suspendre sa marche.

1142. — Il n'est point impossible qu'on ait à se prononcer entre deux demandes qui s'excluent; car. il suffit pour cela que le régime du cours d'eau ne comporte point l'existence simultanée des deux établissements. Dans ce cas, l'instruction a lieu pour les deux demandes, et c'est ensuite à l'administration à accorder la préférence. Quels en seront les titres? On a vu que les pétitionnaires devaient justifier de la propriété des rives dans les points désignés pour supporter l'établissement ou ses dépendances. L'attention portera d'abord sur leur position à cet égard. On examinera, en second lieu, quel est celui des projets qui soulève le moins d'oppositions. La priorité de demande est également susceptible d'être prise en considération. Nous croyons que les garanties personnelles que les demandeurs peuvent offrir pour l'accomplissement des conditions à imposer, et même pour la prospérité de l'entreprise, dans son rapport avec les besoins de l'industrie, ne sont pas non plus à dédaigner. Dans tous les cas, la question est du domaine souverain de l'autorité purement administrative; elle n'a pas même à rendre compte des motifs de son choix.

1143. — On comprend, sous le nom général d'oppositions, les observations faites par des tiers, dans le but de faire refuser la demande ou d'en faire subordonner l'octroi à certaines conditions ou restrictions. Mais il faut s'attacher aux motifs allégués pour les justifier et les distinguer , suivant qu'elles exigent une application des dispositions du droit commun, ou sont de nature à se résoudre par une appréciation du ressort de l'autorité administrative.

1144. — Les oppositions, fondées sur un prétendu droit de propriété ou de servitude, sur des conventions privées, sur des jugements, etc., sont du nombre des premières. Il est de l'essence des *droits* et *actes* qui leur servent de base de ne pouvoir, en cas de contestations, être reconnus et déclarés que par les tribunaux. A leur égard, l'administration se contente ordinairement d'examiner jusqu'à quel point les allégations des tiers sont sérieuses, et pour peu qu'elles offrent ce caractère, elle se fait un devoir de surseoir, pour laisser aux parties le temps d'obtenir la détermination préalable de leurs droits respectifs. D'autres fois, elle poursuit le cours de l'instruction et prononce, sans se préoccuper des difficultés d'ordre purement civil. Mais, quel que soit le parti adopté, les principes sont toujours respectés. Une ordonnance d'autorisation n'intervient jamais que sous la réserve des droits, dont la garde est confiée aux juges civils (*Voy.* Ord. 2 mars 1832, Dellier) ; c'est dans ce sens qu'elle ne constitue qu'une permission délivrée sous le rapport de la police. (*Voy. infrà,* n° 1152.)

1145. — Lorsque le droit du tiers opposant n'est l'objet d'aucune dénégation et que le jugement de son opposition n'implique que l'appréciation des effets préjudiciables qu'il signale comme la conséquence inévitable de l'établissement sollicité, tels que l'inondation d'un héritage ou d'un chemin, l'exhaussement du niveau des eaux au passage d'un gué, et plus souvent, le refoulement de celles-ci sous les roues d'une usine préexistante, ou la diminution de sa force motrice, la question, en définitive, n'a trait qu'au régime du cours d'eau, que l'administration a mission de régler, de manière à concilier tous les intérêts. C'est donc à l'administration qu'il appartient d'apprécier la valeur des motifs allégués et de refuser l'autorisation demandée ou de prescrire les mesures propres à prévenir les dommages. Les tribunaux n'ont rien à examiner, rien à décider relativement à cette classe d'oppositions ; elles sont jugées par l'ordonnance rendue sur la demande.

1146. — La même règle s'étend aux oppositions fondées, non plus sur un effet à redouter de l'exécution des travaux projetés, mais même sur l'existence d'un droit prétendu d'une part et contesté de l'autre, dès que ce droit, par son origine ou en raison de l'acte invoqué pour en justifier, relève de la juridiction administrative. S'agit-il de décider, d'après des actes administratifs plus ou moins anciens, jusqu'à quel point un tiers a droit à une retenue d'eau qui se trouverait supprimée par l'établissement des ouvrages projetés ? la question étant essentiellement juridique, il semble, au premier coup d'œil, qu'il y aurait lieu de surseoir et de faire intervenir, sinon le juge civil, au moins le juge du contentieux administratif. Mais ici se rencontre une exception qui a pour elle l'autorité de la jurisprudence la plus positive, et repose d'ailleurs, sur une doctrine expressément consacrée par la loi, notamment en matière de mines. Elle consiste en ce que, toutes les fois

qu'il est procédé dans les formes tracées pour les règlements d'administration publique, il est pourvu,
par le même acte, à ce qui est de l'office du juge et à
ce qui est de l'office de l'administrateur. (*Voy. suprà*,
t. 1, no 2, t. 1er, p. 21.) L'opposition rentre dans les
objets sur lesquels doit porter l'instruction, et elle est
tranchée par l'ordonnance royale qui la termine.

**1147.** — Nous avions suivi l'instance devant le
préfet, jusqu'à l'arrêté qui doit la clore; reprenons-
la à ce point.

Le préfet émet son avis, dans la forme d'un arrêté
statuant sur la demande, et le notifie à toutes les
parties intéressées. Le caractère le plus frappant de
cet acte est d'être purement préparatoire. On ne
saurait trop recommander aux parties de ne le considérer que comme un simple projet d'ordonnance,
soumis à l'autorité royale, qui est seule investie du
droit de statuer. Les constructions qui ne sont faites
que sur la foi de ce titre ont l'existence la plus précaire; l'administration supérieure n'a à en tenir
aucun compte dans l'examen de la demande et des
propositions faites par le préfet; l'instruction se
poursuit librement devant elle; les tiers reprodui-
sent et développent leurs oppositions, le demandeur
les discute et les combat de toutes ses forces; on
demande au préfet ou aux agents des ponts et chaussées, par son intermédiaire, tous les renseignements
dont le besoin peut se faire sentir, et il est enfin
prononcé par une ordonnance, rendue dans la forme
des règlements d'administration publique.

**1148.** — A l'égard des auteurs de la demande,
l'acte qui octroie ou refuse l'autorisation est si évi-

demment empreint du caractère d'acte purement administratif, qu'ils ne sauraient songer à s'armer, pour en obtenir la réformation ou l'annulation, du recours par la voie contentieuse. Il n'en est pas de même des tiers ; les précautions prises pour leur ménager, dans l'instruction, la facilité de veiller à leur protection, témoignent de la gravité et du nombre des atteintes que leurs droits sont exposés à souffrir. N'est-ce pas le cas, dès lors, de les admettre au bénéfice du recours qui, on le sait, a été précisément institué pour la garantie des droits acquis?

**1149.** — Dans le cas où le tiers qui se plaint d'une lésion n'a point été appelé à présenter ses observations, pas de doute ; l'ordonnance ne saurait être inattaquable en ce qui le concerne ; il a la faculté de se pourvoir au conseil d'état par la voie de la tierce-opposition.

**1150.** — Au contraire, le tiers intéressé a-t-il été appelé dans l'instruction, a-t-il comparu par lui-même ou par ceux qui le représentaient, l'ordonnance vise-t-elle ses observations, on la considère comme rendue contradictoirement avec lui, et lui attribuant, même sous ce rapport, les effets d'une décision émanée de l'autorité suprême, on la déclare inattaquable par la voie contentieuse. C'est la conséquence du principe que les ordonnances revêtues de la forme des règlements, en même temps qu'elles consacrent des mesures de pure administration, tranchent les questions juridiques du ressort de l'autorité administrative, qui s'y rattachent. (*Voy. supra*, tit. I, n° 21, p. 21.)

**1151.** — L'art. 40 du règlement de 1806 ouvre,

ainsi qu'on l'a vu déjà, une voie particulière de réformation contre les actes non susceptibles du recours par la voie contentieuse. C'est une ressource
destinée à donner un moyen de revenir sur les erreurs dues à un défaut de renseignements suffisants;
elle ne consiste qu'à en appeler à l'administration
mieux informée ; il est donc rationnel d'en autoriser
l'usage contre les ordonnances rendues en matière
de permissions d'usine. L'auteur de la demande et
tous les tiers intéressés, qu'ils aient ou non pris part
à l'instruction, sont admis à en faire usage.

1152. — Nous aurons, en traitant des cours
d'eau non navigables, à revenir sur ces règles et à
étudier avec plus de détail les effets que les ordonnances d'autorisation sont susceptibles d'obtenir vis-
à-vis des tiers. L'ordre des idées nous porte maintenant à les envisager dans leur exécution et à montrer comment les usiniers doivent s'y conformer, et
quels sont les droits qu'elles leur confèrent.

1153. — La première obligation de celui qui a
obtenu la permission d'effectuer une prise d'eau est
d'observer rigoureusement, dans l'exécution des
travaux, les conditions que l'administration a cru
devoir imposer. Le ministre, chargé par l'ordonnance de veiller à son exécution, est compétent,
sauf le recours au conseil d'état, pour ordonner, sur
la dénonciation des agents de l'administration ou sur
la plainte des particuliers lésés, la suppression des
ouvrages non autorisés. (Voy. Ord. 9 mai 1834,
Avignon.) Le préfet lui-même emprunterait au pouvoir de police qu'il lui appartient d'exercer en matière de grande voirie, le droit de prescrire et de

faire, au besoin, effectuer la destruction immédiate de toute construction nuisible à l'*intérêt public*. Quant à l'intérêt particulier, il n'est point susceptible d'obtenir de l'administration une satisfaction si prompte, et peut quelquefois douter de son empressement à le secourir. Mais il trouve une large compensation dans le droit de faire intervenir le juge civil, que la loi a constitué le gardien de la propriété privée. L'illégalité des entreprises réalisées en dehors du titre émané de l'autorité administrative tombe évidemment sous l'empire de la juridiction et des dispositions du droit commun. La crainte doit être seulement que le débat ne vienne à se compliquer d'une question d'interprétation de l'acte d'autorisation, question de nature à motiver un sursis pour cause de renvoi devant un autre juge, et que la marche du débat n'en soit ralentie.

**1154.** — Au surplus, l'auteur du *Traité des Usines*, M. Nadault (*Voy.* t. 2, p. 520), nous apprend que, dans la pratique, il est paré au plus grand danger de ces sortes de discussions par une mesure spéciale. Elle consiste dans l'insertion aux conditions générales des permissions, de la clause 1° que les travaux seront exécutés dans un délai déterminé ; 2° que la retenue d'eau ne pourra être établie avant que l'ingénieur n'ait délivré un procès-verbal de vérification des travaux, visé par l'ingénieur en chef et le préfet. Par ce moyen, les abus sont prévenus ; et l'usinier obtient lui-même une garantie contre toute attaque ultérieure. Le procès-verbal, protégé par la prohibition faite aux tribunaux d'*apprécier* les actes administratifs, fixe, au moins au regard du

juge civil, la légalité de l'état des choses qu'il constate.

**1155.** — La raison indique que les clauses qui
circonscrivent la liberté du permissionnaire dans la
création de son établissement, ne cessent point de
l'enchaîner durant le cours de sa jouissance. S'il venait à méconnaître les conditions de son titre dans
le déplacement ultérieur de son usine, ou dans la
modification de son système régulateur, l'autorité
administrative d'une part, les tribunaux de l'autre,
interviendraient avec la même puissance et dans la
même forme.

**1156.** — Ce n'était point assez. Les motifs d'intérêt public qui ont fait subordonner la légalité des entreprises sur les cours d'eau navigables à la nécessité
d'une autorisation préalable, s'appliquent trop manifestement aux modifications constitutives d'un
changement au régime des eaux, pour qu'on ait pu
hésiter à les soumettre à la même condition. La jurisprudence est positive.

Mais l'obligation qui incombe à cet égard aux
usiniers est-elle absolue? Le propriétaire d'une usine
est-il en contravention et a-t-il encouru l'amende,
par cela seul qu'il a fait subir un changement à son
usine sans s'être muni d'une autorisation préalable;
ou bien n'en est-il ainsi, qu'autant que ses travaux
ont eu pour conséquence un changement dans le régime de la rivière? En d'autres termes, les usiniers
sont-ils libres de modifier leurs établissements, sans
prévenir l'administration ni solliciter son agrément,
pourvu qu'ils ne fassent éprouver nulle modification
au cours des eaux?

On conçoit sans peine combien la surveillance serait plus facile et plus efficace, si le contrôle de l'autorité était provoqué préalablement à tous les travaux applicables aux ouvrages existants sur les cours d'eau. Nous ne dissimulerons pas non plus, que l'imminence et la gravité des dangers attachés aux entreprises préjudiciables à la navigation prêtent la plus grande faveur à une mesure destinée à les prévenir. Mais la loi, qui défend d'établir sans une permission préalable, aucune usine ou ouvrage quelconque, ne dit absolument rien des changements à apporter à l'état des établissements autorisés. Or, s'il est permis d'étendre la prohibition aux changements ultérieurs assez importants pour constituer une entreprise nouvelle, ne serait-ce pas excéder les limites du pouvoir interprétatif que de l'appliquer, même aux travaux susceptibles de se réaliser, sans altérer en aucune manière les conditions déterminées par l'acte sous l'empire duquel l'établissement a été créé et doit se conserver? Ne serait-ce pas restreindre outre mesure, au grand dommage de l'industrie, la faculté de jouir des droits, déjà si précaires, que les propriétaires d'usines tiennent du gouvernement ?

L'instruction du 19 thermidor an VI suppose bien que la permission n'est indispensable que pour les modifications susceptibles d'influer sur le régime des eaux. Car elle porte simplement que « les mêmes règles que celles prescrites pour les nouveaux établissements auront lieu, *toutes les fois que l'on voudra changer de place les anciens, ou y faire quelque innovation importante.* »

La jurisprudence nous semble aussi fort expresse dans ce sens.

On a jugé que le changement de place d'une usine sans l'agrément de l'administration est condamnable (*Voy.* Ord. 9 nov. 1836, Carle-Mancy); qu'il y a lieu d'ordonner le rétablissement des choses dans leur état primitif dans le cas de changement d'un moulin mu par une roue suspendue au fil de l'eau, sans chute, vannage, ni barrage en un moulin à roues, avec barrage (*Voy.* Ord. 22 janv. 1824, Clérisseau); que l'addition, sans autorisation, d'un tournant augmentant la dépense d'eau constitue une contravention punissable (*Voy.* Ord. 17 août 1825, Pinel); qu'en général, il en est de même de tout œuvre qui entraîne une nouvelle prise d'eau. (*Voy.* Ord. 9 août 1836, moulin du château Narbonnais.) Et en effet, il n'est pas une de ces entreprises qui n'entraîne virtuellement un changement dans le mode d'user du cours d'eau, et qui par conséquent, ne soit susceptible de compromettre l'intérêt de la navigation ou celui des riverains, intérêt garanti par les clauses de l'ordonnance d'autorisation.

Au contraire, le conseil d'état s'est fait un devoir de reconnaître, en faveur des propriétaires d'usines, le droit d'effectuer sans autorisation préalable, les travaux non susceptibles d'altérer le système dont le règlement est réservé pour chaque usine à l'autorité administrative.

On lit dans une ordonnance du 29 avril 1839, intervenue au profit d'un sieur Faugas, en matière de réparations d'usines :

« Considérant que les lois et règlements relatifs

« à la police des fleuves et rivières navigables et
« flottables, ne contiennent à l'égard des moulins
« dont l'existence est fondée en titre, ou de ceux
« dont la conservation a été tolérée, parce qu'ils
« n'apportaient aucun empêchement nuisible au
« cours de l'eau, aucune disposition en vertu de
« laquelle les propriétaires desdits moulins soient
« tenus de se pourvoir d'une permission préa-
« lable, auprès de l'autorité administrative, toutes
« les fois qu'il devient nécessaire de réparer leurs
« usines;

« Qu'en effet, les dispositions de l'art. 43, tit. 27
« de l'ordonnance d'août 1669, qui ordonnent la
« démolition de tous les édifices construits dans le
« lit des rivières navigables et flottables, sans la per-
« mission de nos prédécesseurs, celles des art. 1 et
« 2, tit. 3 de l'arrêt du conseil du 17 juillet 1782 sur
« la navigation de la Garonne, portant que les per-
« missions d'élever des constructions quelconques,
« sur, ou au bord de la Garonne, doivent être accor-
« dées par des arrêts du conseil rendus sur l'avis de
« l'intendant et du commissaire départis; enfin celle
« de l'art. 9 de l'arrêté du 19 ventôse an VI, portant
« défense d'établir aucun obstacle au cours des eaux
« des rivières navigables et flottables, sans la per-
« mission préalable de l'administration centrale, et
« sans l'autorisation expresse du gouvernement, ne
« s'appliquent pas à des travaux de simple répara-
« tion, mais ont pour objet l'établissement d'usines
« nouvelles ou les changements apportés à l'état des
« usines anciennement existantes;

« Considérant, dès lors, que les requérants ont pu

« effectuer les travaux de simple réparation, cons-
« tatés par le procès-verbal susvisé du 11 janvier
« 1836, sans permission préalable, mais en ce cas,
« à leurs risques et périls, et sauf le droit qui ap-
« partient toujours à l'administration de prendre
« toutes les mesures nécessaires pour assurer le
« libre cours des eaux et le service de la naviga-
« tion... »

La doctrine exprimée dans cette décision est claire
et positive. Elle établit nettement que tout propriétaire n'est tenu, à peine de contravention, de solli-
ter et d'obtenir préalablement une permission, que
pour les travaux susceptibles de changer l'état de
son usine sous le rapport de l'usage des eaux et
qu'il est maître d'effectuer sans permission les
travaux qui ne peuvent avoir un pareil effet ; mais
qu'il n'exerce ce droit qu'*à ses risques et périls*, c'est-
à-dire sauf le droit pour l'administration de le faire
condamner, s'il est reconnu qu'en fait les travaux
ont apporté une modification au système régulateur
de la prise d'eau.

On se trouvera en présence d'une doctrine analogue, en matière de grande voirie, relativement aux
travaux d'intérieur applicables aux maisons sujettes
à reculement.

**1157.** — La restriction résultant de la *responsabilité* imposée au propriétaire qui croit devoir se
dispenser de toute formalité préalable, marque l'esprit dans lequel il doit user de la latitude qui lui est
laissée à cet égard. Nous n'avons qu'à signaler, pour
le faire apprécier, le danger de voir l'administration
s'armer, dans son examen ultérieur, d'une sévérité

d'autant plus grande qu'elle pourra supposer qu'on a voulu échapper à son contrôle, et ordonner ensuite provisoirement et par mesure de police, ou obtenir, peut-être plus lentement, mais sans moins de certitude, par l'intervention de l'autorité juridique déposée aux mains du conseil de préfecture, la destruction d'ouvrages considérables et dispendieux. La réalisation de cette fatale possibilité est de tous les jours. Mais, en dehors de la surveillance de l'administration, il en est une, bien autrement inquiète et bien moins impartiale, c'est celle des intérêts privés. Les plaintes ne se feront pas attendre de la part des possesseurs d'établissements voisins et trop souvent rivaux. Que l'on suppose des avaries occasionnées à des bateaux par leur choc contre quelque ouvrage existant en rivière. Pour peu qu'il ait été l'objet de travaux récents, il est hors de doute qu'on allèguera que l'état des lieux a été modifié; que c'est à ce changement que le désastre doit être attribué et qu'il est juste que celui qui l'a éprouvé en soit dédommagé. Le propriétaire se fût-il borné à une pure et simple réparation, n'eût-il en aucune manière à regretter les éclaircissements et les avis qu'il aurait dus aux agents de l'administration pour l'exécution de ses travaux, ne sera-t-il pas exposé à voir ses réponses mal comprises ou mal justifiées, et ne sera-t-il pas réduit, dans tous les cas, à s'engager dans une lutte sans profit? De tels inconvénients sont frappants. Disons donc que la prudence fera toujours une loi, hors les cas d'extrême urgence, de prévenir l'administration et de prendre son agrément pour tous les travaux, sans exception, à effec-

tuer aux ouvrages existants sur les cours d'eau.
, Comment la formalité sera-t-elle remplie, et fau-
dra-t-il pour les travaux étrangers au système régulateur, jusqu'aux plus simples réparations, solliciter et attendre l'ordonnance royale que l'instruction
de l'an vi exige pour les déplacements et les inno-
vations importantes? Il y a là, on ne peut en disconve-
nir, une lacune dans la législation, et, telle est sa gravité qu'elle entraîne l'impossibilité d'échapper d'une
manière complète et certaine aux dangers qui nous
préoccupaient il n'y a qu'un instant. On ne saurait
en effet, s'arrêter à l'idée de condamner les propriétaires d'usines à toutes les difficultés et à toutes les
lenteurs des demandes d'autorisation; et d'un autre
côté, ni le préfet, ni le ministre n'ont le pouvoir de statuer en ces sortes de matières; la sanction du roi est
indispensable. Quel sera donc le parti à prendre? En
face d'une difficulté inextricable, et en l'absence d'un
moyen tranchant, nous n'avons à conseiller qu'une
mesure de précaution, sinon pour parer absolument
au danger, du moins pour en atténuer les conséquences. On fera sagement de donner avis au préfet des
travaux qu'on se proposera d'exécuter et de solli-
ter son agrément. L'arrêté provoqué par une semblable démarche n'interviendra naturellement qu'a-
près l'examen et sur l'avis des agents des ponts et
chaussées; et, dans son insuffisance pour *légaliser*
l'entreprise et faire sous ce rapport, à son auteur
une position définitive et irrévocable, il n'en consti-
tuera pas moins à son profit un préjugé d'autant
plus favorable que les fonctionnaires dont il émanera
seront précisément ceux qui seront appelés à éclai-

rer l'autorité dans l'instruction que pourront provoquer des plaintes ultérieures.

**1158.** — Je passe à une question de détail que j'ai négligée, dans mon désir d'épuiser tout d'un trait la question d'autorisation pour les modifications et réparations. C'est celle de savoir si, pour changer purement et simplement la destination d'une usine, par exemple appliquer un moulin à blé à la mouture du plâtre, on a besoin de recourir aux formalités prescrites pour un établissement nouveau. Tout en partageant sur ce point l'opinion de M. Garnier, qui soutient, contrairement à l'avis émis par M. Tarbé de Vauxclairs (*Voy.* Favard de Langlade, *Répert.*, v° *Moulins et usines*), que l'exigence d'une permission ne saurait se concilier avec la liberté du commerce, nous croyons qu'il convient de la compléter par une distinction proposée par M. Nadault de Buffon. (*Voy.* t. **1**, p. 380.) Cet auteur observe, avec raison, que la faculté du changement d'industrie ne peut être proclamée que relativement à l'usage des eaux et qu'il importe de ne pas mettre en oubli qu'elle demeure soumise dans son exercice aux règlements concernant la salubrité publique (*Voy. suprà*, tit. **2**, chap. 1er) et l'aménagement de l'industrie métallurgique. (*Voy. infrà* le chapitre consacré aux *mines*.)

**1159.** — Observons, d'ailleurs, nous-mêmes que dans toutes les questions qui viennent d'être examinées, afin de marquer les effets et la juste portée des droits conférés par les actes d'autorisation à ceux qui les obtiennent, il a été raisonné en vue des règlements généraux ; et que les solutions qu'elles ont reçues ne doivent être suivies qu'en l'absence de

dispositions spéciales. On le voit notamment, par un
précédent d'où il résulte que, sur l'Escaut, la reconstruction des roues de moulins, bien que constituant une simple réparation, ne peut, aux termes
d'une ordonnance de l'ancien intendant du Hainaut
du 24 décembre 1785, avoir lieu sans permission
sous peine de 300 fr. d'amende. (*Voy.* Ord. 2 janvier 1838, Noël-Mathon.)

1160. — Les mêmes principes qui restreignent les
effets des autorisations aux ouvrages dont elles déterminent la nature, en circonscrivent aussi la durée et ne permettent pas de les faire survivre à l'é-
tablissement qui en a été l'objet. Il est de l'essence
de toute autorisation de ne valoir que pour l'acte en
vue duquel elle a été demandée et obtenue. Un moulin élevé sur la rive ou sur batcau vient-il à être
emporté et détruit par les eaux, ce n'est plus à une
réparation mais à une reconstruction qu'on a à songer, l'ancien établissement a disparu et celui qui le
possédait n'a d'autre ressource que d'en édifier un
autre. Que dans ce cas, il y ait nécessité de se procurer un titre nouveau, et d'accomplir toutes les
formalités voulues pour les actes d'autorisation,
c'est ce qui ne saurait tomber en doute. Vainement
allèguerait-on l'étendue et l'antiquité des titres ou
de la possession qui légitimaient l'existence de l'u-
sine anéantie. (*Voy.* Ord. 9 août 1836, moulin du
château Narbonnais; 19 mai 1835, Miramont.) Il
n'est ni titre ni possession qui puisse préjudicier à
ces droits du public, dont nous avons reconnu l'inaliénabilité et l'imprescriptibilité sur les rivières navigables. D'après cela, la règle n'est pas moins gé-

nérale que certaine ; les difficultés de son application
ne peuvent naître que de l'appréciation à laquelle
on a à se livrer pour distinguer les réparations de la
reconstruction. À cet égard, les faits échappent aux
prévisions, nous devons nous borner à faire remarquer que, dans les usines, c'est le local renfermant
le mécanisme qui constitue l'établissement et que,
relativement à ce local, c'est le mécanisme qui forme
le principal, le local lui-même n'étant que l'accessoire. Cette idée a été déjà indiquée, en traitant de
l'exemption d'impôt accordée aux constructions
nouvelles. (*Voy. suprà*, n° 847, p. 69.)

**1161.** — Les auteurs sont en discord sur la condition du propriétaire qui veut rendre à sa destination
une usine *abandonnée*. Sous l'ancienne législation, le
seul fait d'abandon d'une usine durant dix années
emportait la nécessité d'une autorisation pour la remettre en mouvement. (*Voy.* Fréminville, *Pratique
des terriers*, t. 3, n° 61.) M. Daviel n'hésite point
à condamner cette décision. (*Voy.* t. 1, n° 192.)
Suivant lui, le droit d'effectuer une prise d'eau n'est
autre chose qu'un droit de servitude, et il en conclut
que les propriétaires d'usines sont fondés à invoquer
le principe que les ruines d'un édifice conservent,
tant qu'elles subsistent, le droit inhérent à la possession de cet édifice. D'un autre côté, l'auteur du
*Traité des usines sur les cours d'eau* (*Voy.* tom. 1,
p. 404) fait remarquer que cette doctrine ne convient
qu'aux cours d'eau non navigables et que, pour les
rivières navigables, tout dépend des conséquences
qu'a eues l'inactivité de l'usine, relativement à sa
conservation. Nous croyons, en effet, que c'est ainsi

que la question doit se résoudre. Si les ouvrages régulateurs n'ont éprouvé aucune souffrance, ou si
leur détérioration n'exige que de simples réparations, à quel titre, par quel motif obligerait-on le
propriétaire à se munir d'une autorisation nouvelle?
Dirait-on que les exigences de la navigation ont pu
se modifier? Cette possibilité n'a pas lieu qu'à l'égard
des usines dont le roulement a cessé ; elle leur est
commune avec les établissements dont l'exploitation est permanente ; or, il y est pourvu, dans un
cas et dans l'autre, au moyen du pouvoir laissé au
gouvernement d'imposer à tout instant, les modifications commandées par l'intérêt public. Que si, au
contraire, la remise en mouvement ne peut avoir lieu
sans des reconstructions ou sans un changement
dans tout ou partie du système susceptible d'influer
sur le régime des eaux, on tombe sous l'empire des
règles que nous avons exposées un peu plus haut.

**1162.** — Il n'est que trop ordinaire que les poursuites en contravention, pour défaut d'autorisation,
donnent lieu, au moins de la part des particuliers
qu'elles atteignent, à de graves méprises sur les limites qui circonscrivent les attributions du conseil
de préfecture. Quelques explications sur ce point ne
seront pas sans utilité.

L'essentiel, dans ces sortes de contestations, est
de ne jamais perdre de vue que le conseil de préfecture n'intervient qu'en qualité d'autorité judiciaire,
et que tout ce qui est de l'office de l'administrateur
doit lui demeurer étranger.

S'agit-il de la création d'un établissement nouveau? le tribunal administratif examine et décide

1° si le fait de l'entreprise est constant; 2° s'il a bien les caractères d'œuvre nouvellement pratiqué sur le cours d'eau. Ces deux points reconnus et déclarés, leurs conséquences, en droit, sont irrésistibles; ils entraînent, 1° la condamnation à la totalité de l'amende prononcée par la loi ou le règlement; 2° la condamnation à la destruction de tous les travaux.

Quant à la condamnation à la totalité de l'amende, il est de principe que nulle excuse n'est admissible, de la part du juge, en matière de contraventions. Le droit de modérer les amendes est le privilége du roi; et s'il en est usé devant le conseil d'état, ce n'est que parce qu'on suppose que la forme juridique qu'affectent les actes qui en émanent, ne met point obstacle à l'exercice du pouvoir gracieux réservé au souverain. Quant à la démolition des travaux, il n'est point impossible, sans doute, que leur conservation en tout ou partie soit susceptible de se concilier avec l'intérêt public. Quelques précautions, de simples changements suffiraient pour procurer ce résultat. Mais on comprend que l'appréciation des exigences de l'intérêt public et la détermination des mesures propres à les satisfaire échappent à l'empire du juge, et sont du ressort exclusif de l'administrateur. (*Voy.* Ord. 6 mai 1836, Pain.) La condamnation à la démolition n'est que l'expression du droit extrême de l'administration; elle a pour effet de mettre les parties à sa discrétion, sous ce rapport.

Les travaux signalés comme répréhensibles ont-ils été effectués dans un établissement ancien, et s'agit-il de décider s'ils ne constituent que de simples réparations, ou s'ils réalisent un changement susceptible d'influer sur le régime des eaux, ou bien s'ils ne doivent pas être considérés comme équivalant à une reconstruction ? Les principes sont les mêmes. Après que le conseil de préfecture a apprécié la consistance et les effets des travaux, dans leurs rapports avec l'ancien établissement et le régime des eaux, il ne lui reste plus qu'à en exprimer les conséquences légales. A-t-il reconnu que le propriétaire de l'usine s'est borné à la réparer, sans la reconstruire ni rien exécuter d'offensif, tout est jugé ; il doit être renvoyé de la poursuite, mal à propos intentée contre lui ? Est-ce le contraire qui est déclaré ? y a-t-il eu reconstruction ou changement dans le système régulateur ? la condamnation et à l'amende et au rétablissement des lieux dans leur état primitif est encore inévitable, par les raisons exposées tout à l'heure.

1163. — Les longs développements dans lesquels nous sommes entré, pour démontrer que les concessions, même les plus anciennes, n'ont pu avoir lieu au préjudice des droits du public, et les considérations que nous avons présentées, pour mettre en lumière le véritable caractère des autorisations octroyées depuis l'époque de la proclamation de l'inaliénabilité du domaine, jusqu'à nos jours, ont préparé et justifié à l'avance, le principe que la jouissance et la conservation des établissements sur les fleuves et rivières navigables sont subordonnées aux exigences de la navigation. Le droit pour l'administration de prescrire librement toutes les mesures et d'exécuter tous les travaux qu'elle juge propres à assurer le cours des eaux et le service de la navigation, en est la conséquence irrésistible. Il n'y a ici ni propriété particulière à occuper, ni expropriation à effectuer. Les titres primitifs impliquent virtuellement, pour l'administration, la réserve de modifier ou de retirer, à son gré, la permission accordée. Voyons l'usage de cette faculté ; comment et à quelle condition s'exerce-t-elle ?

Quelle que soit l'ancienneté et la légitimité de la possession, qu'elle ait été, au commencement, obtenue à titre de faveur ou de récompense ou à prix d'argent, le droit de l'administration ne varie point et le mode de l'exercer est le même. Le préfet ordonne, d'après les plans des travaux généraux, arrêtés par le gouvernement, ou même en se fondant sur les nécessités immédiates et purement locales du service de la navigation, le chômage des usines, la modification des ouvrages qui en dépendent, et même, au besoin, leur suppression. Les arrêtés pris à cet effet, simplement soumis au recours devant le ministre de l'intérieur, ne peuvent être attaqués devant le conseil d'état, si ce n'est qu'on les représente comme entachés d'excès de pouvoir. (*Voy.* Ordonnance 4 novembre 1835, Petit-Clerc.) Dans tous les cas, le préfet est maître de prescrire l'exécution provisoire de ses mesures. Nous verrons qu'il en est ainsi de tous les arrêtés en matière de grande voirie.

1164. — Quant au dommage éprouvé, les usiniers n'ont jamais d'autre ressource que de prétendre à une indemnité ; mais cette ressource même, leur est-elle assurée dans tous les cas ?

Le droit, pour le gouvernement, de modifier et supprimer les établissements dans l'intérêt de la navigation, a sa raison, on l'a vu, dans la nature et les effets des titres sur lesquels ils reposent. La précarité est inhérente aux droits conférés par les actes d'autorisation; elle forme leur caractère distinctif, à ce point que les particuliers qui les ont acquis et qui les possèdent, n'ont pu méconnaître cette condition. Or, n'est-il pas de l'essence de toute condition réservée dans un contrat, d'exclure, en l'absence de clause contraire, toute demande en dommages et intérêts fondée sur sa réalisation? Ce principe a pour nous une force si incontestable, que nous n'hésitons point à dire qu'en règle générale il n'est dû ni dédommagement, ni indemnité. La jurisprudence est d'ailleurs positive en ce sens. (*Voy.* Ord. 8 juin 1831, Beaugrand; 11 mai 1838, Berteau; 14 janvier 1839, Min. trav. publ.; 19 mars 1840, Conqueret.)

Là seule exception que souffre la règle est relative aux usines créées en vertu de concessions antérieures à 1566. Il a été établi plus haut que les concessions intervenues avant cette époque offraient, quant à la perpétuité des droits conférés, un caractère particulier. On en a conclu qu'il était juste d'allouer une indemnité à leurs propriétaires, si elles venaient à être supprimées ou à subir une diminution de force motrice. Mais les précédents témoignent du soin qu'on a toujours pris de ne s'arrêter qu'à une constatation certaine de l'ancienneté et de la légitimité du droit. Il ne suffit point du fait de la possession; on exige la justification d'un titre, tel qu'arrêt du conseil, lettres patentes obtenues des anciens rois avant l'année 1566. (*Voy.* Ord. 14 janvier 1839, Min. trav. publ. ; 19 mars 1840, Conqueret.)

En dehors de ce premier cas d'exception, on demande si, lorsqu'il est prouvé qu'une permission n'a été accordée qu'à titre onéreux, l'indemnité n'est pas due ; et les auteurs qui se posent la question distinguent : si la permission a été délivrée moyennant une rente *annuelle,* la rente, formant le prix de la jouissance, en doit partager le sort et être réduite ou prendre fin avec elle ; quand il y a eu versement d'un capital, ils accordent une indemnité. (*Voy.* M. Nadault de Buffon, t. 1, p. 348.) La solution donnée dans la première hypothèse, nous semble s'appuyer sur une sage appréciation de l'intention présumée qui a présidé au contrat. Dans la seconde, au contraire, nous ne voyons pas ce qu'on pourrait répondre à l'administration, si elle prétendait qu'on n'a entendu acquérir qu'un droit soumis aux règles générales. Hâtons-nous cependant d'ajouter qu'en fait l'équité prêterait tant de faveur à la réclamation qu'on la verrait sans doute triompher. (*Voy.* Ordonnance 14 janvier 1839, Min. trav. publ.)

**1165.** — Nombre d'usines ont été comprises dans les ventes faites par l'état en vertu des lois sur les domaines nationaux. Pour les unes, nulle stipulation spéciale n'a pris place dans les actes ; elles ont été adjugées *pour les acquéreurs être mis au lieu et place des anciens concessionnaires* et n'avoir que les droits qu'ils avaient eux-mêmes ; la circonstance qu'ils sont détenteurs en vertu d'une vente nationale est, dès lors, pleinement indifférente. (*Voy.* Ord. 11

mai 1838, Berteau.) A l'égard de quelques autres,
il résulte des termes du contrat, que l'état a entendu
garantir la jouissance des eaux ; et, pour celles-là,
la force motrice ne saurait être diminuée sans indemnité. (*Voy.* Ord. 22 mars 1841, Aubertot.) Dans
tous les cas, la question ne doit être examinée et
résolue que par application de l'acte d'adjudication.

**1166.** — En traitant de la nature et de l'exercice
du pouvoir de modification et de suppression appartenant au gouvernement en matière d'établissements
sur les cours d'eau navigables, nous l'avons toujours
présenté dans un rapport direct avec les intérêts de
la navigation. Ce point est important à remarquer.
Les principes qui viennent d'être exposés n'ont trait
qu'aux actes destinés à assurer le service de la navigation. Les conséquences de travaux publics projetés
et exécutés dans tout autre but se règlent, à l'égard
des usines, par les mêmes dispositions que pour les
autres biens du domaine privé.

**1167.** — Passons aux règles de compétence.

Dans toute demande d'indemnité, le débat comporte deux questions. Il faut d'abord établir le droit à
une indemnité ; on a ensuite à en obtenir la fixation.

Lorsque le droit à une indemnité dérive de la qualité de *propriétaire*, son examen se confond nécessairement avec l'appréciation du droit de propriété,
et il est juste que le juge gardien de la propriété, le juge
civil soit seul appelé à en connaître. Mais, on l'a vu,
le droit résultant des actes d'autorisation sur lesquels
est fondée l'existence des usines ne constitue point
un droit de *propriété*, dans le sens légal de ce mot.
D'un autre côté, les lettres patentes, arrêts du con-

seil ou ordonnances royales, qui constituent les titres des usiniers, et dont l'appréciation et l'interprétation donne seule la mesure de leurs droits, participent, au plus haut degré, du caractère d'actes administratifs. On a ainsi, une double raison pour dénier aux tribunaux civils le pouvoir de statuer sur les demandes d'indemnités. (*Voy.* Ord. 27 mars 1839, préfet de Tarn-et-Garonne.) Le conseil de préfecture étant juge *ordinaire* du contentieux administratif (*Voy. suprà*, tit. 1, chap. 6, t. 1er, n° 103, p. 96), c'est devant lui qu'elles doivent se porter. Toutefois, une jurisprudence constante, que nous aurons occasion de rappeler lorsqu'en traitant des mines, nous envisagerons les difficultés relatives à l'application des actes de concession, et qui réserve exclusivement au roi, en conseil d'état, le droit d'apprécier et d'interpréter les actes directement émanés de la puissance souveraine dans l'exercice de son pouvoir administratif, fait une loi au conseil de préfecture de s'arrêter devant les arrêts du conseil, lettres patentes et tous actes royaux dont le mérite ou le sens est contesté. (*Voy.* Ord. 2 août 1838, Comp. du canal des étangs.)

La fixation du montant de l'indemnité n'est que la réalisation du droit à l'obtenir ; nécessairement comprise dans la demande dont elle forme comme l'accessoire, elle suit, en l'absence d'attribution exceptionnelle et dérogatoire, la même compétence. C'est au conseil de préfecture qu'il appartient de la régler. (*Voy.* Ord. 26 déc. 1840, Cru.)

**1168.** — Nous avons, en matière d'indemnités et d'entreprises contraires aux permissions, uniquement raisonné d'après les principes de la domanialité pour

ménager aux règles leur plus grande généralité.
L'instruction de thermidor an VI prescrit bien l'insertion , dans les ordonnances d'autorisation , de
deux clauses destinées, l'une à interdire tout recours
en indemnité, l'autre à rappeler au permissionnaire
l'obligation de se conformer aux dispositions de son
titre, sous peine de le voir révoquer, et d'être condamné à remettre à ses frais les lieux en leur ancien
état ; mais elle ne se propose en cela que de prévenir
de funestes illusions. Les droits respectifs du gouvernement et des permissionnaires sont indépendants
de toute réserve plus ou moins expresse.

**1169.** — Pour terminer le sujet, il nous reste à
prévoir le cas où l'existence d'un établissement ne
repose sur aucun titre ou ne repose que sur une permission nulle. L'intérêt le plus pressant du posses-
seur est de se retirer devant l'administration pour
faire légaliser sa position. La voie à suivre et les formalités à remplir sont absolument les mêmes que
pour les établissements à former. La possession plus
ou moins ancienne ne préjudicie à aucun des droits
de l'administration, quant au règlement de l'usine.
(*Voy*. Ord. 23 avril 1836, Vigule.) Mais, pour concevoir quelle importance elle peut avoir pour l'appréciation des oppositions suscitées par l'intérêt privé,
qui est toujours du domaine de la juridiction du droit
commun, il suffit de remarquer que le défaut de titre délivré par l'autorité administrative n'a pu mettre obstacle aux effets civils de la possession vis-à-vis
des particuliers.

ART. 4. — **Du curage des rivières navigables et de l'entretien des digues, et des travaux de défense.**

1170. — Le curage et l'entretien des ouvrages destinés à favoriser la navigation sont à la charge de l'état.

1171. — De l'obligation pour les particuliers de concourir aux dépenses.

1172. — Droits respectifs du gouvernement et des particuliers, quant à l'opportunité des travaux et à leur exécution.

1173. — Règlement de la part contributive du gouvernement et des particuliers.

1174. — Répartition entre les particuliers.

1175. — *Quid* des ouvrages exclusivement affectés à des intérêts privés?

1176. — Mesures de protection contre les eaux.

——

**1170.** — Le curage des rivières navigables est à la charge de l'état, ainsi que l'entretien des ouvrages établis pour l'avantage de la navigation. Cette obligation, qui a sa source dans la domanialité, et dont la loi du 30 floréal an x suppose l'existence, puisqu'elle pourvoit à l'établissement et à la perception d'un droit destiné à produire les fonds nécessaires à son accomplissement, s'étend incontestablement à tous les cours d'eau que nous avons cru devoir faire entrer dans le domaine public. Elle a lieu, par conséquent, pour les rivières flottables aussi bien que pour les rivières *navigables,* dans l'acception la plus étroite de ce mot. (*Voy.* dans ce sens M. Daviel, qui réfute l'opinion de Proudhon, tom. 1, n° 273, p. 246.) (1)

**1171.** — Mais il est assez rare que les circon-

____

(1) J'ai dit, en traitant des contributions, ce qui est advenu du droit de navigation. (*Voy. suprà,* n° 830, p. 53.)

stances comportent une application pure et simple du principe. A l'égard du curage, il est ordinaire que les barrages, digues, déversoirs et autres ouvrages dépendants d'établissements privés, entrent pour beaucoup dans les causes de l'amoncellement des sables ou vases qui le rend nécessaire; et il est juste que les propriétaires de ces établissements participent aux frais de l'enlèvement, en proportion de la part qu'ils ont eue dans la création de l'obstacle apporté au libre cours de l'eau. Quant aux travaux utiles à la navigation, le plus grand nombre profitent en même temps à des riverains dont les propriétés se trouvent préservées, ou les usines alimentées par suite de leur exécution; et la loi du 16 sept. 1807 n'a fait qu'obéir aux inspirations de l'équité, qui veut que celui qui a les profits d'une chose en supporte les inconvénients, en déclarant, par ses art. 33 et 34, que les particuliers contribueraient aux dépenses en proportion de leur intérêt aux travaux.

1172. — Quels seront dans ces divers cas, les droits respectifs du gouvernement et des particuliers, et comment se régleront-ils ?

Qu'il s'agisse du curage des rivières ou de construction, réparation ou entretien d'ouvrages d'art, dès l'instant que l'intérêt privé n'est pas le seul auquel doivent répondre les travaux, dès l'instant qu'ils apparaissent empreints du caractère de travaux de navigation, le gouvernement, comme préposé à la police et à la conservation des voies de navigation, est seul juge de l'opportunité, et seul maître de la direction des travaux.

Un riverain est-il animé de la crainte de voir

ses propriétés inondées ; un usinier attribue-t-il au défaut de curage l'engorgement de ses roues par suite de l'élévation des eaux ; c'est du préfet, et, après lui, du ministre de l'intérieur, qu'il faut solliciter, par voie de pétition, la reconnaissance du danger signalé, ainsi que de la cause à laquelle on l'attribue, et l'exécution des mesures propres à y remédier. La question se lie si étroitement aux intérêts généraux que l'administration a mission d'apprécier et de servir, et qui, ici particulièrement, dominent souverainement l'intérêt privé, qu'on n'a pas même la ressource du recours par la voie contentieuse. La réclamation est du ressort exclusif de l'administrateur, et ne peut arriver jusqu'au juge. Qu'on se garde, néanmoins, d'en conclure que les particuliers seront complétement délaissés à la discrétion des agents de l'administration, et qu'ils seront sans moyen de se faire dédommager du préjudice éprouvé, quelque grave qu'il puisse être. De ce que l'administration est seule juge des exigences de l'intérêt public, il ne s'en suit pas que nulle réparation ne soit due pour les atteintes causées à l'intérêt particulier par les mesures qu'a entraînées le premier. La loi décide, au contraire, que l'état est responsable des dommages occasionnés par les travaux qu'ordonne l'administration ; or, la même règle nous semble parfaitement applicable au préjudice résultant du défaut de travaux, dont l'exécution est présumée avoir été refusée au nom de l'intérêt public. Nous n'hésitons donc point à admettre, 1° que les particuliers ont une action judiciaire à l'effet d'obtenir des dommages et intérêts de l'état, pour préjudice éprouvé par suite du défaut de curage d'une rivière navigable ; 2° que cette action doit partager, notamment quant à la compétence, le sort des actions relatives aux dommages provenant de travaux exécutés par les ordres et sous la surveillance du gouvernement, prévues par la loi du 16 sept. 1807 (*Voy.* Ord. 25 mars 1835, Bary) ; et que, par conséquent, c'est au conseil de préfecture qu'il appartient d'en connaître. (1)

Ce qui est vrai du curage, l'est également, et par les mêmes raisons, de la construction, de la réparation ou de l'entretien des digues, barrages, levées et autres ouvrages.

Quant à l'exécution des travaux, la raison qui réserve à l'administration le droit de l'ordonner, emporte aussi pour elle le droit de la réaliser. Quel que

(1) La même compétence a lieu toutes les fois que le débat se lie assez étroitement à l'appréciation de l'existence et des effets d'ouvrages de navigation pour devoir être considéré comme se rattachant à une question de travaux publics. Un exemple précisera la portée de cette règle.

Un riverain de l'Escaut attribuant l'inondation de ses terres au fait d'un éclusier, qui, suivant lui, avait laissé les eaux excéder le niveau déterminé, s'empressa de saisir le conseil de préfecture d'une demande d'indemnité. Ce conseil s'est déclaré incompétent par le motif que la demande ne se rattachait à aucune des causes indiquées dans la loi du 28 pluviôse an VIII. Mais sur l'appel, on a observé que son appréciation exigeait nécessairement l'examen du point de navigation de l'Escaut ; et le conseil d'état a, en effet, considéré « que l'action tendait à obtenir des dommages-intérêts pour « préjudices causés par suite de la fixation du point de navigation « de l'Escaut et de la négligence du préposé de l'administration à « l'écluse du Follien, qu'elle rentrait, dès lors, dans la catégorie de « celles dont la loi du 28 pluviôse an VIII a réservé la connaissance « aux conseils de préfecture. » (*Voy.* Ord. 30 nov. 1841, Min. trav. « publ. )

soit l'avantage à en attendre pour les particuliers, ils ne sauraient s'immiscer dans leur direction ni dans leur surveillance. Mais aussi, ils doivent rester étrangers à toutes les suites d'une mauvaise exécution. « Le cas arrivant, qu'après le versement des « sommes mises à la charge des particuliers, les « travaux exécutés ou en cours d'exécution se trou- « vent compromis ou détruits par vice de construc- « tion, il serait juste que l'état, qui aurait la respon- « sabilité de ces travaux, comme les ayant fait « exécuter seul, prît à sa charge la totalité des nou- « veaux frais de reconstruction, et accordât, selon « le cas, des indemnités aux intérêts privés qui se « trouveraient lésés par cette circonstance. » (*Voy.* M. Nadault de Buffon, t. 1, p. 457.) La question, d'ailleurs, ne pourrait être soumise qu'au conseil de préfecture. (*Voy.* Ord. 28 juin 1837, barrage de Gardès.)

**1473.** — Nous avons dit que les particuliers ne sont tenus de concourir à la dépense des travaux, qu'en proportion de la part qui leur appartient dans les causes qui les motivent, ou de l'avantage qu'ils en doivent retirer. Mais cette règle est subordonnée aux dispositions particulières, soit des usages locaux, soit des règlements anciens, soit des actes d'autorisation des usines. (*Voy.* Ord. 10 janvier 1821, Delard ; 6 juin 1830, de Tauriac ; 21 déc. 1837, Petit-Clerc et Jacquot.)

Au surplus, les contestations relatives à la détermination de la part contributive du gouvernement et des propriétaires, ne sauraient motiver un débat juridique. La loi veut qu'elle soit fixée par un règlement d'administration publique (*Voy.* L. 16 sept. 1807, art. 34); et ces sortes d'actes n'admettent point de recours par la voie contentieuse. (*Voy.* Ord. 25 avr. 1833, Chaudon.) Leur modification ne peut être demandée que dans la forme prévue par l'article 40 du règlement de 1806. (*Voy. suprà*, tit. 1ᵉʳ, chap. 7, n° 207, p. 181.)

**1174.** — La répartition entre les particuliers de la dépense mise à leur charge est confiée à une commission spéciale, conformément aux dispositions du titre 10 de la loi de 1807. Ce n'est point ici le lieu d'entrer dans leur détail ; contentons-nous de faire remarquer que les commissaires sont nommés au nombre de sept, qu'ils ne prononcent qu'au nombre de cinq au moins, que leurs décisions sont motivées (*Voy.* art. 43 et 44), et que l'appel en doit être porté devant le conseil d'état. (*Voy.* Ord. 16 janv. 1828, Bertin ; 5 août 1831, Valence Minardière.)

**1175.** — Dans tout ce qui précède, il n'a été parlé que des travaux intéressant la navigation, soit exclusivement, soit concurremment avec les propriétés riveraines. Que faut-il penser des ouvrages uniquement affectés à des intérêts privés? Les obligations et les droits dont ils peuvent être l'objet entre deux ou plusieurs particuliers, sont du domaine des tribunaux civils. L'administration n'a point à s'en inquiéter tant que leur dégradation ne compromet point le régime du cours d'eau dans son rapport avec l'intérêt général ; mais, au moment où il commence d'en être ainsi, le préfet, sauf, à moins d'urgence, l'approbation du ministre, est en droit d'enjoindre, à titre de police, aux propriétaires des établissements dont les ouvrages dépendent, d'en effectuer la réparation et, au besoin, de la faire exécuter à leurs frais.

**1176.** — Pour compléter le sujet, il faut dire un mot des mesures de protection contre les eaux qui menacent le territoire qu'elles parcourent. La loi n'assigne bien pour objet à ces mesures qu'un intérêt privé ; mais, en raison de sa généralité et des conditions d'ensemble auxquelles les travaux doivent satisfaire pour avoir quelque effet, cet intérêt est confié à l'administration. Le gouvernement déclare la nécessité des digues à construire ; et il nomme une commission spéciale pour répartir les dépenses entre les propriétés protégées, dans la proportion de leur intérêt aux travaux. (*Voy.* L. 16 sept. 1807, art. 33.) Nous ferons remarquer plus tard que les mêmes dispositions s'appliquent aux cours d'eau non navigables.

ART. 5. — **Des contraventions en matière de grande voirie fluviale.**

**1177.** — Les développements présentés dans les précédents articles de ce chapitre ont eu pour objet de définir les cours d'eau navigables, de montrer les conséquences du principe de la domanialité sous l'empire duquel ils sont placés, et enfin de déterminer les droits de l'administration à l'égard de cette portion du domaine public. Le moment est venu de nous attacher aux mesures spécialement destinées à protéger et maintenir ces droits, et de voir comment se répriment les entreprises susceptibles de leur porter atteinte.

Les règlements les plus complets sur la police des rivières nous ont été légués par l'ancienne monarchie. L'ordonnance de 1669 prohibe les fouilles et excavations à six toises près des rivières navigables, à peine de 100 fr. d'amende (*Voy.* tit. 27, art. 40), et un arrêt du conseil du 24 juin 1777, qui confère plus de précision et consacre une sanction aux dispositions exprimées dans les art. 42 du tit. 27, et 7 du tit. 28 de cette même ordonnance, interdit, sous peine de 500 francs d'amende, toute construction ou établissement d'empêchements quelconques sur ou au long des rivières et canaux navigables, et enjoint, sous la même peine, de livrer et de maintenir le chemin de halage dans toute sa largeur, comme aussi d'enlever tous les obstacles à la navigation dans le lit des rivières ou sur leurs bords et de s'abstenir de tout encombrement, saignées et prises d'eau.

1178. — Le gouvernement puise dans le pouvoir réglémentaire qui lui appartient (*Voy.* tit. 1$^{er}$, chapitre 1$^{er}$, art. 2, n° 11, p. 10) le droit de pourvoir, par des règlements généraux et locaux, à l'application des dispositions éminemment générales que renferment ces actes. On ne saurait même lui contester le droit de faire des règlements de toute espèce en dehors des prévisions des anciennes ordonnances, puisque les lois de 1790 le chargent expressément de l'administration et de la police des cours d'eau. Seulement, son droit, à cet égard, ne s'exercera que selon les formes et dans les limites propres au pouvoir réglémentaire. (*Voy. ibid.*, n° 13, p. 11.)

1179. — Un grave auteur, M. Daviel, se demande si les préfets ont le droit qu'ils s'arrogent journellement de faire des règlements pour la police des rivières, et discute les termes des lois des 22 déc. 1789-8 janvier 1790 et 12-20 août 1790, pour montrer qu'ils n'autorisent rien de semblable. (*Voy.* t. 1, n° 253, p. 220.) Sans doute, le préfet n'est point investi du pouvoir réglémentaire ; ce pouvoir est l'attribut de l'autorité suprême, qui réside dans les mains du roi. Mais le législateur peut, en vertu

d'une délégation expresse, l'autoriser à émettre des
arrêtés généraux dans des circonstances et pour un
objet déterminés ; et d'un autre côté, rien, dans l'esprit ni dans la lettre de nos institutions, ne s'oppose
à ce que le roi lui-même attribue au préfet la mission de prendre des mesures générales pour procurer
dans les limites du département, l'exécution de certaines dispositions insérées dans ses règlements et
ne couvre ainsi, à l'avance, de son autorité, les actes
auxquels il procèdera. Les règlements locaux des
préfets ne peuvent être présentés, suivant nous,
comme entachés d'excès de pouvoir, qu'autant qu'ils
ne trouvent à s'appuyer ni sur une délégation du législateur, ni sur une délégation du roi. Or, la loi des
22 déc. 1789-8 janvier 1790 chargeant, d'une part,
les administrations de département, sous l'autorité
et l'inspection du roi, de toutes les parties de l'administration, et l'art. 6 de la loi du 7 sept. 1790
déclarant, d'une autre part, que l'administration en
matière de grande voirie appartient aux corps administratifs, il nous semble assez difficile de dénier
aux préfets le pouvoir que leur reconnaît le conseil
d'état ( *Voy.* Ord. 27 févr. 1836, Maillet-Duboullay ;
21 avril 1836, Garri), de pourvoir par des arrêtés à
la police de la navigation, dans les limites de leurs
départements respectifs. L'opinion contraire n'a,
suivant nous, sa source que dans une confusion entre les règlements généraux qui ont pour objet la police générale du royaume et les arrêtés pris pour la
police locale, dans tout ou partie d'un département.

1480. — Outre les règlements généraux, on rencontre au nombre des actes émanés des divers fonc-

tionnaires qui concouraient, sous l'ancien régime, à exercer le pouvoir réglémentaire des dispositions particulières applicables à certaines rivières. En l'absence de dérogations formelles, on ne peut douter que ces dispositions ne soient encore en vigueur ; car l'affirmative résulte des lois des 22 juillet 1791 et 24 sept. 1792 et de l'art. 484 du code pénal.

Mais on a à se demander si leur application ne doit pas être restreinte au ressort des parlements qui avaient consenti à les enregistrer.

La cour de cassation, en même temps qu'elle reconnaît que les anciennes ordonnances étaient par elles-mêmes, obligatoires comme émanant du roi, administrateur suprême de l'état, dans les dispositions relatives à des objets du domaine du pouvoir réglémentaire, déclare que celles de leurs dispositions qui réglaient des choses du domaine de la loi, notamment celles qui consacraient une pénalité, n'obtenaient force de loi que par l'enregistrement au parlement de la province. Les lois de 1790 et 1791, ainsi que le code pénal, ne lui paraissent pas, d'ailleurs, avoir eu pour effet de donner cette force aux dispositions qui ne l'avaient pas sous l'empire des institutions anciennes. Et, en conséquence, elle juge que les tribunaux doivent se refuser à prononcer les peines prescrites par des ordonnances non enregistrées au parlement de la province. (*Voy.* arrêt 24 juill. 1834, ch. crim.)

Le conseil d'état, au contraire, n'admet aucune distinction et ne fait nulle difficulté de décider qu'un conseil de préfecture ne peut se refuser à appliquer les dispositions pénales, sous prétexte du défaut d'enregistrement de l'ancien règlement qui les renferme. (*Voy.* Ord. 23 févr. 1837, Voitot.)

Mais la conciliation n'est rien moins qu'impossible.

Les corps judiciaires avaient une autorité propre, se considéraient comme indépendants, s'attribuaient la mission de veiller au maintien des institutions, et n'admettaient comme lois, que ceux des actes du pouvoir royal qui avaient subi le contrôle des parlements ; il était donc rationnel que les dispositions réglémentaires, dont l'application leur était confiée, pour l'exécution desquelles ils avaient à prêter leur assistance, fussent soumises à la même condition, dès l'instant que par leur objet elles excédaient les limites du pouvoir réglémentaire, et remplissaient l'office de la loi. L'esprit de lutte et de rivalité qui anima à un si haut degré les rapports entre les corps judiciaires et les autorités administratives ne permet pas, d'ailleurs, de douter de la rigueur qui dut présider à la vérification.

Quant aux dispositions dont l'exécution dépendait de l'action du gouvernement, sans que la justice ordinaire dût intervenir, on n'avait garde d'aller au-devant de la formalité de l'enregistrement. Ce n'était ni le conseil du roi, ni le bureau des finances de la généralité de Paris, qui pouvait songer à aller chercher au dehors une sanction aux arrêts ou ordonnances qu'il avait émis. « Les diverses juridictions « administratives recevaient directement des mains « de l'autorité souveraine, et dans un sentiment de « pleine obéissance, les dispositions réglémentaires « qui leur étaient transmises, pourvu qu'elles fus- « sent empreintes du sceau royal, et enregistrées au

« greffe, soit du conseil d'état lui-même, soit de la
« cour des comptes, suivant qu'il s'agissait des ar-
« rêts de l'un ou de l'autre... Enfin, dans l'ordre
« hiérarchique de l'administration, aucune autorité
« n'a pu refuser de prêter la main à l'exécution de
« règlements émanés du pouvoir supérieur. » (*Voy.*
une dissertation de M. Cotelle, insérée aux annales
des ponts et chaussées, année 1837, t. 1, des mémoires, p. 32.)

D'après cela, on voit que, pour les dispositions des
anciens arrêts, édits et ordonnances, qui n'ont pas
le caractère de simples dispositions *réglémentaires*, et,
spécialement, pour les dispositions pénales, il faut
encore distinguer entre celles dont l'application appartenait aux tribunaux ordinaires, et celles du ressort des juridictions administratives ; et que le défaut
d'enregistrement ne mettait et ne doit encore mettre
obstacle qu'à l'application des premières.

1181. — La loi du 28 pluviôse an VIII, art. 3,
appelle le conseil de préfecture à « prononcer... sur
« les difficultés qui pourront s'élever en matière de
« grande voirie ; » et la loi du 29 floréal an X, expli-
quant cette attribution, en ce qui a trait à la police,
porte : « Art. 1er. Les contraventions en matière de
« grande voirie, telles qu'anticipations, dépôts et
« toutes espèces de détériorations commises sur les
« grandes routes, les canaux, fleuves et rivières na-
« vigables, leurs chemins de halage, francs-bords,
« fossés et ouvrages d'art, seront constatées, répri-
« mées et poursuivies par voie administrative. »
Rien de plus général que l'attribution créée par ces
dispositions. La compétence des conseils de préfec-

ture n'embrasse pas seulement certains faits déterminés, elle comprend tous les actes susceptibles de compromettre les choses du domaine de la grande voirie, et, spécialement, tous ceux qui pourraient nuire à la liberté et à la sûreté de la navigation. Ce n'est point à la nature des entreprises, mais à leurs effets qu'ils ont à s'attacher pour distinguer celles qu'il leur appartient de réprimer. (*Voy.* Ord. 9 oct. 1837, Min. trav. publ.) La jurisprudence a mis ce principe en pleine lumière, en décidant que le fait d'avoir fait rouir du chanvre dans une rivière navigable constitue une contravention à la prohibition des empêchements nuisibles au cours de l'eau (*Voy.* Ord. 30 déc. 1841, Min. trav. publ.) ; que l'établissement d'un barrage pour la pêche, en même temps qu'il peut donner lieu à une poursuite correctionnelle pour contravention aux lois de la pêche, peut aussi, pourvu qu'il soit de nature à être considéré comme obstacle à la navigation (*Voy.* Ord. 23 juill. 1841, Min. trav. publ.), tomber à ce titre, dans le domaine du conseil de préfecture, juge en matière de grande voirie (*Voy.* Ord. 4 avril 1837, Dutilleul-Parent); que ce conseil est également appelé à punir de l'amende portée par l'arrêt de 1777, les bateliers qui, par mauvais vouloir ou simple négligence dans la conduite de leurs bateaux, ont méconnu les prescriptions destinées à prévenir les entraves et les dangers pour la navigation (*Voy.* Ord. 5 févr. 1841, Boigues) et, notamment, ceux qui se sont amarrés, ailleurs qu'aux points indiqués par l'autorité (*Voy.* Ord. 15 août 1839, Guernier), ou même ceux qui, par une manœuvre imprudente, ont occasionné un abordage. (*Voy*. Ord. 15 août 1839, Pagès et Coquet.)

**1182.** — La généralité des termes des lois de pluviôse et de floréal ne s'oppose pas moins à toute distinction entre les dispositions qui prohibent les faits, qu'entre les faits eux-mêmes. Qu'il s'agisse d'un règlement général, tel que l'ordonnance de 1669, ou d'un règlement spécial, tel que l'arrêt du 23 juillet 1783, qui a pour objet les levées de la Loire, ou le décret du 12 août 1807, qui régit le canal du Midi, la répression ne doit toujours émaner que du conseil de préfecture. (*Voy*. Ord. 11 févr. 1836, Dutemple; 20 juillet 1836, Foignet; 14 juin 1837, Comp. du canal du Midi.)

**1183.** — Quant à la détermination des objets qui, sous le rapport de la juridiction, font partie de la grande voirie, les développements dans lesquels nous sommes entré lorsqu'il s'est agi de circonscrire en cette matière l'étendue du domaine public, ne laissent que peu de chose à dire ici.

« Les ports sont une portion de la voie publique éta-
« blie sur la rivière ; ils en sont les abords et les débou-
« chés. Ils sont dès lors soumis à la même police. »
(*Voy. Institutes* de M. Gérando, t. 3, p. 59 ; 14 janv. 1839, Min. trav. pub. ; Ord. 28 janv. 1841, Jones.)

« Les quais sont la continuation des ports ; ce sont
« des voies réservées le long des fleuves et rivières,
« pour en faciliter l'accès et pour procurer la sûre
« et libre circulation des personnes et des marchan-
« dises. Ils sont aussi placés sous le régime de la
« grande voirie. » (*Voy. Institutes* de M. de Gé-
rando, t. 3, p. 60; Ord. 4 juillet 1838, Min. trav. publ. ; 19 mars 1840, Min. trav. publ. )

Les canaux de navigation sont soumis par la loi de floréal, à la même police que les rivières navigables ; mais ils ne dépendent point du domaine public. ( *Voy. suprà*, n. 1099. ) (1)

On a cherché à faire croire que les chemins de halage devaient être compris parmi les *chemins publics*, dont la dégradation ou détérioration est prévue et punie par l'art. 479 du code pénal, et à les soustraire ainsi, à la juridiction des conseils de préfecture. Mais comment admettre que le code pénal fût venu, dans sa généralité, imposer une dérogation à la loi du 29 floréal an x ! ( *Voy.* Ord. 23 juill. 1840, Min. trav. publ. ) Ces chemins participent de la destination des ports et quais. Il est du devoir des conseils de préfecture de les maintenir dans leur largeur et d'en bannir tout obstacle dans l'intérêt de la navigation. Si donc, un riverain, excédant l'alignement qui lui a été donné, venait à rétrécir le chemin de halage, ce serait pour contravention aux règlements de navigation et non aux règlements en matière d'alignement, qu'il devrait être poursuivi et condamné. (*Voy.* Ord. 8 févr. 1838, Peccot.)

**1184.** — Il sera établi dans le chapitre qui traitera spécialement du domaine public et du domaine de l'état, que les eaux conduites dans Paris, à l'aide de travaux d'art et de canaux artificiels, dépendent du domaine public, aux termes des lettres patentes du 26 mai 1635, de l'arrêt du conseil du 26

---

(1) J'ai dit plus haut que les canaux d'irrigation et de dessèchement n'appartenaient point à la juridiction de la grande voirie. (*Voy. suprà*, n° 1100.)

nov. 1666, et des décrets des 4 sept. 1807 et 2 fév. 1812. En faut-il conclure que ces eaux doivent être assimilées aux canaux, fleuves et rivières navigables, pour la répression attribuée par la loi de floréal an x aux conseils de préfecture? Sans doute cette compétence n'est point la conséquence de la domanialité; elle n'existerait point si la loi du 29 floréal an x ne l'avait point créée; et cette création n'a point eu lieu en vue de la conservation du domaine public, pour la rendre plus facile et plus sûre; elle n'est intervenue que dans l'intérêt de la grande voirie, et n'est relative qu'aux objets qui en font partie. Mais sans faire violence à la raison, ne peut-on pas dire que l'emploi des eaux dans Paris, envisagé dans son but et dans ses moyens, se rapporte à la grande voirie? Le conseil d'état nous paraît s'être en effet, appuyé sur cette appréciation de faits pour énoncer, en même temps qu'il déclarait la domanialité des eaux de Paris, « qu'elles ne sont point sou- « mises aux règles et juridictions ordinaires en ma- « tière de cours d'eau privés. » (*Voy.* Ord. 23 oct. 1835, Delorme.)

1185. — Je devrais m'arrêter ici et réserver pour le chapitre de la *voirie* l'examen des règles de procédure, car elles sont communes à toutes les contraventions. Cependant, pour rassembler dans un même tableau toutes les difficultés que l'application de la législation fluviale est susceptible de rencontrer, et pour ménager d'ailleurs quelques points de rapprochement destinés à révéler le lien si intime qui unit les deux parties du domaine de la grande voirie, *les rivières* et *les routes*, je rappellerai sommairement les résolutions consacrées par la jurisprudence et les principes qui les justifient.

**1186.** — « Les contraventions sont constatées « concurremment, par les maires ou adjoints, les « ingénieurs des ponts et chaussées, leurs con- « ducteurs, les agents de la navigation, les com- « missaires de police, et par la gendarmerie. » La loi exige seulement que ceux de ces fonctionnaires qui n'ont point eu à prêter serment en justice, l'aient prêté devant le préfet. (*Voy.* L. 29 floréal an x, art. 2.) Les gardes-champêtres ont aussi, en vertu du décret du 10 avril 1812, qui déclare applicable aux rivières navigables le titre 9 du décret du 16 décembre 1811 sur la conservation des routes, qualité pour dresser les procès-verbaux. De toutes ces désignations, la seule dont l'étendue mérite d'être remarquée, est celle d'*agents de la navigation.* Elle comprend tous les préposés commissionnés par l'autorité administrative pour la police de la navigation. C'est ainsi qu'il a été décidé que les gardes particuliers du commerce de bois sur les affluents de l'Yonne avaient, à ce titre, qualité pour la constatation des entreprises contraires à la navigation sur les rivières confiées à leur surveillance. (*Voy.* Ordonnance 26 décembre 1837, Comp^ie du commerce de bois de la Nièvre.)

**1187.** — Les procès-verbaux de contravention ne font foi que jusqu'à preuve contraire, par témoins ou autrement. Cette autorité même ne leur appartient, et ils ne sont susceptibles de motiver une condamnation, qu'autant qu'ils ont été affirmés devant le juge de paix ou devant le maire ou l'adjoint.

(*Voy.* Décr. 18 août 1810, art. 2; 10 avril 1812 et 16 décembre 1811, 112.) La loi de 1810, qui ordonne l'affirmation devant le juge de paix, n'exige point qu'elle ait lieu devant celui du canton sur lequel s'est réalisé le fait, plutôt que devant celui de la résidence de l'auteur du procès-verbal ou tout autre (*Voy.* Ord. 14 décembre 1837, Min. trav. publ.); tandis que le décret de 1811, qui *permet* l'affirmation devant le maire ou l'adjoint, veut que ce soit le maire ou l'adjoint du lieu du délit.

Quant au délai de l'affirmation, l'analogie conduit à penser qu'il est convenable qu'elle intervienne dans les vingt-quatre heures, comme pour les autres procès-verbaux de police. Toutefois, dans le silence de la loi, le défaut d'affirmation dans les vingt-quatre heures n'entraînerait point la nullité du procès-verbal. (*Voy.* Ord. 12 avril 1838, Min. trav. publ.)

1188. — « Les procès-verbaux sur les contraven-« tions sont adressés au sous-préfet, qui ordonne « par prévision, et sauf le recours au préfet, ce que « de droit, pour faire cesser les dommages. » (*Voy.* L. 29 floréal an x, art. 3.) On retrouve ici l'exercice de ce pouvoir de police, formant l'une des attribu-tions les plus remarquables du préfet, dans  dé-partement, et du maire, dans le sein de la commune, que nous avons signalé déjà en traitant des chemins vicinaux, et auquel nous donnerons toute l'attention qu'il mérite, lorsque nous nous occupe-rons spécialement de la *Voirie.* Dans l'exercice de ce pouvoir, l'essentiel est de distinguer la *cessation* du préjudice de sa *réparation* et de sa *répression.* En cas d'urgence, le sous-préfet ordonne l'exécution immédiate de la mesure qu'il prescrit, et, à défaut d'urgence, elle est subordonnée au recours devant le préfet. Mais ce n'est point la question juridique qui fait l'objet de l'arrêté qu'ils ont à prendre. Leur droit et leur devoir se renferme dans une opération de l'office de l'administrateur ; ils apprécient les effets, quant à la circulation, des entreprises signalées ; ils voient jusqu'à quel point le service public est interrompu, et ordonnent les enlèvements, démolitions et, en général, ce qu'ils jugent propre à faire disparaître l'interruption. La légitimité de l'entreprise est ensuite débattue devant le conseil de préfecture, qui punit le contrevenant et le condamne définitivement à faire cesser le préjudice et à le réparer, ou le renvoie de la poursuite et lui accorde même, s'il y a lieu, une indemnité pour le dommage résultant des mesures provisoirement exécutées.

1189. — L'exercice de l'action, en matière de contraventions de grande voirie, a sa source dans l'intérêt public ; l'administration a donc seule qualité pour saisir le conseil de préfecture, et tout ce que les parties peuvent faire, c'est de provoquer son action par une plainte au préfet, si elles ne veulent point se contenter de la demande en cessation et réparation qu'autorise le droit commun. On ne découvre non plus, dans la loi aucune disposition qui autorise l'action civile accessoirement à l'action publique. Cependant, le conseil d'état, tout en reconnaissant que le conseil de préfecture est tenu de s'abstenir sur la question de dommages occasionnés à des particuliers par les faits constitutifs de contra-

vention, admet que le tiers intéressé, par suite de
la plainte duquel une contravention a été réprimée,
peut se constituer partie dans l'instance et faire condamner, vis-à-vis de lui-même, l'inculpé aux dépens. (*Voy.* Ord. 20 juillet 1836, Comte de Raousset-Boulbon.) On rencontre même une ordonnance
du 1er février 1833, qui décide, sur le recours d'un
sieur Baudoin que le particulier qui souffre d'une
contravention n'a d'action que devant le conseil de
préfecture. La jurisprudence perd ici de vue la distinction entre l'action en répression, attribuée par
les règlements de voirie à l'autorité administrative,
et l'action privée en cessation et réparation des dommages, fondée sur l'art. 1382 du code civil. C'est un
exemple frappant d'une de ces confusions d'idées et
de principes que devait inévitablement entraîner
l'absence de dispositions destinées à régler le mode
de procéder devant l'autorité juridique administrative.

1190. — L'art. 640 du code d'instruction criminelle déclare que « l'action publique et l'action
« civile pour une contravention de police, seront
« prescrites après une année révolue, à compter du
« jour où elle aura été commise. » Ce n'est point ici
le lieu d'entrer dans les détails de l'application de
la prescription aux contraventions de voirie. Mentionnons seulement, que les délits que leur nature
doit faire considérer comme *permanents*, échappent
à son atteinte, et qu'à ce titre, les plantations et constructions réalisées au préjudice de la servitude du
chemin de halage sont susceptibles d'être poursuivies et réprimées, à quelque époque que remonte

380 DROIT ADMINISTRATIF APPLIQUÉ.

leur origine. (*Voy.* Ord. 13 mai 1836, Pierre ; 2 janvier 1838, Lerebours.)

**1191.** — La dernière règle à indiquer relativement à la constatation des faits, a trait à la connexité ; elle consiste en ce que des entreprises formant un ensemble, un système, et par exemple, des plantations, bien que faites sur différents points et constatées par différents procès-verbaux, ne constituent néanmoins qu'une contravention, et ne doivent motiver qu'une amende, pourvu qu'elles aient eu lieu par une même personne, à une même époque, et au même lieu. (*Voy.* Ord. 10 juin 1835, Min. comm.)

**1192.** — Nous arrivons à l'examen qui doit précéder et amener le jugement.

Il résulte clairement des termes des lois sur la compétence du conseil de préfecture en matière de grande voirie, qu'elle ne va point au delà des questions de *répression*. Son attribution juridique est circonscrite dans les limites des questions *criminelles*, et est absolument étrangère à toutes les questions qui, manquant de ce caractère, tombent dans la catégorie des questions civiles. Il s'en suit que ces dernières, toutes les fois qu'elles sont soulevées par une exception tendant à repousser l'action criminelle, doivent être décidées par une autorité autre que le conseil de préfecture. Considérons celles dont la nature est telle que le sort de l'action principale dépend de la solution qu'elles recevront, et que, par conséquent, la raison et la justice veulent que le jugement de cette action principale soit suspendu jusqu'à leur décision : on les désigne sous la dénomination de *questions préjudicielles.*

La règle fondamentale, c'est que le conseil de préfecture ne s'arrête devant une exception invoquée comme *préjudicielle,* qu'autant qu'il reconnaît que le fait ou le droit allégué à ce titre, ferait disparaître le délit et entraînerait le renvoi de l'inculpé, s'il était prouvé. Là réside le caractère distinctif de la question préjudicielle ; là doit se concentrer toute l'attention du juge qui se demande s'il doit ou non suspendre la décision. Parcourons quelques exemples.

Dans les contraventions de grande voirie, l'exception la plus ordinaire est empruntée au droit de propriété. Le riverain d'un fleuve est-il poursuivi pour avoir, par des plantations ou constructions, entravé le service de la navigation (*Voy.* Ord. 1er août 1834, Sutaine), ou méconnu la prohibition de construire et planter sans autorisation, à une certaine proximité du lit de la rivière (*Voy.* Ord. 1er juill. 1839, Min. trav. pub.), ou empiété sur le chemin de halage ; son premier mot est pour répondre qu'il est *propriétaire* du terrain sur lequel a eu lieu l'entreprise. Mais cette réponse sera-t-elle nécessairement une exception préjudicielle ? Non, par la raison simple que le droit de propriété n'emportera pas toujours le droit de procéder au fait incriminé. Le conseil de préfecture examinera si, quand bien même le riverain serait propriétaire du terrain, le fait qu'on lui impute se trouverait répréhensible, comme contraire aux lois ou règlements.

S'agit-il d'un obstacle gênant pour la navigation, on recherchera si les lois ou règlements n'interdisent point, même au propriétaire d'un terrain, d'y réaliser aucune entreprise susceptible d'entraver le service de la navigation. (*Voy*. Ord. du 12 janv. 1838, Lemarchand. ) Lui reproche-t-on seulement d'avoir planté ou construit sans autorisation, il y aura à rechercher si l'autorisation était exigée à peine de contravention, et le conseil de préfecture passera outre, et condamnera si le propriétaire était en effet tenu de demander une permission. (*Voy*. Ord. du 2 janv. 1835, Palierne de Chassenay, 1ᵉʳ juill. 1839, Min. trav. publ. )

L'application de la règle n'offrirait pas de difficultés plus sérieuses, si l'exception avait son principe dans un prétendu conflit d'autorité. Supposons que l'auteur de travaux dont l'exécution a été dénoncée, se prévale et même justifie d'une permission ou, nous pouvons aller jusque-là, d'un ordre de l'autorité; soit du maire. La poursuite tombera-t-elle ou sera-t-elle au moins, suspendue? Nullement; l'acte d'une autorité, autre que l'autorité suprême, n'a de force et d'effet possible que s'il est légal et, notamment, s'il s'est produit dans les limites de son pouvoir. N'est-il pas manifeste, dès lors, que le conseil de préfecture devra examiner jusqu'à quel point le fonctionnaire dont l'acte est produit avait qualité pour y procéder? Dans l'espèce que nous avons choisie, il verra si le terrain sur lequel ont eu lieu les travaux, dépend ou non de la grande voirie; et s'il arrive à se convaincre qu'il en est ainsi, qu'il forme, par exemple, un chemin de halage, ou un quai et non point une rue, et que, par conséquent, il échappe à la surveillance municipale, il rejettera l'exception et passera immédiatement au jugement

du fond de l'affaire. ( *Voy.* Ord. du 17 août 1836 ,
Taitot-Rebillard ; 12 avr. 1838 , Min. trav. publ. )

1193. — Après les questions préjudicielles, viennent les questions d'excuse. Tantôt on observe que
le fait incriminé a été commandé par les circonstances les plus impérieuses, ou bien on s'efforce d'établir qu'en réalité, l'intérêt public n'a supporté
nulle souffrance, (*Voy.* Ord. du 14 janv. 1839, Min.
trav. publ.); quelquefois même, on est assez heureux
pour appuyer cette allégation de la production d'une
autorisation postérieurement délivrée. (*Voy.* Ord.
6 avril 1836 , de Graveron); et on se berce de l'espoir d'amener le juge à s'abstenir de prononcer l'amende. Mais la règle est absolue; le juge administratif n'a pas plus que le juge de police ordinaire , le
pouvoir d'admettre aucune *excuse*, dans le sens juridique de ce mot. (*Voy. suprà*, tit. 1<sup>er</sup>, chap. 1<sup>er</sup>,
n° 15, p. 15; Ord. du 25 janv. 1839, Min. trav.
publ. ); les circonstances ne peuvent être prises que
comme motifs de modérer l'amende jusqu'au minimum. (*Voy. infrà*, n° 1197. )

1194. — Avant que de nous occuper de la pénalité, il convient de dire quelques mots de la responsabilité. Tout délit est personnel, en ce sens que
l'auteur direct du fait est seul passible de la peine
qu'il entraîne. Il en est autrement de l'obligation de
réparer le dommage qui en est résulté. Cette obligation tombe sous l'empire de l'art. 1184 du code
civil , d'après lequel « on est responsable, non-
« seulement du dommage que l'on cause par son
« propre fait, mais de celui qui est causé par le fait
« des personnes dont on doit répondre. » Or, l'a-

mende, c'est une règle en matière de police, n'intervient jamais qu'à titre de dommages-intérêts ; il en résulte que la poursuite et la condamnation peuvent avoir lieu contre la personne déclarée responsable ; que si, par exemple, les gens de service d'un bateau à vapeur ont commis une contravention, en jetant dans la rivière les résidus de la combustion, la compagnie propriétaire du bateau est certainement exposée à se voir citée et condamnée personnellement à l'amende. (*Voy.* Ord. du 25 janv. 1838, Comp. des riverains de la Loire.)

Le bateau *l'Éléonore* ayant causé quelque dommage à une écluse, le conseil de préfecture, en même temps qu'il condamnait à une amende, avait cru devoir ordonner la saisie du bateau, nonobstant les réclamations d'un tiers, qui prétendait n'avoir fait que le louer à celui qui le conduisait ; mais sur l'appel, le conseil d'état a considéré que, dès que le conducteur du bateau n'était ni le domestique, ni le préposé du propriétaire, mais seulement son locataire, aucune responsabilité ne pesait sur ce dernier, et qu'il avait droit à la remise de son bateau. (*Voy.* Ord. 2 juin 1837, Min. int.)

**1195.** — Le principe fondamental de droit pénal, qui veut que le juge n'applique que les peines formellement prononcées par le législateur, et qui, pour garantie de ce devoir, exige qu'il *vise* dans chaque sentence la disposition en vertu de laquelle il condamne, oblige le conseil de préfecture, toutes les fois qu'il est appelé à intervenir comme tribunal de répression (*Voy.* Ord. 26 oct. 1836, Guignebard.) C'est donc aux prohibitions et aux dispositions qui les sanctionnent dans les lois et règlements, qu'il faut s'attacher étroitement, dans les questions de contravention.

1196. — Le pouvoir réglémentaire que l'autorité administrative tient des institutions modernes ne va point jusqu'à créer des pénalités. (*Voy. suprà*, tit. 1er, chap. 1er, n° 14, p. 12.) Les règlements postérieurs à l'empire, de quelque fonctionnaire qu'ils émanent, n'ont de sanction pénale que celle qu'il leur est donné d'emprunter à la loi ou aux règlements anciens, qui participent de son autorité. On a vu, d'ailleurs, que les dispositions de ces derniers offrent assez de généralité pour que cet appui soit facile à ménager. Néanmoins, la différence des temps a entraîné dans les principes des changements auxquels sont dues, sous ce rapport, des lacunes trop souvent impossibles à combler par le juge. La plus notable avait trait aux prohibitions faites, sous peine d'amende arbitraire ou de châtiment exemplaire. (*Voy.* Ord. 8 juill. 1840, Min. trav. pub.) L'état actuel de la législation et des mœurs n'autorisant point l'application de peines semblables, le contrevenant condamné à la réparation échappait nécessairement à l'amende. C'est ce qui avait lieu pour les faits prévus par l'art. 11 de l'arrêt du 24 juin 1777, qui défend de dégrader les ponts, chaussées, pertuis, digues et autres ouvrages construits pour la sûreté et la facilité de la navigation et du halage. (*Voy.* Ord. 20 avr. 1840, Min. trav. publ.; 11 août 1841, Min. trav. pub.) L'ordonnance de 1669 ne prononçait également qu'une amende arbitraire pour les travaux faits sans autorisation sur et au long des rivières et canaux navigables; mais l'arrêt de 1777 l'ayant fixée à 1,000 fr., le conseil de préfecture était tenu de la prononcer. (*Voy*. Ord. 20 juill. 1836, comte de Raousset-Boulbon ; 23 février 1841, héritiers de la Roussière ; 17 août 1841, Puimejean.) La loi du 23 mars 1842 est venue remédier à cet état de choses pour les amendes arbitraires, en disposant que les amendes, dont le taux, d'après les anciens règlements, était laissé à l'arbitrage du juge, pourraient varier entre un minimum de 16 fr. et un maximum de 300 fr.

**1197.** — La même loi a fait subir à tout le système de pénalité établi pour la grande voirie par les règlements antérieurs à la loi des 19-22 juillet 1791, une modification qui, en tempérant sa rigueur, l'a rendu plus efficace. Les conseils de préfecture ne sont plus réduits, pour proportionner la répression au délit, à usurper un pouvoir de modération d'amende, que le conseil d'état s'est toujours refusé à reconnaître au pouvoir juridique, pour le réserver au roi, qui ne l'exerçait sur l'avis de son conseil, que comme chef suprême de l'administration. (*Voy*. Ord. 7 févr. 1837, Min. trav. publ.; 23 février 1837, Mulaton ; 24 avril 1837, Min. trav. publ.; 12 juillet 1837, de Lireux.) Désormais, « les amendes peuvent « être modérées, eu égard au degré d'importance « ou aux circonstances atténuantes des délits, jus- « qu'au vingtième desdites amendes, sans toutefois « que ce minimum puisse descendre au-dessous de « 16 fr. » (*Voy*. L. 23 mars 1842, art. 1er.)

## SECTION DEUXIÈME.

DES COURS D'EAU NON NAVIGABLES NI FLOTTABLES.

PRÉLIMINAIRES.

1198. — De la propriété des cours d'eau non navigables. — A qui
appartiennent-ils?

1199. — Division du sujet.

1198. — La question de propriété se présente
tout d'abord, dès qu'on cherche à pénétrer les principes applicables aux cours d'eau non navigables ni
flottables. Quelle est, sous le rapport de la propriété,
la condition de ces cours d'eau; à qui appartiennent-
ils?

De graves auteurs enseignent que l'état est propriétaire, en ce sens qu'il *a conservé le droit* TRÈS-
FONCIER, *comme disaient les jurisconsultes féodaux,
sous l'affectation de droits de jouissance au profit des
riverains.* (*Voy.* M. Foucart, *Revue de législation*,
t. 4, p. 197.) (1) Ils invoquent, à titre de considération, la nécessité de soustraire les eaux courantes
à l'action trop souvent abusive des intérêts privés,
pour les conserver à leur destination, c'est-à-dire
aux besoins de l'agriculture et de l'industrie. Les
lois de la constituante, en retirant les cours d'eau
non navigables du domaine des seigneurs féodaux,
en ont, suivant les partisans de cette première opinion, déposé la propriété dans les mains de l'état;
et rien, dans le code civil, n'indique de la part du

_____

(1) Cette opinion est partagée par MM. Merlin, *Répertoire*,
Vº Rivière; Proudhon, *Traité du domaine public*, t. 3, p. 535.

législateur l'intention de la lui retirer, pour l'attribuer aux riverains. L'art. 563, au contraire, suppose
incontestablement la propriété de l'état, puisque,
*dans le cas de déplacement du cours d'un fleuve ou
d'une rivière navigable* ou NON, l'ancien lit n'est point
laissé aux riverains, mais donné aux propriétaires
des fonds nouvellement occupés et donné *à titre
d'indemnité*, ce qui implique à la fois, l'idée que
ces propriétaires perdent leur propriété et qu'elle
passe à l'état. De nombreux articles, il est vrai, paraissent contredire l'art. 563 et résulter d'un système
contraire; mais les objections qu'on leur emprunte
ne sont point absolument sans réplique. Ainsi, la circonstance que l'art. 538 ne comprend point les rivières non navigables dans l'énumération des objets
composant le domaine public s'explique par une
omission. « Si l'on n'a point parlé des rivières non
« navigables dans l'art. 558, qui est la copie tex-
« tuelle de l'art. 2 de la loi du 22 nov. 1790, n'est-
« ce pas parce qu'on était habitué autrefois à ne
« comprendre dans le *domaine du roi*, devenu de-
« puis le *domaine public*, que les rivières navigables,
« les autres... appartenant aux seigneurs féodaux ?»
Les art. 644 et 645 ne sont pas plus concluants. Ces
articles n'attribuent aux riverains qu'un droit de
prise d'eau; et si le mot de *propriété* est employé
dans l'art. 645, ce n'est point relativement au cours
d'eau, c'est uniquement pour exprimer que le droit
d'usage proclamé par le législateur doit être envisagé comme un droit acquis, et constitue, sous ce
point de vue, une véritable propriété. L'art. 640,
qui décide que les fonds inférieurs sont assujettis en-

vers les plus élevés à recevoir les eaux qui en découlent naturellement, se présente en troisième lieu. Cet article, on en convient, suppose bien que le lit des courants d'eau provenant des fonds supérieurs ne cessera point de faire partie des fonds inférieurs ; mais pourquoi ne pas admettre que la loi, qui a distingué les rivières navigables de celles qui manquent de ce caractère, a entendu faire une seconde distinction entre les rivières non navigables et les simples ruisseaux, et que c'est seulement aux ruisseaux, aux torrents et aux eaux pluviales que s'applique l'art. 640 ? Arrivant enfin aux arguments tirés du droit d'alluvion et du droit aux îles attribués, l'un et l'autre, aux riverains par les art. 556 et 561, on dit que le droit d'alluvion existe, même pour les rivières navigables, et que dès lors, on ne saurait prétendre qu'il entraîne la propriété soit du lit, soit du courant d'eau. Quant à l'attribution aux riverains des îles nées dans les cours d'eau non navigables, on ne tente point de dissimuler qu'il semble au premier abord, assez rationnel de la considérer comme une conséquence du principe de la propriété du lit. Mais on se reporte aux termes de l'art. 563 qui a fait le point de départ du système, et on déclare que, dans l'impossibilité de le concilier avec cette interprétation de l'art. 561, il est préférable de ne voir dans ce dernier article que la création d'une propriété indépendante de celle du lit. On invoque même dans ce sens, les motifs développés dans la discussion du code civil ; on fait observer que le droit d'accession est resté pleinement étranger à la répartition des îles et qu'on ne s'est abstenu de donner aux particuliers celles qui se forment dans les rivières navigables, que parce que *l'intérêt du commerce a paru exiger qu'il ne subsistât au milieu de leur cours rien d'étranger au domaine public.*

Les jurisconsultes, qui s'accordent à combattre ce système et à refuser à l'état la propriété des cours d'eau non navigables, se partagent ensuite en deux camps sur la solution à donner à la question. Les uns, après avoir établi que le courant d'eau, envisagé indépendamment du lit dans lequel il coule, tombe dans la classe des choses qui, aux termes de l'art. 714 du code civil, *n'appartiennent à personne et dont l'usage est commun à tous*, soutiennent que le lit lui-même doit suivre, sous ce rapport, la condition du courant d'eau (*Voy.* M. Nadault de Buffon, t. 2). La doctrine contraire serait, suivant eux, impossible à concilier, soit avec l'art. 546 du code civil, qui veut que la propriété d'une chose donne la propriété de tout ce qui s'y unit accessoirement, soit avec l'art. 552, d'après lequel la propriété du sol emporte celle du dessus et du dessous ; si les riverains étaient propriétaires du lit, on ne pourrait leur dénier la propriété du courant d'eau. L'art. 553, qui accorde le lit abandonné aux propriétaires des fonds que la rivière vient occuper en se déplaçant, leur fournit aussi un argument, en ce sens qu'il témoigne de l'absence de tout droit de propriété au profit des riverains sur le lit abandonné. D'autres, au contraire, professent le principe « que les cours « d'eau non navigables ni flottables peuvent, jusqu'à « un certain point, admettre l'empreinte de la propriété privée » (*Voy.* Daviel, t. 2, n° 530, p. 2); et, par application de ce principe, ils décident non-seulement que le lit est la propriété des riverains, mais aussi que « les forces motrices que le courant d'eau « fournit à l'industrie, les ressources qu'il offre pour « l'irrigation et pour la pêche, accessoires précieux « du lit et des rives dont la disposition favorise ces « richesses naturelles, sont une dépendance essen- « tielle des héritages qu'il traverse » (*Voy. ibid., loc. cit.*); et la conséquence d'un droit qui, pour recevoir d'étroites limites de la nature même des choses, n'en constitue pas moins un véritable droit de propriété.

La doctrine que nous avons à présenter nous-même tient le milieu entre ces deux opinions. Elle consiste à ranger le courant d'eau au nombre des choses qui n'appartiennent à personne et à laisser le lit dans le domaine de la propriété privée. Voici nos raisons :

Sous le régime féodal, le titre auquel les seigneurs s'emparaient des rivières non navigables était identiquement le même que celui invoqué par le roi pour revendiquer les rivières propres à la navigation. C'était pour les cours d'eau, comme pour les autres objets qui, aujourd'hui, composent le *domaine public,* et spécialement pour les mines, un simple partage qui s'opérait entre eux ; on disait : le roi aura le fleuve navigable, et le seigneur la rivière ou le ruisseau, de même qu'on disait : le roi profitera des mines d'or, et le seigneur des mines d'argent. (*Voy.* ci-dessus, n°1086, p. 275, et plus bas, le chap. relatif aux mines.) Il ne faut voir dans cette répartition, uniquement faite en vue des produits utiles que pouvaient donner les cours d'eau, qu'un abus de la féodalité impuissant à engendrer un droit préjudiciable aux principes résultant de la nature des choses. Nous avons montré dans les préliminaires de ce chapitre (*Voy.* n° 1087, p. 277), que du jour où, par le seul progrès des lumières, on avait été conduit à les reconnaître, on n'avait point hésité à revenir sur les erreurs dues à cet abus, pour déclarer que ce n'était point à titre de propriétaire, mais en qualité de souverain, que le roi était maître des rivières navigables. L'abolition des droits féodaux aurait-elle eu un effet différent, en ce qui regarde les rivières non navigables ? Non, sans doute. L'assemblée nationale, en retirant ces cours d'eau d'entre les mains des seigneurs, s'est abstenue de toute attribution ; elle n'a fait autre chose que mettre fin à une injuste occupation et rendre aux saines maximes du droit public leur force et leur autorité. On ne peut, suivant nous, prétendre que la loi de 1789 a conféré à l'état le domaine des rivières non navigables ni flottables ; nous croyons que, pour être exact, on doit simplement dire qu'elle les a restituées à leur destination providentielle et aux conséquences qui en dérivent.

Les cours d'eau, sans distinction des fleuves, des rivières ni des ruisseaux, qu'on les considère relativement aux besoins naturels ou dans leur rapport avec l'agriculture ou l'industrie, sont affectés par la Providence à l'usage de tous les hommes. Or, l'accomplissement de cette destination ne saurait se concilier avec une appropriation qui attribuerait sur eux un droit exclusif et absolu aux particuliers. Si les riverains d'un cours d'eau, même non navigable, pouvaient en disposer à leur volonté, l'esprit d'égoïsme et d'envahissement dilapiderait bien vite un trésor qui doit profiter au plus grand nombre (1). De là, l'obligation de reconnaître que les courants d'eau résistent à l'empreinte de la propriété privée. S'en suit-il qu'ils doivent *nécessairement* appartenir au souverain et tomber dans le domaine public? Non, certainement. Il ne viendra à l'idée de personne de soutenir que nulle des choses dont l'usage doit être commun à tous ne peut rester étrangère au domaine public; à coup sûr, il n'embrasse ni l'air ni la lumière. Le domaine public créé par la loi ne comprend, parmi les choses non susceptibles d'occupation privée, que celles qui lui ont été formellement attribuées. Un autre principe non moins certain, c'est que le sort des courants d'eau, à ne les envisager que dans leur destination, est parfaitement distinct de celui que comporte le terrain qu'ils couvrent, ce qu'on appelle leur lit. Il n'est point indispensable, en raisonnant dans un sens absolu, de soustraire le lit des fleuves, rivières et ruisseaux à toute appropriation. La possibilité de l'usage qu'ils tiennent de la nature n'est point subordonnée à cette condition. Voilà donc la position que la nature a faite aux cours d'eau en général; elle veut que le volume fluide, considéré indépendamment du sol sur lequel il circule, que le courant d'eau n'appartienne privativement à personne; elle ne veut que cela, mais

_____

(1) Ce sont les paroles mêmes de M. Foucart. (*Voy. Revue de législation*, t. IV, p. 195.)

elle le veut absolument. La loi aurait-elle modifié ces exigences ?

La loi a distingué les cours d'eau navigables ; elle a considéré que les intérêts de la navigation ne seraient point suffisamment garantis par l'application du droit naturel ; et elle a décidé que la navigabilité entraînerait l'attribution au domaine public, non-seulement du courant d'eau qui échappe à toute possession privative, mais même du lit et des rivages, qu'il lui a fallu retirer du domaine de la propriété particulière. Les dispositions prises à cet effet ont été énumérées plus haut. Trouve-t-on rien de semblable à l'égard des cours d'eau non navigables ? Tout se réduit pour ceux qui veulent étendre jusqu'à eux le principe de la domanialité, à invoquer l'art. 563 du code civil, qui porte que « si un fleuve ou une rivière « navigable *ou non* se forme un nouveau cours en « abandonnant son lit, les propriétaires des fonds « nouvellement occupés prennent, à titre d'indem- « nité, l'ancien lit abandonné, chacun dans la pro- « portion du terrain qui lui a été enlevé. » Mais comment suffirait-il d'un seul article et même d'un seul mot qui peut être dû à une inadvertance, pour en induire un système tout entier ! Comment comprendre que le législateur, qui a pris le soin de déclarer expressément que les rivières navigables dépendaient du domaine public, et qui a consacré un ordre entier de dispositions fondées sur ce principe, ait pu se dispenser d'énoncer qu'il en était de même des autres cours d'eau ? N'est-ce pas le cas de voir dans l'omission une exclusion ? (1)

_____

(1) Vainement objecte-t-on que le législateur ne s'est reporté

Et si le système de la domanialité a pour lui l'article 563, ne se trouve-t-il pas contredit par les art. 538, 644, 645, et surtout, par les art. 640 et 561 ? Les partisans de ce système sont contraints d'admettre une distinction entre les rivières non navigables ni flottables, et les simples ruisseaux ? Mais, sans parler de la mobilité et de l'incertitude inhérente à une semblable distinction, quel en est le principe ? où découvre-t-on dans la loi un texte, un mot qui l'autorise ? Que l'on relise l'exposé des motifs et la discussion des divers articles qui viennent d'être cités, et notamment de l'art. 561 sur la propriété des îles, et l'on reconnaîtra que le législateur ne s'est préoccupé que de *l'intérêt du commerce*, qu'il n'a consacré de distinction que sous ce point de vue et qu'il n'en existe qu'entre les rivières navigables et celles qui manquent de ce caractère.

Quant à nous, la division créée par l'art. 714, suivant lequel « il est des choses qui n'appartiennent « à personne, et dont l'usage est commun à tous, » répond si exactement à la destination assignée par la nature aux rivières non navigables, et fournit une explication si simple de l'omission de ces cours d'eau dans l'énumération des dépendances du domaine public, que nous n'hésitons point à admettre

---

qu'aux objets autrefois compris dans le domaine du roi, pour en composer le domaine public, et que l'omission, dont les rivières non navigables ont fait l'objet, est due à cette préoccupation. La loi de 1790 ne règle pas seulement la composition du domaine public ; elle effectue la division des choses diverses dont la propriété réside dans les mains de l'état ; son but est précisément de revenir à cet égard sur le passé, pour établir un ordre tout nouveau.

que c'est sous son empire qu'il convient de placer les courants d'eau qui forment ces rivières (1), tandis que le lit qui les renferme appartient au domaine privé (2).

**1199.** — Reste maintenant à en déterminer les conséquences, reste à expliquer les lois de police qui, suivant le même article, règlent l'usage commun à tous. Là commence vraiment la tâche que nous nous sommes imposée.

Les cours d'eau qui ne sont ni navigables, ni flottables, peuvent être considérés, en ce qui a trait à l'exercice du pouvoir administratif, sous quatre rapports :

1° Relativement aux usages communs, tels qu'abreuvoirs, lavoirs, etc.;

2° Relativement à l'agriculture, comme moyen d'irrigation ;

3° Relativement à l'industrie, comme force motrice;

4° Relativement aux inondations et à la salubrité (3).

(1) M. de Gérando ne professe pas d'autre doctrine. « L'eau qui « coule, dit-il, se renouvelant sans cesse, est au nombre des choses « qui n'appartiennent à personne. On se l'approprie par l'occupation. « Les propriétaires riverains ont la jouissance des eaux à leur pas- « sage, sous les réserves posées par la loi. Et quidem, ajoute-t-il « en note, naturali jure communia sunt omnium hæc : aer, aqua « profluens. Inst., liv. II, tit. I, § 1er, *De rerum divisione.* » (*Voy. Inst.*, t. III, p. 97.)

(2) Je suis peu touché de la difficulté que l'auteur du traité *des Usines* voit à concilier le droit d'accession avec ce principe. L'accession n'a lieu qu'à l'égard des choses susceptibles de propriété; elle n'est pas plus applicable à l'eau courante qu'à l'air ou à la lumière.

(5) La pensée de cette division est empruntée à M. de Gérando. (*Voy.* Inst., p. 98, n° 1129.)

Après avoir, dans autant d'articles, considéré le régime des eaux sous chacun de ces quatre rapports, je traiterai des mesures qui ont plus spécialement pour objet de concilier les intérêts divers qui s'y rattachent ; et je terminerai par quelques mots sur les contraventions.

### ART. 1er. — Des usages communs, tels qu'abreuvoirs, lavoirs, etc.

1200. — Les riverains n'ont de droits privatifs que ceux consacrés par la loi.
1201. — Du droit de circuler en bateau sur les rivières non navigables, ni flottables.
1202. — Le pouvoir de police s'applique à l'exercice des facultés de droit naturel.
1203. — Recours contre les actes émanant de ce pouvoir.
1204. — Actions civiles, relatives aux facultés de droit naturel.
1205. — L'exercice des facultés de droit naturel est subordonné au respect dû à la propriété privée.

**1200.** — Ceux-là même qui attribuent aux riverains un droit de propriété sur les eaux courantes, laissent dans la communauté universelle, comme étant *de droit naturel et subsistant en dehors des règles du droit civil*, la faculté de puiser de l'eau pour les besoins domestiques, ou pour abreuver des bestiaux. (*Voy.* M. Daviel, t. 2, p. 36, n° 542.) La doctrine suivant laquelle le cours d'eau n'appartient à personne prête encore plus d'étendue à ce principe. A nos yeux, les riverains n'ont de droits privatifs que ceux consacrés par la loi, notamment pour la pêche et pour l'irrigation. On ne prévoit pas quelles raisons ils invoqueraient pour interdire l'usage des eaux en dehors de ces droits.

1201. — Nous n'éprouvons nul embarras à résoudre en ce sens la question de savoir jusqu'à quel point les propriétaires, dont une rivière traverse ou borde les héritages, ont droit d'empêcher que les voisins ne circulent en bateau dans la partie qui leur appartient. C'est là une faculté que la loi n'a point retirée du domaine de la communauté, et qui se rattache trop manifestement au plus grand des avantages que la société retire des cours d'eau pour qu'on puisse hésiter à induire de ce silence une réserve au profit de tous. M. Proudhon appuie la même opinion sur le droit romain et sur quelques considérations d'analogie empruntées aux lois spéciales concernant le flottage à bûches perdues. (*Voy. du Dom. publ.*, n° 1244.) On ne peut se dissimuler, en effet, que le droit d'user des cours d'eau comme moyen de circulation n'a toujours, dans ses divers degrés d'importance, qu'une même source, à savoir la nécessité de leur conserver l'utilité générale qu'ils tiennent de la nature, sous quelque rapport qu'elle se manifeste. Vainement a-t-on objecté qu'une pareille faculté de circulation constituerait une véritable servitude de passage. (*Voy.* M. Daviel, t. 2, p. 41, n° 551.) La position des riverains sera à coup sûr bien moins fâcheuse que celle des propriétaires dont les champs bordent les chemins publics ; car ils n'auront à se défendre que d'un mode d'accès aussi peu fréquent que peu dangereux. L'assimilation à une servitude de passage manque, d'ailleurs, d'exactitude, puisque la circulation ne s'exerce que sur le courant d'eau considéré comme distinct du lit et des bords, et est pleinement subordonnée à sa conservation. Enfin, ajoutons que le pouvoir conféré à l'administration à l'effet de régler la manière de jouir des choses qui n'appartiennent à personne ( *Voy.* art. 714 C. civ.), est là pour prévenir toute crainte d'abus.

1202. — Il appartient à l'administration de prévoir le conflit des intérêts et de pourvoir à leur conciliation par des règlements de police locale. Elle aurait, sans nul doute, le droit d'imposer l'obligation de se munir d'une autorisation préalable, soit aux riverains qui voudraient opposer un obstacle matériel à l'exercice d'une faculté de droit naturel, soit à ceux qui auraient à pratiquer quelque ouvrage pour rendre possible ou faciliter l'exercice d'une faculté de genre, par exemple à établir un barrage pour obtenir un lavoir ou un abreuvoir. Y eût-il absence de mesure réglémentaire, l'intervention du pouvoir de police est encore aisée à concevoir. Les particuliers, en effet, ont intérêt à s'adresser spontanément à l'autorité, pour prévenir les poursuites au nom des intérêts dont l'appréciation et le règlement sont du domaine de l'administration. D'un autre côté, s'il y a lieu de se plaindre pour obtenir la cessation d'une entrave mise à l'exercice d'une faculté de droit naturel ou d'une atteinte portée par celui qui la revendique aux droits des riverains, le plus court sera bien souvent de s'adresser au magistrat chargé de la police du cours d'eau pour solliciter un arrêté qui, sans préjuger l'action civile en dommages et intérêts, ordonnera le rétablissement immédiat des lieux dans leur état normal.

1203. — Nous n'avons point à prévoir les réclamations suscitées par les mesures réglémentaires ; on sait, et nous aurons l'occasion de le rappeler, qu'elles se produisent dans la sphère exclusive du pouvoir administratif. Observons seulement, dès à présent, que les mesures relatives à la police des eaux sous un rapport autre que celui de la salubrité ou du danger d'*événements calamiteux*, sont étrangères au pouvoir municipal et ne peuvent émaner que de l'autorité préfectorale. (*Voy.* M. Daviel, t. 2, p. 65, n⁰ˢ 561 et 562.) Quant aux arrêtés particuliers, individuels, ils comportent les voies de recours ouvertes contre les arrêtés de police en général. Sous le rapport de l'opportunité et du mérite des mesures, le recours n'est possible que devant le ministre ; mais le conseil d'état peut être saisi des questions d'appréciation de droits. On a même la liberté d'arriver directement à lui, sans l'appel préalable au ministre, si le recours est motivé par un excès de pouvoir.

**1204.** — L'action des tribunaux ordinaires subit l'influence des actes émanés de l'administration sans, toutefois, disparaître devant eux. Y a-t-il eu contravention aux prescriptions d'un règlement ? On a le choix entre une action civile en dommage, fondée sur l'art. 1382 du code civil, et une poursuite devant le tribunal de police ou de police correctionnelle. A défaut de prescriptions réglémentaires, le débat tombe sous l'empire exclusif du droit commun et se résout nécessairement en une action civile. Enfin, dans le cas où il est justifié d'un arrêté spécial d'autorisation pour l'entreprise incriminée, il est du devoir du juge de rechercher avec le plus grand soin la portée de cet arrêté, afin de reconnaître d'une manière précise sous quels rapports l'administrateur a entendu régler la question, et de restreindre son propre examen et sa décision aux points qui se trouvent avoir été réservés. Ce principe recevra tous les développements que réclame son intelligence lorsque nous parlerons des autorisations pour l'établissement des usines; néanmoins, ce que nous allons dire de la conciliation des facultés de droit naturel avec le respect dû à la propriété privée, créée et garantie par la loi civile, permettra de prendre dès à présent, une idée de l'application qui doit en être faite.

1205. — Ce serait peut-être une question grave que celle de savoir si le législateur, non content de soustraire à l'empreinte de la propriété les choses dont l'usage doit être commun à tous, n'aurait pas dû aller jusqu'à leur asservir les objets de son domaine. Les considérations ne manqueraient point pour justifier la disposition qui astreindrait les riverains d'un cours d'eau non navigable à fournir un moyen d'accès pour l'exercice des facultés de droit naturel, de même que les riverains d'un fleuve ou d'une rivière navigable sont obligés à fournir un chemin pour le service de la navigation. Mais, en l'absence d'un texte exprès qui la consacre, on ne saurait les grever d'une semblable servitude. (*Voy.* M. Daviel, t. 2, p. 36, n° 542). Quelle que soit la faculté réclamée comme étant de droit naturel, quel que soit l'acte qui en autorise l'exercice sous le point de vue de la police, le juge civil a mission de reconnaître jusqu'à quel point cet exercice est possible, sans que les riverains aient à souffrir une atteinte dans leur propriété. Vainement aurait-on obtenu l'autorisation de retenir les eaux à l'effet de se procurer un abreuvoir ou un lavoir, si pour en user on avait à passer sur l'un des héritages traversés par la rivière, ce fait de passage constituerait une violation du droit d'autrui que le juge ne pourrait se dispenser d'interdire.

ART. 2. — Du droit d'irrigation.

1206. — Nature du droit d'irrigation. — Conséquences qui en résultent.

1207. — L'autorisation est-elle nécessaire pour l'établissement des barrages d'irrigation ?

1208. — L'usage des eaux pour l'agriculture ne jouit d'aucune prédominance sur leur usage au profit de l'industrie.

—

**1206.** — Aux termes de l'art. 644 du code civil, « celui dont la propriété borde une eau courante, « autre que celle qui est déclarée dépendance du domaine public par l'art. 538, peut s'en servir à son « passage pour l'irrigation de ses propriétés. Celui « dont cette eau traverse l'héritage peut même en « user dans l'intervalle qu'elle y parcourt, mais à la « charge de la rendre, à la sortie de ses fonds, à son « cours ordinaire. » Le droit conféré par cette disposition ne procède point d'un droit de propriété sur le courant d'eau, puisque suivant nous, c'est là un objet qui résiste à l'empreinte de la propriété privée ; mais il n'en est pas moins entouré de toutes les garanties de la loi civile. En le créant, elle l'a virtuellement placé sous la protection des règles du droit commun, et sous la garde du juge chargé de présider à leur application.

Il en résulte que la jouissance de ce droit n'est point de sa nature, subordonnée à une permission de l'autorité administrative. (*Voy.* M. Daviel, t. 2,

p. 91, n° 580.) Il en résulte aussi que l'administration excèderait ses pouvoirs, si elle venait à en interdire l'exercice. Toutefois, ces principes ne sont vrais qu'en ce qui regarde les intérêts privés dans leur opposition. (*Voy.* Nadault de Buffon, t. 2, p. 254.) Car l'art. 645, conçu dans l'esprit des lois des 22 déc. 1789 et 20 août 1790, réserve à l'administration les moyens de pourvoir, sous le rapport de l'irrigation, ainsi que sous tous les autres, aux exigences de l'intérêt général : on y lit que « dans tous les cas, les « règlements particuliers et locaux sur le cours et « l'usage des eaux doivent être observés. » Nous montrerons plus loin quel est et comment s'exerce ce pouvoir réglémentaire.

1207. — Au premier coup d'œil, on serait tenté de supposer que les barrages d'irrigation ne peuvent être établis sans autorisation préalable. Mais la loi n'a point rangé ces entreprises au nombre de celles qui doivent être autorisées. (*Voy.* Proudhon, *du Domaine public*, n° 1261.) Ce n'est qu'autant que l'obligation en a été imposée par un règlement particulier que les riverains y sont soumis. (*Voy.* Daviel t. 2, p. 110, n° 594.) Dans tous les cas, leur existence ne saurait préjudicier au libre écoulement des eaux, et leur destruction serait bien et dûment ordonnée par mesure de police s'ils y mettaient obstacle. Le caractère d'actes purement administratifs apparaîtrait, d'ailleurs, si clairement dans les arrêtés pris à cet effet qu'on ne pourrait songer à user du recours par la voie contentieuse, que s'il s'agissait de les attaquer comme entachés d'excès de pouvoir.

1208. — De ce que le code civil consacre, dans

son art. 644, le droit d'irrigation des riverains des cours d'eau naturels, sans mentionner la faculté analogue qu'ils ont de profiter des chutes d'eau pour les usages de l'industrie, il ne faut pas conclure qu'il a établi, au désavantage de ceux-ci, une différence qui n'existe pas, qui ne serait nullement motivée, et qui n'a pu être dans les vues du législateur. (*Voy.* M. Nadault de Buffon, t. 2, p. 415.) Les propriétaires d'usines peuvent prétendre à l'usage des eaux au même titre que les propriétaires de prairies. Aux termes de l'art. 645, celui dont une eau courante traverse les héritages peut *en user* suivant son génie et ses convenances. Agriculteurs et industriels sont également, sous la protection du droit commun, appelés à profiter de cette richesse naturelle. (*Voy.* M. Daviel, t. 2, p. 103, n° 585.) Et la distribution entre eux s'opère, ainsi que nous l'expliquerons, par les soins de l'administration, dont la mission est de disposer des eaux de la manière la plus profitable aux intérêts généraux du pays. (*Voy.* L. 20 août 1790.)

### ART. 3. — De l'emploi des eaux comme forces motrices.

L'administration est maîtresse d'en régler l'existence.

1217. — Les formalités de l'autorisation ne diffèrent en rien de celles prescrites pour les fleuves et rivières navigables. — Renvoi.

1218. — Oppositions fondées sur la propriété des pentes et chutes d'eau.

1219. — Oppositions fondées sur le droit d'user des eaux pour l'irrigation.

1220. — Réclamations suscitées par la rivalité.

1221. — Oppositions empruntées aux conventions privées, servitudes ou possessions acquises.

1222. — La décision du préfet, et même du ministre, n'est jamais que préparatoire.

1223. — Recours contre les ordonnances d'autorisation.

1224. — Des effets de ces ordonnances vis-à-vis des tiers.

1225. — Réclamations au nom des droits du domaine de la juridiction civile.

1226. — De la portée, sous ce rapport, du droit à la pente et à la chute des eaux.

1227. — Réclamations formées par les tiers, en vertu des facultés de droit naturel ou des droits stipulés par l'art. 644 du code civil.

1228. — De la réserve d'une action en dommages et intérêts au profit des tiers, pour le dommage éprouvé par suite des mesures autorisées. — Examen de la jurisprudence sur ce point.

1229. — Exécution des actes d'autorisation. — Inaccomplissement de leurs conditions.

1230. — Modifications et changements ultérieurs.

1231. — Des effets des ordonnances d'autorisation dans leur rapport avec les droits et intérêts d'ordre public. — Mesures individuelles suscitées par ces droits et intérêts.

1232. — Légitimité de ces mesures; à quelles conditions elle existe. — Recours.

1233. — Leur caractère et leur forme.

1234. — A l'égard des mesures d'utilité publique, autres que celles relatives à la police des cours d'eau, les établissements industriels ont la même position et jouissent de la même protection que les propriétés du droit commun.

1235. — Affectation des eaux à la navigation.

1236. — Évaluation des indemnités auxquelles elle peut donner lieu.

1257. — Des usines dont l'existence n'est pas légale.

—

**1209.** — L'égalité que nous venons de reconnaître entre l'usage des eaux pour l'agriculture et l'usage qu'en peut faire l'industrie ne va point au delà de l'essence de ces droits. Leur organisation en effet, les règles qui président à leur exercice, sont éminemment différentes.

**1210.** — La loi du 8 janv. 1790, sect. 2, art. 2, énonce le principe que « les administrations de dé- « partement sont chargées de la conservation des « rivières. » Dans la loi du 20 août 1790, chap. 6, l'étendue que comporte cette mission est déjà indiquée avec clarté ; on y lit « qu'il est enjoint aux ad- « ministrations centrales de rechercher et d'indi- « quer les moyens de procurer le libre cours des « eaux, d'empêcher que les prairies ne soient sub- « mergées par la trop grande élévation des écluses « des moulins, et par les autres ouvrages d'art « établis sur les rivières, de diriger enfin, autant « qu'il sera possible, toutes les eaux de leur terri- « toire vers un but d'utilité générale. » Mais la loi du 6 oct. 1791, art. 16, est plus explicite encore. « Les « propriétaires ou fermiers des moulins et usines, « construits ou à construire, dit cette loi, seront « garants de tous dommages que les eaux pour- « raient causer aux chemins ou autres propriétés « voisines par la trop grande élévation du déver- « soir, ou autrement ; ils seront forcés de tenir les « eaux à une hauteur qui ne nuise à personne, et « qui sera fixée par l'administration de départe- « ment, d'après l'avis de l'administration de dis-

« trict. » L'autorité administrative n'a point eu de peine à faire reconnaître que ces textes lui attribuaient un pouvoir de surveillance et de contrôle tout spécial sur l'affectation des eaux courantes au roulement des usines, et qu'ils soumettaient les particuliers à l'obligation rigoureuse de se munir de son autorisation préalable, pour réaliser toute entreprise de ce genre. Les auteurs sont unanimes dans ce sens (*Voy.* notamment MM. Nadault de Buffon, t. 2, p. 240; Daviel, t. 2, p. 134, n° 612), et la jurisprudence n'est pas moins positive. Ainsi, rien de plus certain que le principe, « que sur les cours « d'eau qui ne sont ni navigables ni flottables, le « droit des propriétaires riverains de mettre à pro- « fit les pentes et chutes d'eau, pour y établir des « usines, est subordonné à la permission qu'ils doi- « vent en demander au gouvernement. » (*Voy.* Ord. 23 août 1836, Frévin.)

1211. — Mais n'est-ce là qu'une restriction relative à l'exercice du droit, ou bien faut-il en conclure que l'administration est maîtresse absolue de disposer des pentes et chutes, et qu'en réalité le droit d'en profiter participe de la condition des choses qui n'appartiennent à personne?

On lit bien dans un arrêt de la cour de cassation, du 14 février 1833, intervenu sur le pourvoi d'un sieur Martin, « que la pente des cours d'eau non « navigables ni flottables doit être rangée dans « la classe des choses qui, suivant l'art. 714 du « code civil, n'appartiennent privativement à per- « sonne, dont l'usage est commun à tous et réglé « par des lois de police; » et un peu plus loin, que l'application de l'art. 714 ne pourrait être modifiée que *par une concession spéciale ou possession ancienne* (1). Mais nous n'hésitons point à partager, sur cet arrêt, le sentiment émis par l'auteur *de la législation et de la pratique des cours d'eau*, qui en a fait une savante critique. ( *Voy.* t. 2, p. 27, n° 538.) Nous pensons comme lui, « que la cour de cassa-« tion a confondu ici l'eau envisagée comme élé-« ment offert aux besoins naturels de tous, avec la « force motrice qui est l'accessoire des fonds que le « cours d'eau traverse. » Elle a mis en oubli que le droit d'user des eaux pour l'industrie est reconnu, aussi bien que le droit d'en user pour l'agriculture, par l'art. 644, comme un accessoire inhérent aux fonds riverains ; et que, « par suite, l'administra-« tion, en permettant de construire une usine, ne « concède pas un droit nouveau, qu'elle règle, par « voie de police, un droit préexistant. L'administra-« tion doit veiller à ce que le propriétaire qui veut « mettre ainsi en valeur les avantages naturels de « son fonds, ne donne pas aux eaux une hauteur « ou une direction qui pourrait nuire à ses voisins « ou au public. Voilà l'unique objet de sa surveil-« lance. Mais qui pourrait légitimer son interven-« tion, si jamais elle s'avisait d'interdire à un pro-« priétaire de profiter de la pente existante sur son « fonds, ou si elle transportait cette pente à un de « ses voisins ? » ( *Voy. ibid.*, *loc. cit.* ; et dans le même sens, M. Cormenin, 3ᵉ édit., t. 2, p. 26.)

(1) M. de Gérando émet la même opinion, qu'il appuie sur l'arrêt de la cour. (*Voy. Inst.* t. 5, p. 97, n° 1127.)

Toutefois, en déniant à l'administration le droit de disposer au préjudice d'un riverain de la chute existante vis-à-vis de sa propriété, on ne peut lui contester le pouvoir d'apprécier jusqu'à quel point les pentes adhérentes aux divers héritages sont susceptibles d'être utilisées et de les attribuer à celui qui est en position d'en tirer parti. En pareil cas, la mesure *ne nuit à personne*, et elle répond au but que le législateur s'est proposé en appelant l'autorité administrative à régler la jouissance de ces sortes d'avantages. C'est la doctrine que l'auteur des *Questions de droit administratif* prête à l'administration des ponts et chaussées. (*Voy. loc. cit.*) Un extrait des observations présentées par M. le ministre de l'intérieur sur un recours formé devant le conseil d'état dans l'affaire qui a amené l'arrêt de cassation précité, suffira pour montrer jusqu'où elle prétend l'étendre.

« Celui-là seul dont une eau courante traverse « l'héritage, a dit le ministre, peut en user dans « l'intervalle qu'elle y parcourt, c'est-à-dire l'ap- « pliquer à un établissement industriel, celui dont « elle borde la propriété ne peut s'en servir que « pour l'irrigation. Le gouvernement en vertu des « pouvoirs qu'il tient des lois des 20 août 1790 et 6 « oct. 1791, détermine dans le premier cas, les « obligations qu'il convient d'attacher au nouvel « établissement; dans le second, il règle la manière « dont plusieurs propriétaires jouiront d'un droit « qui leur est commun; dans l'un et dans l'autre, « son intervention a pour objet de satisfaire à tous « les besoins, et de statuer, par des règles fixes et

« invariables, sur les prétentions de l'intérêt privé.

« Les chutes d'eau sont rarement naturelles ; pour
« les obtenir, il faut changer le régime habituel de
« la rivière et altérer sa pente, souvent au delà des
« limites de la propriété de celui qui demande à
« construire une usine. Le gouvernement dispose
« de cette pente, comme d'une propriété publique,
« et c'est à titre de premier occupant que la jouis-
« sance en est concédée ; pourvu, toutefois, que le
« gonflement des eaux ne préjudicie ni aux usines
« déjà existantes, ni aux terrains qui bordent la ri-
« vière. Admettre que les riverains puissent s'op-
« poser légalement à ces changements, lors même
« qu'ils n'en éprouveraient aucun préjudice, ce se-
« rait assimiler la faculté qu'ils ont d'user des eaux
« à un véritable droit de propriété ; mais alors,
« comment concilier ce droit, qui est absolu par sa
« nature, avec l'obligation que le code civil impose
« aux riverains, de rendre l'eau, à la sortie de leurs
« fonds, à son cours ordinaire ? Et si les opposants,
« forts de ce droit prétendu, se refusent à toute mo-
« dification dans l'ancien état des choses, il n'y a
« plus rien à régler ni à concilier, et les dispositions
« prescrites à cet égard par les lois précitées de 1790
« et 1791, ainsi que par l'art. 645 du code civil,
« deviennent sans objet, ce qui est évidemment
« contraire à l'intention du législateur.

« S'il n'y avait plus lieu à déterminer, par un rè-
« glement administratif, l'usage des eaux entre les
« divers intérêts qui les réclament, l'on se verrait
« dans la nécessité de rejeter toutes demandes nou-
« velles en établissement d'usines qui, dans les cir-

« constances dont on vient de parler, ne seraient
« pas accompagnées du consentement des riverains.
« Les conséquences de ce nouvel ordre de choses
« seraient telles que l'on se priverait fréquemment
« des pentes qui, prises isolément, sont trop faibles
« pour offrir quelque avantage, mais qui, réunies à
« celles correspondantes aux rives du propriétaire
« qui désire les utiliser, deviennent pour l'industrie
« manufacturière une source féconde de richesse et
« de prospérité » (1).

On voit que le gouvernement, en partant de l'i-
dée que la pente des cours d'eau est l'objet d'un
droit privé au profit des riverains, n'en arrive pas
moins à s'attribuer le droit à peu près absolu d'en
disposer entre les ayants droit, sous prétexte d'en
régler la jouissance. Dans la pratique sans doute,
il n'est point impossible que les faits comportent
l'application des principes qui circonscrivent les limites de ce pouvoir discrétionnaire. Mais nous devons reconnaître que les oppositions fondées sur le
droit à la chute dont la concession est sollicitée,
ne sont point de celles qui triomphent ordinairement.

1212. — Les lois qui exigent les autorisations
n'énoncent point qu'elles doivent émaner de l'autorité royale. Cependant, il est de tradition que l'établissement des usines sur les cours d'eau non navigables ne peut être autorisé que par le roi. Un avis
du comité de l'intérieur, émis en 1817, le justifie,

(1) La citation de ce passage est empruntée au traité *des Usines
sur les cours d'eau*, par M. Nadault de Buffon. (*Foy*. t. II, p. 540.)

par cette considération, entre autres, «que des règle-
« ments faits à cet égard il peut résulter, non-seule-
« ment des obligations pour un grand nombre d'in-
« dividus, mais encore, pour certains particuliers,
« des titres que les tribunaux sont obligés de res-
« pecter et qui deviennent, par conséquent, des
« propriétés transmissibles, auxquelles on ne peut
« donner trop d'authenticité et de fixité. » (*Voy.*
M. Daviel, t. 2, p. 63, n° 560.) La jurisprudence est
constante sur ce point. Les arrêtés des préfets, et
même les décisions du ministre des travaux publics
en matière de permission et d'autorisation, ne sont
que préparatoires. D'une part, ils ne forment nul
obstacle à l'invocation, dans l'instruction qui doit
précéder l'émission de l'ordonnance royale, des
moyens, réclamations et oppositions des intéressés.
D'une autre part, le recours dirigé contre ces actes
serait prématuré. (*Voy.* Ord. 27 avr. 1838, baron
d'Houdemare.)

1213. — Avant d'entrer dans le détail des règles
à suivre pour les autorisations régies par les lois de
1790 et 1791, il convient d'arrêter l'attention sur
les établissements dont la création remonte à une
époque antérieure.

Sous le régime féodal, les seigneurs étaient considérés comme dépositaires de l'autorité publique
dans l'étendue de leurs fiefs; et, dans la plupart des
provinces, on les réputait propriétaires des cours
d'eau non navigables ni flottables. (*Voy. suprà,*
n° 1086.) Qu'ils aient eu le droit, sous ce régime,
d'autoriser l'affectation des eaux au roulement des
usines et spécialement, des moulins, qui précèdent

toutes les autres, c'est ce qui ne saurait faire l'objet d'un doute. Il est vrai que, dans quelques contestations particulières, on a argué de l'abolition de toutes les prérogatives nées sous le régime féodal pour faire annuler ces concessions. Mais la cour de cassation a jugé dès l'an x, par arrêt du 23 ventôse, « que les « lois, en supprimant les effets de la féodalité, n'ont « jamais pu être applicables à la validité et à la con- « servation d'un droit de propriété sur un cours « d'eau, droit qui appartenait alors au pouvoir qui « l'a cédé » (*Voy.* Merlin, *Quest. de dr.*, v° *Cours d'eau*, § 1); et elle a confirmé cette jurisprudence par un arrêt plus récent du 19 juillet 1830, rendu sur le pourvoi d'un sieur Buyer.

1214. — Dans les pays où la propriété des petites rivières n'était point censée appartenir au maître du fief, et où les principes féodaux n'avaient point un empire assez étendu et assez puissant pour que l'usage ne fût concédé et autorisé que par le seigneur, les titres et actes obtenus conformément aux lois du temps et de la contrée, jouissent de la même faveur que les concessions seigneuriales. Les établissements créés en vertu de ces titres et actes ont une existence légale non moins respectable que celle des établissements autorisés suivant les formes actuellement usitées.

1215. — Ce n'était point assez d'avoir reconnu et maintenu les effets des concessions dont la preuve était rapportée. Pour suppléer à l'impossibilité de représenter les titres originaires et protéger ainsi les possesseurs d'établissements industriels contre les suites de l'irrégularité qui entachait trop fréquemment les opérations de l'ancienne administration, et des événements qui ont, à tant de reprises, bouleversé toutes choses dans ce pays, on a admis que les usines hydrauliques, qui ont une existence authentique antérieure à 1789, sans que leurs propriétaires puissent représenter ni permission, ni concession, sont légitimées par le seul fait de leur ancienneté. (*Voy.* MM. Daviel, t. 2, p. 132, n° 610; Nadault de Buffon, t. 2, p. 314; Proudhon, *du Domaine public,* n° 1165.) Cette doctrine est formellement exprimée dans deux arrêts émanés de la cour royale de Caen, l'un du 19 août 1837 (1), et l'autre du 19 janvier 1838 (2).

1246. — Reste à déterminer quelle est, sous le rapport des droits réservés à l'administration, à l'égard des établissements nouvellement autorisés, la position des usines de création antérieure à 1789.

J'ai eu l'occasion de montrer, en traitant des usines de même origine établies sur les cours d'eau dépendants du domaine public, que l'effet des concessions accordées sous l'influence de l'erreur qui confondait les fleuves et rivières navigables avec les biens productifs du souverain, devait subir l'empire de la distinction consacrée par les institutions modernes entre le domaine public proprement dit et le domaine productif du roi; qu'une erreur n'avait pu

(1) Je dois néanmoins faire remarquer que mes recherches ne m'ont découvert aucune décision du conseil, assez précise pour mériter d'être citée à l'appui de ces autorités.

(2) Leur citation est empruntée à M. Nadault de Buffon. (*Voy. loc. cit.*)

préjudicier aux conséquences nécessaires de la nature des choses et soumettre les cours d'eau navigables à une empreinte de propriété à laquelle ils résistaient par la vertu de leur destination providentielle. (*Voy. suprà*, nᵒˢ 1132 et 1133.) La même doctrine convient aux cours d'eau non navigables. Toute disposition contraire à l'universalité de leur usage et, par suite, aux attributs de police dont elle implique l'exercice, n'a pu avoir lieu que comme un fait abusif et, à ce titre, inefficace à produire des effets légaux. « La loi « du 6 oct. 1791, au surplus, a soumis à l'empire du « pouvoir réglémentaire, non-seulement les moulins « *à construire* , mais encore ceux qui étaient *cons-* « *truits*, et ce n'était pas là les soumettre à un effet « rétroactif de la loi , puisque les possessions sur les « cours d'eau sont essentiellement subordonnées à « des nécessités variables comme l'élément même « sur lequel elles reposent. » (*Voy.* M. Daviel, t. 2, p. 133 , nᵒ 611.)

Ainsi, l'administration est maîtresse d'imposer aux anciennes usines les modifications qui lui semblent commandées par les exigences de l'utilité publique. (*Voy.* Ord. 22 oct. 1830, Couplet.) En un mot, elle a sur elles, sous ce point de vue, les mêmes droits que sur les établissements industriels autorisés depuis 1789. L'intérêt des propriétaires est, dès lors, de ne point attendre que la révision d'un état de choses que son ancienneté doit faire supposer imparfait, soit provoquée par des plaintes et réclamations dont l'influence a toujours quelque chose de défavorable.

1217. — Les formalités à remplir pour obtenir

l'autorisation de former un établissement sur un cours d'eau non navigable ni flottable, ne diffèrent en rien de celles prescrites pour les fleuves et rivières navigables. Nous devons, en renvoyant à l'exposition qui en a été faite dans les n°ˢ 1138, 1139, 1140 et 1141 de ce chapitre, nous borner à signaler, en quelques mots, certains motifs particuliers d'opposition.

**1218.** — Ce que nous avons dit de la propriété des pentes et chutes d'eau ne permet pas de douter que l'administration ne soit juge des oppositions fondées sur ce droit. Son devoir est de s'arrêter devant les réclamations qui ont leur principe dans un préjudice actuel et réel.

**1219.** — L'administration est encore juge des oppositions inspirées par l'imminence d'un changement de nature à altérer les avantages que les riverains tirent de l'emploi des eaux pour l'irrigation, ou à diminuer la force motrice d'une usine préexistante, ou à occasionner une élévation de niveau ou un ralentissement d'écoulement funeste aux héritages voisins. Les questions soulevées par ces sortes d'oppositions sont, en effet, de celles dont le règlement appartient à l'administration. Elles se lient étroitement à la police des cours d'eau, tant sous le rapport de leurs avantages que sous le rapport des inconvénients qui leur sont inhérents.

**1220.** — Quant aux réclamations suscitées par la rivalité, il n'en doit être tenu aucun compte.

**1221.** — Les questions à réserver aux tribunaux sont toujours les mêmes. (*Voy. suprà*, n° 1144.) « L'administration ne pouvant statuer sur les pré-

« tentions résultant de conventions privées, de ser-
« vitudes ou de possessions acquises, si des opposi-
« tions de cette espèce lui étaient soumises, elle de-
« vrait, préjudiciellement, en renvoyer la connais-
« sance aux tribunaux et surseoir à l'instruction de
« la demande jusqu'après la décision judiciaire. Plu-
« sieurs arrêts du conseil l'ont ainsi jugé. » (*Voy*.
M. Daviel, t. 2, p. 142, nᵒ 622 ; Ord. 14 déc. 1825,
de Causans ; 18 janv. 1826, Bouis.) Les principes,
néanmoins, ne s'opposent point à ce que l'administration s'abstienne de surseoir et passe outre. Il en
résulte seulement que les effets de l'autorisation seront, dans ce cas, subordonnés à l'appréciation par
les juges civils des titres et moyens du droit commun. Nous l'expliquerons bientôt plus au long.

**1222.** — Il a été observé plus haut que l'avis du
préfet ou même du ministre, émis dans la forme d'un
arrêté statuant sur la demande, ne constitue jamais
qu'un acte purement préparatoire. C'est ici le lieu
de le rappeler. (*Voy*. Ord. 27 avril 1838, baron
d'Houdemare.)

**1223.** — Le recours contre les ordonnances rendues sur les demandes d'autorisation ne suit point
d'autres règles pour les petites rivières que pour celles qui dépendent du domaine public. Inutile, par
conséquent, de revenir sur ce sujet, si ce n'est pour
mentionner les monuments de jurisprudence.

Le conseil d'état a jugé : que l'ordonnance royale
qui soumet le profit de l'autorisation à l'exécution
de mesures d'intérêt public, ne peut faire l'objet
d'un recours par la voie contentieuse de la part de
l'auteur de la demande ; et qu'il n'a d'autre res-

source, pour s'en faire décharger, que de reprendre la voie administrative pour contester leur utilité et solliciter la modification de l'ordonnance; (*Voy.* Ord. 12 juin 1835, Delphin-Picard.)

Que les tiers sont non recevables à attaquer par la voie contentieuse, les ordonnances d'autorisation rendues contradictoirement avec eux; et qu'une ordonnance est réputée contradictoire vis-à-vis de tous ceux qui ont été entendus dans l'instruction (*Voy.* Ord. 25 juin 1841, Villeneuve; 5 août 1841, Lamelevée), ou dont elle vise les oppositions, réclamations et mémoires; (*Voy.* Ord. 4 juill. 1838, Leducq et Bury; 28 mars 1838, Tavenaux; 14 janv. 1839, Vallée Anquetil.)

Qu'il suffit, à défaut de toute audition de la mère tutrice, de l'audition du cotuteur, pour rendre une ordonnance contradictoire au regard des mineurs, pourvu que celui-ci ait comparu et ait été entendu en sa qualité de cotuteur. (*Voy.* Ord. 22 août 1839, Blondel.)

**1224.** — Je passe aux effets que les ordonnances sont susceptibles d'obtenir, en ce qui a trait aux droits des tiers.

Les tiers sont exposés à souffrir de l'atteinte des ordonnances d'autorisation, soit dans les droits qu'ils tiennent de conventions, titres et actes du droit commun et que les lois civiles confient à la garde des juges ordinaires, soit dans les droits dont le règlement et la protection sont réservés à l'autorité administrative.

**1225.** — Les particuliers qui ont négligé d'intervenir dans l'instruction et de faire valoir leurs moyens d'opposition, ne sont point, pour cela, frappés de déchéance. D'un autre côté, l'obligation pour le gouvernement de surseoir, pour attendre la décision des tribunaux sur les contestations de leur ressort, n'est point si rigoureuse qu'il ne puisse les réserver et passer outre. Enfin, ce n'est souvent que par la réalisation que l'on découvre toute la portée d'une entreprise. Voilà autant de circonstances qui montrent comment l'exécution d'une ordonnance d'autorisations est susceptible de rencontrer des réclamations élevées au nom et en vertu de droits dont l'appréciation est du domaine exclusif des juges civils. A l'égard de ces réclamations, les règles de compétence, non plus que les principes qui régissent le fond du droit, ne souffrent aucune modification de l'intervention préalable de l'ordonnance. Les tribunaux seuls peuvent être saisis, et leur devoir est de ne considérer l'acte administratif, qu'il contienne ou non une réserve expresse, que comme une permission délivrée sous le rapport des intérêts dont l'appréciation et le règlement sont l'apanage de l'administration, et ne préjugeant rien relativement aux titres et aux moyens du droit commun. La jurisprudence est aussi positive que constante sur ce point. (*Voy.* Ord. 29 août 1834, Jobard; 24 oct. 1834, Billion-Durousset; 15 juillet 1835, Martin; 15 août 1839, Fauquet Delarue; 5 déc. 1839, de Sade; 27 juillet 1842, Gœpp.) Un riverain prétend-il que le terrain sur lequel l'usinier se propose d'édifier ses constructions ou d'appuyer son barrage, est sa propriété, ou que le courant d'eau n'est qu'un canal de dérivation possédé comme propriété privée, ou bien qu'il jouit

d'un droit de servitude inconciliable avec les travaux
entrepris; ou bien enfin, que leur auteur s'est engagé,
par une convention particulière, à ne rien changer
au cours de la rivière, et spécialement, à ne point en
élever le niveau; ce n'est point au gouvernement
qu'il a à s'adresser ni par la voie contentieuse, ni
par la voie administrative; toutes ces questions sont
du ressort des tribunaux ordinaires; elles sont réputées leur avoir été réservées; rien n'est examiné
ni jugé à leur égard. Si donc, les prétentions et les
réclamations sont reconnues fondées, ce n'est point
seulement une indemnité, un dédommagement qui
est dû; le juge civil a le pouvoir et le droit de réprimer pour le passé, et d'interdire pour l'avenir,
l'exécution des travaux, dans les points préjudiciables aux droits qu'il a mission de faire respecter.

**1226.** — En principe, le droit à la pente et à la
chute des eaux, lorsqu'il est revendiqué comme
inhérent à la possession de la rive, ne se distingue
point des autres droits de propriété créés et garantis par le droit commun. Un sieur Martin avait attaqué une ordonnance autorisant le sieur Adeline
à construire une filature, par le motif que la prise
d'eau l'empêchait d'utiliser le courant le long de sa
propriété, et comme ayant disposé à son préjudice
de la *pente des eaux* qu'il avait seul le droit d'utiliser. Le conseil d'état a répondu « que l'ordonnance
« qui avait maintenu la filature du sieur Adeline,
« était une autorisation accordée sans préjudice de
« la question de propriété élevée par le sieur Mar-
« tin; qu'ainsi, elle ne faisait pas obstacle à ce que
« ledit sieur Martin fît valoir ses droits comme il

« aviserait devant les tribunaux, seuls compétents
« à cet égard. » (*Voy.* Ord. 10 janv. 1832, Adeline.)
Mais dans le fait, il est difficile d'espérer qu'une
réclamation puisée dans un droit de ce genre obtienne jamais quelque succès. En supposant que la
cour de cassation consentît à revenir sur la doctrine
exprimée par l'arrêt rendu dans cette même affaire
sur le pourvoi du même réclamant, le sieur Martin,
à la date du 14 fév. 1833 ; et d'après laquelle « la
« pente des cours d'eau non navigables ni flottables
« doit être rangée dans la classe des choses, qui,
« suivant l'art. 714, n'appartiennent privativement
« à personne, dont l'usage est commun à tous et
« réglé par des lois de police, » on aurait encore à
lutter contre les conséquences de ce pouvoir discrétionnaire que l'art. 644 ménage à l'administration
pour la répartition des usages communs aux riverains des cours d'eau. (*Voy. suprà,* nᵒˢ 1211, 1218.)

1227. — Quant aux droits demeurés dans la
communauté universelle, dont parle l'art. 714 du
code civil, et quant aux droits stipulés par l'art. 644
du même code au profit de la généralité des propriétaires dont les héritages bordent le courant d'eau,
leur commun caractère est d'être soumis à la police
de l'administration : elle règle la manière d'en jouir.
Ces droits répondent à l'un des *rapports de police,*
en vue desquels l'autorisation a dû être demandée,
examinée et accordée, aux termes des décisions
mentionnées dans le numéro précédent. Vainement
donc, songerait-on à se plaindre, devant les tribunaux ordinaires, d'une lésion dans quelqu'un de ces
droits. Il n'y a point à prétendre que le gouverne-

ment a entendu en faire réserve. Tout ce qu'on peut supposer, c'est qu'il ait commis dans leur appréciation ou leur règlement, un oubli ou une méprise dont la réparation ne saurait émaner que de lui-même. Le propriétaire d'une usine préexistante se plaint-il de la diminution de sa force motrice, ou de toute autre modification dans la condition qu'il tenait de son ordonnance de création, il n'a point d'action devant les tribunaux civils ; il n'a de ressource que dans la faculté du recours, par la voie contentieuse, s'il n'a point figuré dans l'instruction, et dans la forme déterminée par l'art. 40 du règlement de 1806, au cas où l'ordonnance a été rendue contradictoirement avec lui. Cette règle recevra un peu plus loin de plus amples développements. (*Voy. infrà*, art. 5, § 1.)

**1228.** — On trouve dans les recueils, qui malheureusement ne l'accompagnent d'aucun exposé des faits, une ordonnance rendue sur conflit, dont les considérants sont ainsi conçus : « considérant, « en droit, que, aux termes des lois de 1790 et 1791 « sur les cours d'eau, l'administration a droit d'autoriser les établissements d'usines sur les rivières « navigables ou non navigables, et de fixer la hauteur des eaux ; que si, par suite de mesures autorisées par l'administration, les riverains éprouvent « quelque dommage, ils peuvent, même sans attaquer les actes, réclamer des dommages-intérêts, « et les réclamer devant les tribunaux ; mais que « s'ils se plaignent que des établissements autorisés « par l'administration ont rendu la pente plus ou « moins rapide ou font refluer les eaux sur leur « propriété, cette réclamation, qui tend à faire ré-

« voquer ou modifier l'acte administratif, ne peut
« être portée devant l'autorité judiciaire ;

« Considérant, en fait, que la demande du sieur
« Millet tendait, non à obtenir des dommages-inté-
« rêts pour le préjudice que lui aurait occasionné
« l'exécution de l'ordonnance royale du 25 octobre
« 1826, mais à empêcher cette exécution elle-même ;
« qu'ainsi, elle ne pouvait être soumise à l'autorité
« judiciaire. » (*Voy.* Ord. 18 juillet 1838, Millet.)

La même doctrine est exprimée dans l'arrêt de la
chambre des requêtes de la cour de cassation du 14
février 1833, que nous avons eu déjà l'occasion de citer plusieurs fois ; on y lit : « que si, par suite des
« mesures autorisées par l'administration, les rive-
« rains éprouvent quelque dommage, ils peuvent,
« même sans attaquer cet acte, réclamer des
« dommages-intérêts, et les réclamer devant les
« tribunaux ; mais que, s'ils se plaignent que les
« établissements autorisés par l'administration ont
« diminué la hauteur des eaux qui traversent leurs
« propriétés, ou en ont rendu la pente plus ou moins
« rapide, cette réclamation, qui tend à faire révo-
« quer ou modifier l'acte administratif, doit être
« portée devant l'autorité administrative. »

Que faut-il penser de cette action en dommages et
intérêts, admise comme distincte de l'action en empêchement de l'entreprise ?

On ne conçoit pas qu'il y ait lieu à réclamation
lorsque les modifications ne portent que sur les avantages qui, de leur nature, n'appartiennent à personne ou appartiennent à la généralité des riverains.
L'administration est appelée à en faire la répartition ;

et les actes auxquels elle procède pour cet objet
sont nécessairement subordonnés dans leurs effets
aux exigences de circonstances variables : on sait
que c'est le caractère de toutes les mesures de police. Il faut supposer un dommage résultant du préjudice éprouvé dans les biens que les riverains possèdent à titre de propriété privée et qu'ils ont acquis
suivant l'un des modes prévus et réglés par les lois
civiles. Supposons donc, que le propriétaire d'une
prairie qui se trouve inondée par suite de l'élévation
que l'établissement autorisé assigne au niveau des
eaux, vienne se plaindre et faire observer que la
permission n'a été délivrée que sous les rapports de
police, rapports qui ne s'entendent à l'égard des propriétés riveraines, que de l'intérêt général, public;
que le gouvernement n'a nullement entendu examiner et trancher la question de préjudice particulier,
individuel, et que nulle loi ne l'asservit à supporter
un dommage au profit d'un établissement privé;
qu'aurait-on à lui répondre? Je comprends, à la rigueur, qu'on puisse lui opposer ces termes de la loi du
6 oct. 1791, art. 16, « les propriétaires ou fermiers
« des moulins et usines construits ou à construire...
« seront forcés de tenir les eaux à une hauteur *qui ne*
« *nuise à personne*, ET *qui sera fixée*, *par* l'adminis-
« tration de département, d'après l'avis de l'admi-
« nistration de district ; » et soutenir que l'autorité
administrative a mission ici d'examiner et de trancher
la question d'innocuité, même vis-à-vis des droits
et intérêts particuliers. Mais si on admet que le préjudice allégué soit réel et que la disposition de la loi
de 1791 ne mette point obstacle à la compétence des

tribunaux pour en connaître, à quel titre décidera-t-on que la cessation du trouble ne peut être ordonnée, et qu'il n'est dû qu'une indemnité pour le dommage éprouvé? La réclamation n'a-t-elle pas sa source et sa garantie dans les principes qui ont paru devoir être appliqués aux réclamations fondées sur les titres et moyens du droit commun? Ne faut-il pas supposer la même intention de réserve que l'on est contraint de prêter à l'administration à l'égard de ces titres et moyens? Pourquoi donc refuser à la propriété privée, dans un cas, la satisfaction qui lui est accordée dans l'autre? La jurisprudence nous paraît s'être égarée, sur ce point, dans une fausse distinction; et, disons-le, l'erreur n'était que trop facile en présence des droits si divers qui se trouvent engagés dans les demandes afin d'autorisation d'établissements hydrauliques.

**1229.** — Les autorisations pour les rivières non navigables ni flottables suivent dans leur exécution, les règles tracées pour les cours d'eau dépendants du domaine public. (*Voy. suprà*, n$^{os}$ 1152, 1153.)

Le particulier, qui souffre de l'inaccomplissement des conditions imposées à un usinier, a la faculté de se plaindre à l'administration et de *solliciter* son intervention pour qu'elle ordonne la suspension des travaux. (*Voy.* Ord. 9 nov. 1832, Suchetet.) Mais sa protection la plus efficace réside dans le droit de saisir le tribunal civil d'une réclamation juridique. (*Voy.* Ord. 1$^{er}$ août 1834, Gosnie-Mazure.)

**1230.** — Je ne reviens point sur les modifications et changements que les industriels sentent ultérieurement la nécessité de faire subir à leurs usines (*Voy.*

*suprà*, n° 1156), non plus que sur les réparations et reconstructions dont elles peuvent être l'objet. (*Voy. suprà*, n° 1160.) Quant aux règles sur la compétence des conseils de préfecture, elles ne sauraient convenir aux établissements qui nous occupent ici, car la juridiction, en ce qui les concerne, est laissée aux tribunaux de police.

**1231.** — Jusqu'ici, les effets des ordonnances d'autorisation n'ont été envisagés que dans leurs rapports avec les droits et intérêts d'ordre privé et avec les réclamations qu'ils suscitent de la part des particuliers. On a maintenant à porter les regards sur les droits et intérêts d'ordre public, dont la conservation est l'attribut de l'autorité administrative. Plus tard, nous consacrerons un article spécial aux mesures collectives dictées par ces droits et intérêts; les mesures individuelles qu'ils peuvent également commander, sont les seules dont nous nous proposons de traiter ici. Nous le ferons très-brièvement.

Le pouvoir de police que l'administration est chargée d'exercer en matière de cours d'eau, n'a pas seulement trait aux dangers et inconvénients qu'ils sont susceptibles d'occasionner pour tout ou partie de la société. Il a également pour objet la direction des eaux en vue de l'utilité générale (*Voy*. L. 20 août 1790, ch. 6), et, de plus, le règlement de la jouissance des usages communs à tous et des droits communs aux riverains. On a vu que les ordonnances d'autorisation, au regard de tous ces intérêts, qui composent le domaine de la police des eaux courantes, autres que celles propres à la navigation, sont empreintes du caractère de *permissions de police*. Nous

en avons conclu que, *relativement à ces mêmes inté-*
*rêts*, leur exécution ne saurait motiver ni plaintes,
ni réclamations du ressort des tribunaux ordinaires.
(*Voy. suprà*, n° 1227.) Mais les conséquences de
cette doctrine ne s'arrêtent point là. Il est de l'essence du pouvoir de police d'échapper à toutes les
entraves et d'écarter tous les obstacles. Destiné à
protéger sans cesse les intérêts confiés à sa garde
contre tout ce que les circonstances et les événements peuvent avoir de variable, d'imprévu, il n'est
lié ni par les stipulations des particuliers entre eux,
ni par les actes des dépositaires des autres branches
du pouvoir exécutif; ses propres actes n'ont rien de
définitif ni d'irrévocable vis-à-vis de lui-même. La
mesure prise aujourd'hui, dans un intérêt de police,
peut être, dès demain, modifiée ou remplacée par
une mesure différente ou contraire, pourvu qu'elle
soit également motivée par un intérêt de police.

Les monuments de la jurisprudence témoignent
de l'application de ces principes en matière d'établissements hydrauliques. Que l'usinier ait pour lui une
longue possession (*Voy.* Ord. 17 janv. 1831, Petel
de la Harée; 27 février 1836, Boone; 9 juin 1842,
comte d'Andlau), ou des titres du droit commun
(*Voy.* Ord. 13 févr. 1840, veuve Lissot), ou même
une ordonnance d'autorisation ancienne (*Voy.* Ord.
28 mars 1838, Clavier), ou récente, l'administration n'en a pas moins le droit et le devoir de lui
imposer les mesures qu'elle juge propres à prévenir ou à faire cesser tout dommage public, ou à
conformer le régime des eaux à l'intérêt commun.
(*Voy.* Ord. 20 févr. 1840, Bourdil.)

**1232.** — La légitimité des mesures prescrites en vertu de ce droit et de ce devoir de l'administration n'est jamais subordonnée qu'à deux conditions ; il faut 1° que l'intérêt qu'elles sont destinées à garantir rentre bien dans la catégorie des intérêts de police ; qu'il réunisse les caractères d'un intérêt public, ou de l'un des intérêts collectifs dont le règlement est confié à l'administration (*Voy.* Ord. 25 avril 1842, Senoble) ; 2° que les mesures soient bien conçues, qu'elles répondent au but indiqué pour les justifier.

L'appréciation de la première condition est du ressort de l'autorité administrative. C'est à elle de rechercher et de distinguer partout l'intérêt public ou commun, qu'elle a mission de protéger et de défendre contre toute atteinte. Le propriétaire d'une usine prétend-il que l'intérêt qui a motivé une mesure prise contre lui d'office, ou sur la plainte des tiers lésés, est purement individuel, et à ce titre, ne saurait donner lieu qu'à une contestation privée, l'autorité administrative en décide : seulement, la question étant d'ordre juridique, elle est susceptible de se porter devant le conseil d'état par la voie contentieuse. (*Voy.* Ord. 18 mai 1837, marquis de la Briffe ; 13 fév. 1840, veuve Lissot ; 20 fév. 1840, Bourdil.)

Quant à l'efficacité des mesures ordonnées, la question est trop évidemment de l'office de l'administrateur pour qu'on songe à en faire un moyen de recours.

**1233.** — Les actes qui interviennent à l'effet d'ordonner les mesures commandées par l'utilité publique, ne sont plus, comme les actes d'autorisation, de simples *permissions.* Ils constituent des *prescriptions.* On verra plus loin combien ce caractère est important à considérer pour déterminer les suites de leur exécution vis-à-vis des particuliers. (*Voy. infrà,* article 5, § 1er.) (1) Mais il faut remarquer ici que ces actes, que l'on réunit aux dispositions collectives dont l'objet est le même, pour les comprendre sous la dénomination commune de *règlements d'eau,* sont ordinairement destinés à assigner une condition durable, permanente aux établissements qui les motivent. Ils ne peuvent émaner que du roi dans la forme et suivant les règles prescrites pour les ordonnances d'autorisation. Le ministre et le préfet n'ont le droit de parer au dommage public que par des mesures *provisoires* et d'urgence. (*Voy.* Ord. 18 mai 1837, marquis de la Briffe ; 28 mars 1838, Clavier.)

1234. — Lorsque les modifications, au lieu d'être commandées par les exigences de la police des cours d'eau non navigables ni flottables, résultent de mesures adoptées dans un autre but, il est juste que les règles qui viennent d'être exposées cessent d'être applicables. Car l'administration, ainsi qu'on l'a vu, n'a le droit de les imposer qu'*en vertu d'une réserve* implicitement faite dans l'esprit des lois qui ont déterminé ses attributions sous le rapport de police. Si l'état entreprend des travaux d'utilité publique, susceptibles d'entraîner la suppression ou l'altération d'établissements hydrauliques munis d'une existence légale, sa position, vis-à-vis de ces établissements, est absolument celle qu'il aurait vis-à-vis d'une propriété ordinaire. Elle est régie par la

---

(1) Mentionnons, dès à présent, qu'ils doivent supporter les frais de travaux qu'entraînent ces modifications. (*Voy.* Ord. 6 août 1859, Roubo.)

loi du 16 septembre 1807, combinée avec les lois de
1810 et 1833 sur l'expropriation forcée. C'est par
application de cette loi qu'on a jugé qu'il y avait
dommage et non expropriation, et que, par suite,
le conseil de préfecture était compétent pour le règlement de l'indemnité, lorsque le préjudice était de
nature à varier en suivant une progression croissante
ou décroissante (*Voy.* Ord. 8 juin 1832, Leclerc),
et même lorsque l'usine n'avait à souffrir que d'un
simple appauvrissement, bien que définitif, du courant auquel elle doit le mouvement. (*Voy.* Ord. 3
juin 1831, Magniez ; 14 avril 1839, Bois-Redon.)

**1255.** — La clause que « le concessionnaire ne
« pourra prétendre dans aucun temps ni sous au-
« cun prétexte, indemnités, chômages, ni dédomma-
« gements, par suite des dispositions qui pourraient
« être prises pour l'avantage de la navigation, du
« commerce ou de l'industrie sur le cours d'eau où
« est situé son établissement, » n'est plus insérée,
aujourd'hui, que dans les concessions d'usines sur
les rivières flottables ou navigables. On a renoncé à
la maintenir dans les autorisations relatives aux
cours d'eau non navigables ni flottables, afin d'encourager l'industrie par la sécurité. (*Voy.* M. Tarbé,
*Dictionnaire,* p. 331, et *Annales des ponts et chaussées,* année 1837, t. 1er, *des Mémoires,* p. 33; article
de M. Jullien, ingénieur.) Il est conséquemment hors
de doute que l'affectation à la navigation d'un cours
d'eau, jusque-là non navigable, n'altère en rien les
droits des possesseurs d'usines préexistantes, que
ces droits leur assurent vis-à-vis de l'état, sous le
rapport des suites de l'établissement de la naviga-

tion, la position de véritables propriétaires ; que, dès lors, ils ne peuvent être condamnés à souffrir sans indemnité ni suppression, ni modification. Les établissements d'origine postérieure sont seuls soumis, par la loi de leur création, aux exigences de la navigabilité.

Cependant, les auteurs que nous venons de citer attestent que le gouvernement a soin d'introduire la clause exclusive d'indemnités dans le cas où il prévoit devoir affecter prochainement le cours d'eau à la navigation ou au flottage, ou en faire emploi pour l'alimentation d'un canal ou d'une rivière canalisée. Ils nous apprennent, en même temps, qu'il n'a point cru devoir s'arrêter aux objections de ceux qui contestaient la légalité de la stipulation, en se fondant sur ce que l'administration n'a sur les cours d'eau non navigables ni flottables qu'un droit de police et non pas un droit de propriété. A cet égard, nous avouerons que la doctrine suivie par l'administration a pour elle, d'une part, la considération d'équité qui s'élève contre les constructions édifiées nonobstant la prévision de l'expropriation, et, d'un autre côté, ce fait que les autorisations ne procèdent que d'un pouvoir essentiellement discrétionnaire, et qu'il est difficile de dénier le droit de n'accorder qu'une permission conditionnelle, là où le refus absolu pouvait intervenir sans qu'on eût aucun compte à rendre de ses motifs ; et, néanmoins, le principe que les réserves au profit de l'intérêt public n'ont trait qu'à la police, nous semble dominer si impérieusement la législation sur les cours d'eau non navigables ni flottables, qu'en dehors de toute circonstance particulière, nous ne nous résignerions qu'avec peine à subir les effets de la renonciation.

**1256.** — Le mode d'évaluation des indemnités sera expliqué dans le chapitre qui traitera de l'expropriation forcée.

Quant à ses bases, le bail est, pour les usines, comme pour les autres biens, l'une des plus certaines. Mais il est aussi d'autres éléments qu'il importe de ne pas négliger. Ainsi, dans les évaluations pour chômage, il est juste de tenir compte des divers articles de dépenses, tels que l'entretien des machines, le coût de la patente, les frais d'exploitation qui ne cessent point au moment même de la suspension de l'usine, l'intérêt du capital affecté à l'exercice de l'industrie. (*Voy.* Ord. 6 février 1831, Brun.)

La perte de l'achalandage n'est pas non plus, à omettre parmi les causes de préjudice. (*Voy.* Ord. 11 novembre 1836, Millet.)

**1257.** — La loi du 16 septembre 1807, qui exige que l'existence de l'usine soit légale pour qu'il y ait lieu à indemnité, ne distingue pas entre les rivières navigables et celles qui ne le sont pas. (*Voy.* Ord. 7 janv. 1842, Piard; 23 déc. 1842, Honnorez.) On sait, d'ailleurs, que les usines de création postérieure à 1790 ne sont légales qu'autant qu'elles ont été autorisées.

Mais rappelons l'observation déjà faite sur ce point pour les établissements assis sur les dépendances du domaine public. Le défaut d'autorisation ne met nul obstacle aux effets civils de la possession entre particuliers. (*Voy.* M. Daviel, t. 2, p. 37, n° 544, et p. 134, n° 613.)

ART. 4. — Des eaux, sous le rapport des inondations et de la
salubrité.

——

1238. — Toutes les mesures destinées à pourvoir
à la salubrité ou à prévenir ou réparer les désastres
des inondations appartiennent essentiellement à l'administration, à titre de police. (*Voy.* Daviel, t. 2, p.
284, n° 717.) Nous verrons dans l'article suivant que
le législateur, pénétré de la nécessité de les organiser dans des vues d'ensemble et de concordance
pour en assurer l'efficacité, a investi l'autorité administrative de pouvoirs spéciaux pour agir à la fois
sur une collection d'individus. Notre dessein n'est
d'indiquer ici que les droits résultant des lois générales et les actes qu'ils peuvent justifier vis-à-vis des
particuliers considérés isolément.

Dès qu'une entreprise est jugée dangereuse sous
le rapport de la salubrité ou des inondations, l'administration est en droit de l'arrêter, d'ordonner
le rétablissement des choses dans les conditions
voulues par l'intérêt public, et au besoin, de le faire
exécuter aux frais de l'auteur de l'entreprise.

Lorsque le péril provient du défaut d'accomplissement d'une obligation à la charge du propriétaire
d'usine ou du riverain, il y a également lieu à un ar-

rêté de police pour enjoindre les travaux nécessaires. C'est ainsi qu'un usinier peut se voir contraint, par arrêté de police, d'enlever les sables dont l'amoncellement est dû à l'existence du barrage dépendant de son établissement, et que l'entretien et la réparation de la berge peuvent être prescrits au riverain à l'effet de prévenir ou d'arrêter l'irruption ou la déperdition des eaux.

**1239.** — Pour définir les limites qui circonscrivent le pouvoir de police dont l'administration est dépositaire, il faut bien remarquer qu'elle n'est appelée à créer ni droits, ni obligations. Sa mission est uniquement de faire respecter les droits consacrés au profit du public, et de pourvoir aux obligations imposées à chacun pour le plus grand bien de tous. Que l'autorité administrative soit en droit d'ordonner la cessation et la destruction d'une œuvre susceptible d'occasionner un dommage public et de compromettre ainsi des intérêts auxquels la loi subordonne essentiellement le régime des eaux, ou bien d'enjoindre à celui qui en est chargé l'exécution immédiate d'une réparation ou d'une opération d'entretien, rien de plus juste. Mais elle excéderait ouvertement ses pouvoirs si elle ordonnait la destruction d'un ouvrage qui, n'ayant rien d'illégal dans son existence, serait d'ailleurs inoffensif, de même que si, au mépris du respect dû à la propriété, elle prescrivait l'exécution de travaux sur les héritages riverains. C'est sous ce point de vue que le recours par la voie contentieuse est possible contre les arrêtés de police, car en ce qui regarde le mérite des mesures dans leur rapport avec le but qu'elles sont destinées à atteindre, l'appréciation est de l'office de l'administrateur et non du juge.

1240. — Au surplus, on sait que le caractère commun de ces arrêtés est de comporter, si elle est ordonnée, l'exécution provisoire, nonobstant même le défaut d'approbation de l'autorité supérieure résidant aux mains du ministre.

1241. — Le pouvoir de police dans sa plénitude est réservé au roi, dépositaire de l'autorité suprême ; mais le préfet l'exerce par délégation dans un grand nombre de circonstances en vue des intérêts généraux dans les confins du département ; il l'exerce, notamment, pour tout ce qui tient au régime des cours d'eau. La délégation au profit du maire n'est pas à beaucoup près aussi étendue ; il ne lui est donné d'intervenir que pour prévenir ou réparer les désastres des inondations ou pourvoir à la salubrité. Le régime des eaux n'est point, en effet, de son domaine ; ce n'est que dans les points qui touchent à la police municipale (*Voy.* L. 24 août 1790, tit. 2, art. 3), qu'il comporte sa surveillance et son action. Tous les arrêtés municipaux pris en dehors de cet objet seraient entachés d'excès de pouvoir, et, partant, d'illégalité.

**ART. 5. — Des mesures collectives qui ont pour objet la police des eaux.**

1242. — Définition du sujet. — Sa division.

———

1242. — On n'a point oublié que la police des rivières non navigables ni flottables n'a pas seulement pour objet de prévenir les accidents et fléaux calamiteux, et qu'elle comprend aussi leur conser-

vation, leur direction et leur aménagement. Les
mesures collectives destinées à régler la manière de
jouir des eaux courantes sont particulièrement désignées sous la dénomination de *règlements d'eau ;*
nous les distinguerons, pour en traiter en premier
lieu, des mesures plus spécialement relatives au curage et aux travaux de défense.

§ 1er. Des règlements d'eau.

1243. — Les règlements d'eau les plus essentiels à considérer sont ceux qui déterminent les conditions de l'irrigation, et la soumettent à un régime organisé en vue de l'intérêt commun, ou qui répartissent les eaux entre les divers établissements qu'elles mettent en mouvement et pourvoient à la conciliation des intérêts presque toujours opposés, des riverains et des maîtres d'usines.

1244. — La loi civile, en attribuant aux riverains le droit d'user pour l'irrigation des eaux qui bordent leurs héritages, les a soumis dans leur jouissance aux règlements particuliers et locaux. (*Voy.* art. 645, C. civ.) L'administration puise dans cette disposition le droit d'établir un régime commun pour toutes les irrigations dont l'importance lui semble appeler son intervention ; souvent aussi, les particuliers eux-mêmes, pénétrés de l'avantage à retirer de la surveillance de l'autorité publique, viennent spontanément se placer sous sa protection et la solliciter de garantir l'exécution des conventions privées qu'ils ont cru devoir arrêter entre eux, dans l'intérêt commun. On adresse le projet au préfet ; il l'examine et le transmet avec ses observations au ministre ; celui-ci prend l'avis du conseil d'état ; les conventions

sont arrêtées , conformément aux modifications exigées , par un acte notarié, et l'homologation intervient par une ordonnance rendue en conseil d'état ,
qui leur confère la force et l'autorité d'un règlement.
Il est assez ordinaire que les arrosants soient réunis
en association et administrés par un syndicat.

« L'ordre de distribution des eaux servant à l'ir-
« rigation sur le territoire d'une commune, est dé-
« terminé par un règlement délibéré en conseil
« municipal et homologué ensuite par le gouverne-
« ment. » (*Voy. Institutes du droit administratif,*
t. 3, p. 101, n° 1139.)

1245. — L'irrigation n'est pas toujours opérée
par un cours d'eau naturel. Il existe nombre de canaux artificiels destinés à fertiliser un territoire entier en conduisant les eaux sur une suite de propriétés, qui en profitent tour à tour. L'établissement
de ces canaux, qui est subordonné à une concession régulièrement faite par l'état, si leurs eaux
doivent dériver d'un fleuve, rivière ou canal navigable
ble ou flottable, et qui donne toujours droit à des
indemnités au profit des riverains et usiniers, s'ils
n'entraînent que le détournement ou l'appauvrissement d'un simple cours d'eau non navigable ni flottable, constitue assez ordinairement un travail d'u-
tilité publique. L'état en concède l'entreprise à un
particulier ou à une compagnie, ainsi que cela a eu
lieu pour le canal des Alpines (*Voy.* L. 7 juin 1826)
et pour celui de la Brillanne (*Voy.* Ord. 6 fév. 1822),
ou laisse les dépenses de construction et d'entretien
à la charge des communes appelées à en profiter,
ainsi qu'il a été fait pour le canal du Drac destiné à

fertiliser le territoire de la ville de Gap et des communes environnantes. (*Voy.* L. 23 pluviôse an XII.) Sous le rapport de la déclaration d'utilité publique, de la concession et de l'exécution de l'entreprise, les canaux d'irrigation ne se distinguent point des autres travaux publics, nous n'avons point à nous en occuper ; l'attention doit se porter exclusivement sur le mode d'usage et de distribution des eaux.

Que l'irrigation s'opère par un cours d'eau naturel, ou par un canal artificiel, que l'autorité publique soit intervenue pour dicter ses volontés, ou que les intéressés se soient accordés à se ranger sous sa protection, les arrosants sont toujours soumis à un régime commun déterminé par un règlement d'administration publique.

1246. — Nous dirons plus loin que si, en règle générale, les contraventions à ces règlements sont réprimées par les tribunaux de police, il a été fait exception, sous ce rapport, aux principes généraux par les lois spéciales à certains canaux d'arrosement; et que, notamment, pour le canal des Alpines, les réparations et dommages se poursuivent devant le conseil de préfecture, conformément à la loi du 29 floréal an X.

1247. — Mais il convient d'appeler l'attention sur les dispositions relatives à l'assiette et au payement des droits à acquitter par les arrosants. Lorsque l'établissement d'un canal a lieu par entreprise formant l'objet d'une concession, le concessionnaire, et c'est là le prix qui lui est alloué, est autorisé à percevoir à son profit, à perpétuité ou pour un temps limité, un droit d'arrosage dont les proportions sont fixées. Dans le cas où le canal est exécuté par les intéressés eux-mêmes, la contribution aux dépenses est également assurée dans des formes analogues. Leur emploi n'est point inutile non plus dans les associations entre les riverains d'un cours d'eau naturel; car on a toujours à pourvoir à des dépenses d'utilité commune. Quel que soit l'objet du droit d'arrosage, et quelle que soit l'organisation adoptée, il est difficile de concevoir que le droit puisse se percevoir autrement que par *rôles nominatifs*, comme pour les contributions directes. C'est en effet le mode consacré par tous les règlements d'eau relatifs à l'irrigation; ils indiquent comment devront se dresser les rôles et portent *qu'ils seront arrêtés et mis en recouvrement par le préfet.* La plupart des règlements ajoutent que le *recouvrement aura lieu en la forme administrative.* Cette mention, néanmoins, n'est pas indispensable pour que le conseil de préfecture ait, à l'égard de ces taxes particulières, la même compétence que pour les contributions publiques. Dès l'instant que leur répartition emporte une série d'opérations qui doivent s'accomplir sous la surveillance du préfet et recevoir son homologation, elle constitue une opération administrative, toutes les contestations qui s'y rapportent rentrent dans le contentieux et, à ce titre, elles tombent, à défaut d'attribution à une autre autorité, dans le domaine du conseil de préfecture.

Sa juridiction n'a pas seulement trait à la forme des actes de répartition, elle embrasse toutes les questions d'application des règlements et usages en vertu desquels a lieu la perception; mais il est essentiel de ne point l'étendre jusqu'à leur appréciation. Il n'est point rare que les arrosants, non contents de contester la régularité des rôles, contestent aussi la légalité des bases adoptées, qu'ils soutiennent que les dépenses n'ont pu en réalité leur profiter, et que la disposition des règlements qui les appellent à y concourir ne peut être suivie sans injustice. Le conseil de préfecture, dans ce cas, est tenu, sous peine d'excès de pouvoir, de se considérer comme chargé d'appliquer et non de juger, pour le modifier au besoin, le règlement. (*Voy.* Ord. 2 novembre 1832, arrosants de Saint-Chamas.) Il n'appartient qu'au gouvernement d'intervenir pour faire en sorte que la quotité de contribution pour chaque imposé soit toujours proportionnée au degré de son intérêt, et pour introduire, à cet effet, dans les bases de répartition, les changements exigés par les circonstances. (*Voy.* Ord. 29 janvier 1839, commune de Miramas.)

1248. — L'industrie, à la différence de l'agriculture, profite de l'eau sans en diminuer le volume par aucune absorption ; mais l'usage qu'elle en fait n'a lieu qu'à l'aide de chutes fournies par les pentes naturelles du terrain ou obtenues par des barrages et autres ouvrages. Il est donc aisé de concevoir que l'administration a bien souvent à intervenir pour régler les conditions d'existence d'une usine vis-à-vis d'autres établissements de même nature. Ces conditions, à cause de leur influence sur l'élévation et le mode d'écoulement des eaux, sont aussi importantes à surveiller sous le rapport des inondations et de la salubrité. Enfin, l'eau a trop de prix pour qu'il ne soit point essentiel d'empêcher l'abus qu'en pourrait faire l'agriculture au préjudice de l'industrie, et de concilier les retenues autorisées pour les usines avec les besoins de l'irrigation. Ce sont là autant d'intérêts distincts; mais qui, le plus ordinairement, coexistent, se contrarient et dont la conciliation doit faire l'objet d'un seul et même règlement d'eau.

« Il n'y a pas de ruisseau, si faible qu'il soit, qui « ne puisse devenir l'objet d'un règlement adminis- « tratif, du moment qu'il est sorti du fonds où surgit « sa source et que ses eaux deviennent, entre les « divers propriétaires dont il traverse les héritages, « ou un bien commun ou une cause d'inconvénients. « Pour réglementer les plus maigres cours d'eau, « l'administration peut invoquer le vieux proverbe « que : ce sont les petits ruisseaux qui font les « grandes rivières. » (*Voy.* M. Daviel, t. 2, p. 60, n° 559.)

1249. — Lorsqu'il s'est agi de montrer à quelles mesures individuelles demeurent exposés, de la part de l'administration, les établissements industriels existant en vertu de permissions régulièrement demandées et obtenues, j'ai laissé deviner plutôt que je n'ai expliqué, l'origine et la nature du pouvoir de police, en matière de cours d'eau, et la différence qui distingue les actes émanant des dépositaires de ce pouvoir sous forme de *permissions ou d'autorisations* et ceux qui interviennent à titre de *prescriptions.* Ce sujet a tant d'importance qu'on ne saurait l'approfondir avec trop de soin; et c'est ici le lieu de lui donner tous ses développements.

L'administration est investie par la force même des lois qui lui assignent sa mission, des pouvoirs indis-

pensables à son accomplissement. Le plus remarquable par le nombre et l'efficacité des mesures qui
en dérivent, est, sans contredit, le pouvoir de police.
Sa destination est de prévenir ou de faire cesser toute
atteinte aux intérêts que le législateur a cru devoir
confier à la protection de l'autorité administrative,
comme essentiels à la vie sociale, comme étant d'ordre public. Les lois générales qui chargent l'administration de pourvoir à la sûreté et à la salubrité
publiques, ont sous ce rapport, soumis les cours
d'eau non navigables ni flottables à son pouvoir de
police. Les lois spéciales des 8 janvier 1790, sect. 2,
20 août 1790, chap. 6, et 6 oct. 1791, art. 16, l'ont
appelée à user du même pouvoir à l'effet non-seulement de parer aux conséquences dangereuses des
barrages et autres ouvrages affectés au roulement
des usines, mais aussi de pourvoir à l'utilité générale dans la direction et la distribution des eaux courantes. Le code civil, lui-même, dans ses art. 644
et 645, a pris soin de lui subordonner les droits qu'il
consacre. La sûreté, la salubrité publique et l'utilité
générale, voilà donc les intérêts dont la conservation
est du domaine du pouvoir de police, en matière de
cours d'eau non navigables ni flottables.

Au premier rang des mesures qui tirent leur origine et leur force de ce pouvoir, se présentent les
actes qui ont pour objet de refuser ou de permettre ;
leur but n'est jamais que de prévenir les entreprises
contraires aux intérêts d'ordre public. Demande-t-on
l'autorisation d'édifier un établissement hydraulique ?
L'autorité examine jusqu'à quel point son existence
se concilie avec les intérêts auxquels elle est tenue

de veiller ; et elle répond : *je refuse*, ou bien, *je n'em-pêche*. Le caractère des actes qui expriment le refus ou la permission est de n'avoir trait qu'aux intérêts d'ordre public, de ne statuer qu'en ce qui les con-cerne et, par conséquent, de ne rien préjuger ni sur l'existence, ni sur les effets des actes du droit commun. C'est là le principe que nous avons suivi pour marquer la portée, à l'égard des tiers, des ar-rêtés d'autorisation en matière d'usines.

Après les mesures de refus ou de permission, viennent les prescriptions. Elles vont au devant des exigences de l'ordre public, ou font cesser les entre-prises réalisées à son préjudice. Elles empruntent leur caractère à l'inviolabilité des droits en vue des-quels elles interviennent. Les exigences de l'ordre pu-blic sont subordonnées à des circonstances variables; d'un autre côté, sa défense peut être négligée, et ce défaut de vigilance être mis à profit par l'intérêt par-ticulier pour reculer les limites du domaine du droit privé et étendre ses actes et ses effets sur les choses d'ordre public. Mais l'empiètement, quelle qu'en soit la nature, dans quelque forme, à quelque titre et pen-dant quelque temps qu'il se soit produit, ne cons-titue jamais qu'une usurpation de fait, qu'un abus. Du moment où l'autorité reconnaît qu'il y a danger ou souffrance pour l'un des intérêts confiés à sa garde, elle est maîtresse de briser tous les liens et d'écar-ter tous les obstacles. Que l'on s'arme d'un acte ad-ministratif ou d'un titre du droit commun, on n'est pas moins tenu de se soumettre à toute disposition prise à l'égard des choses soumises aux nécessités de l'ordre public. Cette doctrine va faire la base des règles que nous avons à exposer touchant les règlements d'eau.

1250. — Il arrive journellement que l'attention de l'autorité est appelée par les rapports de ses agents ou les plaintes des particuliers, sur les abus que comporte le mode de jouissance suivi par les maîtres d'usines ou les propriétaires de prairies. Tantôt on signale les dangers des inondations, avec d'autant plus de raison parfois, qu'elles sont déjà venues et qu'on en craint le retour (*Voy.* Ord. 24 janv. 1834, Lambin); tantôt on dénonce les conséquences funestes pour les usiniers ou pour les arrosants des travaux entrepris par l'un d'eux (*Voy.* 31 oct. 1833, Martel); souvent aussi, on a à déplorer le défaut d'ordre et d'économie dans la répartition des eaux entre ceux qui en ont l'usage. (*Voy.* Ord. 23 août 1836, Laperche.) Dans tous ces cas, l'administration a le pouvoir de recourir à des dispositions pour remédier au mal.

Ses prescriptions participent de la force qui distingue les actes réglémentaires. Ni la possession la plus longue, ni les actes d'autorisation les plus récents, ni les titres du droit civil les plus formels et les plus respectables par leur origine et la durée de leur exécution, ne mettent obstacle à son action. (*Voy.* Ord. 24 janv. 1834, Lambin ; 13 nov. 1835, Delamarre.) Vainement s'est-on efforcé, dans quelques circonstances, de chercher une protection dans des actes de vente nationale, en soutenant que l'état s'était porté garant de l'existence, sans modification aucune, de l'établissement vendu. Il est clair qu'il en est des ventes comme des actes d'autorisation émanant de

l'administration, et qu'elles ne peuvent préjudicier
à des droits qui, par la loi de leur nature, échappent
à toute aliénation. (*Voy.* Ord. 31 oct. 1833, Petit ; 28
mars 1838, Tavenaux.)

1251. — Pour que les prescriptions insérées dans
les règlements d'eau obtiennent de si larges effets,
il faut seulement que leur motif ait sa source dans
l'un des intérêts confiés à l'administration, qu'elles
soient justifiées par l'utilité publique, et, en second
lieu, qu'elles se renferment dans la sphère appartenant à ces intérêts, qu'elles n'en excèdent point les
limites pour faire invasion sur les droits inhérents à
la propriété privée. Expliquons notre pensée.

Le pouvoir de police ne s'exerce qu'en vue de l'intérêt public. Ce n'est jamais pour donner satisfaction à un droit particulier que ce pouvoir est susceptible d'être mis en action. A quel titre, en effet,
accorder à l'administration le droit d'intervenir entre des intérêts et des droits de même ordre, pour
faire céder l'un à l'autre ? c'est sous ce rapport que
l'on tente assez ordinairement de critiquer les règlements d'eau. On s'empare du fait que la mesure a
été provoquée par les plaintes de simples particuliers (*Voy.* Ord. 6 mai 1836, Picard), ou que ses
effets se doivent réaliser entre deux usiniers seulement (*Voy.* Ord. 20 févr. 1835, Levasseur), pour établir que l'intérêt public était hors de cause et que,
par conséquent, le magistrat préposé à la police a
statué en dehors de ses pouvoirs. Mais le conseil
d'état a soin de ne donner que peu d'attention à la
circonstance qui a suscité l'intervention de l'administration, et à l'étendue des dispositions qu'elle a

prises, pour s'attacher aux motifs qui l'ont guidée, au but qu'elle s'est proposé ; et pour peu que ces motifs et ce but se rapportent à un intérêt d'ordre public, il repousse l'attaque dirigée contre le règlement.

A l'égard de la propriété privée, l'utilité publique sans doute, n'est point sans privilége ; mais la loi règle et les sacrifices qu'elle a à supporter, et les formes à suivre pour les lui imposer. L'exercice du pouvoir de police n'est légitime qu'autant que ses prescriptions n'atteignent que les choses soumises à son empire, soit qu'il dispose des intérêts qui lui sont confiés, soit qu'il fasse cesser les entreprises qui leur sont contraires. L'administration est en droit d'enjoindre la démolition ou l'abaissement d'un barrage, car c'est là un ouvrage édifié en vertu de droits dont le règlement lui est réservé. De même, pour les prises d'eau, il lui appartient à tout instant d'en modifier le système et les conditions, en vue de l'intérêt public. On ne lui contesterait pas non plus le droit de mettre fin à un état de choses réalisé sur une propriété privée, en vertu du droit d'user et d'abuser que reconnaît la loi , s'il avait pour résultat d'occasionner un dommage public. Supposons que le défaut de curage d'un bassin destiné à recueillir les eaux dérivées d'un courant menace la salubrité : à coup sûr, l'autorité chargée de pourvoir à ce grave intérêt pourra fort bien enjoindre et faire au besoin exécuter, aux frais du propriétaire, les travaux nécessaires. On n'aurait là, en effet, qu'à procéder à l'application pure et simple de la maxime qui veut que le droit de disposer de sa chose n'aille point jus-

qu'à causer un dommage à autrui. Mais l'administration, au lieu de veiller sur l'usage fait de la propriété pour empêcher qu'il ne préjudicie aux droits
du public ne saurait agir directement sur elle et prescrire au riverain d'abandonner telle ou telle portion
de son héritage, ou d'en changer la disposition *naturelle*, ou bien de construire tel ou tel ouvrage destiné à favoriser l'écoulement dans l'intérêt commun.
Ce seraient là autant d'envahissements sur le domaine des droits créés et garantis par les lois civiles.

1252. — Il semble au premier coup d'œil, qu'a-
près avoir considéré le règlement d'eau dans son
rapport avec l'intérêt public pour savoir s'il a bien
cet intérêt pour objet, et dans son rapport avec
les droits de propriété privée pour savoir s'il ne leur
fait nulle violence, il reste encore à examiner jusqu'à
quel point on a saisi la véritable cause du mal et le
remède propre à le faire cesser. Il est assez naturel
de penser que les particuliers qui ont à souffrir des
prescriptions de l'administration, ont la ressource
de prouver que le danger ou le dommage qui les a
suscitées n'existe point, ou bien qu'il n'est point la
conséquence de l'état de choses dont la modification
est ordonnée, ou enfin, que les mesures adoptées seront sans efficacité. Pour peu cependant qu'on remonte aux principes, on ne tarde point à reconnaître
que ces sortes de questions se résolvent nécessairement en une appréciation de l'existence de l'utilité
publique et de ses exigences. Or, toute appréciation
de ce genre est de l'office exclusif de l'administrateur, il n'appartient point au juge de s'y livrer, ni
d'en contrôler le mérite. (*Voy.* Ord. 18 mai 1837,

Avignon; 21 déc. 1837, Ropiteau; 21 nov. 1839, Betz.)

**1253.** — J'ai déjà eu l'occasion d'observer que les préfets peuvent, en cas d'urgence, ordonner de leur chef toutes les mesures de police et de sûreté qu'ils jugent nécessaires. (*Voy. suprà*, n° 1238 et suivants.) Mais ces mesures dont le caractère est d'être provisoires, qui s'exécutent sous la responsabilité de leur auteur, et qui, dans la rigueur du droit, donneraient lieu à une indemnité si leur illégalité était reconnue et déclarée sur le recours des parties, n'interviennent point par voie de règlement définitif et permanent.

**1254.** — Nous n'avons point, non plus, à nous occuper ici des arrêtés des maires pour maintenir la salubrité publique, et prévenir les accidents calamiteux. Ces actes n'ont pas leur source dans les pouvoirs spécialement attribués à l'administration pour la direction et la distribution des eaux courantes. Il est de leur essence de n'intervenir qu'en vertu et dans les limites du pouvoir conféré aux maires pour la police municipale. (*Voy.* M. Daviel, t. 2, p. 65, n° 562, et un arrêt de cassation du 4 avril 1835, qu'il rapporte.)

**1255.** — On lit dans les *Institutes du droit administratif*, comme extrait d'un avis du conseil d'état du 2 nivôse an XIV non inséré au Bulletin des lois, (*Voy.* t. 3, p. 102, n° 4583), que « les règlements « généraux dressés par les préfets pour l'irrigation « des prairies d'un département, ne peuvent, quoi- « que approuvés par le ministre de l'intérieur, de- « venir obligatoires dans ce département, s'ils ne sont

« préalablement revêtus , par le Roi en son conseil
« d'état, des formes usitées pour les règlements d'ad-
« ministration publique. » L'auteur du *traité de
la législation et de la pratique des cours d'eau* observe, il est vrai, « que cette règle n'a jamais été
« suivie à la rigueur, et que la cour de cassation a
« toujours reconnu le caractère de règlements de po-
« lice aux arrêtés des préfets, même non encore re-
« vêtus de l'approbation ministérielle , soit qu'ils
« disposassent en vertu des pouvoirs conférés aux
« administrations départementales par la loi du 20
« août 1790 , soit qu'ils statuassent sur les objets
« confiés à la vigilance de l'autorité municipale par
« les lois des 24 août 1790, tit. 11, art. 3 et 4, et 22
« juillet 1791, art. 46 ; » et il cite, d'ailleurs, à l'appui, divers arrêts de la cour de cassation des 22 juillet
1808 , 10 février 1827 , 16 nov. 1833 et 16 déc.
1833, qui ont déclaré obligatoires sous les peines
de simple police portées par l'art. 471, n° 15, du
code pénal, des règlements simplement émanés du
préfet. ( *Voy.* t. 3, p. 64, n° 561.)

Mais il n'en résulte pas moins de l'avis émané du
conseil en l'an xiv, et de la jurisprudence administrative qui le confirme expressément, que, sous le point
de vue des voies ouvertes aux particuliers pour éviter
l'atteinte qui menace leurs intérêts , les dispositions
générales simplement prises par les préfets ou même
par le ministre, sont susceptibles d'être annulées,
comme entachées d'excès de pouvoir. Le conseil d'état
ne reconnaît qualité à ces fonctionnaires que pour
préparer et soumettre au roi les règlements d'eau.
(*Voy.* Ord. 9 mai 1834, Avignon.)

**1256.** — Les formalités pour l'instruction des demandes d'autorisation sont aussi celles à suivre pour les règlements d'eau, qu'ils interviennent par mesures individuelles ou sous forme de dispositions plus ou moins générales. Nous n'y reviendrons que pour ajouter quelques mots concernant les oppositions.

**1257.** — Les observations et réclamations qu'il est du devoir de l'administration de provoquer, se rapportent aux intérêts et droits dont l'appréciation est attribuée à l'autorité administrative ou aux intérêts et droits du ressort des tribunaux civils. Les premières sont tranchées d'une manière définitive et irrévocable, par le règlement lui-même. On a déjà vu que c'est le propre des actes émis dans la forme des règlements d'administration publique, de pourvoir à la fois à ce qui est de l'office de l'administrateur et à ce qui est de l'office du juge. (*Voy. suprà,* t. 1, n° 21, p. 21.) À l'égard des réclamations fondées sur les titres et moyens du droit commun, le gouvernement est maître, nous l'avons établi, d'en faire table rase. Il ne s'en suit pas, néanmoins, qu'il n'ait aucun compte à en tenir. Son devoir est d'examiner jusqu'à quel point les mesures commandées par l'intérêt public sont susceptibles de se combiner avec les droits revendiqués par les particuliers; il devrait même surseoir pour attendre la décision des tribunaux sur les contestations de leur ressort, dont la solution serait de nature à influer sur l'économie des dispositions à consacrer. Ce n'est qu'autant que les droits invoqués lui paraissent devoir être mis de côté, ou que leur application ne saurait préjudicier aux prescriptions d'ordre public, que l'administration passe outre, sans s'y arrêter.

**1258.** — Les règlements d'eau tombent naturellement sous l'empire de la règle qui interdit la voie du recours contre les ordonnances contradictoirement rendues. Ils sont inattaquables pour les particuliers qui ont été entendus dans l'instruction, et qui n'en contestent point la régularité. (*Voy.* Ord. 4 juillet 1834, Pernot; 21 déc. 1837, Ropiteau; 21 déc. 1837, Duclas de Belloy; 23 juillet 1838, duc de Villequier.) Quant à ceux qui n'ont point à redouter cette exception, il leur sera facile de découvrir dans les observations que nous avons présentées pour circonscrire les limites du pouvoir conféré en cette matière à l'administration, l'indication des moyens à invoquer pour en obtenir l'annulation.

**1259.** — Nous disions, il n'y a qu'un instant, (*Voy. suprà,* n° 1257) que si le droit invoqué par un tiers opposant n'a rien de contraire aux dispositions d'utilité générale, c'est à l'administration de passer outre; mais la réserve du droit invoqué n'est pas toujours explicitement énoncée. De là, pour les tribunaux, une mission fort délicate à remplir. Rien n'est plus ordinaire que de voir des particuliers exciper de titres et conventions privés pour se soustraire les uns vis-à-vis des autres aux obligations imposées par le règlement; quel sera le guide dans ces sortes de contestations? L'auteur du *Traité de la législation et de la pratique des cours d'eau,* cite un arrêt de la cour de Rouen, rendu à la date du 10 juillet 1835, d'où il résulte que « lorsqu'il est mani-

« feste, d'après la position donnée des héritages,
« que tout l'intérêt d'une disposition quelconque du
« cours d'eau se concentre entre les parties litigan-
« tes, les tribunaux peuvent *de plano* ordonner le
« maintien des anciens titres ou des possessions an-
« ciennes, ou même dresser, pour l'exécution de
« ces titres, un règlement particulier. » (*Voy.*
M. Daviel, t. 3, p. 81, n° 572.)

Mais, quel ne sera pas le danger de cette doctrine?
Il est difficile de croire que les tribunaux soient à
même d'apprécier sous les mille points de vue qu'elle
comporte les exigences de l'utilité publique. Et si,
une fois, il leur est permis de dresser un règlement
particulier entre deux intéressés, ne pourront-ils
pas user de la même faculté vis-à-vis de plusieurs
autres, et n'ouvriront-ils pas le retour à tous les
abus que le règlement général a eu pour objet de
faire cesser? La cour de cassation a posé un principe
infiniment plus sage : elle a jugé, par arrêt du 28 mai
1827, qu'il y avait lieu « de renvoyer les parties
« devant l'administration, qui décidera si l'usage
« des eaux consacré par les titres est, ou non,
« compatible avec les dispositions générales établies
« par le règlement. » (*Voy.* M. Daviel, t. 2, p. 84,
n° 575.)

1260. — Dans beaucoup d'ordonnances portant
règlement sur la police et le cours des eaux et *renfermant les dispositions les plus absolues*, il est cependant
énoncé que *les droits de possession et de propriété
que les riverains et autres particuliers pourraient se
croire fondés à prétendre sont réservés*. Au premier
abord, on croirait que cette clause n'intervient que

pour ménager l'exécution des titres et actes privés, en exprimant qu'elle n'a rien d'incompatible avec l'utilité publique. Mais la jurisprudence lui assigne un tout autre caractère. On voit, par deux ordonnances également positives, l'une du 22 déc. 1824, (Hanigue, Gélas et consorts), et l'autre bien plus récente du 23 août 1836 (Laperche), que la *réserve* ainsi faite *du droit des tiers ne peut motiver que des demandes en indemnité et dommages et intérêts entre les particuliers qui ont respectivement à s'opposer leurs titres et les règles du droit commun.*

Or, elle nous semble difficile à justifier dans ce sens. En principe, le droit pour l'administration d'écarter tous les obstacles qui naissent des titres et de la possession, est lui-même exclusif de toute action en garantie ou indemnité. Ce droit n'est fondé que sur l'inviolabilité des intérêts d'ordre public. La possession et les stipulations ne tombent devant ces intérêts, que parce qu'il est de leur nature d'échapper à toutes les atteintes du droit privé. Les actes des particuliers sont radicalement nuls en tant qu'ils préjudicient aux choses d'ordre public. Pourquoi donc, en vertu de quelle loi et par quel motif leur attribuer un effet de particulier à particulier, tandis qu'en raison même de leur objet on leur refuse toute existence légale par rapport au public? Dira-t-on que l'erreur et la bonne foi ont leurs priviléges! Rien de plus juste. Mais que l'on dise alors que l'action ne sera possible que sous ce point de vue, et qu'elle devra se juger par application des règles relatives à l'annulation des conventions. La plus générale est celle qui veut que les suites de l'annulation de toute convention faite de bonne foi soient supportées également par les deux parties.

M. Daviel, qui s'élève aussi contre l'action en dommages-intérêts, se demande comment elle pourrait s'organiser dans la pratique. « Supposez, écrit-« il, que des jugements ou des conventions privées « intervenus entre deux propriétaires d'usines leur « aient attribué le volume ou la pente d'une rivière « dans certaines proportions, et que cet état des « choses soit renversé par une ordonnance royale, « il peut arriver que ce qui est enlevé à l'un ne soit « pas attribué à l'autre. A quel titre, en ce cas, le « premier réclamerait-il du second une indemnité « quelconque? Et lors même que l'un serait gratifié « en même temps que l'autre serait dépouillé, à « quel titre le second demanderait-il au premier une « indemnité? Celui-ci répondrait qu'il n'a rien de-« mandé, et qu'on ne peut le forcer à payer ainsi « un avantage qu'il n'a pas recherché. » (*Voy.* t. 2, p. 75, n° 569.)

1261. — Les raisons qui nous ont porté à refuser toute action en indemnité aux intéressés entre eux, expliquent pourquoi les modifications imposées par les règlements d'eau ne peuvent jamais motiver un recours en indemnité contre l'état. (*Voy.* Ord. 21 déc. 1837, Min. comm.)

1262. — Indépendamment de la répression des contraventions aux règlements d'eau par la voie pénale, les particuliers ont la ressource d'en réclamer l'exécution, en vue de leur intérêt privé, par la voie civile. Les obligations qu'ils imposent revêtent, de particulier à particulier, le caractère des obligations dont l'accomplissement est prévu et réglé par les lois civiles. Un riverain veut-il faire ordonner la destruction de travaux qu'il présente comme nuisibles à ses intérêts et comme contraires aux prescriptions du règlement général (*Voy.* Ord. 3 mai 1832, Soulé), ou réclamer des dommages-intérêts pour inexécution des conditions mises à sa charge (*Voy.* Ord. 16 mars 1836, Angiboust), la question est du ressort des tribunaux ordinaires. Seulement, à défaut de précision et de clarté de l'acte réglémentaire, le juge civil, qui n'a pas de délégation expresse pour procéder à son application juridique, est tenu de surseoir, afin de laisser aux parties le loisir de se retirer devant le juge de l'ordre administratif.

1263. L'interprétation qu'il s'agit d'obtenir, dans ce cas, est une interprétation de doctrine qui doit être demandée par la voie contentieuse, non au conseil de préfecture, mais au conseil d'état directement; car il se réserve l'examen et l'appréciation de tous les actes émanant de l'autorité souveraine. (*Voy.* Ord. 29 janv. 1841, Payssé.)

Au contraire, lorsque l'interprétation est demandée en dehors de tout débat juridique, que les intéressés, frappés de l'obscurité ou de l'insuffisance des dispositions qui les régissent, vont au-devant des difficultés et sollicitent l'administration de compléter l'expression de sa volonté, l'interprétation n'est plus une interprétation à obtenir avec le seul secours du raisonnement, de l'analyse; il y a à procéder par voie d'autorité. Le gouvernement doit être saisi dans la forme purement administrative. (*Voy.* Ord. 27 avr. 1838, baron d'Houdemare.)

**1264.** — Il en est de même de toute réclamation tendant à faire modifier ou changer un règlement existant. La demande est faite et s'instruit suivant les règles prescrites pour les cours d'eau qu'il s'agit de réglementer pour la première fois.

§ 2. Du curage et des travaux de défense.

—

**1265.** — L'obligation pour le riverain, dont un cours d'eau, autre que ceux compris dans le domaine public, traverse la propriété, de le transmettre à l'héritage inférieur, implique pour lui l'obligation d'entretenir les berges. Leur dégradation occasionnerait, en effet, une déperdition et aurait pour résultat de diminuer, en dehors des conditions légales, le volume naturel des eaux.

Cette obligation néanmoins, n'est pas si absolue qu'elle ne doive se combiner avec les principes généraux du droit qui imposent à chacun la responsabilité de ses faits. S'il était prouvé que des dégradations sont dues à l'influence des artifices d'une usine sur le cours des eaux, le maître de l'usine aurait certainement à supporter les réparations. (*Voy.* Ord. 5 sept 1842, Vaillant.) De même que les travaux s'exécuteraient à frais communs, s'ils avaient pour cause des ouvrages établis pour l'utilité commune du fonds riverain et de l'usine. (*Voy.* M. Daviel, t. 2, p. 284, n° 718.)

1266. — L'administration a le droit incontestable d'ordonner, par mesure de police, les travaux d'entretien qu'elle juge nécessaires à la conservation des eaux. Mais nous croyons que les particuliers ont eux-mêmes une action pour obtenir de chaque riverain l'accomplissement de l'obligation dont il est tenu sous ce rapport. La loi du 14 floréal an XI qui va nous occuper bientôt, n'a point, en effet, pour objet l'entretien des berges naturelles ; elle le laisse sous l'empire du droit commun, et ne fait une obligation *collective* que de l'entretien des digues et ouvrages d'art.

Il en résulte, d'ailleurs, que l'administration n'a point à s'immiscer dans les questions de contribution

aux dépenses. C'est à chaque riverain à s'adresser
aux tribunaux pour exercer une action en répétition
contre ceux qu'il considère comme ses coobligés et
les faire condamner à concourir aux travaux.

1267. — La loi du 14 floréal an XI contient les
dispositions suivantes :

« Art. 1er. Il sera pourvu au curage des canaux et
« rivières non navigables, et à l'entretien des digues
« et ouvrages d'art qui y correspondent, de la ma-
« nière prescrite par les anciens règlements, ou d'a-
« près les usages locaux.

« Art. 2. Lorsque l'application des règlements ou
« l'exécution du mode consacré par l'usage, éprou-
« vera des difficultés, ou lorsque des changements sur-
« venus exigeront des dispositions nouvelles, il y sera
« pourvu par le gouvernement, dans un règlement
« d'administration publique rendu sur la proposition
« du préfet du département, *de manière que la quo-*
« *tité de la contribution de chaque imposé soit toujours*
« *relative au degré d'intérêt qu'il aura aux travaux*
« *qui devront être effectués.* »

La loi du 20 août 1790, en chargeant l'administration d'assurer le libre cours des eaux, l'autorisait
sans doute à contraindre les propriétaires des fonds
encombrés à effectuer les travaux de curage. Mais il
fallait lui conférer les moyens d'en soumettre l'exécution à des règles d'ensemble et de concordance
qu'elle seule peut arrêter. C'est l'objet de la loi de
floréal an XI; le principe posé par cette loi est précieux à considérer. Non contente de mettre le curage
et l'entretien du libre cours des eaux à la charge des
intéressés. elle en fait pour eux une obligation *com-*

mune ; ce caractère, dont nous signalerons bientôt
les conséquences relativement aux actions ouvertes
contre chacun, est la base du système organisé pour
l'accomplissement de l'obligation. La participation
aux dépenses n'a lieu que par voie de contribution ;
et la contribution est proportionnelle à l'intérêt
qu'offrent les travaux, pour celui qui est appelé à la
payer.

**1268.** — S'il existe d'anciens règlements ou des
usages locaux, ils doivent être suivis jusqu'à ce qu'ils
soient expressément abrogés et remplacés par un règlement d'administration publique. (*Voy.* L. 14 flor.
an XI, art. 1er.) Au premier rang des règlements anciens, figurent les arrêts du conseil, les arrêts de règlement des parlements ou des maîtrises, les ordonnances des assemblées d'état ou des intendants, les
dispositions des coutumes locales. (*Voy.* Daviel, t. 2,
p. 291, n° 720 et une lettre du ministre de l'intérieur
du 10 déc. 1837, insérée au *Moniteur* du 17 déc.)

Le préfet d'Eure-et-Loire ayant, par arrêté du
28 juillet 1836, ordonné le curage de la petite rivière
de Thironne, suivant le mode établi par un arrêté
préfectoral, portant règlement du 18 thermidor
an IX, l'un des riverains se refusa au payement de
la portion des frais mise à sa charge. Il soutint devant le conseil de préfecture, et ensuite devant le
conseil d'état, que l'arrêté préfectoral du 18 thermidor an IX ne pouvait être considéré comme un règlement *ancien* dans le sens de l'art. 1er de la loi de
floréal an XI ; mais son recours fut rejeté par le motif *que le préfet n'avait fait que prescrire l'exécution*

*des anciens règlements. (Voy.* Ord. 1er juillet 1840 ,
Raimbault.) (1)

**1269.** — Il est du pouvoir discrétionnaire de l'autorité administrative de décider d'office ou sur la
provocation d'intéressés, jusqu'à quel point les anciens règlements ou usages répondent aux circonstances actuelles et aux besoins qui en naissent, et en
conséquence, de les maintenir ou de les rejeter. Les
particuliers n'ont aucun moyen de contrôler ni d'entraver leur abrogation. Le législateur a pensé leur
ménager une suffisante garantie, en exigeant pour
cette abrogation un règlement d'administration publique, et en ouvrant ainsi la voie du recours pour
cause d'excès de pouvoir contre les arrêtés contraires aux anciennes règles , qui n'auraient pas leur
principe dans un acte de ce genre , et en laissant
en outre, aux parties la ressource de dénier, devant
le conseil de préfecture, la légalité des poursuites in-
tentées contre eux.

**1270.** — Il n'est point impossible que la nécessité de travaux immédiats se fasse sentir à l'égard
d'un cours d'eau jusque-là dénué de règlement écrit
ou consacré par l'usage; quel sera alors le parti à
prendre ? la question s'est présentée dans le département des Pyrénées-Orientales , au sujet des ravages occasionnés par le Réart. Le préfet crut devoir

_____

(1) L'arrêtiste dit en note, qu'il résultait d'une lettre du préfet,
produite au procès, que le règlement du 18 thermidor an IX faisait
revivre les dispositions d'un règlement de la maîtrise des eaux et
forêts de Châteauneuf-en-Thimerais, du 9 septembre 1717. Mais il
ajoute que le conseil d'état ne paraît pas avoir pris en considération
cette circonstance.

former une commission syndicale provisoire, suivant les règles tracées par la loi du 16 sept. 1807, pour faire exécuter les travaux et dresser, conformément à la loi du 14 floréal an XI, le rôle de répartition entre les intéressés ; et le conseil d'état a validé les opérations par une ordonnance dont les motifs sont que : « à l'époque où les travaux ont été exécutés, « et le rôle dressé , il n'existait point encore de rè- « glement d'administration publique, ni de commis- « sion syndicale régulièrement instituée en exécu- « tion de la loi du 16 sept. 1807 ; que , dès lors, le « préfet a dû procéder, d'après les dispositions de « la loi du 14 floréal an XI, qui autorisaient le pré- « fet à pourvoir au curage des rivières, à l'entretien « et aux réparations de leurs francs-bords, digues « et ouvrages de défense, et à rendre exécutoires les « rôles pour le payement des travaux reconnus né- « cessaires ; que le rôle contre lequel réclament les « requérants a été dressé suivant les bases détermi- « nées par ladite loi, et d'après le degré d'intérêt « des travaux pour chaque propriété. » (*Voy*. Ord. 29 janv. 1839, veuve Maux.) Le conseil a fait une application fort sage d'ailleurs, du principe général qui autorise le préfet à se prévaloir de l'urgence, pour user du pouvoir de police dont l'exercice est réservé au chef du gouvernement. On sait que le caractère des mesures auxquelles il procède à cet effet, est d'être *provisoires*, en ce sens que l'exécution n'en préjuge point le mérite, et qu'il appartient au roi en son conseil d'état d'examiner si l'urgence légitimait l'exercice du pouvoir de police, et s'il a eu lieu conformément à la loi.

1271. — Nous n'avons que peu de choses à dire sur la confection des règlements, en vertu de l'art. 2 de la loi du 14 floréal an XI. Ce n'est plus ici une simple ordonnance rendue dans la forme des règlements d'administration publique, comme pour les *règlements d'eau;* c'est un *règlement* dans le sens légal de ce mot. On est sous l'empire des règles propres aux actes *réglémentaires,* et, notamment, de celle qui les soustrait à toute espèce de recours par la voie contentieuse. Et cependant, si la loi avait été violée, par exemple, dans la disposition qui veut que la contribution de chacun soit proportionnée à son intérêt, on ne resterait point absolument désarmé. Il faudrait, en cas de poursuite, exciper de l'*illégalité* du règlement devant le conseil de préfecture ; car nous ne voyons pas pourquoi la force de cette exception ne serait pas, devant le juge administratif, la même que devant le juge civil. On aurait de plus, la ressource de solliciter du gouvernement la réparation de l'erreur, dans les formes tracées par l'art. 40 du règlement de 1806. (*Voy. suprà,* chap. 1er.)

1272. — L'art. 3 de la loi de floréal an XI porte : « Les rôles de répartition des sommes néces- « saires au payement des travaux d'entretien, répa- « ration ou reconstruction, seront dressés sous la « surveillance du préfet, rendus exécutoires par lui, « et le recouvrement s'en opèrera de la même ma- « nière que celui des contributions publiques. » Le législateur n'a point dit par qui, ni comment seraient dressés les rôles ; il s'est borné à réserver la surveillance préfectorale, en laissant l'organisation de l'opération dans le domaine du pouvoir réglémentaire, qui, lui-même, peut s'en remettre aux lumières et à la prudence du préfet. Nous croyons que l'intervention d'une commission composée de membres choisis parmi les intéressés, suivant les dispositions de la loi du 16 sept. 1807 que nous aurons bientôt à rappeler, offre à la fois le mode le plus simple et le plus sûr que l'administration puisse adopter (1).

**1273.** — Quel que soit ce mode, les règles relatives aux réclamations élevées par les imposés sont toujours les mêmes. L'art. 4 de la loi déclare expressément que *toutes les contestations relatives au recouvrement des rôles et aux réclamations des individus imposés seront portées devant le conseil de préfecture, sauf recours au gouvernement, qui décidera en conseil d'état.* C'est le corollaire des dispositions qui chargent l'autorité administrative de la répartition, et en soumettent le montant au mode de recouvrement usité pour les contributions publiques.

Toute réclamation, qu'elle porte sur l'illégalité des actes qui ont ordonné le curage, qu'elle ait pour motif une erreur dans l'appréciation de l'utilité des travaux respectivement aux divers intéressés, ou qu'elle soit fondée sur une irrégularité dans la confection des rôles, doit être soumise au conseil de préfecture. Néanmoins, il importe de faire remarquer

_____

(1) On a plus particulièrement recours à l'application du titre x de la loi du 16 septembre 1807, lorsque, d'après le développement du cours d'eau, les opérations forment un système étendu et embrassent plusieurs communes. Une ordonnance royale du 30 juin 1834, relative aux travaux d'entretien de la Nied, département de la Moselle, en fournit un exemple.

que sa compétence n'a trait qu'à l'application des règlements ; il excèderait manifestement ses pouvoirs s'il s'écartait des bases fixées par ces actes. (*Voy.* Ord. 2 déc. 1829, Soc. des marais de Bouin; 1ᵉʳ mars 1842, Paillot.) (1)

**1274.** — Nous expliquerons bientôt que le principe d'après lequel le curage des petites rivières et l'entretien des ouvrages destinés à leur procurer un libre écoulement sont l'objet d'une obligation commune, ne met point obstacle au principe du droit civil, qui veut que chacun réponde de son fait, et que, par conséquent, c'est à celui qui a occasionné un encombrement extraordinaire à le faire enlever à ses frais. Mentionnons au moins, quant à présent, cette règle, comme l'une de celles qui sont susceptibles d'être invoquées pour justifier une réclamation devant le conseil de préfecture, tant son attribution a d'étendue. (*Voy.* Ord. 5 sept. 1842, Vaillant.)

**1275.** — Il n'est point impossible non plus, qu'il soit appelé à examiner si l'obligation de prendre dans les frais de curage ou d'entretien, une part déterminée n'a pas été imposée comme condition de l'autorisation, au propriétaire d'un établissement industriel. Une semblable stipulation, qui naturellement n'intervient qu'en vue de l'influence présumée des artifices de l'usine sur le cours des eaux, n'a certai-

(1) Si un propriétaire prétend que son terrain ne profitant plus des travaux, il doit cesser d'être compris parmi les *intéressés* désignés pour supporter les dépenses, il n'appartient point au conseil de préfecture de prononcer. Le gouvernement, seul, est à même de prendre cette prétention en considération, pour modifier, s'il y a lieu, le règlement. (*Voy.* Ord. 22 novembre 1856, Association des vidanges de Trélou.)

nement rien d'illégal ; et les autres imposés éprouvent un préjudice trop manifeste du défaut d'accomplissement d'une condition de ce genre, pour qu'on
leur conteste le droit de le réclamer par une action
privée.

1276. — La généralité de l'intérêt qui s'attache
au curage des cours d'eau se révèle aussi dans la disposition de l'art. 4 de la loi de floréal, qui réserve à
la juridiction du conseil de préfecture les *contestations relatives à la confection des travaux.* Ils se trouvent assimilés, sous ce rapport, aux travaux d'utilité
publique, et comportent l'application des mêmes règles. Nous n'avons point à les expliquer ici (1).

1277. — Mais il importe de mentionner les droits
particuliers appartenant à l'administration et aux
entrepreneurs qui la représentent, pour l'exécution
des travaux particuliers dont il s'agit.

« C'est à l'administration de fixer les lieux où les
« déblais provenant du curage doivent être portés ;
« mais les riverains doivent, au besoin, en souffrir le
« jet et le dépôt momentané sur leurs berges, de
« même qu'ils doivent tolérer le passage nécessaire
« aux ouvriers préposés au curage : c'est là une ser-
« vitude naturelle résultant de la situation des lieux. »
M. Daviel à qui j'emprunte ce passage, cite à l'appui
de l'opinion qu'il exprime, les lois 1, § 6, et 3, § 9, *de
rivis,* un arrêt du parlement de Paris de 1709 mentionné par Fréminville, *du gouvernement des biens*

---

(1) C'est par application de cette disposition qu'il a été jugé que
les riverains qui se plaignent de dommages éprouvés par suite de
l'exécution des travaux doivent s'adresser au conseil de préfecture
pour s'en faire indemniser. (*Voy.* Ord. 11 février 1842, Bordenave.)

*communaux*, p. 573; et Henrion de Pansey, *Compétence des juges de paix*, ch. 27. (*Voy.* t. 2, p. 294, n° 724.)

**1278.** — Le même auteur attribue à l'administration le droit de détruire les alluvions et les îles qui rétréciraient le lit des rivières et, même, de faire passer le cours d'eau sur un héritage privé pour lui donner une meilleure direction; il n'accorde qu'une indemnité au riverain dont la possession serait bien établie sur le terrain enlevé. (*Voy.* t. 2, p. 294, n° 725.) Ce sentiment qui, au premier coup d'œil, paraît difficile à admettre, emprunte une base solide à la doctrine qui laisse aux riverains la propriété du lit des rivières non navigables ni flottables. Il en résulte en effet, d'après les principes établis en matière d'expropriation, que l'enlèvement des terrains pour l'élargissement ou le déplacement de l'espace affecté au courant d'eau n'emporte point l'anéantissement du droit de propriété et se résume en un dommage, de nature à motiver une indemnité, dont le règlement appartient au conseil de préfecture.

**1279.** — Dans tout ce qui précède, nous avons supposé que l'état de choses nécessitant les travaux n'était imputable à personne, en particulier : la loi du 14 floréal an XI n'est applicable qu'à cette condition. Mais elle est surtout précieuse à considérer pour se fixer sur la voie à prendre par les intéressés pour obtenir que le libre cours des eaux soit rétabli. L'obligation de pourvoir au curage ne peut donner lieu à une action juridique; elle a trait à un intérêt collectif remis aux mains de l'administration; l'administration seule est juge des exigences de cet intérêt.

Les riverains ne peuvent donc s'adresser qu'à elle et dans la forme purement administrative. On signale au préfet les conséquences de l'encombrement, et on sollicite son intervention par une pétition. Cet administrateur, qui n'a, d'ailleurs, d'autre contrôle à subir, en ce point, que celui du ministre, s'arme, s'il y a lieu, du pouvoir qu'il tient de la loi du 14 floréal an XI ou du règlement porté pour l'exécution de cette loi.

Au contraire, s'il s'agit d'un obstacle provenant du fait d'un riverain; si, par exemple, des travaux pratiqués sur la rive ont occasionné des éboulements plus ou moins considérables, si un barrage a été la cause d'un amoncellement extraordinaire de sable, ou bien si une digue formant dépendance d'une usine a été renversée par un coup d'eau et a encombré le courant de ses débris, les règles du droit civil reprennent tout leur empire. Le curage n'est plus là la conséquence de la nature des choses, non plus que d'un cas fortuit dont nul ne doit personnellement répondre; c'est à celui dont le fait a engendré l'obstacle au cours des eaux à le faire enlever. Tout intéressé a le droit de l'actionner devant les tribunaux civils, pour le faire contraindre à rendre aux eaux leur cours ordinaire. (*Voy.* en ce sens M. Daviel, t. 2, p. 303, n° 729.)

**1280.** — On a vu, dans la première partie de ce chapitre, que la loi, tout en laissant le curage des rivières navigables à la charge de l'état, a cru devoir faire supporter aux particuliers les dépenses des travaux de protection contre leurs eaux. A plus forte raison, il devait en être de même à l'égard des rivières non navigables ni flottables, dont tous les profits restent étrangers à l'état. Aussi la loi du 16 septembre 1807 est-elle exclusive de toute distinction entre les cours d'eau navigables et ceux impropres à la navigation, dans les dispositions qui ont pour objet les mesures de défense contre l'invasion des eaux.

Ces mesures demandant l'organisation d'un système de moyens et des ouvrages convenablement conçus et exécutés, elle a encore vu là un intérêt général à remettre aux mains de l'administration publique. La nécessité des travaux est constatée par le gouvernement, ce qui signifie qu'elle est déclarée par une ordonnance royale. (*Voy.* L. 16 septembre 1807, art. 33.) Le caractère de cet acte est bien évidemment d'être purement administratif.

Les dépenses sont supportées par les propriétés protégées, et la répartition a la même base que celle consacrée pour les travaux de curage par la loi de floréal an xi; elle a lieu entre les divers propriétaires, en proportion de leur intérêt aux travaux. (*Voy.* L. 16 septembre 1807, art. 33.) Il n'est point impossible que le gouvernement soit déterminé par l'importance des sacrifices faits par les localités, à les assister de ses ressources; mais son secours est facultatif.

**1281.** — Les répartitions à effectuer pour les travaux prévus et réglés par la loi du 16 sept. 1807, dans la disposition qui nous occupe, sont soumises à des formes toutes spéciales. Elles sont confiées à une commission, dont les membres sont nommés par le roi et dont l'organisation et le mode de procéder sont déterminés par un règlement d'administration publique. ( *Voy.* L. 16 septembre 1807, art. 42, 44 et 45.)

La commission est tenue de fixer la quote-part à payer pour chaque héritage protégé, proportionnellement à l'intérêt qu'il a aux travaux, en raison de sa valeur productive et du degré de danger ou de dommage qu'entraîne sa position, relativement aux cours d'eau dont on redoute les ravages. (*Voy.* Ordonnance 8 janvier 1836, Oziol.)

Ses actes, au surplus, constituent des décisions juridiques. C'est par conséquent par voie d'opposition ou de tierce-opposition qu'il convient de les attaquer d'abord, lorsqu'ils sont intervenus sans que les intéressés aient été entendus. Le conseil d'état ne peut être saisi que comme tribunal d'appel. (*Voy.* Ord. 1er nov. 1837, habitants du hameau de Reymure.)

### ART. 6. — Des contraventions.

1282. — Incompétence absolue des conseils de préfecture.

**1282.** — La répression des contraventions aux règlements administratifs sur la police des cours d'eau non navigables ni flottables, n'a fait dans sa *généralité* l'objet d'aucune attribution exceptionnelle. Elle appartient par conséquent aux tribunaux de police (1). Nous n'avons dû en parler que pour constater l'incompétence absolue des conseils de préfecture. Quel que soit l'obstacle apporté à leur écoulement et l'inconvénient qui en puisse résulter, ils n'ont rien à prescrire ni à réprimer à l'égard des

(1) Nous avons mentionné, dans le cours de notre travail, quelques rares exceptions faites, sous ce rapport, au droit commun.

cours d'eau non navigables ni flottables. (*Voy.* Ord. 19 mars 1840, Jouannet; 19 juillet 1840, veuve Hacot.)

## CHAPITRE DIXIÈME.

### DU CULTE.

#### PRÉLIMINAIRES.

1283. — Dans la législation, la place la plus large appartient à la religion catholique.
1284. — Juridiction de droit divin.
1285. — Les évêques se laissent entraîner à en excéder les limites.
1286. — Officialités. — Leur établissement. — Leur organisation.
1287. — Leur juridiction.
1288. — Origine des anciens appels comme d'abus.
1289. — Renversement des institutions anciennes. — Du principe fondamental des institutions nouvelles.

**1283.** — La religion catholique, après avoir pendant si longtemps régné seule, sous la protection de la puissance publique, rallie encore, à l'heure qu'il est, la grande majorité des citoyens. C'est donc à cette religion qu'il convient de s'attacher plus particulièrement pour découvrir dans le passé, l'origine de notre législation en matière de culte, et pour déterminer les règles qui doivent présider à son application dans le présent.

**1284.** — Dès qu'on remonte à la source, il faut bien reconnaître que la juridiction que l'Église est en droit de revendiquer comme un dépôt de son divin fondateur, ne consiste que dans le pouvoir d'enseigner les nations, d'administrer aux fidèles les sacrements, et de punir par des peines purement spirituelles, ceux qui violent les lois ecclésiastiques. Le Christ voulait qu'on rendît à César ce qui était à César, et à Dieu ce qui était à Dieu; et, ainsi qu'il le rappelle à ses apôtres, en quittant la terre, son royaume n'était pas de ce monde.

**1285.** — Les évêques, dans les premiers temps du christianisme, se renfermèrent en effet, dans l'administration et le règlement des choses religieuses. Mais bientôt le respect même qu'inspiraient ces premiers pasteurs entraîna les fidèles à implorer leur intervention charitable dans les contestations d'intérêt purement temporel. « Persuadés qu'arrêter et « éteindre des procès, c'était prévenir et épargner « bien des fautes, et quelquefois des crimes, les plus « grands évêques de l'antiquité se faisaient un de- « voir de donner à ce soin un temps considérable. « La sagesse et l'équité de leurs jugements leur con- « cilièrent la plus grande vénération ; les empereurs « chrétiens, et, à leur exemple, les autres princes « les favorisèrent de tout leur pouvoir, ils en ap- « puyèrent l'exécution de toute leur autorité; l'É- « glise acquit ainsi des tribunaux, avec l'appareil et « les formes judiciaires. » (*Voy.* Merlin, Répert., v° *Official.*)

**1286.** — Ce fut là l'origine des tribunaux ecclésiastiques qui portaient le nom d'*officialités*. A mesure que la juridiction ecclésiastique s'étendait et que l'exercice en devenait, par conséquent, plus difficile et plus laborieux, le zèle des prélats se refroidissait ; et ils se déchargeaient de la fonction de juge entre les mains d'ecclésiastiques de leur diocèse. Cette délégation, d'abord volontaire, devint d'un usage tellement général qu'on finit par considérer l'exercice personnel de leur juridiction comme interdit aux évêques. (*Voy. ibid.*, *loc. cit.*)

L'official, c'est-à-dire le juge siégeant dans chaque officialité, avait, indépendamment de ses officiers ministériels, un promoteur dont les fonctions consistaient à veiller au maintien de l'ordre dans le domaine du clergé, et à faire informer d'office contre les infracteurs des lois et de la discipline ecclésiastiques.

La hiérarchie et la subordination établies dans le sein du clergé, se retrouvaient d'ailleurs dans l'organisation de la juridiction.

L'officialité diocésaine connaissait des causes nées dans le diocèse et souffrait l'appel devant l'officialité métropolitaine; et les décisions rendues par l'officialité métropolitaine elle-même, se portaient, en appel, devant l'officialité primatiale.

**1287.** — On voit par l'édit de 1695, concernant la juridiction ecclésiastique, quelle était l'étendue de celle remise aux officialités.

La *juridiction gracieuse*, appelée aussi *juridiction volontaire*, ayant pour objet l'administration des ordres et des sacrements, la collation des bénéfices et l'institution canonique, était demeurée propre aux évêques, qui n'en faisaient part qu'à leurs grands vicaires (1).

Mais les officiaux avaient reçu le dépôt de toute *la juridiction contentieuse*. Elle embrassait non-seule-

(1) Merlin a pris soin de déterminer par de savantes explications la signification des mots : *Juridiction gracieuse ou volontaire*. (*Voy.* Répert., v° *Juridiction*.) Il établit que c'est en vertu de la juridiction volontaire, par opposition à la juridiction contentieuse, « que le magistrat procède, toutes les fois qu'il prononce sur une

ment les affaires temporelles successivement tombées dans le domaine du juge d'Église, mais aussi toutes les *causes*, c'est-à-dire les contestations purement spirituelles concernant les sacrements, les vœux de religion, l'office divin, la discipline ecclésiastique et en général, toutes les matières religieuses.

Tandis que la juridiction relative à ces matières dérivait, on l'a vu, de la mission dont Jésus-Christ a investi ses ministres, leur juridiction en matière temporelle était de droit purement humain ; l'Église ne l'avait reçue qu'à titre de concession et ne la conservait que comme un privilége. Néanmoins, l'une et l'autre offrait ce remarquable caractère, que les sentences émanées de l'official empruntaient leur force à la puissance publique. Par l'effet de la protection du pouvoir politique, le *bras séculier*, selon l'expression consacrée, assurait l'exécution des actes de la juridiction ecclésiastique dans les matières religieuses aussi bien que dans les matières civiles et criminelles ; en un mot, il y avait délégation de la puissance publique au juge d'Église.

1288. — De ce principe est dérivé l'appel comme d'abus, tel qu'il existait sous les parlements. Lorsque, vers le commencement du quatorzième siècle, les jurisconsultes sentirent le besoin d'opposer une résistance aux entreprises incessantes de la juridiction ecclésiastique en matière civile, quel fut leur langage ? Ils observèrent que, les officialités siégeant et prononçant en vertu du même pouvoir que les au-

---

« demande qui, soit par sa nature, soit d'après l'état des choses,
« n'est pas susceptible de contradiction. »

tres tribunaux du royaume, elles tombaient, comme ces derniers, sous le contrôle et la censure de l'autorité souveraine et qu'il pouvait être appelé de leurs actes devant les parlements, dépositaires de cette autorité. L'appel admis pour les matières civiles, on ne tarda point d'en réclamer le bénéfice en matière spirituelle. Puisque le prince était le gardien et le conservateur de la foi, puisque les sentences et les lois religieuses s'exécutaient par son autorité, n'était-il pas juste de recourir à lui contre les abus qui en étaient faits?

**1289.** — Les officialités ont disparu ; la loi des 7-14 sept. 1790 en a prononcé la suppression ; bientôt le culte religieux lui-même a pris fin, au milieu de la tourmente qui faisait une place libre aux institutions de l'avenir ; et plus tard, l'Église ramenée au sein de la société, n'a recouvré ni sa constitution, ni ses priviléges. Le gouvernement la recevant comme un exilé, lui a fait ses conditions. En même temps que l'Église était mise dans l'impossibilité de jamais excéder les limites du pouvoir spirituel, elle a dû subir dans son organisation extérieure le contrôle du pouvoir temporel. L'esprit de précaution est allé plus loin ; il a été fait attribution à l'autorité préposée à la conservation de l'ordre social, d'une arme destinée non-seulement à réprimer les empiètements des ministres de la religion, mais aussi à défendre la liberté, la sécurité et tous les biens qu'il est du devoir de l'état de garantir à chacun de ses membres, contre l'atteinte qu'ils sont exposés à éprouver des actes appartenant par leur principe et leur objet direct à la sphère purement spirituelle.

Ainsi, la séparation des pouvoirs spirituel et temporel, l'intervention du gouvernement dans l'organisation du culte et enfin l'institution de l'appel comme d'abus, voilà, si je ne me trompe, les termes qui marquent la place accordée à l'Église par les lois qui nous régissent, et donnent l'indication et la mesure de ses rapports avec les dépositaires de la puissance publique.

Il importe qu'on retienne ce principe, car j'en vais faire la base des observations que j'ai à présenter d'abord, sur l'organisation du culte, et en second lieu, sur l'institution qu'on désigne aujourd'hui sous la dénomination *d'appels comme d'abus*.

### ART. 1ᵉʳ. — Organisation du culte.

———

**1290.** — Le pape est reconnu comme le chef suprême du sacerdoce. Il a paru plus sage d'admettre *l'autorité d'un chef éloigné, dont la voix ne retentit que faiblement et qui a le plus grand intérêt à conserver des égards et des ménagements* pour la puissance politique que de donner, sous le titre de patriarche ou de primat, un premier pontife à l'église catholique de France.

On n'a eu garde, d'ailleurs, de négliger les barrières de tout temps opposées aux entreprises de la cour de Rome. Aucune bulle, bref, rescrit, ou quelque expédition que ce soit, à l'exception des brefs de la pénitencerie pour le for intérieur (1), ne peut être imprimée, publiée ou exécutée sans l'autorisation du gouvernement.

La même autorisation est indispensable à tout mandataire du souverain pontife, qui prétend s'immiscer dans les fonctions ou les affaires ecclésiastiques.

Le gouvernement s'est aussi ménagé le droit d'examiner, avant qu'on puisse les publier, les décrets des synodes étrangers et même des conciles généraux, et de vérifier et repousser tout ce qu'ils auraient de contraire aux lois de l'état.

Enfin, les libertés de l'église gallicane ont été réservées dans toute leur intégrité, et nous verrons

———

(1) Les expéditions de la pénitencerie pour le for intérieur ont trait aux grâces spirituelles.

bientôt comment il est pourvu à la conservation de ce dépôt dans les mains du clergé. (*Voy.* L. du 18 germ. an x, art. 1, 2 et 3, et décret du 27 fév. 1810, art. 1.)

**1291.** — Quant à l'organisation du culte au sein du pays, on a compris qu'il était de l'intérêt de l'état de dépouiller tout esprit d'indifférence et d'abandon. Le bon ordre et la sûreté publique ne permettent pas qu'on livre ces institutions à elles-mêmes. Or, « l'état ne pourrait avoir aucune prise sur des « établissements et sur des hommes que l'on trai- « terait comme étrangers à l'état : le système d'une « surveillance raisonnable sur les cultes ne peut « être garanti que par le plan connu d'une organi- « sation légale de ces cultes. Sans cette organisation, « avouée et autorisée, toute surveillance serait nulle « ou impossible, parce que le gouvernement n'au- « rait aucune garantie réelle de la bonne conduite de « ceux qui professeraient des cultes obscurs dont les « lois ne se mêleraient pas et qui, dans leur invisi- « bilité, s'il est permis de parler ainsi, sauraient « toujours échapper aux lois. » (*Voy.* l'exposé des motifs du projet de loi relatif au concordat, par M. Portalis.)

Le gouvernement est parti de ce principe pour régler lui-même l'exercice extérieur du culte catholique.

**1292.** — La direction en est confiée aux curés, dans leurs paroisses, et aux évêques et archevêques, dans leurs diocèses. (*Voy.* L. 18 germ. an x, art. 9.)

Les archevêques et évêques nommés par le chef du royaume ont à rapporter l'institution du pape qui, du royaume ont à rapporter l'institution du pape qui, elle-même, doit ensuite recevoir l'attache du gouvernement, et prêtent serment entre les mains du roi. (*Voy.* L. 18 germ. an x, art. 17 et 18.)

Les évêques nomment et instituent les curés; néanmoins, ils ne manifestent la nomination et ne donnent l'institution canonique qu'après que cette nomination a été agréée par le souverain. (*Voy. ibid.*, art. 19.)

Les vicaires et desservants nommés par les curés sont approuvés par l'évêque et peuvent être révoqués par lui. (*Voy. ibid.*, art. 31.)

1293.—Avant d'aller plus loin, il convient de rechercher et de définir la nature et l'étendue des pouvoirs attribués à ces divers degrés de la hiérarchie.

Le sacerdoce tient de sa mission un pouvoir d'origine étrangère aux lois humaines, qui procède de Dieu lui-même. Il est de l'essence de ce pouvoir, considéré dans son principe et dans sa fin, de s'exercer par voie de commandement et de décision. Le divin fondateur du christianisme a voulu que *celui qui n'écouterait pas l'Église fût regardé comme un païen et que tout ce que ses ministres lieraient ou délieraient sur la terre fût aussi lié ou délié dans le ciel.* (*Voy.* l'évangile selon saint Matthieu, chap. 18.) L'étendue de ce pouvoir est circonscrite par les limites qui définissent le domaine de la religion elle-même. Il a d'abord pour objet la connaissance et le jugement de la doctrine, l'administration des sacrements, l'octroi des prières et de toutes les grâces spirituelles, et sanctionne ses prescriptions par la condamnation au jeûne et à la prière, et par l'excommunication. Il

embrasse, en second lieu, les rapports des membres
du clergé entre eux, le règlement de leurs attributions, leur surveillance, et, en un mot, toute la discipline de l'Église et a pour armes, indépendamment
des peines spirituelles, les destitutions et les interdits (1).

Il n'appartenait point sans doute, à la puissance
civile d'altérer ni de restreindre un pouvoir de
droit divin; mais les raisons qui ont fait ranger
l'organisation du culte au nombre des matières soumises à la haute police de l'état s'appliquaient trop
évidemment aux institutions destinées à assurer
l'*exercice* de ce pouvoir pour qu'il n'eût point à s'en
préoccuper. « La tranquillité publique n'est point
« assurée si l'on néglige de savoir ce que sont les
« ministres d'un culte, ce qui les caractérise, ce qui
« les distingue des simples citoyens et des ministres
« des autres cultes ; si l'on ignore sous quelle discipline ils entendent vivre ; et quels règlements ils
« promettent d'observer : l'état est menacé si ces
« règlements peuvent être faits ou changés sans son
« concours, s'il demeure étranger ou indifférent à

(1) M. Vuillefroy, dont le *Traité sur l'administration du culte
catholique* renferme un grand nombre de documents d'autant plus
précieux qu'ils sont inédits, emprunte à une lettre de M. Portalis, du
25 nivôse an XI, une définition des interdits. « Les interdictions,
« dit-il, sont de diverse nature. La première et la plus grave est celle
« qui suspend un prêtre *à divinis* pour un temps ou pour toujours;
« la seconde consiste à priver un prêtre du droit de prêcher; enfin, la
« troisième interdiction est celle qui emporte la prohibition de prêcher et de confesser. Les interdictions ou peines canoniques sont
« soumises à des formes plus ou moins solennelles, suivant leur
« gravité et suivant le titre ecclésiastique du prêtre auquel elles
« s'appliquent. » (*Voy.* v° *Juridiction.*)

« la forme et à la constitution du gouvernement qui
« se propose de régir les âmes, et s'il n'a dans des
« supérieurs légalement reconnus et avoués, des ga-
« rants de la fidélité des inférieurs. » (*Voy.* l'exposé
précité des motifs relatifs au projet de loi sur le concordat.)

On a dans ce passage, l'expression claire et positive de la pensée qui a déterminé le gouvernement à
s'immiscer dans la répartition du pouvoir entre les
ministres du sacerdoce.

1294. — « Les vicaires et desservants exerce-
« ront leur ministère, porte la loi du 18 germinal,
« sous la surveillance et la direction des curés. »
(*Voy.* art. 31.) Cette rédaction laissait du doute sur
la portée de l'attribution faite aux curés, mais il a
été pleinement dissipé par un acte ultérieur dont
l'existence est révélée par une note de M. le comte
Portalis, que j'emprunte à M. Duvergier. « Les curés,
« est-il dit dans cette note, n'ont sur les desser-
« vants aucune autorité réelle, d'après un règlement
« pour le diocèse de Paris, approuvé par le gouver-
« nement, le 25 thermidor an x, règlement devenu
« commun aux autres diocèses. Ils ont un simple
« droit de surveillance dont l'objet est de prévenir les
« évêques des irrégularités et des abus parvenus à
« leur connaissance. » (*Voy.* les notes sur l'art. 31
de la loi du 18 germinal an x.)

1295. — Les évêques sont chargés de l'organisation de leurs séminaires; mais les règlements doivent être soumis à l'approbation du chef de l'état
(*Voy.* L. 18 germinal an x, art. 23), d'où il suit que
leur pouvoir, en matière réglémentaire, est défini

dans une limite étroite, et d'ailleurs dominé par l'autorité du roi.

On rencontre plus d'indépendance dans leurs attributions au regard des curés. « Les curés sont « immédiatement soumis aux évêques dans l'exer- « cice de leurs fonctions. » (*Voy. ibid.*, art. 30.) D'un autre côté, la loi ajoute « qu'un prêtre ne « pourra quitter son diocèse pour aller desservir « dans un autre, sans la permission de son évêque. (*Voy. ibid.*, art. 34. ) Enfin, leur pouvoir reçoit une nouvelle confirmation de la disposition qui attribue aux métropolitains la connaissance des réclamations formées contre leurs *décisions*. (*Voy.* art. 15.)

On voit que ce qui n'était pour le curé qu'un droit de surveillance, est devenu pour l'évêque une autorité réelle. Il lui appartient de faire cesser et de punir par voie de décisions, les irrégularités et les abus. Les peines spirituelles ne sont plus ses seules armes ; il est investi du droit de recourir aux mesures disciplinaires, et notamment de condamner à la retraite pour un temps dans un séminaire, et de prononcer les *censures*, les *suspenses* et les *interdits* pour les divers actes du ministère sacerdotal, tels que la prédication et l'administration des sacrements.

**1296.** — D'après les canons de l'Église, les interdictions qui privent un simple *prêtre*, sans titre ou sans mission particulière, un *vicaire* ou un *desservant*, dont le titre n'est pas inamovible, du droit de prêcher ou de confesser, sont à la libre disposition de l'évêque. Il n'est pas tenu d'en expliquer les causes ; ses décisions n'ont pas besoin d'être motivées

et elles doivent être exécutées par provision, nonobstant tout appel et tout recours. Il en est de même
des décisions qui condamnent un *curé* à une retraite
ou à passer quelques mois dans un séminaire.

Mais il faut ranger dans une classe à part : « 1° la
« prononciation contre un *simple prêtre* de la sus-
« pension *à divinis*, c'est-à-dire la privation du droit
« de célébrer les saints mystères ; 2° l'interdiction
« prononcée contre un curé pourvu d'un titre ina-
« movible, du droit de confesser ou de prêcher dans
« sa paroisse.

« Ces dernières interdictions ne peuvent être pro-
« noncées que pour des faits extrêmement graves et
« lorsque les causes en ont été régulièrement prou-
« vées et jugées. L'évêque est tenu d'observer tout ce
« qui est de la substance des jugements ; en consé-
« quence, il est procédé à une enquête par un com-
« missaire nommé par l'évêque pour aller sur les
« lieux faire l'information, suivant les formes usi-
« tées en pareil cas et indiquées par les canons ; les
« témoins sont entendus, tous les renseignements
« nécessaires sont recueillis, le prévenu est cité et
« entendu ; enfin, la décision doit constater les do-
« cuments qui la déterminent ; elle doit être motivée
« et exprimer les causes de l'interdiction, de ma-
« nière à la justifier, s'il y a plainte ou réclama-
« tion. »

M. Vuillefroy, à qui j'emprunte ce passage, cite à
l'appui, diverses décisions ministérielles inédites des
20 pluviôse an xi, 13 mars 1820 et 12 déc. 1814.
(*Voy.* v° *Juridiction.*)

**1297.** — Je n'entrerai point dans le détail des

preuves empruntées aux livres saints et discutées
par les pères de l'Église, pour établir que les curés
sont les successeurs des disciples du Christ comme
les évêques sont ceux de ses apôtres, que, bien que
d'un rang inférieur et subordonné à l'épiscopat, ils
ne tirent pas moins leurs pouvoirs de la même source,
à savoir, d'une institution divine et que, par conséquent, leur état ne saurait être réduit à celui de
simples mandataires révocables *ad nutum*. Mais je
dois constater que cette opinion a été sanctionnée
par les canons de l'Église, et qu'en France une ordonnance de Louis XIV, du 29 janvier 1686, dont la
disposition est plus tard, passée dans l'édit de 1695,
lui a donné place dans la législation, en consacrant
l'inamovibilité des curés. Les dispositions organiques du concordat, par cela même qu'elles ne men-
tionnent de droits de révocation au profit des évêques
qu'en ce qui regarde les vicaires et desservants
(*Voy.* art. 31), témoignent clairement du maintien
du principe de l'inamovibilité des curés. Il faut donc
tenir pour certain que le droit public du pays laisse
sur ce point toute leur force et toute leur étendue
aux lois de l'Église et, par suite, qu'un curé ne peut
être privé de ses fonctions et de son titre que par
une sentence de déposition, rendue selon les formes
canoniques. (*Voy. suprà*, n° 1293.)

Qu'on ne suppose pas néanmoins, que le contrôle
de la puissance publique fasse absolument défaut à
ces sortes d'actes. Dès l'instant que le gouvernement
a participé à la nomination du curé, la raison enseigne que son concours est indispensable dans l'acte
qui tend à lui retirer le titre et les fonctions qu'elle

lui a conférés (1). Selon quelle forme et dans quelle mesure ce concours se produira-t-il? La législation spéciale est silencieuse, mais l'analogie la plus étroite entre les actes dont il s'agit et tous ceux qui, dans le domaine du pouvoir exécutif, appellent la surveillance d'une autorité autre que celle dont ils émanent, permet de suppléer à son silence. Il est évident que l'intervention du gouvernement doit se manifester par une confirmation donnée à la sentence, pour lui conférer la force exécutoire. Dans l'usage, la sentence de déposition est, en effet, adressée par l'évêque avec toutes les pièces de l'instruction, au ministre des cultes, et n'est exécutoire qu'après avoir été approuvée par une ordonnance royale.

1298. — Le conseil d'état a décidé que l'inamovibilité ne met point obstacle au droit d'opérer l'union ou la distraction des cures, dans les conditions prévues et réglées par les lois ; que même durant l'existence du titulaire, une cure peut être réunie à une autre, et cela sans son consentement, et que, même dans le cas où la cure est réunie non point à une autre cure, mais à un chapitre, l'évêque n'est point tenu de laisser les fonctions curiales à l'ancien titulaire, et demeure maître de les confier à un desservant amovible. (*Voy*. Ord. 14 juillet 1824, Schales.) Le résultat semble au premier coup d'œil contredire ouvertement le principe de l'inamovibilité ; et cependant, il n'en est rien. Il faut se garder de confondre le titulaire avec l'office. L'inamovibilité a lieu en ce sens

(1) M. Vuillefroy cite un avis du comité de l'intérieur, du 30 juillet 1824, qui exprime précisément cette opinion. (*Voy*. v° Cure.)

que le titulaire ne peut être détaché de l'office tant
que l'office subsiste, mais il ne s'en suit point que
l'office même ne puisse être supprimé ; en un mot, le
titulaire est bien inamovible, mais l'office n'est point
perpétuel. Il n'en est pas moins vrai qu'en fait on
a, dans les circonstances déterminées par la décision
que nous examinons, un effet identique à celui que
produirait l'amovibilité ; mais en droit, pour apprécier le mérite des effets, c'est à la cause qu'il convient
de s'attacher, les conséquences ne doivent être examinées et jugées qu'à la lumière des principes.

**1299.** — J'ai mentionné, il n'y a qu'un instant,
la disposition qui réduit les vicaires et desservants à
la condition de ministres révocables. Elle porte simplement qu'ils *sont révocables par l'évêque.* (*Voy.* L.
18 germ. an x, art. 31.) Mais quand peut-il révoquer?
comment le peut-il? Quelle est la qualité précise
des clercs envers lesquels il le peut? Les articles organiques sont silencieux sur ces divers points. Leur
auteur a donc voulu, comme pour la déposition des
curés, s'en référer aux lois qui déterminent l'étendue
et règlent l'exercice des pouvoirs spirituels de l'é-
piscopat, c'est-à-dire aux canons des conciles. (*Voy.*
*suprà,* n° 1297.)

**1300.** — Il est aisé de pénétrer le motif qui a
fait *interdire toute fonction à tout ecclésiastique, même*
*français, qui n'appartient à aucun diocèse, et déclarer*
*qu'un prêtre ne peut quitter son diocèse pour aller des-*
*servir dans un autre, sans la permission de son évêque.*
(*Voy.* L. 18 germ. an x, art. 33 et 34). (1) Cette

_____

(1) On a pris le mot *desservir* dans son acception la plus étroite,

double disposition, d'ailleurs conforme aux lois canoniques, est destinée à assurer l'accomplissement de la mission disciplinaire confiée aux évêques, et à maintenir la paix et la concorde dans la hiérarchie.

Sans entrer dans le détail des formes que prennent les permissions octroyées par les évêques, nous avons à en distinguer quelques-unes en raison de la diversité de leurs effets. On nomme lettre *d'excorporation* l'acte qui a pour objet la cession, par un évêque à un autre, de la *personne* du prêtre. Elle comprend tous les droits que sa naissance dans un autre diocèse conférait à son évêque, et il est de sa nature d'être perpétuelle. C'est une expatriation définitive et irrévocable. Par les lettres *démissoires,* un évêque autorise son diocésain à se présenter à un autre évêque, pour en recevoir les ordres. L'*exeat* emporte permission de passer d'un diocèse dans l'autre, d'y demeurer et d'y exercer les fonctions du sacerdoce, du consentement de l'évêque; il est essentiellement révocable. Ces actes offrent néanmoins, un caractère commun, c'est de ne pouvoir intervenir que sur la demande, et par conséquent, de l'aveu du prêtre qu'ils concernent.

**1301.** — Dans le clergé catholique de France, le degré le plus élevé de la hiérarchie appartient aux archevêques ou métropolitains.

L'art. 14 de la loi de germinal les appelle à veiller

---

et on a prétendu que la permission n'était indispensable que pour remplir les fonctions *publiques* du sacerdoce, comme préposé à une cure ou à tout autre bénéfice, et que le prêtre, à défaut de s'en être muni, ne perdait point le droit inhérent à son caractère sacré, de dire la messe. Mais cette distinction n'a point été admise. (*Voy.* Ord. 29 août 1821, Hamel.)

au maintien de la foi et de la discipline dans les diocèses dépendants de leur métropole. Le gouvernement a compris tout l'avantage qu'il y avait à se ménager un moyen canonique et légal de mettre un terme aux conflits susceptibles de compromettre la sainteté de la religion et la dignité de ses ministres, d'étouffer les querelles religieuses qui renferment en elles le germe de tant de désordres.

L'art. 15 dispose qu'ils connaîtront « des réclama- « tions et des plaintes portées contre la conduite et « les décisions des évêques suffragants. »

La lettre n'a pas besoin de commentaire, il en résulte évidemment que le métropolitain est le supérieur immédiat de l'évêque, et, par exemple, que ce n'est que devant le premier que peuvent se pourvoir, *par voie d'appel*, les curés suspendus ou interdits par le second. Le conseil d'état l'applique journellement, en se refusant, lui-même, à connaître de ces sortes de réclamations, qu'il faut se garder de confondre avec celles présentées par la voie d'appel comme d'abus, voie toute spéciale et étroite, ainsi que nous l'établirons bientôt. (*Voy.* Ord. 22 février 1837, Isnard; 9 mai 1838, Chrétien.)

1302. Mais je crois utile de m'attacher à l'esprit qui a dicté cet art. 15, car il me paraît offrir l'expression la plus claire de la pensée qui a présidé à toute l'organisation hiérarchique du clergé.

Le gouvernement, en intervenant dans les affaires religieuses par la consécration des dispositions relatives aux attributions respectives des curés, des évêques et des archevêques, n'a point eu pour objet de faire sentir ses rigueurs à la religion. Le système

de surveillance qu'il s'est proposé d'instituer, porte
au contraire, l'empreinte d'un caractère éminemment protecteur. Bien loin que les consciences puissent s'en trouver opprimées, froissées ou alarmées,
il ne tend qu'à prévenir des scandales, peut-être
plus préjudiciables encore à la dignité du culte qu'à
la sécurité de la vie sociale. Les pouvoirs ecclésiastiques n'éprouvent ni altération, ni souffrance dans aucun des éléments qu'ils puisent à leur source divine.
Même dans le mode assigné à leur exercice, la puissance publique s'est étudiée à confirmer purement
et simplement les règles tracées par les lois de l'é-
glise. Quant au fond et le plus ordinairement même,
en ce qui a trait à la forme, pour l'administration
et le règlement des matières religieuses, afin de garantir plus de liberté et d'intégrité à leur application,
elle a pris soin de s'abstenir d'une reproduction qui
pouvait être fautive, et a délaissé les ministres du
sacerdoce à chercher eux-mêmes, leur guide et leur
appui dans le droit canon. Jusqu'ici, et sans préjudice des observations que pourra suggérer le recours par voie d'appel comme d'abus, l'indépendance
spirituelle du prêtre se trouve donc respectée. L'administration des sacrements, l'octroi de la sépulture
chrétienne et, en un mot, la distribution de toutes
les grâces, ne relèvent que des ministres du sacerdoce
et se consomment hors de l'atteinte de l'autorité
temporelle.

La reconnaissance par la puissance publique de la
juridiction ecclésiastique telle qu'elle est constituée
et réglée par les saints canons, offre d'ailleurs, l'a-
vantage de lui ménager une sanction efficace, dans

# 490 DROIT ADMINISTRATIF APPLIQUÉ.

ceux de ces actes qui sont susceptibles de produire effet au delà du domaine de la conscience. Que l'on suppose à un curé la volonté de se refuser à obtempérer à la sentence de déposition prononcée contre lui dans les formes et suivant les règles canoniques, ou chez un desservant la résolution de ne tenir aucun compte de sa révocation, on ne sera point réduit à subir le scandale qui s'est produit en Belgique entre l'évêque de Liége et le desservant de l'église de Sainte-Marguerite dans cette même ville, et à voir un prêtre conserver son office contrairement à toutes les lois divines et ecclésiastiques (1). L'autorité administrative ne manquerait pas de se prévaloir de la reconnaissance de la juridiction épiscopale écrite dans les articles organiques, pour considérer le prêtre légalement déposé ou révoqué comme étant désor-

(1) En Belgique, la constitution de 1831 consacre, dans les termes les plus absolus, le principe de la séparation des pouvoirs temporel et spirituel. Elle porte que « l'état n'a le droit d'intervenir, ni dans la « nomination, ni dans l'installation des ministres d'un culte quel- « conque, ni de défendre à ceux-ci de correspondre avec leurs su- « périeurs, et de publier leurs actes, sauf, en ce dernier cas, la « responsabilité ordinaire en matière de presse et de publica- « tion, etc. » Mais les conflits les plus regrettables et les plus dangereux pour la dignité et la paix de l'Église signalent journellement le vice de ce système. C'est ainsi que l'évêque de Liège, vis-à-vis d'un desservant de Sainte-Marguerite, et l'évêque de Tournay, vis-à-vis du curé de Saint-Vaast, se sont vus dans l'impossibilité de retirer leurs fonctions, et même la possession du presbytère et de l'église à des prêtres qu'ils avaient frappés de révocation. Les débats suscités par ces deux affaires sont reproduits, avec tous les développements désirables, dans un *Répertoire de droit de l'administration de la Belgique,* dont la publication, entreprise par MM. de Brouckère et Tielmans, paraît n'avoir pas dépassé le second volume.

mais sans titre pour occuper le presbytère et l'église, et le contraindre à les délaisser.

1503. — J'ai dit que la juridiction métropolitaine dominait au sommet de la hiérarchie admise par la loi de l'an x ; cette juridiction échappe-t-elle à l'empire du dogme qui fait du pape le chef suprême du catholicisme ; en d'autres termes, est-on dénué de la faculté d'en appeler du métropolitain au souverain pontife ?

L'auteur des *Questions de droit administratif,* tout en reconnaissant la nécessité de ménager un recours contre les décisions du métropolitain, suppose qu'on a à hésiter sur la compétence, entre le pape et le roi en son conseil d'état. « On peut dire, suivant ce « grave auteur, pour défendre l'attribution du con- « seil d'état, que le roi est l'évêque du dehors et le « protecteur des saints canons; que l'infraction des « règles consacrées par les canons reçus en France « constitue, aux termes du concordat de l'an x, un « cas d'abus et que les cas d'abus sont du ressort du « conseil d'état. » Néanmoins, il ne se dissimule point que cette solution n'est pas sans difficulté. Après avoir signalé, avec autant de justesse que d'énergie, les chocs inévitables dans l'action simultanée des deux pouvoirs spirituel et temporel sur une matière exclusivement spirituelle, il se demande s'il ne serait pas plus rationnel, «lorsqu'il s'agit, soit de pro- « cédures canoniques, soit de déni de justice, soit « de peines spirituelles faussement ou arbitrairement « appliquées, de recourir de l'évêque au métropoli- «tain, et, dans l'ordre compétent, de celui-ci au «pape, s'il y a lieu. »

Enfin, la conclusion est que « les esprits sages ne « peuvent que désirer que le gouvernement s'en-« tende avec le Saint-Siége, pour régler un point « qui touche de si près à la liberté des prêtres infé-« rieurs, aux droits de l'épiscopat, à l'unité de la « discipline, et au bon ordre de l'Église et de l'état. » (*Voy. l'appendice, v° Appels comme d'abus.*)

Mais il nous est impossible de partager cette hésitation.

L'idée de la compétence du roi en conseil d'état ne saurait nous arrêter un instant. Elle n'est venue que d'une confusion entre l'appel *comme d'abus*, qui procède d'un principe et tend à un but éminemment spécial, qui constitue un moyen de haute police et n'a absolument rien de commun avec la juridiction organisée au sein de l'Église elle-même, et le recours par voie d'appel *simple*, tel qu'il figure dans toutes les procédures comportant plusieurs degrés de juridiction, tel qu'il existe de l'évêque au métropolitain dans le régime établi par la loi de germinal. Le caractère de ce régime, on l'a vu dans le précédent numéro, est de laisser la répartition et l'exercice des pouvoirs ecclésiastiques sous l'empire des actes des conciles et d'en écarter l'autorité temporelle. Pourquoi donc se mettrait-on, dans le silence de la lettre législative, en contradiction ouverte avec l'esprit qui l'anime? par quelle raison se déciderait-on à jeter toute la juridiction dans la main de la puissance publique, en lui réservant le degré suprême, quand on s'est étudié à l'exclure de tous les degrés inférieurs? Le conseil d'état n'a eu garde de s'y méprendre. Il a décidé fort nettement, bien qu'impli-

citement, que «dès que la condamnation à une peine
« canonique dont l'application fait partie des attri-
« butions de l'autorité épiscopale... ne présente au-
« cun des cas d'abus prévus par l'art. 6 de la loi du
18 germinal an x, » il ne lui appartient point d'examiner si, au fond, elle est ou non injuste. (*Voy.* Ord.
19 févr. 1840, Fournier.)

Quant au droit de recourir au souverain pontife,
pour en admettre l'existence, il n'est pas besoin d'une
disposition expresse et formelle, il doit suffire qu'il
dérive des principes fondamentaux de la loi organi-
que et qu'il soit susceptible de se plier à ses prescriptions. Or, pas de doute en ce double point.

Bien loin de songer à dénier ou à restreindre la
part d'autorité que la discipline générale concède au
pape comme chef de l'Église, les rédacteurs de la
loi de germinal an x se sont inspirés de la pensée
que son influence était précieuse à ménager contre
les abus que les évêques pouvaient faire de leurs
droits et comme un moyen canonique et légal d'a-
paiser les troubles religieux. (*Voy.* l'exposé des motifs, notamment dans le passage relatif à l'extinction
du schisme qui divisait le clergé.) Les maximes de
tout temps gardées en France et connues sous la dénomination *de libertés de l'église gallicane*, leur ont
paru garantir suffisamment tant les droits de l'état
que ceux de l'épiscopat, et ce sont les seules limites
qu'ils aient cru devoir imposer à l'autorité pontifi-
cale. Cette autorité a ainsi conservé dans son intégrité la suprématie qui en fait le centre de l'unité
catholique. D'un autre côté, on n'a point à s'éton-
ner du défaut de formes destinées à en régler l'exer-

cice en ce qui a spécialement trait au recours contre les actes juridiques. Rome pouvait se montrer peu disposée à entrer en compromis avec un gouvernement étranger sur le règlement de la procédure à suivre devant sa propre juridiction, et la France elle-même n'avait à lui demander aucune concession de ce genre, car elle trouvait dans le droit de contrôle préalable à l'exécution de toute expédition de la cour de Rome, exprimé dans l'art. 1er de la loi de l'an x, un moyen sûr de veiller et de pourvoir à la liberté de l'épiscopat.

Ainsi, la question du recours contre les décisions des métropolitains se résout pour nous, en termes aussi simples que positifs. Nous pensons 1° qu'il y a lieu au recours; 2° que ce recours ne peut être porté que devant le chef du catholicisme; 3° que la décision qu'il provoque ne peut, conformément à l'art. 1er de la loi du 18 germinal an x, être mise à exécution en France, sans l'autorisation du gouvernement.

1304. — Je chercherai également dans les principes qui servent de base aux articles organiques la solution d'une autre question qui n'est pas non plus sans intérêt; je veux parler de la question relative au rétablissement des officialités. On demande s'il est loisible soit au gouvernement, soit aux membres de l'épiscopat de rétablir les officialités que les lois de 1790 ont supprimées et sur lesquelles la loi de l'an x garde le silence.

Au premier abord, il semble rationnel de répondre que le pouvoir de juridiction appartenant aux évêques n'est point de droit humain, qu'il a sa source dans le caractère sacré dont ils sont investis, qu'il leur est *propre*, et que, par conséquent, ils sont les maîtres d'en disposer à leur gré. Mais on ne tarde point à se rappeler que l'état n'a pas voulu rester indifférent à l'administration religieuse, que la juridiction épiscopale figure, à juste titre, au nombre des objets de ses prévisions, et qu'il n'en a autorisé ou, si l'on veut, accepté l'exercice, qu'en lui assignant certaines formes; et on est bien contraint d'en conclure que ces formes ne sauraient être modifiées ni abandonnées sans le concours de la puissance publique.

Ce concours devra-t-il se manifester par un acte du pouvoir législatif, ou suffira-t-il d'une mesure réglémentaire?

Encore bien que les articles organiques soient émanés du législateur, rien n'indique dans les dispositions qu'ils renferment l'intention de soustraire, à l'avenir, à l'action du pouvoir administratif les choses de son domaine. Or, il est trop évident que les règles imposées à la juridiction épiscopale n'ont leur raison que dans un intérêt de haute police pour qu'on puisse refuser au gouvernement le droit de les modifier au besoin, pour répondre aux exigences des temps et des mœurs.

M. de Cormenin rapporte comme inédit, avec la date du 22 mars 1826, un avis *du comité du contentieux* qui n'a rien que de conforme à notre doctrine. Il est ainsi conçu :

« Considérant que la juridiction contentieuse des « anciennes officialités s'étendait à la fois sur les « matières spirituelles qui appartiennent, de droit

« divin, à la juridiction épiscopale, et sur des ma-
« tières temporelles dont les rois de France avaient
« attribué la connaissance à cette juridiction ;

« Que cette dernière partie de la juridiction des
« officialités ne pourrait être rétablie, en tout ou en
« partie, que par une loi ; mais que la suppression
« des officialités par la loi du 6-7 septembre 1790,
« art. 13, tit. 14, en retirant aux évêques la portion
« de juridiction qu'ils tenaient du prince, n'a pu
« les dépouiller de celle qu'ils tenaient de Dieu
« même et de son Église ;

« Que cette vérité a été reconnue par la loi du
« 8 avril 1802, qui déclare, art. 10, que tout pri-
« vilége portant exemption ou attribution de la ju-
« ridiction épiscopale est aboli, et qui dispose, ar-
« ticle 15, que les archevêques connaîtront des
« plaintes dirigées contre les décisions des évêques
« suffragants ;

« Que les officialités, quant au spirituel seulement,
« ont pu être et ont été effectivement rétablies dans
« plusieurs diocèses de France, *avec l'assentiment*
« *de la puissance publique*, sans violer aucune loi ;

« Que les art. 52 et 67 de la charte constitution-
« nelle ne contiennent rien qui s'oppose à ce réta-
« blissement, puisqu'ils ne statuent que sur la juri-
« diction ordinaire et sur la justice qui émane du
« roi exclusivement ;

« Que, dès lors, rien ne fait obstacle à ce que les
« évêques de tous les diocèses organisent dans le
« sens proposé par le ministre des affaires ecclésias-
« tiques, l'exercice de leur juridiction spirituelle ;

« que même, l'intérêt de l'église, de l'ordre et de la
« justice doit les y déterminer ;

  « Considérant enfin que, dans l'Église, tout de-
« vant se faire suivant les règles canoniques, et ces
« règles prescrivant que personne ne puisse être
« condamné sans avoir été entendu ou dûment ap-
« pelé et sans preuves, il serait à désirer qu'à mesure
« que les officialités seraient investies par les évêques
« de l'exercice de la juridiction contentieuse qui
« leur reste, les formes de procéder devant elles
« fussent déterminées avec précision et d'une ma-
« nière uniforme, ainsi que tout ce qui est de la
« substance des jugements ;

  « Est d'avis,

  « 1° Que les officialités ne pourraient être inves-
« ties de la connaissance d'aucune cause temporelle
« que par une loi ;

  « 2° Que cette institution, renfermée dans les
« limites de la juridiction spirituelle, n'a rien de
« contraire aux lois du royaume ;

  « 3° Enfin, qu'il serait utile que l'organisation
« de ces officialités et la procédure à suivre devant
« elles, fussent réglées uniformément et d'une ma-
« nière qui déterminât avec précision la nature des
« preuves, le droit de la défense, et tout ce qui est
« de la substance des jugements. »

**1305.** — Après avoir traité du culte catholique
qui intéresse la grande majorité de la nation et
dont l'organisation a plus particulièrement appelé
les prévisions du législateur, je n'ai que quelques
mots à dire du culte protestant, qui se trouve également régi par la loi du 18 germinal an x, et du

culte israélite, qui est soumis à un règlement spécial.

Conformément au principe adopté pour les ministres du catholicisme, le législateur s'est fait un devoir de laisser aux églises des diverses communions protestantes le soin de se régir par les règlements et coutumes propres à chacune d'elles. (*Voy.* L. 18 germinal an x, art. 44.) Ses dispositions n'ont pour objet que l'établissement de l'ordre hiérarchique et les formes assignées à l'exercice des pouvoirs de discipline et d'administration. Pour les églises réformées, les pasteurs relèvent des consistoires locaux et les consistoires des synodes. (*Voy.* L. 18 germinal an x, art. 15.) Pour les églises de la confession d'Augsbourg, les pasteurs sont subordonnés à des consistoires locaux, les consistoires ont au-dessus d'eux des inspections, et les inspections elles-mêmes sont soumises aux consistoires généraux. (*Voy. ibid.*, article 33.)

Cependant, nous ne devons pas dissimuler que la surveillance du gouvernement est bien plus étroite et son intervention plus marquée à l'égard de la religion protestante. L'augmentation du nombre des pasteurs, les assemblées des consistoires et des inspections, tout est subordonné à l'autorisation du gouvernement. (*Voy. ibid.*, art. 22, 31, 38, 42.) Aucune décision, soit des synodes, soit des inspections, ne peut être exécutée sans avoir été revêtue de son approbation (*Voy. ibid.*, art. 30, 39); et il est réservé au conseil d'état de connaître de toutes les entreprises des ministres et de toutes les dissensions qui pourraient s'élever entre eux (*Voy.* art. 6). Cet accroissement de rigueur s'explique par ce fait que la

discipline du protestantisme n'offre pas, à beaucoup
près, autant de garanties d'ordre qu'il en est dans le
catholicisme, et que les églises protestantes, au lieu
d'avoir un chef éloigné et étranger, sont gouvernées
souverainement par des assemblées établies sur le
territoire, et, par conséquent, en position de traverser, à tout instant, l'action de la puissance civile.

**1306.** — L'organisation religieuse des Juifs dans
ses rapports avec l'état, a pour base un règlement par
eux délibéré en assemblée générale, à Paris, le
10 décembre 1806, et approuvé par un décret du
17 mars 1808, auquel il est annexé.

Dans le régime institué par ce règlement, tous les
pouvoirs sont placés sous la dépendance du gouvernement, car c'est à lui qu'appartient la désignation
des deux notables et du rabbin chargés d'administrer
la synagogue, ainsi que celle des notables appelés
à élire, sous l'agrément de l'autorité publique, les
membres de chaque consistoire. (*Voy.* art. 4, 6 et 8.)

En vertu d'une loi du 8 février 1831, le culte israélite se trouve aujourd'hui compris dans le budget de
l'état; je n'ai donc point à mentionner les mesures
prises dans le décret de 1808 pour subvenir au payement des rabbins et aux autres frais du culte.

**ART. 2. — Appels comme d'abus.**

1307. — L'appel comme d'abus, institué par la loi de l'an x, se
distingue par son principe de l'ancien appel comme
d'abus.

1308. — Objet de cette institution.

1309. — Énumération des divers cas d'abus.

1310. — De l'usurpation ou excès de pouvoir. — Violation du principe de la séparation des pouvoirs spirituel et temporel.

1311. — Suite. — Violation des règles concernant la discipline extérieure.

---

**1307.** — J'ai dit que le recours au souverain, autrefois connu sous le nom d'*appel comme d'abus*, avait sa source dans le principe d'une délégation de la puissance publique au juge d'église. On répondait au clergé, qui se plaignait de la *jurisprudence des appels* et qui soutenait « que l'église n'était point subalterne

« aux parlements, et qu'ainsi, hors le cas d'entreprise
« sur la juridiction du roi, on ne devait point souf-
« frir que les affaires jugées par les tribunaux ec-
« clésiastiques fussent portées devant les sécu-
« liers, » (1) que les jugements des tribunaux
ecclésiastiques s'exécutaient en vertu du même pouvoir que les jugements des autres tribunaux du
royaume, et qu'il était rationnel d'en conclure que
les premiers étaient et devaient, non moins que les
seconds, rester sous la domination et le contrôle de
l'autorité souveraine, que les rois avaient sur ce sujet, confiée aux parlements. Les ministres de l'église
subissaient là les conséquences d'une confusion qui
au commencement, était venue de leur part. On sait,
en effet, qu'en même temps qu'ils se laissaient aller
à intervenir dans les contestations d'intérêt temporel,
les premiers évêques ne se faisaient pas faute d'user de
leur influence sur les princes chrétiens pour les déterminer à prendre en main les droits et les sentences de l'Église.

Aujourd'hui, la juridiction ecclésiastique a été acceptée, et subsiste dans des conditions toutes différentes. Dominée par le principe de la séparation du
spirituel et du temporel, d'une part, elle est limitée
aux matières spirituelles, d'autre part ses actes, dans
cette sphère, n'ont d'autorité que celle qu'ils tiennent
du caractère religieux qui investit le prêtre, du droit
divin. Le recours comme d'abus ne saurait donc avoir
désormais sa raison dans une délégation de la puis-

---

(1) Représentation de l'évêque d'Amiens au roi en 1666.

sance publique, et il faut, sous ce rapport, se dégager des idées qui appartiennent au passé.

1308. — Le législateur de l'an x comprit qu'après avoir proclamé la séparation des pouvoirs spirituel et temporel, il était nécessaire d'assurer la répression d'empiètements inévitables, car il est dans la nature de tout pouvoir de chercher à s'étendre. Voilà l'une des raisons qui ont fait instituer le recours pour cause d'abus ; après celle-ci en vient une autre non moins facile à comprendre. La puissance de l'ascendant qui appartient aux ministres de la religion, puissance si grande qu'on se trouve à peu près maître des hommes quand on règne sur leur conscience, commandait à leur égard une surveillance et un moyen de contrôle aussi prompt qu'énergique. Enfin, dans les rapports mêmes des ministres avec le peuple religieux, les actes touchent à des passions si irritables qu'ils ne sont pas toujours sans danger pour l'ordre public et pour la sécurité privée. Que dans la recherche d'une institution qui répondît à ces besoins, on se soit inspiré du souvenir des anciens appels comme d'abus, on ne saurait le dénier ; mais l'institution n'en est pas moins toute nouvelle dans son objet, aussi bien que dans son principe, et ce n'est qu'en elle-même qu'il faut la considérer, pour l'apprécier et marquer, dans l'application, la juste portée des dispositions consacrées à son organisation.

1309. — Les cas d'abus ont été déterminés par la loi du 18 germinal ainsi qu'il suit :

« Les cas d'abus sont l'usurpation ou l'excès de
« pouvoir, la contravention aux lois et règlements

« de la république, l'infraction des règles consa-
« crées par les canons reçus en France, l'attentat
« aux libertés, franchises et coutumes de l'église
« gallicane, et toute entreprise ou tout procédé qui,
« dans l'exercice du culte, peut compromettre l'hon-
« neur des citoyens, troubler arbitrairement leur
« conscience, dégénérer contre eux en oppression ou
« en injure, ou en scandale public.

« Il y aura pareillement recours au conseil d'état,
« s'il est porté atteinte à l'exercice public du culte,
« et à la liberté que les lois et les règlements garan-
« tissent à ses ministres. »

1310. — Reprenons chacun des termes de l'énumération.

1° *L'usurpation ou l'excès de pouvoir.* — Il faut
d'abord comprendre sous cette qualification tout acte
émané d'un ministre du culte, dans l'accomplissement de ses fonctions ecclésiastiques, qui excèderait
la limite du domaine spirituel. Le conseil d'état en
a fait une juste application lorsqu'il a déclaré, par
une ordonnance du 10 janvier 1824, qu'il y avait
abus dans un mandement de l'archevêque de Tou-
louse qui renfermait une censure du gouvernement.
On lit dans les considérants qui accompagnent cette
décision, que « s'il appartient aux évêques du
« royaume de demander au roi les améliorations et
« les changements qu'ils croient utiles à la religion,
« ce n'est point par la voie des lettres pastorales
« qu'ils peuvent exercer ce droit. » Une ordonnance
du 24 mars 1837, qui décide qu'il y a abus dans
une déclaration de l'archevêque de Paris du 4 du
même mois, ne marque pas moins clairement ce

qu'il faut entendre par *l'usurpation ou l'excès de pouvoir*, dont parle l'art. 6 de la loi du 18 germinal an x, elle porte « qu'aux termes de la déclaration
« de 1682, il est de maxime fondamentale dans le
« droit public du royaume, que *le chef de l'église et*
« *l'église même n'ont reçu de puissance que sur*
« *les choses spirituelles, et non pas sur les choses*
« *temporelles et civiles*; que, par conséquent, s'il
« appartient aux évêques du royaume de nous
« soumettre, relativement aux actes de notre au-
« torité qui touchent au temporel de leurs églises,
« les réclamations qu'ils croient justes et utiles,
« ce n'est point par la voie des lettres pastorales
« qu'ils peuvent exercer ce droit, puisqu'elles
« ne doivent avoir pour objet que d'instruire les
« fidèles des devoirs religieux qui leur sont pres-
« crits ;

« Que l'archevêque de Paris, dans un écrit pas-
« toral publié sous le titre de *déclaration* adressée *à*
« *tous ceux qui ont eu ou qui auraient à l'avenir droit*
« *ou intérêt d'en connaître*, communiqué par lui au
« chapitre métropolitain, et envoyé à tous les curés
« du diocèse, a protesté contre notre ordonnance du
« 13 août 1831, en exécution de laquelle les bâti-
« ments en ruine de l'ancien palais archiépiscopal
« ont été mis en vente, comme propriété de l'état,
« à charge de démolition, et réclamé contre la pré-
« sentation faite par nos ordres, le 23 février der-
« nier, d'un projet de loi ayant pour objet de céder
« à la ville de Paris les terrain et emplacement du-
« dit palais ; que, par ces protestation et réclama-
« tion faites en qualité de supérieur ecclésiastique ;

« il a commis un excès et une usurpation de pou-
« voir... »

**1311.** — Après les actes qui impliquent la violation du principe de la séparation des pouvoirs spirituel et temporel, viennent ceux auxquels il a été
procédé contrairement aux dispositions qui règlent
la discipline extérieure. Ainsi, il y aurait excès de
pouvoir si un archevêque connaissait de la réclamation dirigée contre un évêque qui ne serait pas son
suffragant (*Voy.* art. 15 de la loi de germinal); si
l'évêque manifestait la nomination d'un curé et lui
donnait l'institution canonique, avant que le gouvernement eût agréé la nomination (*Voy.* art. 19);
s'il procédait à une ordination sans l'agrément du
gouvernement, etc. (*Voy.* art. 26)

Il se rencontre un excès de pouvoir de cette nature
dans une délibération prise par le chapitre métropolitain, sur la déclaration émise par M. l'archevêque
de Paris, et contre laquelle nous venons de voir qu'il
a été dirigé un appel comme d'abus. On a dit à cet
égard : « le chapitre métropolitain forme le conseil
« de son évêque; il l'assiste de son avis, il l'éclaire
« de ses lumières, pour l'administration du diocèse ;
« mais il n'a pas d'action indépendante et sponta-
« née; la délibération qu'il a prise pour adhérer à la
« déclaration de M. l'archevêque est donc un excès
« de pouvoir, et est répréhensible à ce seul titre,
« indépendamment des griefs qui lui sont communs
« avec cette déclaration. » Le conseil a en effet, décidé qu'il y avait abus dans cette délibération et dans
sa transcription sur les registres du chapitre, et il a
déclaré que ladite délibération était et demeurait

supprimée, et que la transcription serait considérée comme non avenue. L'ordonnance porte « que le « chapitre métropolitain, en adhérant à la déclara- « tion de l'archevêque de Paris et à tous les motifs « qui y sont énoncés, s'est rendu propres les abus « qu'elle renferme, et qu'il a de plus, commis un « excès de pouvoir, en prenant une délibération sur « des matières qui ne sont pas de sa compétence, « et en faisant transcrire sur ses registres ladite dé- « libération. »

**1312.** — Il est arrivé que des ecclésiastiques se sont crus en droit de prendre la voie du recours pour cause d'abus contre des décisions rendues par leurs supérieurs, en se fondant sur l'injustice de la sentence, sur le vice de l'appréciation des faits ou bien sur la fausseté de l'interprétation donnée à la règle appliquée. C'était confondre l'appel comme d'abus avec l'appel simple, deux choses essentiellement distinctes. (*Voy. suprà*, n° 1303.) La juridiction ecclésiastique, on l'a vu, comporte divers degrés ; le curé est soumis à l'évêque, mais il est le maître d'appeler de la décision de celui-ci, devant l'archevêque (*Voy.* art. 15 et 30), de même que le desservant peut se plaindre à l'évêque de la décision du curé. (*Voy.* articles 30 et 31.) Le recours au conseil d'état n'est autorisé que pour cause d'excès de pouvoir ; il n'a lieu par conséquent, de la part de l'inférieur contre la décision du supérieur, qu'autant que ce dernier aurait méconnu les limites de sa juridiction ou bien outrepassé les bornes du pouvoir que la loi lui attribue. (*Voy.* Ord. 23 déc. 1820, évêque de Poitiers, et 9 mai 1838, Chrétien.)

**1313.** — Mais l'excès de pouvoir constitutif de l'abus résultera-t-il de l'usurpation commise dans le cercle des choses spirituelles ? Supposons, pour plus de clarté, qu'un ministre du culte inflige une peine *spirituelle*, une *pénitence* plus forte que celle qu'il lui est donné d'appliquer d'après la loi religieuse, d'après les canons, par exemple, s'il s'agit de la religion catholique ; y aura-t-il dans cette sentence un abus de nature à être dénoncé au conseil d'état ? c'est l'une des faces de la question qui consiste à demander si, en thèse générale, le conseil d'état a mission de réprimer la violation de la règle purement religieuse. Cette question ne nous semblerait pas sérieuse si l'on ne s'était plu à confondre les anciens appels comme d'abus avec le recours institué par la loi de l'an x, et si l'on ne s'était bien souvent, mépris sur la nature de l'attribution faite au conseil d'état, dans les critiques dont elle a été l'objet. Une sentence rendue dans le cercle des choses purement spirituelles, n'a trait qu'à la règle intérieure de la religion. Elle n'affecte en rien le citoyen et ne s'adresse qu'à l'homme religieux, dans ses moyens de contrainte, aussi bien que dans son objet ; le conseil d'état n'en pourrait donc connaître qu'à titre de régulateur de l'autorité spirituelle, de conservateur de la règle religieuse, ce qui emporterait sans doute, le titre beaucoup plus général et beaucoup plus digne, de conservateur de la foi. Or, le législateur, lorsqu'il s'est agi d'organiser les principes posés dans le concordat, a-t-il conçu et pouvait-il concevoir une pareille pensée ? n'est-ce pas un principe autant qu'un fait que le conseil d'état ne réprime l'autorité spirituelle que dans ses atteintes aux droits et aux intérêts garantis aux citoyens par la loi civile?

Nous allons avoir à rappeler cette doctrine pour chacun des autres cas d'abus déterminés par la loi de 1810.

**1314.** — 2° *La contravention aux lois et règlements du royaume.* — L'excès de pouvoir emporte toujours une contravention aux lois du royaume ; mais ce second cas d'abus peut exister sans concourir avec le premier ; on en a un exemple dans la contravention à la disposition qui interdit expressément de publier et exécuter, sous aucun prétexte, avant le visa et la vérification préalables du gouvernement, les bulles, brefs, rescrits, constitutions, décrets et autres expéditions de la cour de Rome, à l'exception de ceux concernant le for intérieur et les dispenses de mariage (*Voy.* art. 1er de la loi de l'an x, art. 1 du décret du 28 févr. 1810, et Ord. du 23 déc. 1820, évêque de Poitiers.)

**1315.** — 3° *L'infraction des règles consacrées par les canons reçus en France.* — C'est l'infraction des canons relatifs à la discipline extérieure, par opposition à ceux qui ne règlent que le for intérieur. Le décret du 28 février 1810 indique bien clairement que pour l'observation de ceux-ci, les ministres relèvent exclusivement de l'autorité ecclésiastique, puisqu'il permet de les exécuter sans aucune autorisation ni examen préalable.

**1316.** — 4° *L'attentat aux libertés, franchises et coutumes de l'église gallicane.* — Il ne s'agit encore ici que de la discipline extérieure, et des règles qui, dans le gouvernement de l'église, circonscrivent la puissance du Saint-Siége.

**1517.** — On désigne sous le titre de *libertés de l'église gallicane* les maximes de droit public ecclésiastique gardées et invoquées par l'Église de France pour contenir l'autorité des papes dans ses justes limites.

Ce fut à l'occasion de la sentence d'excommunication lancée par Boniface VIII contre Philippe le Bel que la principale de ces maximes, celle de l'indépendance des rois, fut, pour la première fois, mise en lumière et solennellement établie. L'Église de France, en corps, ne craignit point de déclarer, en réponse à ce pontife qui venait de mettre tout le royaume en interdit et de déposer le roi, que la nation n'était soumise en aucune chose concernant le temporel, à la domination du pape.

Plus tard, après la mort de Grégoire XI, les dissensions qui éclatèrent par l'élévation simultanée à la chaire de Saint-Pierre d'Urbain VI et de Clément VII, et se prolongèrent durant quarante années, ménagèrent au clergé l'occasion de briser le joug que les usurpations des papes avaient imposé à son autorité spirituelle.

L'Église, éclairée par les savantes discussions de l'université de Paris, alors l'école la plus célèbre de l'Europe, comprit la nécessité de réformer sa discipline, et surtout de faire rentrer la puissance de son chef dans ses justes bornes. Le concile de Constance ouvert en 1414, en jugeant et déposant les papes, établit la suprématie des conciles généraux, et bientôt, le concile de Bâle en développa les conséquences contre le despotisme pontifical.

« C'est sur la doctrine du concile de Bâle que fut
« faite à Bourges *la pragmatique sanction*. En éri-
« geant les canons de ce concile sur la discipline
« en lois de l'état, on se remit à quelques égards
« sur les traces de l'ancienne église, l'épiscopat fut
« presque rétabli dans son ancienne dignité ; on ap-
« prit au pape à ne. plus se regarder comme le
« législateur dans les choses spirituelles, et le su-
« zerain du monde entier dans les choses tempo-
« relles. »

Nous n'entreprendrons point de suivre les partisans de la cour de Rome, dans leurs efforts pour
résister à ce retour de la chrétienté aux principes
de la primitive Église, et de montrer quel secours
l'indépendance de la couronne obtint des parlements
dans le cours de la lutte si vive, et si prolongée qui
s'en suivit.

L'ardeur des jésuites à soutenir que le pape avait
un souverain pouvoir sur les rois et le droit même
de les déposséder de leurs états, anima en 1639 le
zèle du célèbre Pithou, avocat au parlement, et l'en-
gagea à rassembler en 83 articles les maximes, usages
et priviléges qui composent les libertés gallicanes.
Tel était le mérite de ce livre qu'il fut adopté comme
le texte même de ces libertés et cité devant les tribunaux et dans les ouvrages de jurisprudence avec la
même autorité que la loi.

Cependant, les ultramontains n'en mirent que plus
d'emportement à s'élever contre l'œuvre et contre
l'auteur. La publication d'abord défendue, ne fut

autorisée, vingt années après, en 1651, que par Louis XIII, qui, dans le privilége mis en tête, en fait d'ailleurs le plus bel éloge.

Même à cette époque, les divisions n'étaient pas si complétement étouffées qu'on n'eût pas à en craindre le retour. C'est pour le prévenir que le corps du clergé publia, dans les quatre articles de sa fameuse déclaration de 1682, les principes et la doctrine de l'Église gallicane.

Ces quatre articles adoptés par un édit de Louis XIV donné au mois de mars 1682, et déclarés lois générales de l'état par un décret du 25 février 1810, auquel ils sont annexés, se réduisent à ces deux maximes principales, que la puissance temporelle est indépendante de la spirituelle, et que le pouvoir du pape dans notre Église n'est rien moins qu'absolu. C'est d'ailleurs de ces deux maximes que sortent tous les articles des libertés gallicanes (1).

Sans doute, le maintien de ces maximes fondamentales a ses garanties dans les progrès de la raison publique. Néanmoins, le temps n'est pas encore éloigné où des attaques même directes, nécessitèrent une manifestation à cet égard, des cardinaux, archevêques et évêques de l'église de France. Par une déclaration du 3 avril 1826, ils crurent devoir protester, au nombre de 69, « de leur inviolable atta- « chement à la doctrine de leurs prédécesseurs dans « l'épiscopat, telle qu'ils l'ont transmise sur les

---

(1) J'ai suivi, dans cet exposé tout historique, l'article inséré dans le Répertoire de Guyot, et reproduit dans celui de Merlin, sous le mot *Libertés gallicanes.*

« droits des souverains et sur leur indépendance pleine
« et absolue, dans l'ordre temporel, de l'autorité soit
« directe, soit indirecte, de toute puissance ecclésias-
« tique. »

1318. — 5° *Toute entreprise ou tout procédé qui dans
l'exercice du culte, peut compromettre l'honneur des
citoyens, troubler arbitrairement leur conscience, dégénérer contre eux en oppression ou en injure, ou en
scandale public.* Les quatre premiers cas d'abus embrassent les actions incompatibles avec l'ordre public ; ils sont destinés à protéger les intérêts généraux de la société ; voici maintenant le cinquième
qui prévoit les actes contraires aux droits privés
des citoyens, les actes hostiles aux intérêts que la
société civile garantit à chacun de ses membres. La
définition est générale, un peu vague même ; on s'est
manifestement proposé de laisser la plus grande liberté au conseil d'état ; on a voulu que l'intervention
lui fût possible toutes les fois qu'il la jugerait nécessaire.

Les principes d'après lesquels le conseil doit se
guider dans l'appréciation de cette nécessité, sont,
néanmoins, faciles à indiquer. Ce n'est point en vue
de la prospérité de la religion, du maintien de la
pureté de ses doctrines, en un mot, ce n'est point
en vue de la conservation de la foi que le cinquième
cas d'abus a été déterminé. Vainement viendrait-on
signaler au conseil d'état un acte du gouvernement
*intérieur* de l'Église, un acte pris et devant produire
ses effets dans la sphère religieuse ; tout, dans ce
cas, se passe dans le domaine de la conscience ;
l'acte puise sa force exclusive dans les croyances de

celui qu'il atteint, pourquoi chercher en dehors de ces croyances, un moyen de le faire réformer? Le refus de sépulture chrétienne, de prières, de sacrements ne touche que l'homme religieux, il est donc juste que le ministre n'ait à rendre compte de ce fait qu'à son supérieur ecclésiastique.

Est-ce à dire pour cela que la règle sera acceptée et suivie dans ses termes les plus absolus? Sans examiner jusqu'à quel point il conviendrait qu'il en fût ainsi ou que, tout au moins, l'application des restrictions qu'elle comporte fût confiée à un corps spécial, on est bien contraint d'avouer que le législateur de l'an x, *en prohibant le trouble arbitraire des consciences*, a entendu réserver une protection contre les abus commis dans le sein même de la société religieuse. La doctrine que nous venons d'exposer sur la distinction entre les atteintes qui ne s'adressent qu'à la conscience religieuse et les dommages éprouvés dans les biens et les droits civils, n'en conserve pas moins une grave importance, comme règle à suivre. La disposition qui la contredit ne doit, en définitive, être acceptée qu'à titre d'exception. Qu'on ne suppose pas que le conseil d'état ait mission de s'ingérer dans la recherche et l'interprétation des règles canoniques; l'abus ne doit exister à ses yeux qu'autant que l'arbitraire est frappant, incontestable et de nature à entraîner une sorte de scandale. En fait, les choses ne se passent pas autrement; car, si d'une part, il a été déclaré y avoir abus dans le refus du sacrement de baptême fait à un enfant, sur le prétexte que les personnes chargées de le présenter à l'église n'étaient pas agréées par le curé (*Voy.*

Ord. 11 janvier 1829, Bogard), on a jugé, d'autre part, que, dès l'instant que le refus d'entendre un fidèle en confession n'avait pas dégénéré en injure ni en scandale, il ne pouvait être déféré qu'à l'autorité ecclésiastique supérieure. (*Voy.* Ord. 28 mars 1831, Arragon.) Les motifs qui accompagnent une ordonnance beaucoup plus récente du 21 décembre 1838, dont l'objet a été de déclarer qu'il y avait abus dans le refus de l'évêque de Clermont d'autoriser la sépulture ecclésiastique du comte de Montlosier, viennent à l'appui de la même doctrine. On y lit « que le re« fus de sépulture catholique fait par l'autorité ec« clésiastique au comte de Montlosier, *dans les cir« constances qui l'ont accompagné*, et qui sont cons« tatées par l'instruction, constitue un procédé qui « a dégénéré en oppression et en scandale public. »

M. de Cormenin, dont la critique vive et savante s'est exercée sur ces matières délicates, et n'est peut-être pas étrangère à la modération, disons plus, à la discrétion avec laquelle le conseil d'état use des droits qui lui ont été conférés, ne professe pas d'autre opinion. « Selon nous, dit-il, l'office du prêtre, « renfermé dans son église, est tout spirituel.

« S'il n'y a que refus de sacrement, *sans accompa« gnement d'injure articulée et personnelle*, il n'y a « pas abus extérieur dans le sens légal de l'abus. Il « n'y a donc lieu qu'à l'appel simple devant le métro« politain, dans l'ordre de la conscience et selon les « règles et l'application des canons. Car, ou vous « croyez ou vous ne croyez pas. Si vous ne croyez « pas, ne demandez pas à l'Église ce qu'elle n'ac« corde qu'aux croyants. Si vous croyez, si vous

avez la foi, soumettez-vous à ceux qui gouvernent
« la foi. Est-ce comme citoyen que vous entrez dans
« l'Église? Non, c'est comme chrétien. Est-ce à un
« fonctionnaire que vous vous adressez? Non, c'est
« à un prêtre. Est-ce un acte matériel, authentique,
« probatif, légal que vous demandez? Non, c'est
« une grâce ou une prière; or, qui est juge, unique
« juge de savoir si vous avez droit à cette grâce, à
« cette prière, si ce n'est le prêtre ou son supérieur
« dans l'ordre hiérarchique? Que si vous prétendez
« contraindre le prêtre dans une chose toute volon-
« taire, vous n'aurez pas une véritable prière, mais
« des murmures de lèvres; vous n'aurez pas les
« grâces d'un sacrement, mais le mensonge d'une
« profanation. Vous ne voyez pas non plus, qu'en
« vous mêlant des affaires du prêtre, vous lui donnez
« le droit de se mêler des vôtres, et vous brisez im-
« prudemment de vos propres mains la barrière
« que la révolution et la philosophie ont eu tant de
« peine à élever entre le spirituel et le temporel.

« Autre argument contre l'abus pour refus de sé-
« pulture : Vous commettez un prêtre de bonne vo-
« lonté, sans frapper pour cela d'abus le récalcitrant.
« Vous reconnaissez donc par là que l'abus n'est pas
« dans le refus simplement négatif, mais dans le
« refus accessoirement injurieux. Le refus tout nu
« de prières est un cas spirituel, en ce qui touche la
« prière. Le refus accompagné d'injure est un cas
« temporel, en ce qui touche l'injure. Portalis l'an-
« cien avait entrevu la distinction, et M. d'Hermo-
« polis aussi. » (*Voy.* l'Appendice, v° *Appels comme
d'abus.*)

**1519.** — Au premier coup d'œil, le droit de déclarer abusif tout acte religieux qui dégénère en oppression, en injure ou en scandale public, ainsi ramené à une pensée d'ordre et de police sociale, semble protester encore contre l'indépendance du spirituel et du temporel. Au fond cependant, il n'en est rien. L'autorité civile n'a plus, en effet, à apprécier les actes dans leur rapport avec la loi religieuse, elle ne les saisit et ne les juge que dans leur rapport avec la loi civile. Or, la liberté religieuse ne saurait aller jusqu'à dispenser le prêtre du respect dû à la loi civile. Dès qu'il enfreint ses dispositions, il est répréhensible, c'est la juste conséquence de ce principe qui veut, pour que l'ordre social soit maintenu, que la loi civile prédomine et que les facultés qu'elle accorde en dehors de sa sphère, ne puissent préjudicier à son empire.

**1520.** — 6° *L'atteinte à l'exercice public du culte, et à la liberté que les lois et les règlements garantissent à ses ministres.* — En même temps qu'elle réprimait les empiètements de la puissance spirituelle, la loi, par une disposition qui s'expliquerait par l'esprit d'une juste réciprocité, quand bien même elle n'aurait pas sa raison dans cette même nécessité de maintenir le principe de la séparation des pouvoirs spirituel et temporel qui a dicté les mesures contre les abus ecclésiastiques, a cru devoir protéger la liberté et l'indépendance des ministres dans le domaine purement religieux.

Une note de M. le comte Portalis, premier président de la cour de cassation, rapportée par M. Duvergier, précise fort exactement la portée de cette disposition. Elle n'est applicable, d'après ce savant magistrat, que « si un officier civil abusait de son « autorité pour vexer les ministres du culte dans « l'exercice de leurs fonctions, ou pour s'arroger « des droits qu'il n'a pas sur les matières spirituelles. « Quant aux indécences dans les temples, aux coups, « aux menaces et autres voies de fait que les parti- « culiers peuvent se permettre ou contre les minis- « tres ou contre les objets du culte, ce sont des dé- « lits qui doivent être punis conformément aux « dispositions des lois pénales, correctionnelles ou « criminelles. »

**1321.** — Je passe à l'exposé des formes que comporte le recours par voie d'appel comme d'abus et à l'examen des effets qu'il lui est donné de produire.

L'action se présente d'abord, comme un moyen pour les citoyens *opprimés* de se plaindre et de faire interdire dans le présent ou l'avenir, l'acte abusif dont ils sont les victimes ; et, sous ce point de vue, elle constitue une action privée; elle peut être intentée par les particuliers. Mais, pour conserver à la mesure son caractère d'instrument de gouvernement et de police, le législateur a dû en armer aussi les dépositaires de l'autorité. A défaut de plainte particulière, le recours est exercé d'office par les préfets. (*Voy.* L. 18 germ. an x, art. 8.)

**1322.** — La même pensée se découvre dans les règles qui président à l'introduction et à l'instruction de l'instance. Le conseil d'état n'est saisi directement ni par les particuliers, ni par le préfet. On adresse un mémoire détaillé, c'est-à-dire explicatif des faits et des circonstances de nature à justifier la demande, et signé, au ministre des cultes. L'objet de cette prescription est de mettre le ministre à même de faire prendre tous les renseignements convenables pour rédiger ensuite son rapport et soumettre l'affaire au conseil. Si l'on venait à négliger de s'y conformer, le conseil d'état ne manquerait pas de se refuser à examiner la demande et de renvoyer à se pourvoir en la forme indiquée par la loi. (*Voy.* Ord. 31 juillet 1822, de Laubrière.)

Le ministre, au surplus, n'est en aucune manière le juge du recours ; il *est tenu* de faire un rapport au conseil d'état. Devant le conseil, la procédure est celle tracée pour les affaires non contentieuses. Nous avons dit plus haut par quel motif les appels comme d'abus ont été mis au rang des affaires purement administratives. (*Voy. suprà,* n° 194, t. 1, p. 173.)

C'est au comité de législation qu'il est réservé de procéder à l'instruction. (*Voy.* Ord. 18 sept. 1839, art. 17, et *suprà,* n° 198, t. 1, p. 177.) Sa mission à cet égard est la même que pour toutes les autres affaires confiées à ses soins. Il reçoit les mémoires et observations des parties, fait ordonner par le président du conseil les mesures qu'il juge propres à éclairer la discussion et prépare le projet d'ordonnance (1). Le rapport est fait devant le conseil assemblé par l'un des membres du comité, mais il n'y a ni plaidoirie, ni audience, ni condamnation aux dépens. (*Voy.* L. 18 germ. an x, art. 8.)

**1525.** — Les formules employées pour le dispo-

---

(1) Les parties ou les avocats qui les représentent, s'adressent, par écrit, au président du comité, pour obtenir qu'il leur soit donné communication des pièces au secrétariat.

sitif, suivant les cas, vont nous permettre de déterminer avec précision les effets des décisions.

Ou bien il est simplement déclaré qu'il n'y a pas abus.

Ou bien on se contente de déclarer qu'il y a abus, d'ordonner que l'acte abusif sera supprimé ou réputé non avenu et d'enjoindre à l'auteur de s'abstenir désormais, d'actes semblables.

Ou bien enfin, en même temps qu'il est prononcé sur le fait d'abus, il est aussi statué sur les conséquences qu'il peut avoir dans ses rapports avec les lois civiles ou criminelles, pour autoriser ou interdire la poursuite soit à fins civiles, soit à fins criminelles.

Prise en elle-même, la déclaration d'abus, en quelques termes qu'elle intervienne, n'a jamais que la même portée. Elle exprime un blâme, une censure sans avoir rien de coactif. M. de Cormenin, en même temps qu'il reconnaît qu'une semblable déclaration portée contre un évêque, peut être considérée à raison de son rang et de ses rapports avec le gouvernement, comme une *punition*, demande ce qu'elle signifie à l'égard d'un simple prêtre souvent défendu et justifié par son évêque et quelquefois même par le ministre des affaires ecclésiastiques. (*Voy.* Appendice, v° *appels comme d'abus.*) Mais la part ménagée à l'autorité publique dans la nomination des membres du clergé ne suffit-elle pas pour faire redouter au simple prêtre la *défaveur* qu'emporte nécessairement la déclaration d'abus, même dans le cas, d'ailleurs bien rare, où elle intervient contrairement à l'avis du ministre? D'un autre côté, la mesure

n'emprunte-t-elle pas une importance et une efficacité toute particulière à la doctrine qui consiste à attribuer au conseil d'état la mission d'autoriser les
poursuites devant les tribunaux ordinaires pour les
actes d'abus, doctrine que nous allons établir immédiatement?

1324. — On a pu voir par l'énumération des divers cas d'abus et par la définition de chacun d'eux,
1° que, sinon tous, au moins certains des faits prévus et atteints par la loi de l'an x, se trouvent également prévus et atteints par les dispositions des lois
pénales; 2° qu'en dehors des entreprises constitutives d'abus, nombre de délits et crimes demeurent
communs aux ministres du culte avec les autres citoyens : déterminons la position qui leur est faite sous
ce double rapport.

Je commence par les actes qui constituent en
même temps un *abus* et un *crime* ou *délit*.

On a d'abord pensé que les ministres du culte
étaient protégés par la garantie dont l'art. 75 de la
constitution de l'an viii couvre les agents du gouvernement, en exigeant une autorisation préalable pour
qu'ils puissent être poursuivis pour les délits commis
dans leurs fonctions. On supposait que l'attribution
d'un salaire payé par l'état et l'obligation de prêter
serment caractérisaient le fonctionnaire public ; mais
la cour de cassation, éclairée par une savante discussion du procureur général, M. Dupin, a désormais
abandonné cette doctrine ; elle considère « que les
« agents du gouvernement dont parle l'art. 75 de
« la constitution de l'an viii, sont seulement ceux
« qui, dépositaires d'une partie de son autorité, agis-

« sent directement en son nom et font partie de la
« puissance publique ; que les ministres du culte ne
« sont pas dépositaires de l'autorité publique ; qu'ils
« n'agissent pas au nom du prince, et ne sont pas
« ses agents directs ; que si les ministres du culte
« sont salariés par le gouvernement et obligés à prê-
« ter serment, aux termes des art. 6 et 7 du con-
« cordat de 1802, ils sont, sous ce rapport, dans une
« situation semblable à celle de plusieurs classes de
« citoyens qui n'ont jamais été compris au nombre
« des fonctionnaires publics ; qu'ainsi, l'art. 75 de la
« constitution de l'an VIII ne leur est point applica-
« ble. » (*Voy.* arrêt du 23 juin 1831.) S'en suivra-t-il
que la condition des ministres du culte ne sera point
autre que celle des simples citoyens ? La cour de cassation s'est refusée à admettre cette conséquence. Elle
n'enlève aux ministres du culte la garantie offerte
par la constitution de l'an VIII, que pour les placer
sous la protection de la loi du 18 germinal an X. Elle
décide d'abord avec le conseil d'état (*Voy.* Ord. 27
août 1839, veuve Hue), que *dès qu'un fait rentre dans
l'un des cas d'abus spécifiés par la loi de l'an* X, *il ne
peut être déféré à la juridiction du droit commun,
avant qu'il y ait eu recours au conseil d'état et renvoi prononcé par ce conseil à l'autorité compétente.*
Cette doctrine est consacrée par trois arrêts de la
chambre criminelle des 18 février 1836, 26 juillet
1838 et 12 mars 1840, dont le dernier est un arrêt
de cassation. Les motifs qui accompagnent celui de
1838 sont conçus ainsi : « Attendu, en droit, que des
« art. 6 et 8 de la loi du 18 germinal an X, il ré-
« sulte que, *dans les cas d'abus,* il doit y avoir re-

« cours préalable au conseil d'état ; que l'affaire est
« suivie et définitivement terminée dans la forme ad-
« ministrative, ou renvoyée suivant l'exigence des
« cas, aux autorités compétentes ;

« Attendu qu'au nombre des cas d'abus énumé-
« rés dans l'art. 6 précité, le législateur a compris
« toute entreprise ou tout procédé qui, dans l'exer-
« cice du culte, peut compromettre l'honneur des
« citoyens, ou dégénérer contre eux en injure ou en
« scandale public ;

« Attendu que la diffamation en chaire est évidem-
« ment un procédé qui, dans l'exercice du culte,
« peut compromettre l'honneur de la personne dif-
« famée, et dégénérer contre elle en injure ou en
« scandale public ; qu'ainsi, en déclarant la deman-
« deresse non recevable, en l'état, dans son action,
« le jugement attaqué, loin de violer la loi de ger-
« minal an x, en a fait une juste application, re-
« jette, etc. »

M. Serrigny (*Voy.* t. 1, p. 143, n° 132) s'élève
contre cette jurisprudence que les organes du ministère public ont, d'ailleurs, combattue en toute circonstance. Suivant lui, il résulte simplement des termes de l'art. 8 de la loi de l'an x, que si le même fait
constitue un abus et un crime ou délit, il peut être
donné ordre aux procureurs généraux de le poursuivre. Il se demande pourquoi et comment, par
quelle raison et en vertu de quel droit, le gouvernement serait maître de paralyser à son gré, non-seulement l'action publique, mais aussi l'action privée.
Soit que l'on s'attache particulièrement à chacune
des actions publique, privée et administrative qui

peuvent naître du même acte, soit qu'on les envisage dans leurs rapports, elles apparaissent si complétement indépendantes que l'on ne saurait concevoir que l'une fût *naturellement* préjudicielle à l'autre. Il faudrait un texte aussi clair que précis pour changer en ce point la nature des choses. Or, ce texte ne se rencontre nulle part.

D'un autre côté, on est absolument dénué de la raison de principe, qui justifie dans les cas auxquels elle s'applique la garantie instituée au profit des agents du gouvernement. On ne peut dire que le gouvernement, en refusant l'autorisation de poursuivre, prend sur lui le fait du ministre du culte et fait ainsi passer la responsabilité de l'agent à celui dont il est l'instrument. L'action n'est point déplacée, elle est anéantie : c'est vraiment une violence faite au droit.

Enfin, l'appel comme d'abus n'est pas seulement ouvert contre les ministres du culte, il leur est à eux-mêmes donné d'y recourir pour garder et défendre leur indépendance dans la sphère religieuse. Mais si le prêtre troublé dans l'exercice de ses fonctions est tenu de recourir préalablement au conseil d'état et si le conseil peut lui interdire l'exercice des actions du droit commun, n'est-il pas plus clair que le jour que l'arme de faveur qu'on s'est proposé de lui ménager, se retournera contre lui?

Mais toute cette critique ne repose, à notre avis, que sur une confusion ; il doit suffire, pour la faire tomber, de montrer que l'obligation du recours préalable au conseil d'état n'a rien de commun avec la nécessité d'une autorisation pour la mise en jugement des fonctionnaires, et qu'envisagée dans son principe aussi bien que dans son objet, elle complète et couronne en quelque sorte le régime institué par la loi de l'an x.

.La garantie créée au profit des fonctionnaires publics par la constitution de l'an VIII, s'explique par la subordination hiérarchique qui caractérise notre organisation administrative, et est destinée à défendre l'action gouvernementale de toute entrave. Or, les membres du clergé ne sont point fonctionnaires publics, leur hiérarchie est indépendante de l'ordre administratif, l'action qu'ils exercent est étrangère au gouvernement. Les ministres du culte, dont les efforts tendent, avant tout, à préserver le spirituel de l'atteinte du temporel, n'auraient eu garde de solliciter une protection qui ne les aurait soustraits à l'empire du droit commun que pour resserrer les liens qui les mettent dans la dépendance de l'autorité publique; et le législateur de l'an x n'a lui-même laissé apparaître, en aucun point, la pensée d'interposer le gouvernement entre les ecclésiastiques et les haines des citoyens ou les préjugés des tribunaux. Si donc, l'obligation du recours préalable au conseil d'état offre cet avantage et répond ainsi, aux considérations invoquées par l'auteur des *Questions de droit administratif* pour établir que les ecclésiastiques ne sauraient, dans l'échelle des garanties, être mis au-dessous de tous les fonctionnaires (*Voy.* Appendice, vᵒ *appels comme d'abus,* § 3), il ne faut cependant pas l'accepter comme formant son objet direct et principal; ce n'est là qu'un effet accessoire de la mesure qui, sans doute, en augmente le prix, mais dont on n'a à se préoccuper ni pour découvrir son origine, ni pour définir sa portée (1).

L'obligation du recours préalable au conseil a été dictée par des raisons puisées à une source commune avec celles qui ont présidé à l'institution de l'appel comme d'abus. En dehors d'une indifférence qui n'est ni de tous les temps, ni de tous les lieux, le sentiment religieux est tout à la fois le plus puissant et le plus irritable qui repose au fond du cœur de l'homme. La conscience, *qui est le sens moral le plus rebelle,* est aussi le plus susceptible. Les auteurs de la loi de l'an x trouvaient dans les événements que la France venait de traverser des enseignements bien propres à leur apprendre, si leur sage philosophie avait pu s'y tromper, de quelles agitations les froissements et les contradictions dans les choses de religion peuvent devenir la cause. Ce n'était point assez pour eux de placer sous la surveillance du gouvernement les mains appelées à tenir le ressort de la religion. La liberté et la sécurité privées, la paix des familles, l'ordre de la société voulaient qu'il ne fût point permis au premier venu, à tout propos et sous le plus vain prétexte, de faire tomber en discussion et de livrer à tout l'entraînement d'un débat oral et public les objets du respect et les articles de la croyance d'une classe plus ou moins nombreuse de citoyens. On a voulu qu'il fût réservé au gouvernement d'apprécier la justice et aussi l'opportunité de toute ac-

(1) Je crois que c'est pour avoir perdu de vue cette distinction, que M. de Cormenin a manqué, dans ses observations sur ce point, de la clarté et de la netteté qui lui sont ordinaires. (*Voy.* Appendice, v° *Appels comme d'abus.*)

tion juridique dirigée contre un acte du ministère ecclésiastique.

Je sais bien qu'on m'objectera qu'une telle attribution, conférée au gouvernement, est contraire à toutes les règles du droit civil, qu'elle est même impossible à concilier avec le principe de la séparation des pouvoirs administratif et judiciaire ; mais j'ai la réponse toute prête. La garantie établie par la constitution de l'an viii dont le caractère est le même sous ce rapport, est là pour attester qu'on ne se laissait point arrêter par de telles considérations lorsqu'il s'agissait d'armer le gouvernement. On n'ignore point, d'ailleurs, que la loi de germinal an x est empreinte dans tout le système qu'elle organise, de l'idée que certaines matières, à cause de leur importance pour la sûreté et le repos de l'état, échappent au droit commun et doivent être remises aux mains du chef du gouvernement comme objets de *haute police*, idée qui a pris et gardé une place marquée dans la politique de l'empire. J'ajouterai qu'en résultat, l'institution, en supposant qu'elle fût dangereuse pour la liberté, a été corrigée par l'influence des mœurs ; car on en est encore à ressentir ses inconvénients.

1325. — La cour de cassation distingue, quant à la nécessité du recours préalable, entre l'action publique et l'action privée ; elle juge « que de l'ap- « plication des art. 6, 7 et 8 de la loi du 18 germi- « nal an x, faite à des plaintes portées par des par- « ticuliers contre des actes ou entreprises offrant, « dans l'exercice du culte, le caractère d'abus attri- « bué par cette loi à la connaissance du conseil

« d'état, il ne résulte pas que l'action publique
« puisse être directement ou immédiatement exercée
« contre des ecclésiastiques pour des faits qui pré-
« sentent le caractère plus grave de délits prévus et
« punis par les lois....

« Que les dispositions de la loi de germinal an x
« ne peuvent mettre obstacle à ce que le ministère
« public, chargé par l'art. 23 du code d'instruction
« criminelle de la recherche et de la poursuite de
« tous les délits dont la répression intéresse l'ordre
« social, remplisse des fonctions pour lesquelles
« aucune loi ne l'oblige d'attendre, en pareil cas,
« l'autorisation du conseil d'état. » (*Voy.* arrêt de
cassation du 23 déc. 1831.)

Mais j'avoue que la raison de la distinction m'é-
chappe complétement. Je ne soupçonne pas comment,
par quelle voie on a pu être conduit à laisser à la discrétion des membres du parquet une poursuite qu'on
reconnaissait devoir échapper au droit commun,
comme matière de haute police. Soit qu'on s'attache à
la lettre de la loi, soit qu'on s'anime de son esprit, ses
dispositions paraissent également applicables à l'action publique et à l'action privée. Les débats provo-
qués par le ministère public n'offrent pas moins de
danger que ceux suscités par les particuliers ; pourquoi donc le gouvernement n'aurait-il pas à user pour
les uns, de la précaution jugée indispensable au regard des autres?

**1326.** — Le moment est venu de considérer les
actes réalisés en dehors des cas d'abus.

Nous n'avons point à distinguer entre ceux qui se
produisent à l'occasion des fonctions sacerdotales.

Puisque les ministres du culte ne sont point agents
du gouvernement, puisque l'art. 75 de la constitution
de l'an VIII, ainsi que l'on vient de le voir, ne leur
est point applicable, la poursuite n'éprouve aucune
modification de cette circonstance que l'acte qui la
motive s'est réalisé dans l'exercice du ministère religieux. Lors donc que l'on se propose d'entrepren-
dre le ministre d'un culte pour un acte quelconque,
le premier, l'unique soin doit être d'examiner si le
fait ne rentre point dans l'un des cas d'abus déterminés par la loi de l'an X. Dès l'instant que le fait
échappe à l'application de cette loi, tout est dit : il y
a parité complète entre le membre d'un corps sacerdotal et les autres citoyens ; la poursuite et ses conséquences ne sont régies que par les dispositions du
droit commun civil ou criminel (1).

**1327.** — Nous avons indiqué sommairement à
quel signe se reconnaissent les faits constitutifs d'abus.
C'est au tribunal saisi de la poursuite à décider jusqu'à
quel point l'acte qui la motive offre ce caractère, et
à se dessaisir, s'il y a lieu, même d'office. Néanmoins,
il importe de remarquer qu'il n'en est pas de même
que de l'autorisation pour la mise en jugement, que
la loi de germinal an X attribue au conseil d'état une
véritable juridiction, qu'il est appelé à juger et punir
l'abus. La conclusion à en tirer c'est que si le tri-

_____

(1) M. Vuillefroy s'est mépris sur ce point ; il a supposé, contrairement à la teneur expresse des arrêts et ordonnances, que l'autorisation était exigée, même pour les actes étrangers aux cas d'abus,
dès l'instant que leur réalisation a eu lieu dans l'exercice des fonctions sacerdotales. Sa discussion tout entière est entachée de cette
erreur. (*Voy.* v° Abus.)

bunal directement saisi de la plainte motivée par un acte rentrant dans les cas d'abus venait à maintenir sa compétence, il y aurait lieu à élever le conflit. (*Voy.* Ord. 24 mars 1819, Dediron.)

# CHAPITRE ONZIÈME.

## DES DETTES DE L'ÉTAT.

### PRÉLIMINAIRES.

1528. — Les créanciers dont les droits sont contestés doivent, d'abord, les faire reconnaître et déclarer juridiquement; ils ont ensuite à les faire liquider.

1529. — Énumération des sources principales des dettes de l'état.

1530. — Renvoi aux chapitres relatifs aux *domaine, marchés de fournitures et travaux publics,* pour la déclaration des dettes qui se rattachent aux dépenses publiques et aux stipulations sur les objets composant le domaine national.

1531. — L'exécution et l'application des engagements diplomatiques sont du domaine exclusif de la souveraineté.

1532. — Les dépôts et les emprunts doivent faire le sujet des deux premiers articles de ce chapitre.

---

**1528.** — L'état n'est pas moins que les particuliers, exposé à des contestations sur l'existence et la portée des faits d'où peuvent naître des créances à sa charge. Quelle que soit l'autorité appelée à en connaître, la raison indique que ces débats ne peuvent être tranchés vis-à-vis de l'état que par un acte qui, dans sa nature essentielle, ne diffère en aucune manière des actes qui interviennent sur les créances contestées entre de simples particuliers. Dans un cas comme dans l'autre, le pouvoir juridique est saisi, et, qu'il prononce sous la forme d'un jugement, d'une décision ministérielle ou d'un arrêté, sa parole est revêtue d'une égale force, et produit les mêmes effets ; dans un cas comme dans l'autre, le dépositaire du pouvoir de juridiction reconnaît et *déclare*, au préjudice d'une des parties, l'existence du droit prétendu par l'autre.

La *déclaration* du droit obtenue, il reste à poursuivre son exécution et à parvenir au payement.

Entre les particuliers, on le sait, le chemin qui mène du premier résultat au second est bien court et bien facile. Le créancier armé d'un titre émané du juge, a le pouvoir d'agir quelquefois contre la personne, et toujours sur les biens de son débiteur. Mais à l'égard de l'état, une expérience douloureusement acquise a révélé la nécessité d'investir les ministres gardiens et dispensateurs des deniers de l'état d'un droit de contrôle sur toutes les créances à sa charge. De là, pour les porteurs de titres contre l'état, l'obligation d'en subir ce qu'on appelle la *liquidation*.

Cette distinction entre la *déclaration* des dettes et leur *liquidation* résulte de l'exacte analyse des opérations qui se suivent et s'enchaînent depuis la naissance jusqu'au remboursement des créances à la charge de l'état. Elle nous semble devoir projeter une vive lumière sur les difficultés les plus sérieuses du sujet que nous nous proposons de traiter.

**1329.** — Les dépenses pour les divers services, les stipulations relatives au domaine national, les engagements diplomatiques, les dépôts effectués dans des circonstances et selon des formes déterminées, et enfin, les emprunts contractés par le gouvernement, telles sont les sources principales des dettes de l'état.

**1330.** — Nous dirons lorsque nous traiterons des *marchés* et des *travaux publics* tout ce qui a trait à la reconnaissance et à la déclaration des dettes à raison des achats de fournitures ou des entreprises de travaux publics. Les effets, sous ce rapport, des stipulations relatives aux biens du domaine national seront examinés dans le chapitre consacré au *domaine public*.

**1331.** — A l'égard des conventions diplomatiques, la nature de ces engagements engendre des règles de compétence si absolues et, par là même, empreintes de tant de simplicité qu'elles n'ont besoin que d'être énoncées. Les actes diplomatiques, quel qu'en soit l'objet, ne procèdent que du droit de souveraineté. Or, notre constitution ne comporte nulle délégation de ce droit ; il reste déposé dans sa plénitude aux mains du chef suprême de l'état, qui seul en a l'exercice. (*Voy. suprà*, t. 1, n° 1, p. 1.) Il n'est donc aucune autre autorité qui puisse connaître de ces actes pour les apprécier ou les interpréter. C'est ce principe que la jurisprudence a pris pour appui, lorsqu'elle a décidé, sur les réclamations formées par la famille Napoléon pour obtenir les arrérages de rentes et de dotations qui lui avaient été attribuées par divers actes de l'empereur, et notamment, par le traité de Fontainebleau, que *ces réclamations se rattachaient soit à des traités et conventions diplomatiques, soit à des actes de gouvernement ayant un caractère essentiellement politique, dont l'interprétation et l'exécution n'étaient pas susceptibles d'être déférées au roi en conseil d'état, par la voie contentieuse.* (*Voy.* Ord. 5 déc. 1838, famille Napoléon.)

On en trouve une application non moins judi-
cieuse dans une ordonnance du 6 décembre 1836.
Un sieur Coën Bacri (d'Alger) prétendait que le
gouvernement français était tenu de lui rembourser
des sommes versées, à titre de dépôt, au trésor du
dey, et invoquait, à cet effet, d'une part le fait de
l'occupation à titre de souveraineté, de l'autre une
capitulation du 4 juillet 1830, assurant aux habitants leurs propriétés. Le conseil d'état a rejeté sa
requête par le double motif « que la prise de pos-
« session d'un pays conquis est un fait de guerre
« dont les conséquences ne sauraient être appréciées
« par la voie contentieuse ; et que les capitulations
« militaires sont des conventions dont l'appréciation
« et l'exécution appartiennent exclusivement au
« gouvernement, et ne peuvent également être l'ob-
« jet d'aucun recours par la voie contentieuse. »

1332. — Nous avons à dire comment s'effectuent
les dépôts et les emprunts, et quelles sont les difficultés qui se rapportent à l'appréciation de leurs
effets. Nous en traiterons dans deux articles distincts,
avant d'exposer les règles relatives au remboursement des dettes de l'état, quelle qu'en soit l'origine.

ART. 1ᵉʳ. — Des dépôts dans les caisses publiques.

1333. — Division.

———

1333. — Nous parlerons 1° des cautionnements,
2° des dépôts faits à la caisse des dépôts et consignations.

1er. — Cautionnements.

———

**1534.** — La loi, en exigeant des cautionnements
pour remplir certaines fonctions, n'a eu pour but,
dans l'origine, que d'établir une garantie et d'assurer un recours utile contre les abus ou prévarications
que peuvent commettre, dans l'exercice de leurs
fonctions, certains agents de l'administration ou certains officiers publics. Les cautionnements des comptables en particulier, et même ceux des notaires, se
justifient par cette raison ; mais des vues fiscales ont
aussi contribué à l'établissement des cautionnements
et surtout à en fixer le taux. Il suffirait de parcourir
l'énumération des officiers ministériels que la loi de
finance de 1816 a soumis à l'obligation du cautionnement, pour montrer qu'il en est un grand nombre
dont les fonctions ne comportent aucun maniement
de fonds qui nécessite une semblable garantie.

Nous n'avons point à considérer ici l'institution
dans son rapport avec les motifs qui ont présidé à sa
naissance, non plus qu'à déterminer quels sont ceux

qui sont soumis à verser un cautionnement, le taux auquel il s'élève, les droits des particuliers et ceux du bailleur de fonds. Mais, pour suivre le plan que nous nous sommes tracé, nous devons nous attacher aux droits de ceux qui ont fourni le cautionnement et exposer les règles à suivre pour en obtenir le remboursement.

1335. — Avant 1816, les cautionnements se versaient à la caisse d'amortissement; mais lors de la réorganisation du service de cette caisse, il fut déclaré que toutes les dettes dont elle était tenue passeraient à la charge du trésor, et que, pour l'avenir, les fonds constitutifs des cautionnements seraient versés dans les caisses du trésor. (*Voy.* L. du 28 avril 1816.) La conséquence de cette double disposition, c'est que le remboursement des cautionnements, à quelque époque qu'ils aient été effectués, est désormais à la charge du trésor et que, par suite, il est soumis à l'empire des règles relatives aux créances contre l'état.

1336. — Quelle sera, d'après cela, la compétence de l'autorité administrative?

La demande en remboursement doit être adressée au ministre des finances, car il ne saurait avoir lieu qu'en vertu de son expresse autorisation. Nous découvrons ici un principe, sur lequel nous insisterons particulièrement dans l'art. 3; c'est celui qui réserve au ministre le droit de déclarer l'état débiteur, par application des dispositions qui régissent la comptabilité publique: sa juste portée est aisée à marquer.

1337. — Les recours auxquels peuvent donner

lieu les faits relatifs aux fonctions du titulaire ne tombent point sous l'empire de ce principe. La juridiction à l'égard de ces actions est réglée par le droit commun ; il n'est donné au ministre de prononcer aucune condamnation ; sa mission est seulement de les appliquer en en retenant le montant au profit de la partie qui les a obtenues. Il n'est d'exception que pour les comptables qu'une attribution spéciale et expresse rend justiciables du ministre des finances (1).

1338. — Les questions de nature à s'élever entre les héritiers, légataires ou ayants cause du titulaire, ou bien entre celui-ci et ses créanciers, sont à plus forte raison, étrangères à la juridiction administrative. Le trésor n'est, sous ce rapport, que le dépositaire d'une somme contestée ; l'unique soin de ses préposés doit être de s'assurer que celui qui réclame le dépôt en est bien le propriétaire légitime et reconnu.

1339. — La nature des pièces indiquées par les règlements pour être produites à l'appui de la demande en remboursement atteste, en effet, qu'on ne se propose rien autre chose.

Le certificat d'inscription au nom du titulaire est la première pièce à joindre à la lettre de demande ; il produit, à défaut de cette pièce, une déclaration de perte faite sur papier timbré et dûment légalisée, et s'il n'y a pas eu de certificat d'inscription, les récépissés des versements ou certificats des comptables

_____

(1) Nous n'avons ici en vue que les cautionnements des officiers publics, notaires, avocats, greffiers, avoués, gardes du commerce.

du trésor public. (*Voy.* arrêté du 24 germ. an VIII.)

Les bailleurs de fonds ont à produire, avec le certificat d'inscription, les certificats de privilége de second ordre qui leur ont été délivrés, ou une déclaration de perte dans la forme indiquée ci-dessus.

Les héritiers, légataires ou ayants cause, à quelque titre que ce soit, outre ces pièces, doivent fournir un certificat contenant leurs nom, prénoms et domiciles, la qualité en laquelle ils procèdent et possèdent, l'indication de leurs portions dans le cautionnement à rembourser et l'époque de leur jouissance. Ce certificat est délivré par un notaire ou par un greffier, suivant qu'il y a eu inventaire ou partage par acte public, ou transmission gratuite entre-vifs ou par testament, ou que la propriété est constatée par jugement. S'il n'existait aucun desdits actes en la forme authentique, on justifierait d'un acte de notoriété dressé par le juge de paix du domicile du titulaire, sur l'attestation de deux témoins. (*Voy.* décret du 18 sept. 1806.)

Voilà pour la preuve que le réclamant est propriétaire du cautionnement.

Il reste à établir qu'il est libre de toute charge.

A cet effet, on a à produire un certificat délivré par le greffier de la cour ou du tribunal près lequel ont exercé les titulaires, visé par le président, constatant que la cessation des fonctions a été affichée pendant trois mois; que pendant cet intervalle il n'a été prononcé contre eux aucune condamnation pour faits relatifs à leurs fonctions; et qu'il n'existe aucune opposition à la délivrance de ce certificat ou que les oppositions sont levées. (*Voy*. L. 25 nivôse an XIII, art. 5 et 7.)

Les avocats près la cour de cassation, les avoués près les cours royales, les greffiers près les cours et tribunaux de commerce, ont, en outre, à produire un certificat de non-opposition pur et simple délivré par le greffier et visé par le président du tribunal de première instance de l'arrondissement.

**1340.** — Les fonds constitutifs du cautionnement produisent un intérêt de 4 p. 0/0 qui échoit au 1ᵉʳ janvier de chaque année et doit être perçu avant la clôture de l'exercice, pour l'année qui vient de finir, sous peine de subir les retards qu'entraînerait le réordonnancement. (*Voy. infrà*, art. 3, § 2.)

**1341.** — Les arrérages, comme tous ceux des rentes constituées sur l'état, sont soumis à la prescription de cinq ans.

**1342.** — Mais le capital lui-même est-il prescriptible?

L'état, à l'égard du titulaire, n'est point un emprunteur, sa condition n'est autre que celle d'un dépositaire et d'un dépositaire nécessaire. Les fonds déposés dans ses caisses pour former des cautionnements partagent donc, quant à la prescription, le sort des sommes qui constituent dans ses mains des dépôts nécessaires. Or, nous allons démontrer, en traitant du remboursement des sommes versées à la caisse des dépôts et consignations, que les dépôts nécessaires effectués antérieurement à l'an v ont seuls été compris dans les lois de déchéance et que nulle prescription ne saurait être invoquée, pour refuser le remboursement de ceux qui n'ont eu lieu que depuis cette époque.

§ 2. — Dépôts faits à la caisse des dépôts et consignations.

**1343.** — La caisse des dépôts et consignations est destinée à recevoir, d'une part, les capitaux judiciairement contestés entre plusieurs prétendants droit, et, d'autre part, les sommes que le débiteur consigne afin de se libérer, nonobstant le refus ou l'empêchement de recevoir du créancier.

**1344.** — Dans les premiers temps de la monarchie, ces dépôts s'effectuaient dans les mains des greffiers, notaires, huissiers et telles autres personnes qu'il plaisait au juge de commettre à cet effet. Plus tard, des officiers publics institués, par un édit du mois de juin 1578, sous le titre de receveurs des consignations, furent chargés de recevoir les dépôts judiciaires. La vénalité de ces charges excluait toute garantie dans le choix des titulaires contre les abus si faciles et si dangereux dans une fonction qui devait consister à recevoir des capitaux pour les conserver, sans jamais en faire aucun usage, ni en tirer aucun profit.

1345. — L'abolition de la vénalité prononcée, en 1789, pour toutes les charges de judicature, atteignit les offices de receveurs des consignations. Deux ans après, le décret des 7, 10 et 12 sept. 1791 en ordonna la suppression ; et elle fut définitivement consacrée par le décret du 23 sept. 1793, qui enjoignit aux receveurs de verser les sommes dont ils étaient dépositaires, à Paris, dans la caisse du trésor, et partout ailleurs, dans celle du receveur du district, en disposant qu'à l'avenir tout dépôt s'effectuerait dans ces caisses.

Ces mesures devinrent désastreuses pour les ayants droit aux sommes déposées ; car, lors de la liquidation de l'arriéré de la dette publique qui fit l'objet des lois des 14 frimaire an VI et 9 frimaire an VII, les sommes dues pour cause de dépôts judiciaires et volontaires furent, *nominativement*, comprises dans cet arriéré et, par suite, soumises au mode de remboursement et à l'application des déchéances établies pour toutes les créances de l'état.

La loi du 8 nivôse an XIII, pour ranimer la confiance, fit bien passer la recette des consignations, des caisses du trésor à celle de l'amortissement, en assurant d'ailleurs aux déposants un intérêt annuel de 3 p. 0/0 qui devait commencer à courir 60 jours après le dépôt. Mais le gouvernement impérial, pressé par les besoins de la guerre, ne se fit pas faute de détourner les fonds de l'amortissement pour suppléer à la pénurie du trésor, et les sommes versées dans la même caisse à titre de dépôt n'échappèrent

point à l'atteinte de ces actes arbitraires. La loi du
28 avril 1816 ne fit donc que rendre hommage à la
réalité des faits, en déclarant, avant de consacrer
une institution meilleure pour l'avenir, que les sommes dont la caisse d'amortissement se trouvait actuellement débitrice passeraient à la charge du
trésor. (*Voy.* art. 98.)

1346. — Le sort des dépôts effectués depuis la
loi de 1816 diffère si essentiellement du sort qu'ont
eu les dépôts antérieurs, qu'il convient de s'arrêter
ici, pour exposer les règles applicables à ces derniers.

Un premier point bien certain, c'est que les sommes provenant des dépôts effectués jusqu'en 1816
ont été versés dans les caisses du trésor, et se sont
confondues avec les deniers publics. On a vu en effet,
qu'à deux reprises, d'abord en vertu du décret du 23
sept. 1793, et, plus tard, en exécution de la loi du 28
avril 1816, ces caisses se sont ouvertes pour recevoir
les sommes déposées. De là, pour l'état, ainsi que
l'a formellement reconnu la loi de 1816, l'obligation
de prendre à sa charge toutes les dettes qui grevaient
en dernier lieu, la caisse d'amortissement et de répondre désormais, pour son compte, à toutes les réclamations pour cause de dépôts effectués soit dans
cette caisse, soit même dans les mains des anciens
receveurs.

Les dettes de l'état provenant de cette source ne
paraissent pas, quant aux voies à prendre pour en
obtenir le remboursement, devoir être l'objet d'aucune distinction; la liquidation et le payement se
feront par les soins du ministre des finances d'après

les règles que nous exposerons dans l'article troisième de ce chapitre.

1347. — Mais les déchéances seront-elles applicables à ces dettes?

En principe, le déposant ne saurait être considéré comme créancier du dépositaire. Celui-ci n'a acquis sur les fonds remis dans ses mains, aucun des droits qui appartiennent à l'emprunteur; il a dû, pour se conformer à la convention intervenue entre le déposant et lui-même, conserver les deniers, et les tenir constamment à sa disposition, sans en faire aucun usage. Telle est la nature du contrat de dépôt, que celui qui l'effectue ne fait que constituer le dépositaire *gardien* de sa chose, sans jamais cesser d'en être et d'en demeurer, lui-même, unique propriétaire. L'ancien droit a proclamé ce principe qu'il a trouvé exprimé dans la loi romaine. L'édit d'octobre 1689 (*Voy.* art. 36) notamment, et celui de 1772, constituent les receveurs des consignations gardiens des sommes déposées, et portent que nulle prescription ne pourra être opposée à la réclamation de ces sortes de dépôts. Or, les lois des 30 octobre 1791, 23 sept. 1793 et 28 nivôse an XIII, en introduisant un nouveau mode d'administration, ont laissé intacts les droits que les déposants tenaient de la nature même du contrat de dépôt; ces lois les ont laissés sous la protection du principe exclusif de la prescription.

En conclura-t-on, dans un sens absolu, que les déchéances, qui ne sont au fond que des prescriptions à bref délai, ne peuvent jamais être étendues aux demandes en restitution de dépôts? Non sans doute, ce serait mettre en oubli cette omnipotence législative dont témoignent tant de mesures inspirées par les événements politiques qui se sont succédé de 1789 à 1816. Mais il en résulte incontestablement, que les demandes en restitution de dépôts, d'après la signification ordinaire et légale des mots, ne sauraient être comprises dans la classe des demandes en remboursement de créances ; que, dès lors, les déchéances simplement prononcées contre les secondes ne s'étendent point aux premières ; qu'en un mot, la déchéance ne saurait atteindre les demandes en restitution de dépôts, qu'en vertu d'un texte exprès et formel.

Ce texte existe pour tous les dépôts effectués antérieurement à l'an v ; la loi du 9 frimaire an vii, se référant à celle du 24 frimaire an vi, a nominativement compris au nombre des créances sur l'état soumises à la déchéance, celles résultant de dépôts judiciaires ou volontaires faits dans les caisses publiques; mais nulle mention de ce genre ne se rencontre dans les lois qui ont prononcé des déchéances pour l'arriéré postérieur à l'an v ; donc, les réclamations pour dépôts effectués antérieurement à l'an v sont seules susceptibles d'être écartées par une exception puisée dans les lois de déchéance.

La jurisprudence du conseil d'état confirme cette conclusion.

Il a été constamment jugé que, les lois des 24 frimaire an vi et 9 frimaire an vii et l'avis du conseil d'état approuvé le 14 floréal an xiii ayant formellement compris au nombre des créances sur l'état celles qui résultaient de dépôts faits dans les caisses pu-

bliques, toute créance pour cause de dépôts antérieurs à cette époque se trouvait frappée de déchéance par l'art. 1ᵉʳ de la loi du 9 frimaire an VII.
(*Voy.* Ord. 17 déc. 1823, Weber; 18 avril 1821, Le-
sage; 30 mai 1821, Gaborit.)

Et si le conseil a d'abord pensé que la déchéance
devait s'appliquer même aux dépôts postérieurs à
cette époque, il a fait, un peu plus tard, retour aux
vrais principes.

Des héritiers ont demandé en 1829 la restitution
de sommes déposées en 1813, dans la caisse coloniale de la Guadeloupe. Le ministre des finances
s'est prévalu des lois de déchéance pour rejeter leur
demande; il y a eu recours, et la décision ministérielle a été annulée par les motifs suivants:

« Considérant qu'il s'agit dans l'espèce, du dépôt
« de sommes provenant d'une succession vacante,
« ouverte dans la colonie de la Guadeloupe, et ver-
« sées en exécution d'un arrêt d'apurement du 2
« sept. 1813; que ce dépôt est prescrit par les lois
« et règlements relatifs aux colonies, et qu'il doit
« être effectué dans la caisse coloniale, laquelle fait
« à cet égard l'office de la caisse des dépôts et con-
« signations de la métropole; considérant que les
« déchéances prononcées ou rappelées par la loi du
« 25 mars 1817, pour dettes arriérées des divers
« ministères, ne sont point applicables aux dépôts
« et consignations effectués postérieurement aux
« lois des 24 frimaire an VI et 7 frimaire an VII. »
(*Voy.* Ord. 9 nov. 1832, héritiers Caillon.)

M. Dumesnil, après avoir fait observer que cette
ordonnance ne statue que pour les dépôts *nécessaires,*

décide qu'on doit considérer comme tels les dépôts
effectués par suite d'offres non acceptées, car le
débiteur est forcé de prendre ce parti pour se libérer. (*Voy.* p. 437.) Quant à nous, nous allons plus
loin, et nous disons que nous ne comprenons pas
pourquoi la même décision ne s'appliquerait point
aux dépôts purement *volontaires*. La circonstance
que la réclamation du dépôt nécessaire est impossible tant qu'il n'est pas intervenu un jugement qui
règle les droits des parties et fournisse un titre valable pour retirer les fonds déposés, prête certainement une grande faveur à la doctrine qui excepte ce
genre de demande des lois de déchéance, mais elle
ne fait pas le fondement de cette doctrine. On ne peut
l'établir que sur ce raisonnement ; le dépôt ne fait
point naître une créance au profit du déposant contre
le dépositaire ; les demandes en restitution de dépôts
sont donc distinctes des demandes en remboursement de créances ; et, conséquemment, les lois de
déchéance, ne comprenant que les créances, ne
peuvent être étendues aux sommes dues pour cause
de dépôts. Or, ce raisonnement n'a-t-il pas la même
force en ce qui a trait aux dépôts volontaires, que relativement aux dépôts nécessaires ? L'affirmative ne
nous paraît pas contestable, et elle nous conduit à
généraliser la décision du conseil d'état et à admettre
comme une règle certaine, qu'aucune déchéance ne
peut être opposée contre les réclamations de dépôts
judiciaires ou volontaires effectués postérieurement
au 1ᵉʳ vendémiaire an v.

**1348.** — Ici se termine l'exposé des principes qui
régissent les dépôts faits selon le mode ancien. L'or-

dre des idées nous conduirait à faire connaître l'institution actuelle de la caisse des dépôts et consignations et à tracer les règles qui doivent présider au versement, à l'emploi et à la restitution des fonds qu'elle reçoit. Mais la caisse des dépôts et consignations forme aujourd'hui, un établissement spécial, qui, dans son organisation non plus que dans ses opérations, n'a rien de commun avec le trésor public. Nous devons donc, pour nous renfermer dans les limites de notre sujet et éviter toute confusion, nous abstenir de la comprendre dans ce chapitre, qui a pour objet les dettes à la charge du trésor (1).

Occupons-nous immédiatement des emprunts.

### ART. 2. — Des emprunts faits par l'état.

1549. — Le crédit public inconnu sous l'ancien régime est né de la confiance inspirée par le gouvernement.

1550. — Avantages du crédit.

1551. — L'administration use du crédit public selon deux modes qui répondent à la *dette inscrite* et à la *dette flottante*.

1552. — Institution du *grand livre* de la dette inscrite.

1553. — Les extraits ou certificats d'inscription sont les seuls titres applicables à la dette inscrite.

1554. — L'appréciation de ces titres est réservée à l'autorité administrative.

1555. — A l'inscription succèdent les mutations — transition à l'indication des opérations relatives aux transactions de la bourse.

1556. — Réalisation des transferts, lorsque l'acheteur et le vendeur sont présents.

1557. — Réalisation des mutations sans l'intervention de l'ancien propriétaire.

1558. — Capacité des personnes que le droit commun soumet à la

(1) J'éprouve d'autant moins de peine à cet égard, que tout ce qui a trait à la caisse des dépôts et consignations a été savamment exposé dans un ouvrage spécial de l'un de mes confrères, Me Dumesnil, que j'ai eu l'occasion de citer un peu plus haut.

—

**1349.** — Pour n'omettre aucune des créances qui peuvent exister au profit des particuliers contre l'état, nous devons nous arrêter un instant sur les opérations si importantes, dont l'administration a trouvé le secret dans l'emploi du crédit public.

Le crédit de l'état est demeuré presque inconnu dans les temps antérieurs aux institutions nouvelles. Dans l'état d'incertitude et de désordre où se trouvaient autrefois les différentes parties du service général, il était indispensable de garantir les promesses de l'administration par des gages matériels immédiats. On traitait avec des compagnies de finances, quelquefois on leur donnait pour gage des biens immobiliers appartenant à l'état, mais, trop souvent, on leur abandonnait à ce titre les contributions à percevoir. « Ainsi s'était établie cette onéreuse in-« tervention des compagnies de finances, qui sépa-« rait les redevables et les créanciers du trésor des « administrateurs délégués par le souverain, et qui « livrait ordinairement les plus chers intérêts du « pays à la cupidité des traitants. (*Voy.* le rapport sur l'administration des finances de 1830.)

Aujourd'hui, le gouvernement a repris la direction immédiate des finances du royaume ; il a soumis les diverses parties de l'administration à un ordre sévère et méthodique, dont les résultats se révèlent à tous les yeux par une comptabilité prompte, exacte et publique, et qui doit prévenir le retour des mesures d'injustice et de violence, qui ont signalé la chute de l'ancien régime. Une si grande amélioration dans l'administration financière, jointe à la résignation du pays à supporter toutes les charges de la pénible libération léguée par l'empire et à la bonne foi religieuse qui a présidé à tous les engagements contractés pour répondre à une si triste nécessité, ont inspiré dans le gouvernement une confiance qui lui a ouvert l'inépuisable trésor du crédit.

1350. — « Autrefois les propriétés de la couronne « et les taxes payées par les contribuables, à titre « ordinaire ou extraordinaire étaient les seuls « moyens d'action du pouvoir ; les rigueurs de la « fiscalité la plus ruineuse épuisaient bientôt une matière « imposable qui opposait sa limite infranchis- « sable et toujours plus étroite aux exigences des « souverains et à la force des empires. La balance « des produits nationaux et des besoins publics était « la base principale sur laquelle reposait toute la « destinée du pays. C'était à son résultat plus ou « moins favorable, que se proportionnait l'impor- « tance relative des royaumes de l'Europe. La pré- « voyance la plus habile ne pouvait alors entrete- « nir des armées, équiper des flottes, élever des « monuments, ni grandir l'influence politique de « l'état que par la formation d'une épargne en nu-

« méraire laborieusement ménagée et strictement
« accumulée dans le trésor du prince. Les seules
« voies de crédit qui fussent ouvertes à cette épo-
« que étaient la vénalité des offices, les emprunts
« forcés, les prêts sur gages, qui entraînaient sou-
« vent l'aliénation des impôts, et les avances sur
« nantissements, dont la ressource matérielle, né-
« cessairement fort restreinte, dépassait encore la
« valeur d'un secours pécuniaire très-chèrement
« acheté. On peut donc affirmer que l'avénement
« du crédit public a produit une révolution non
« moins décisive pour la force des gouvernements
« que la découverte de la poudre à canon pour celle
« des instruments de la guerre. » (*Voy. Système financier de la France* par M. le marquis d'Audiffret,
t. 1, p. 157.)

**1551.** — Deux modes principaux se présentent
au choix de l'administration pour suppléer, à l'aide
des subsides offerts par le crédit, aux ressources de
l'impôt. Le premier consiste à emprunter des capitaux à des conditions habituellement fixées avec les
prêteurs par une adjudication publique, avec la clause
expresse de n'acquitter que la rente annuelle de ces
capitaux, et de ne pas contracter, pour leur restitution, un engagement formel et exigible à une époque déterminée; la partie du passif de l'état qui a
cette origine a reçu le titre de *dette inscrite*. D'après
le second mode, l'état se procure des fonds au
moyen de prêts qu'il s'oblige à rembourser à des termes convenus, et qui produisent des intérêts jusqu'au
jour de l'échéance; ces prêts constituent la *dette
flottante du trésor.* (*Voy. ibid.*, p. 163, et le rapport

sur l'administration des finances de 1830, p. 154.)

Arrêtons-nous quelques instants sur les difficultés qui peuvent surgir dans le service de ces deux sortes de dettes.

**1352.** — L'ancienne dette inscrite comportait une prodigieuse diversité de titres, tels que contrats, quittances de finances, effets au porteur, actions de compagnies, etc. A peine les créanciers de l'état parvenaient-ils à triompher, par une longue expérience, d'une confusion qui jetait autant de difficulté que de lenteur dans toutes les opérations dans lesquelles figuraient les valeurs sur l'état. On n'eut garde d'omettre de porter la réforme sur ce point essentiel, lors des grands mouvements qui eurent pour objet de refaire la situation financière du pays. Après la liquidation générale de tous les anciens titres, en exécution des lois et décrets de 1791, il a été procédé à la formation d'un registre qui, sous le nom de *grand-livre*, réunit et constate, par l'inscription qui en est faite dans les formes déterminées par la loi du 24 août 1793, les créances sur le trésor, et constitue ainsi le titre unique et fondamental de tous les créanciers de l'état. (*Voy.* L. du 24 août 1793, art. 6.)

**1353.** — Aux anciens titres de créance a succédé pour chaque rentier, un seul extrait ou certificat d'inscription, dont les termes simples et précis, en excluant toute possibilité d'erreur, assurent la facilité et la promptitude des opérations sur les valeurs qu'il représente.

**1354.** — Ces titres n'ont pas moins de force et d'autorité que ceux qui se rapportent aux stipulations privées; ils sont, d'ailleurs, évidemment susceptibles d'être produits devant les tribunaux ordinaires ; il n'en faut pas conclure néanmoins, qu'il appartienne à ces tribunaux d'exercer à l'égard de ces titres, le droit d'appréciation dont ils sont investis relativement aux titres qu'on est convenu d'appeler *titres du droit commun*, pour indiquer qu'ils n'empruntent leur validité et leur force qu'au droit civil. Quelque fondé que puisse être le juge à connaître de la contestation portée devant lui, si le doute vient à naître sur la régularité, la validité ou le sens du certificat d'inscription de rente invoqué dans le débat et devant figurer parmi les bases du jugement, le ministre des finances seul a pouvoir de le trancher. Il s'agit là d'un acte émané des agents de l'administration ; et il y a d'ailleurs, nécessité de procéder à une application des règles qui importent souverainement à l'ordre des finances et au crédit public. (*Voy.* Ord. 11 mars 1843, Boisgelin.) (1)

Telle est, au surplus, l'exactitude de cette branche de service au trésor, qu'il n'y a peut-être pas d'exemple d'une difficulté de cette nature.

**1355.** — L'inscription sur le grand livre de la dette publique a eu lieu pour les dettes anciennes, à

---

(1) Il s'agissait du refus fait par le ministre des finances de délivrer de nouveaux extraits d'inscription de rentes ; et on a considéré « qu'il résultait de l'art. 6 de la loi du 14 ventôse an III (24 août « 1793) que la tenue et la surveillance du grand livre de la dette « publique et que la délivrance et le renouvellement des extraits « d'inscription, suivant les formes qui sont spécifiées dans ladite « disposition, rentraient essentiellement dans les attributions du « ministre des finances ; que dès lors le refus constituait un acte « administratif, qui ne pouvait être apprécié que par l'autorité ad- « ministrative...... »

l'époque de sa confection. Il se produit pour chaque emprunt nouveau contracté par le gouvernement, au profit des capitalistes qui, acceptant ses conditions, livrent leurs fonds et reçoivent en échange une rente. Mais à cette opération originaire, succèdent les opérations innombrables qui ont pour objet l'inscription journalière des mutations.

On sait l'importance qu'a prise chez nous la négociation des rentes sur la place ; sans entrer dans le détail des moyens matériels adaptés à la réalisation et à la garantie des transactions de la bourse, il est convenable de les indiquer.

1556. — Les créanciers qui veulent disposer, vendre ou aliéner, n'ont d'autres formalités à remplir que de se présenter au bureau chargé de recevoir les transferts pour y faire leur déclaration qu'ils entendent qu'un tel soit inscrit en leur lieu et place pour la totalité ou partie de la dette publique dont ils sont propriétaires sur le grand livre.

Cette déclaration est reçue sur un registre établi et tenu pour servir de minute aux transferts et mutations de propriété de la dette publique. (*Voy.* L. du 28 floréal an VII, art. 2.)

Le vendeur ou son fondé de pouvoirs spécial signe la minute du transfert et remet l'extrait d'inscription qu'il entend transférer, et dont la signature est biffée en sa présence, et il lui est expédié un bulletin de cette remise. (*Voy. ibid.*, art. 3.)

Deux jours après le transfert, l'acheteur peut se présenter avec le bulletin remis au vendeur, pour retirer l'extrait de la nouvelle inscription de la rente qu'il a acquise. Cet extrait lui est délivré sur-le-champ, et il en donne décharge en marge de la minute du transfert. (*Voy. ibid.*, art. 4.)

**1357.** — La loi a aussi prévu les mutations de nature à s'opérer, sans l'intervention de l'ancien propriétaire, par suite de succession, donation entre-vifs, testament ou jugement.

Le nouvel extrait d'inscription est délivré à l'ayant droit sur le simple rapport de l'ancien extrait d'inscription et d'un certificat de propriété ou acte de notoriété, contenant ses nom, prénoms et domicile, la qualité en laquelle il procède et possède, l'indication de sa portion dans la rente et l'époque de sa jouissance. Le certificat qui doit être rapporté, après avoir été dûment légalisé, est délivré par le notaire détenteur de la minute, lorsqu'il y a eu inventaire ou partage par acte public ou transmission gratuite, à titre de donation entre-vifs ou testament. Il est délivré par le juge de paix du domicile du décédé, sur l'attestation de deux citoyens, lorsqu'il n'existe aucun desdits actes en forme authentique. Si la mutation s'est opérée par jugement, le greffier dépositaire de la minute délivre le certificat. Quant aux successions ou rentes à l'étranger, les certificats délivrés par les magistrats autorisés par les lois du pays sont admis, lorsqu'ils sont rapportés dûment légalisés par les agents français. (*Voy. ibid.*, art. 6.)

**1358.** — Enfin, il restait à régler la capacité des personnes que le droit commun soumet à la nécessité d'une assistance ou d'une autorisation pour consentir aux aliénations des choses du droit commun.

Dans le but de faciliter la disponibilité des rentes, la loi du 24 mars 1806 a affranchi les tuteurs et cu-

rateurs des mineurs ou interdits de la nécessité d'une
autorisation spéciale pour le transfert des inscriptions
de 50 fr. et au-dessous, en l'exigeant pour celles su-
périeures à cette valeur ; et le conseil d'état a émis,
à la date du 11 janvier 1808, l'avis que ces dispositions s'appliquent à tous les autres administrateurs
comptables, et, par conséquent, aux héritiers bé-
néficiaires.

1359. — Les transferts ont trop évidemment le
caractère d'actes administratifs et touchent de trop
près aux conditions fondamentales du crédit public,
pour qu'on hésite à réserver au ministre des finances
au premier degré, et au conseil d'état, comme tribunal d'appel, la décision de toutes les questions concernant l'observation des règles qui viennent d'être
exposées.

Voici un exemple d'autant plus remarquable de
l'exercice de ce droit de juridiction qu'il a eu pour
objet l'application du principe qui maintient les dispositions régissant la dette publique, même à l'encontre des jugements émanés des tribunaux ordinaires.

Des créanciers, après avoir infructueusement
exercé leurs droits contre la succession de leur débiteur, veulent obtenir payement de leur créance sur
une rente de 149 fr. inscrite sur le grand livre, et
dépendant de la succession qui se trouvait, d'ailleurs, vacante.

Ils font donc nommer un curateur à la succession,
et obtiennent contre celui-ci, du tribunal de Paris,
un jugement leur attribuant la propriété de la rente,
pour payement de leur créance. En vertu de ce jugement, le greffier délivre un certificat de propriété

de la rente aux deux créanciers, et ceux-ci se présentent au bureau des transferts avec l'extrait d'inscription au nom de leur débiteur.

Le jugement était régulier et passé en force de chose jugée; l'administration, cependant, s'est refusée à l'exécuter. Elle s'est fondée sur le principe d'insaisissabilité des rentes sur l'état posé dans l'article 4 de la loi du 8 nivôse an VI ; elle a soutenu que le jugement était en contradiction avec ce principe, auquel on ne peut porter atteinte sans nuire essentiellement au crédit des rentes sur l'état, et que l'agent comptable des mutations et transferts avait dû se refuser avec d'autant plus de raison, à la mutation, que, s'il l'avait admise, il aurait pu craindre que la cour des comptes ne mît à sa charge une opération entièrement contraire aux règles d'après lesquelles les rentes jouissent du privilége d'insaisissabilité qui les met hors du droit commun.

Cette doctrine a été, en effet, approuvée par le conseil d'état, car il a rejeté le recours dirigé contre la décision du ministre des finances. (*Voy.* Ord. 19 déc. 1839, Bidot.)

**1360.** — Les formalités à remplir pour obtenir le payement des arrérages se produisent avec le caractère de simplicité et de célérité que nous avons signalé dans l'exécution des transferts. Les arrérages sont payés au porteur de l'extrait d'inscription au grand livre, et au cas où le propriétaire de la rente, ne pouvant toucher lui-même, ne juge pas à propos de confier à un tiers l'extrait d'inscription, il est libre d'y suppléer par une procuration spéciale. Cette procuration est déposée chez un notaire de Paris qui en délivre deux extraits d'après un modèle dont la forme est réglée par le ministre des finances. L'un de ces extraits est joint à la première quittance et l'autre reste aux mains du fondé de pouvoirs pour être présenté, au lieu et place de l'inscription. Ces procurations sont valables pour dix ans, mais si le titulaire touche par lui-même dans l'intervalle, sa quittance vaut révocation. (*Voy.* L. du 22 flor. an VII et Ord. 1ᵉʳ mai 1816.)

Enfin, ajoutons qu'en vertu du principe de l'insaisissabilité, il n'est reçu d'opposition au payement des arrérages que celle formée par le propriétaire de l'inscription. (*Voy.* L. du 22 flor. an VII, art. 7.)

1561. — La compétence pour le payement des arrérages, est naturellement la même que pour l'attribution de la rente. Les tribunaux ordinaires décident les questions de propriété et toutes celles qui sont de nature à se trancher par les dispositions du droit commun; mais l'autorité administrative n'en reste pas moins juge de l'accomplissement des formalités et de l'application des règles destinées à garantir l'ordre et la sûreté qui doivent présider aux rapports de l'état avec ses créanciers et à conserver à ce genre de créances tous leurs avantages.

Un sieur Lelong avait assigné M. le ministre des finances devant le tribunal civil de la Seine, pour le faire condamner au payement des arrérages de deux rentes viagères. Il concluait en outre, à ce que le ministre fût condamné à lui remettre les titres de ces deux inscriptions de rentes.

Le tribunal, par jugement du 28 mai 1838, se déclara incompétent quant à la demande en délivrance

de titres, et se reconnut compétent sur la demande
en payement d'arrérages.

Le conflit fut alors élevé ; et il a été confirmé par
le motif que, « aux termes des lois des 16-24 août
« 1790, tit. 2, art. 13, 24 août 1793 et 16 fructidor
« an III, des décrets des 8 ventôse et 26 fruct. an XIII,
« et de l'avis du conseil d'état du 13 avril 1809, le
« service du trésor public, pour le payement des ar-
« rérages des rentes viagères inscrites au grand livre
« de la dette publique, est soumis à des règles ad-
« ministratives dont la connaissance ne peut être dé-
« férée à l'autorité judiciaire. » (*Voy.* Ord. 23 août
1838, Lelong.)

1362. — La dette flottante, considérée comme
moyen de crédit, est principalement destinée à suppléer à l'insuffisance des budgets résultant soit d'un
excès dans les dépenses, soit d'un déficit dans les
produits. Le gouvernement y a aussi recouru quelquefois pour se procurer les ressources nécessaires à
l'exécution d'entreprises dont les frais devaient se
retrouver à la longue, au moyen d'un péage ; on a,
notamment, contracté, dans le cours des années
1821 et 1822, pour la construction des canaux et
pour quelques autres travaux des ponts et chaussées, des emprunts remboursables à diverses échéances qui se succèdent et se prolongent jusqu'en 1868.
Enfin, cette dette comprend celles résultant des dépôts de cautionnements, effectués conformément à la
loi du 28 avril 1816, dont il a été traité dans le précédent paragraphe.

L'usage de ce moyen de crédit suppose l'existence
entre les mains de l'état d'une masse de fonds dis-

ponibles suffisante pour acquitter les intérêts des emprunts contractés et assurer les remboursements aux échéances ; car, sans cela, le trésor manquerait de facilité dans ses mouvements et se verrait exposé à perdre bien promptement une confiance qui a sa raison dans son exactitude à remplir fidèlement ses engagements. Les fonds libres qui répondent à ce besoin se composent particulièrement des sommes placées par les communes et les établissements de bienfaisance, de celles déposées par les administrations spéciales, et enfin des avances fournies par les comptables pour la sécurité du trésor ; et telle est l'importance de ces fonds que le service de la dette flottante est encore bien loin de pouvoir les absorber.

1365. — On sait que les intérêts annuels de cette dette se payent d'après les conditions des contrats, et que ces contrats marquent aussi les époques de remboursement du capital.

Les difficultés que peuvent rencontrer sur ces deux points, les réclamations des créanciers se distinguent en deux classes, selon qu'elles se rapportent à l'exécution même des engagements entre le prêteur et l'emprunteur, et selon qu'elles ont seulement trait aux négociations des valeurs, traites, effets ou bons royaux. Les premières sont du domaine exclusif de l'autorité administrative ; le principe qui réserve au pouvoir liquidateur le règlement des dettes de l'état par application des dispositions propres à l'administration des finances, fait céder ici la maxime qui veut que ce soit au juge du droit commun d'assurer l'exécution des contrats. Les secondes, par la raison qu'elles ne réclament que l'application des règles du droit

civil, et ne portent que sur des actes consommés
dans un intérêt privé, échappent à la juridiction exceptionnelle attribuée au ministre, et, après lui, au
conseil d'état. Cependant, même à l'égard de ces
dernières, on ne doit pas perdre de vue la restriction
que nous avons déjà eu l'occasion de faire remarquer
plusieurs fois. La portée de la décision émanée du
juge civil ne va point au delà de la question civile,
elle ne fait pas obstacle à l'application de la loi établie dans l'intérêt de l'état, et formant dans les
mains du ministre, une arme qu'il est de son droit et
de son devoir d'employer pour défendre sa position
financière. En un mot, la question peut être com-
plexe, et lorsqu'il en est ainsi, le juge ordinaire la
décide d'abord sous le point de vue du droit civil,
mais il reste à l'examiner et à la régler sous le point
de vue du droit administratif, c'est ce que fait le ministre saisi de la demande en payement et appelé à
l'ordonner.

### ART. 3. — Du remboursement des dettes de l'état.

### 1364. — Division.

**1364.** — Le droit de liquidation réservé au gouvernement ne constitue pas la seule exception au
droit commun en matière de créances sur l'état. On
a dû, pour garantir le service public d'entraves et
d'interruptions fatales, se garder de laisser le trésor
à la merci des porteurs de titres légitimes, même
liquidés, et concilier leur remboursement avec les
règles de la comptabilité publique. Pour rendre plus
claire et plus complète l'exposition du système établi à cet effet, il importe de ne considérer que suc-

cessivement les opérations destinées à conduire au remboursement effectif, à savoir, la liquidation, l'ordonnancement et le payement.

§ 1er. — Liquidation.

ces deux déchéances n'approche pas de celle qui distingue la déchéance pour l'arriéré de l'an v.

1381. — Arriéré de 1822. — La déchéance s'applique aux créances liquidées.

1382. — Dispositions des lois des 29 janvier 1831 et 4 mai 1834. — Elles ont opéré la clôture finale et irrévocable de l'arriéré antérieur à 1816.

1383. — Transition aux déchéances permanentes.

1384. — Toute créance non acquittée avant la clôture des crédits de l'exercice auquel elle appartient, est prescrite dans un délai de cinq ans, ou de six ans, si le créancier réside hors du territoire européen, à partir de l'ouverture de l'exercice.

1385. — Application de cette déchéance.

1386. — Prescription de cinq ans pour les arrérages de rentes.

1387. — La réclamation interrompt la prescription. — Conditions de son efficacité à cet égard.

1388. — Renvoi pour les déchéances spéciales à certaines branches des services publics.

———

**1365.** — On sait dans quel désordre était tombée l'administration des finances sous l'ancienne monarchie. Lorsque l'attention se fixa sur un mal dont la gravité dépassait toute mesure, la législature crut indispensable, pour prévenir les dilapidations et porter quelque remède aux abus et aux malversations résultant d'un mauvais système de finances, d'ordonner que les créanciers de l'état ne seraient remboursés qu'après vérification et reconnaissance de leurs droits. En vertu de cette disposition, qui fut proclamée comme exprimant un *principe constitutionnel*, aucune créance sur le trésor public, quel qu'en fût le titre, ne put être admise parmi les dettes de l'état qu'en vertu d'un décret de l'assemblée nationale, après un examen et une liquidation attribués à l'un de ses comités. (*Voy.* L. des 17 juillet-8 août 1790.)

Nous n'avons point à suivre ce principe au travers des lois qui ont eu pour objet de l'organiser. On comprend que son application a dû subir les vicissitudes du principe même du gouvernement; que d'abord, concentrée dans les mains de la législature, elle a dû s'en écarter à mesure que le pouvoir exécutif s'est détaché de la puissance législative, pour retrouver son unité et son indépendance sous le régime sorti de l'empire. Qu'il nous suffise de constater que ce principe s'est conservé, qu'il a pris place dans les institutions du pays et que son application est exclusivement réservée à l'autorité responsable de la dispensation des deniers de l'état.

La loi du 24 sept. 1814 avait disposé que « les « créances pour dépenses antérieures au 1ᵉʳ avril « 1814 seraient liquidées par les ministres » (*Voy.* art. 23) ; celle du 28 avril 1816 déclara que *la liquidation se continuerait conformément aux lois existantes, et dans les formes déterminées par les ordonnances de Sa Majesté.* Enfin, l'ordonnance la plus récente sur cette matière, rendue à la date du 31 mai 1838, porte « qu'aucune créance ne peut « être liquidée à la charge du trésor que par l'un « des ministres ou par ses mandataires. » (*Voy.* art. 39.)

1366. — Voici, pour l'autorité administrative, une attribution bien positive ; en quoi consiste-t-elle?

La loi de 1790, on vient de le voir, a proclamé le principe de la liquidation pour que les caisses de l'état ne fussent jamais ouvertes qu'à des créanciers véritables. Le travail de la liquidation consiste donc à examiner toutes les créances sur le trésor public et à vérifier les titres qui les justifient, pour les admettre, les rejeter ou les réduire. (*Voy.* L. des 17 juillet–8 août 1790, art. 7, 8, 9, 11, 12). C'est une garantie d'une nature toute spéciale, en vertu de laquelle les créanciers de l'état, alors même qu'ils se trouvent porteurs de titres régulièrement obtenus et susceptibles d'une exécution immédiate selon les règles du droit privé, sont tenus, pour parvenir au payement, de passer par une juridiction nouvelle pour faire reconnaître l'existence et fixer la qualité de leurs droits.

L'objet de la liquidation ainsi défini, il n'est point difficile de montrer comment l'exercice du pouvoir attribué au liquidateur se concilie avec les pouvoirs confiés aux diverses autorités juridiques de l'ordre civil, et même de la sphère administrative. Le ministre n'est point constitué d'une manière générale et absolue, juge des litiges qui peuvent naître entre les particuliers et l'état. Son droit et son devoir est uniquement de vérifier et de juger, dans leur rapport avec les pièces produites pour les justifier, avec leurs titres en un mot, les demandes en remboursement. Quant à la déclaration du droit au fond, quant à l'obtention du titre, elle se poursuit devant le juge déterminé par la nature du débat. Un particulier se propose-t-il de réclamer le prix d'arbres que l'administration a fait exploiter sur un terrain qu'elle considérait, indûment comme appartenant à l'état; ce n'est point, à coup sûr, un ministre qu'il convient de saisir. Il faudra s'adresser aux tribunaux civils, et c'est de leur jugement condamnant l'état à payer, si on l'obtient, qu'on devra s'armer pour venir demander la liquidation. De même pour les causes de la compétence administrative ; qu'un entrepreneur invoque les stipulations de son marché pour demander une somme plus forte que celle qui lui a été allouée dans le compte dressé par l'administration, son premier soin sera de solliciter du conseil de préfecture un arrêté qui déclare son droit, et la liquidation interviendra sur le vu de l'arrêté produit comme titre. La mission de juge fût-elle réservée au ministre et à celui-là même qui devrait procéder à la liquidation, les choses ne se passeraient pas différemment. Si le litige était tranché au profit du réclamant, le ministre effectuerait sans doute immédiatement la liquidation et le même acte exprimerait le résultat d'une double opération, mais, pour voir apparaître la distinction, il suffit de supposer que la réclamation jugée mal fondée par le ministre, soit accueillie par le conseil d'état ; l'ordonnance fera le titre, et il restera au créancier à revenir devant l'autorité chargée de sa liquidation.

**1367.** — Que penser, d'après cela, de la doctrine depuis longtemps établie et journellement appliquée (*Voy.* Ord. 21 oct. 1835, Duchatellier ; 9 mars 1836, propriét. de la salle Ventadour ; 9 mai 1841, de Bâvre), « qu'aux termes de l'art. 1er de la loi des « 17 juillet-8 août 1790, et des lois générales de la « matière, les tribunaux ne peuvent connaître d'ac- « tions qui tendraient à faire déclarer l'état débi- « teur, et qu'à cet égard les tribunaux ne sont com-

« pétents que dans les cas prévus par la loi? » (*Voy.*
Ord. 26 août 1835, Clément Zuntz.)

Quelque témérité qu'il puisse y avoir à s'élever
contre une opinion si accréditée dans le sein du
conseil d'état et si généralement admise par les auteurs qui ont tracé le tableau de sa jurisprudence,
nous n'hésitons point, tant est profonde notre conviction, à déclarer qu'elle manque de vérité.

On invoque les termes de l'art. 1er de la loi des
17 juillet-8 août 1790 et des lois générales de la
matière. Mais que disent ces lois? Elles subordon-
nent, on l'a vu, à un examen et à une liquidation
préalables l'admission des créances fondées en titre,
car elles disposent que la liquidation aura lieu, quel
que soit le titre. Elles protestent ainsi contre toute
confusion entre la déclaration juridique que le créancier peut avoir à solliciter pour se faire un titre, et
le contrôle et l'appréciation de ce titre dans son rapport avec les règles écrites pour la bonne administration des deniers de l'état. Cette pensée prend un
nouveau degré d'évidence, dès qu'on se reporte aux
circonstances qui ont présidé à la naissance des lois
de liquidation. Les créanciers qui affluaient aux
caisses du trésor n'avaient point à obtenir une déclaration sur des droits contestés, ils se présentaient
armés de titres ; et c'est parce qu'ils se présentaient
avec cet avantage que l'état dut recourir à la protection du législateur, et que le législateur eut à décider que les titres, de quelque autorité qu'ils fussent
émanés, seraient soumis au contrôle d'un pouvoir
spécial et jusque-là inconnu, au contrôle du pouvoir
liquidateur. Ne s'en suit-il pas que la liquidation a

été instituée comme essentiellement distincte de la
déclaration juridique des créances, et qu'on ne peut
supposer que le droit de liquidation conféré au gouvernement comprenne le droit de prononcer, à l'exclusion des tribunaux, sur les créances prétendues
contre l'état?

Quel serait, d'ailleurs, le motif d'une si grave
dérogation au droit commun? par quelles raisons
pourrait-on l'expliquer? Le droit de liquidation s'applique aux jugements émanés des tribunaux, comme
à tous autres titres; il réserve à l'autorité administrative, même à l'encontre de ces jugements, l'effet des
mesures financières, quels qu'en soient la nature et
l'objet; or, est-il un inconvénient, dans le droit pour
les tribunaux, de connaître des actions tendant à
faire déclarer l'état débiteur, auquel il ne soit pas
pourvu par l'institution du pouvoir liquidateur? Il
n'en est pas un seul; et pour s'en convaincre, qu'on
examine ce qui se passe en matière d'expropriation
forcée. Les tribunaux fixent le prix à payer par l'état
et mettent ainsi une créance à sa charge. Le trésor
est-il pour cela à la merci du propriétaire, les deniers renfermés dans ses caisses en sortiront-ils plus
rapidement et avec moins de précaution? Non, sans
doute; le gouvernement est garanti par son droit de
liquidation. Le propriétaire armé du jugement d'expropriation n'en est pas moins tenu de suivre le
chemin tracé pour tous les créanciers de l'état; le
payement ne vient qu'après la liquidation et qu'en
vertu d'une ordonnance. (*Voy.* Ord. 25 nov. 1842,
Plossard.) Ce qui est vrai des jugements des tribunaux civils en matière d'expropriation forcée, l'est

également des décisions émanées de la juridiction
administrative. Les arrêtés des conseils de préfecture
qui condamnent l'état à payer certaines sommes en
exécution de contrats passés en son nom ou à titre
d'indemnités, ne se distinguent point, quant à leurs
effets, des jugements rendus par les tribunaux civils.
Or, ces arrêtés, lorsqu'ils déclarent l'état débiteur,
offrent-ils quelque danger pour la suffisance de ses
ressources ou la régularité de leur emploi? Le fait
de chaque jour est là pour témoigner du contraire.
Le ministre liquidateur de la dette créée par chaque
arrêté a le soin d'en subordonner le remboursement
aux dispositions des lois de finances. Disons-le donc,
ce n'est que de loin que le principe qu'il est interdit
aux tribunaux de connaître des actions tendant à
faire déclarer l'état débiteur, semble répondre à
quelque grande nécessité d'administration; à mesure
qu'on approche pour la saisir, cette nécessité s'éva-
nouit et disparaît; ce n'est qu'un fantôme.

Le conseil d'état lui-même décide, chaque jour,
en principe, *que les jugements des tribunaux ne sont
que des actes déclaratifs des créances pour lesquelles
ils prononcent des condamnations*, et il en conclut
que ces jugements ne font point obstacle à l'action
du pouvoir liquidateur, et spécialement, à l'application des lois de déchéance. (*Voy.* Ord. 23 avril 1837,
commune d'Arc-sous-Montenot.) Mais c'est reconnaître la distinction d'où dérive la réfutation de sa
doctrine! Ne dément-il pas, d'ailleurs, cette doctrine dans les termes les plus exprès, lorsque, dans
le silence de la loi, il attribue, sans en excepter aucune, les contestations relatives à l'exécution des

contrats de vente et d'acquisition passés au nom de
l'état au conseil de préfecture, et celles relatives à
l'exécution des baux, aux tribunaux civils? Pour en
demeurer convaincu, il suffit de se rappeler combien, en matière d'exécution de contrats, les actions
se résolvent fréquemment en condamnations à des
payements de sommes.

1368. — Nous croyons avoir justifié, par ces observations, notre opinion, et démontré qu'on ne doit
point admettre le principe que les tribunaux ne
peuvent connaître des actions tendant à faire déclarer
l'état débiteur. Par quelle règle sera-t-il remplacé?

Rien de plus simple. Nous, dirons qu'en matière
de créances sur l'état, comme pour toutes les matières juridiques étrangères au contentieux administratif proprement dit, la compétence des tribunaux
civils ne cède que devant une attribution expresse et
dérogatoire au droit commun, au profit de l'autorité
administrative; et nous ajouterons aussitôt, que
l'exercice de la juridiction civile ne fait, non plus
que l'exercice de la juridiction administrative, nul
obstacle à l'exercice du droit de liquidation, et que,
quelle que soit la nature et la force des jugements
mettant une dette à la charge de l'état, l'action du
pouvoir liquidateur est toujours réservée au point
de frapper, en certains cas, la condamnation de
stérilité.

Suivons cette règle dans son application.

La liquidation des créances de l'état est bien destinée à écarter toutes celles qui ne se justifieraient
point par des titres légitimes et réguliers, et à parer
par ce moyen aux abus et aux malversations. Mais

elle a aussi pour objet d'assurer l'exécution de
mesures, dont la plupart ont été inspirées par les
besoins extrêmes de temps déjà loin de nous, et qui,
pour lutter contre l'accroissement d'un arriéré plus
écrasant de jour en jour, frappaient de *déchéance*
certaines créances déterminées par la cause ou, plus
ordinairement, par l'époque de leur origine. On
comprend que si la régularité qui préside à la confection des actes des corps juridiques rend infiniment rare, pour ne pas dire impossible, le rejet de
créances fondées sur les décisions revêtues de l'autorité de la chose jugée, par un motif puisé dans le
défaut de légitimité ou de régularité du titre, il n'en
saurait être de même des motifs puisés dans les lois
de déchéance. Il faut rappeler, à cet égard, un principe que nous avons eu déjà l'occasion d'exposer bien
des fois, selon lequel chaque autorité doit se renfermer rigoureusement dans l'examen des questions et
dans l'application des règles qui tombent dans le domaine de sa juridiction. Que fait le juge saisi d'une réclamation dirigée contre l'état ? il l'examine et la tranche dans ses rapports avec les règles dont l'application est de son ressort ; mais il la laisse entière dans
ses rapports avec les dispositions relatives à la liquidation des dettes de l'état. C'est dans ce sens que la
jurisprudence du conseil observe «que les jugements
« des tribunaux ne sont pas des actes constitutifs,
« mais seulement déclaratifs des créances pour les-
« quelles ils prononcent des condamnations ; » et
qu'elle en conclut que ces jugements ne font nul obstacle à l'application des lois de déchéance. (*Voy.* Ord.
8 janv. 1836, commune de Richebourg ; 23 avril

1837, commune d'Arc-sous-Montenot; Ord. 15 juillet 1842, Corbie.)

Nous trouvons une confirmation non moins remarquable de cette doctrine dans une ordonnance du 5 septembre 1838. Le préfet de la Seine avait élevé le conflit sur une demande en remboursement du montant d'un cautionnement dirigée contre le ministre des finances, et fondée sur ce que le remboursement s'était fait au mépris d'une opposition régulière. Or, le conseil a annulé l'arrêté de conflit par le motif qu'il ne s'agissait pas de la connaissance de règles d'administration, mais seulement d'une question de droit civil. Le conseil a ainsi exprimé que, dans sa pensée, la *liquidation* n'embrasse que l'application des mesures de comptabilité publique, des dispositions qui regardent l'administration des finances, et que l'état doit attendre de l'autorité judiciaire, la solution des questions de droit purement civil, telles que celles de régularité d'endossements apposés à des traites, de validité d'opposition et de prescription.

1369. — Entre les divers agents de l'administration, la répartition de la compétence est assez simple. Chaque ministre est le liquidateur des dépenses qui regardent les services compris dans son département. Le ministre des finances a de plus une attribution générale. On doit porter devant lui les demandes en remboursement de toutes créances qui ne peuvent se rattacher à un service spécial, ou qui, se rapportant à un service déjà clos, appartiennent, par cela même, à l'arriéré.

1370. — Notre intention n'est pas de pénétrer

dans le détail des mesures successivement prises pour assurer la liquidation des dettes de l'état ; néanmoins, nous ne pouvons refuser quelques mots à l'histoire d'institutions qui ont laissé les plus profonds souvenirs.

**1371.** — L'assemblée constituante avait créé dans son sein, un comité chargé de procéder à la liquidation de la dette publique.

L'insuffisance de cette mesure la porta bientôt à établir, par la loi du 22 déc. 1790, une direction générale qui, sous les ordres d'un commissaire nommé par le roi, et sous la surveillance des comités de l'assemblée, préparait les liquidations que l'assemblée décrétait ensuite sur le rapport de chacun des comités.

L'arrêté du 23 vendémiaire an IX consacra un mode nouveau dont l'inconvénient fut de diviser entre un trop grand nombre des opérations, qui, pour amener un résultat définitif, devaient être centralisées. Cette condition ne fut remplie que par l'arrêté du 13 prairial an X, qui institua un *conseil de liquidation générale.*

S'il y avait diversité d'opinion dans ce conseil, la liquidation était portée au conseil d'état, et réglée, comme affaire contentieuse, sur le rapport du liquidateur général. Le conseil de liquidation arrêtait lui-même les liquidations pour lesquelles il y avait unanimité.

A la première assemblée de chaque mois, le directeur général présentait aux consuls, séant en conseil d'état, le tableau des liquidations arrêtées dans le mois précédent. Mais ce tableau n'était que sommaire

et on l'approuvait toujours sans discussion, en sorte
que le conseil de liquidation jugeait, en réalité, souverainement.

Le conseil général de liquidation a été supprimé,
à partir du 1ᵉʳ juillet 1810, par la loi de finances du
15 janvier 1810, et, antérieurement, le décret du 23
février 1808 avait disposé « qu'il ne serait reçu au-
« cune nouvelle demande pour raison des créances
« des exercices antérieurs au 1ᵉʳ vendémiaire an x. »
Il ne reste donc rien ni du conseil de liquidation, ni
des affaires qui lui étaient soumises.

**1372.**—Les commissions formées pour la liquidation des fournitures faites durant l'invasion méritent
aussi d'être indiquées. Mais il ne s'agit plus ici de la
*liquidation* à laquelle il était pourvu par les institutions que nous venons d'analyser. Les commissions
pour les fournitures de l'invasion ont été constituées
dépositaires tout à la fois, du droit de liquidation et
du pouvoir de juridiction attribués aux ministres
pour tout ce qui tient aux marchés et fournitures.
C'est, par conséquent, dans la loi de leur création
qu'il faut chercher le caractère et la mesure des pouvoirs de ces commissions.

Le ministre de l'intérieur crut pouvoir nommer
dans chaque département, une commission pour vérifier la légitimité et constater le montant des fournitures. Mais ces commissions, organisées par une
instruction en date du 6 avril 1814, n'agissaient que
comme *conseil* placé près du préfet, leurs délibérations rédigées en forme d'avis étaient soumises à
l'homologation du préfet. La loi seule pouvait instituer des commissions investies d'une autorité de ju-

ridiction ; c'est ce qui eut lieu pour les secondes *commissions départementales*.

Le conseil général de chaque département fut chargé par la loi du 28 avril 1816, de nommer une commission de six membres, dont la présidence appartenait au préfet, pour vérifier et arrêter tous les comptes et marchés relatifs aux réquisitions faites pendant l'occupation militaire de 1815.

Quant à l'autorité des décisions qui en émanaient, le conseil d'état se refusait à les contrôler, lorsqu'en l'absence de marché positif et de titre écrit, elles étaient basées sur une sorte d'appréciation de fait. Mais il n'hésitait pas à les annuler pour excès de pouvoirs, lorsque les commissions avaient modifié le prix des marchés, et renvoyait alors les fournisseurs devant le préfet, et en cas de contestation, devant le conseil de préfecture, pour faire liquider leurs fournitures d'après les clauses du marché (1).

**1373.** — La commission établie pour la répartition de l'indemnité stipulée au profit des anciens colons de Saint-Domingue, lors du traité du 17 avril 1825, dont l'objet fut de reconnaître l'indépendance du gouvernement de cette île, n'a point eu pour objet une dette à la charge de l'état, mais elle présente un

---

(1) Ce renvoi au conseil de préfecture était la conséquence du principe qui attribuait le caractère d'actes administratifs aux contrats passés par l'administration, et supposait que toutes les difficultés relatives à ces contrats appartenaient au contentieux administratif. Ce principe, ainsi que nous l'avons expliqué, en traitant des *baux administratifs*, et que nous rappellerons lorsque nous nous occuperons de *fournitures*, était erroné; aujourd'hui il faudrait un texte exprès pour justifier, en ces matières, la compétence administrative.

exemple des institutions créées à diverses époques pour la distribution d'indemnités accordées par suite d'événements politiques, à diverses classes de citoyens. Le caractère de ces commissions est d'être investies d'une juridiction dont les limites ne sont marquées que par la loi qui les institue. Les décisions de la commission de Saint-Domingue offrent d'autant plus d'intérêt qu'elles ont encore des effets à produire dans l'avenir.

Le traité de 1825 impose, entre autres conditions, au gouvernement de Saint-Domingue l'obligation de payer une somme de 150 millions de francs destinés à dédommager les anciens colons qui réclameraient une indemnité. (1)

Une loi du 30 avril 1826 a fixé le mode et la base de la répartition.

Aux termes de cette loi, le roi a nommé une commission divisée en trois sections près de laquelle il y avait un commissaire du roi chargé de requérir le renvoi aux tribunaux des questions d'état et de propriété et de procéder et d'agir, dans cette affaire, pour les intérêts de la masse. On interjetait appel des décisions de chaque section devant les deux autres réunies. La commission était d'ailleurs, autorisée à statuer d'après tous les documents produits devant elle, même par voie d'enquête si elle le jugeait convenable, pour apprécier les biens selon leur consis-

---

(1) Ce payement devait être fait par cinquième, en cinq années ; mais la république s'est montrée peu fidèle à cet engagement. Ce n'est qu'en 1840, après de longues négociations, appuyées à la fin par une démonstration de forces, qu'on a obtenu, en exécution d'un traité du 12 février 1838, le payement du second cinquième.

tance à l'époque de la perte, et d'après la valeur commune des propriétés dans la colonie, en 1789; l'indemnité devait être du dixième de cette valeur.

Cette loi a été exécutée selon le mode déterminé par une ordonnance royale du 9 mai 1826; les droits des anciens colons sont désormais fixés; ils n'ont plus qu'à les faire valoir pour être admis à participer à la distribution des fonds envoyés de Saint-Domingue à mesure du payement de chaque cinquième.

1374. — Ces fonds sont, à leur arrivée, déposés à la caisse des dépôts et consignations. C'est donc au directeur de cette caisse que les anciens colons ou leurs héritiers ou ayants cause doivent adresser leur demande. Elle se fait par une simple lettre, et doit être présentée dans le délai fixé par la loi qui règle la distribution des fonds composant chaque versement (1). On joint à cette demande, pour rappeler la décision de la commission de liquidation qui la justifie, la lettre adressée aux intéressés après la liquidation pour leur annoncer qu'elle avait eu lieu; à défaut de cette pièce, il suffit d'indiquer le numéro de l'article de liquidation, et celui de l'état de liquidation sur lequel ledit article est porté.

Mais ceux qui se présentent comme ayants cause du titulaire porté en l'état de liquidation sont tenus de justifier de leur qualité. Un avis rédigé par l'administration de la caisse pour la répartition des

(1) Aux termes de la loi du 18 mai 1840, qui a eu pour objet la répartition des fonds versés en exécution du traité du 12 février 1858, les demandes ont dû être adressées avant le 25 novembre de la même année.

sommes versées en exécution du nouveau traité conclu avec la république d'Haïti le 12 février 1838,
explique fort clairement comment cette justification
sera faite ; voici cet avis:

« Si la demande est faite par l'héritier ou les héri-
« tiers de l'ayant droit porté en l'état de liquidation,
« la demande devra être accompagnée :

« 1° De l'acte de décès de cet ayant droit ; 2° d'un
« extrait de l'intitulé de l'inventaire qui a suivi ce dé-
« cès, ou, à défaut d'inventaire, d'un acte de no-
« toriété constatant qu'il n'en a pas été fait et éta-
« blissant les qualités des héritiers ; s'il y a des
« mineurs au nombre des héritiers, les tuteurs devront
« justifier de l'acceptation bénéficiaire faite au nom
« desdits mineurs ; s'il y a eu des renonciations, il
« faudra remettre les expéditions des actes qui les
« constatent.

« Les abandonataires, par suite de partage, de-
« vront produire, en outre des pièces ci-dessus dési-
« gnées, l'expédition de l'acte de partage, et, s'il y
« a des mineurs ou interdits, les jugements d'homo-
« logation qui ont dû intervenir.

« Les légataires universels par testament authenti-
« que, devront joindre à leur demande l'expédition
« du testament et un acte de notoriété constatant
« que le défunt n'a pas laissé d'héritiers à réserve
« légale.

« Les légataires par testament olographe ou mys-
« tique, devront produire l'expédition du testament
« et l'ordonnance d'envoi en possession, conformé-
« ment à l'art. 1008 du code civil.

« Les légataires à titre universel et les légataires

« particuliers devront, indépendamment du testa-
« ment, justifier de la délivrance à eux faite confor-
« mément aux art. 1011 et 1014 du code civil.

« Les cessionnaires devront remettre les actes de
« cession ou transport consentis à leur profit.

« Les créanciers opposants, dont les oppositions
« ont été déclarées valables, auront à justifier des ju-
« gements qu'ils ont obtenus.

« Les jugements de toute nature devront être ac-
« compagnés des certificats de signification et de
« non opposition ni appel prescrits par l'art. 548 du
« code de procédure civile.

« Les jugements dans lesquels auront figuré des
« tuteurs devront être signifiés aux subrogés-tuteurs
« pour faire courir les délais de l'appel.

« Les demandes faites par des mandataires de-
« vront être accompagnées des procurations de ces
« derniers.

« Les procurations, les actes de cession ou trans-
« port, les désistements et les mainlevées devront
« être en forme authentique.

« Les actes sous seings privés ne seront admis que
« si les signatures ont été reconnues en justice ou
« par les parties, suivant acte public dont il devra
« être justifié.

« Les actes notariés passés hors du département
« de la Seine, devront, ainsi que les expéditions de
« jugements et certificats émanés de tout autre tri-
« bunal que celui de ce département être revêtus de
« la légalisation par le président du tribunal.

« Les actes passés dans les colonies françaises de-
« vront être légalisés par le ministre compétent.

« Les actes passés en pays étrangers devront être
« légalisés par le ministre des affaires étrangères de
« France, etc. »

**1375.** — Il resterait à dire un mot des commissions pour les émigrés et à expliquer l'organisation
et les attributions des commissions de desséchement ;
mais ces deux objets seront plus convenablement
traités, le premier dans le chapitre consacré aux
*émigrés*, et le second lorsque nous nous occuperons
des *travaux publics*.

**1376.** — Les lois qui instituent des commissions
spéciales pour la liquidation des dettes de l'état, prévoient et déterminent le mode de recours dont il peut
être usé contre leurs décisions. A l'égard de la juridiction ministérielle, on sait qu'elle comporte le recours par la voie de l'appel devant le conseil d'état.
Mais le conseil se refuse à connaître des moyens qui
soulèvent une question de comptabilité ou de responsabilité relative à l'emploi des crédits ouverts par
les chambres.

**1377.** — Après avoir exposé les règles de juridiction pour la liquidation des dettes de l'état, il convient de faire connaître quelques règles concernant
le fond de cette matière. Nous voulons parler des
*déchéances*.

Les considérations qui ont fait introduire dans la
loi civile la prescription comme un moyen d'éteindre
les obligations, empruntent, en ce qui regarde l'état,
une bien grande force à l'intérêt social. On comprend
que l'équilibre entre les ressources et les dépenses
serait sans cesse compromis, que l'ordre dans la
comptabilité et que la stabilité financière seraient

impossibles à obtenir si l'on n'avait un moyen de presser la liquidation de l'arriéré, lorsqu'il est devenu considérable. Le principe de droit public qui permet d'imposer aux créanciers de l'état un délai pour présenter et soutenir leurs réclamations, se justifie donc par des raisons d'intérêt général de l'ordre le plus élevé. Aussi n'est-ce pas le principe mais l'abus qu'on en a fait qui a laissé de si fâcheux souvenirs.

Les gouvernements issus de la révolution n'ont recouru aux déchéances que pour consommer de véritables banqueroutes, et l'empire ne s'est pas fait faute d'en user avec cet arbitraire qui caractérise un si grand nombre de ses actes.

Ces mesures sont, pour la plupart, à jamais accomplies, et leurs effets ne peuvent aujourd'hui susciter que de rares difficultés; nous devons cependant indiquer ce qu'ils ont été, pour expliquer d'une manière bien nette quelle est la position de l'état relativement aux créances qui peuvent exister contre lui.

**1578.** — L'arriéré le plus ancien se rapporte à l'an v. La loi du 24 frimaire an vi ayant ordonné et réglé la liquidation des sommes dues par l'état à quelque titre que ce fût, et, entre autres, *celles dues pour cause de dépôts volontaires ou judiciaires dans les caisses publiques* (*Voy.* art. 3), la loi du 9 frimaire an vii a ensuite disposé que les créanciers qui devaient être liquidés en exécution de cette loi, seraient tenus de produire leurs titres avant le 1er germinal suivant, à peine de déchéance. (*Voy.* art. 1er.)

Voilà une déchéance pour toute créance, sans distinction aucune, qui n'a pas fait l'objet d'une réclamation antérieure au 1ᵉʳ germinal an VII.

1579. — Le décret du 25 février 1808 étendit la déchéance même aux créances réclamées dans ce délai; l'art. 1ᵉʳ porte, en effet, défense au conseil général de liquidation *d'admettre aucune liquidation pour créances dont l'origine remonte à une date antérieure au 1ᵉʳ vendémiaire an V, quelles que soient la nature et la cause de ces créances.*

Ce même décret enjoint aux ministres d'arrêter leurs registres de dépôt de demandes afin de liquidation de créances antérieures au 1ᵉʳ vendémiaire an IX (*Voy.* art. 15); il consacre, ainsi, une déchéance nouvelle destinée à atteindre les créances prétendues sur les années V, VI, VII et VIII.

Cette déchéance, applicable à l'arriéré de l'an IX, a été confirmée par la loi du 15 janvier 1810, puisqu'elle a déclaré que le conseil général de liquidation chargé de liquider cet arriéré serait supprimé à partir du 1ᵉʳ juillet 1810, et que les liquidations restant à faire seraient entièrement terminées à cette époque. Mais il est à remarquer qu'elle ne fut point prononcée dans des termes aussi explicites que celle relative à l'arriéré de l'an V. Par suite, les créanciers de l'état ont élevé de nombreuses réclamations, prétendant échapper à la déchéance tantôt à raison de la nature spéciale, tantôt à raison de la date de leurs créances.

Quant à la nature des créances, la jurisprudence du conseil n'a excepté de la déchéance que les seules créances expressément désignées par les art. 9 et 10 du décret du 13 décembre 1809 : ce sont les créances données en payement de domaines nationaux et celles réclamées par des engagistes ou échangistes dépossédés depuis la loi de pluviôse an XII. Elle l'a même appliquée, dans le principe, aux dépôts judiciaires qu'elle en a exceptés plus tard, ainsi qu'il a été expliqué plus haut. (*Voy. suprà*, art. 1ᵉʳ.)

A l'égard de la date, le conseil d'état est parti de l'idée qu'en administration financière, pour avoir la date d'une créance, il faut seulement considérer à quel exercice elle se rattache, sans se préoccuper de l'époque à laquelle elle a été reconnue à l'amiable ou juridiquement.

1580. — La loi du 25 mars 1817 a prononcé une déchéance applicable à l'arriéré de 1816, par son art. 5, qui est ainsi conçu : « Les créanciers de l'arriéré « seront tenus de produire leurs titres dans le délai « de six mois après la publication de la présente loi, « sans préjudice de l'observation des délais déjà « fixés et des déchéances encourues ou à encourir. « Passé ce délai, ils ne seront plus admis. » Cette disposition confirme la déchéance pour l'arriéré de l'an IX et fait même disparaître, pour l'avenir, les exceptions créées par le décret du 13 décembre 1809.

Quelque rigoureuses que soient ces mesures relatives, l'une à l'arriéré de l'an IX et l'autre à celui de 1816, elles sont loin cependant de pouvoir être comparées à la déchéance prononcée par le décret du 25 février 1808 pour les créances antérieures à l'an V. Pour échapper aux déchéances applicables à l'arriéré de l'an IX ou de 1816 il a suffi aux créanciers de former une demande, en produisant leurs titres; l'instance en liquidation une fois

engagée, le droit s'est conservé. Pour l'arriéré de
l'an v, il en a été autrement, le décret de 1808 a
déclaré les créances à jamais éteintes, qu'elles eussent ou non fait l'objet d'une réclamation.

**1581.** — Passons à l'arriéré de 1822.

Les quatre premiers articles de la loi de finances
du 17 août 1822 ont pour objet la fixation des moyens
de libération mis à la disposition du ministre pour
les créances arriérées; l'art. 5 dit ensuite : « les
« rentes et créances de toute nature provenant des
« anciennes liquidations ou de l'arriéré des divers
« ministères, pour tous les exercices antérieurs au
« 1er janvier 1816, dont l'inscription ou le payement
« n'aurait pas été réclamé avant le 1er avril 1823,
« pour les propriétaires domiciliés en Europe, et
« avant le 1er janvier suivant, pour ceux résidant
« dans les colonies, seront éteintes et amorties défi-
« nitivement au profit de l'état. » Jusqu'ici, nous
avons vu les déchéances menacer exclusivement les
créanciers en retard de demander leur liquidation,
celle-ci n'est dirigée que contre les créances dont la
liquidation a été faite. Elle doit être opposée au créancier qui, après avoir fait liquider sa créance, a négligé d'en demander le payement, mais on ne saurait l'appliquer à une créance non liquidée. (*Voy.*
Ord. 27 juin 1834, préfet du Bas-Rhin.)

**1582.** — Le dernier arriéré résulte des lois des
29 janvier 1831 et 4 mai 1834.

D'après l'art. 8 de la loi du 29 janvier 1831,
« toute créance portée sur l'arriéré antérieur à 1816,
« et dont le titulaire ou les ayants cause n'auront pas
« fourni, avant le 1er janvier 1832, les justifications

« nécessaires pour la délivrance du titre de payement,
« sera définitivement éteinte et amortie au profit de
« l'état. » Mais l'art. 10 explique que « cette disposi-
« tion ne sera point applicable aux créances dont l'or-
« donnancement et le payement n'auraient pu être
« effectués, dans les délais déterminés, par le fait de
« l'administration ou par suite de pourvois formés
« devant le conseil d'état ; et que tout créancier aura
« le droit de se faire délivrer par le ministère com-
« pétent, un bulletin énonçant la date de sa demande
« et les pièces produites à l'appui. »

La déchéance dont il s'agit ici, ne résulte plus du
défaut de réclamation dans le délai voulu ; elle atteint ceux qui, ayant formé leur demande, sont en
retard de produire les pièces nécessaires pour la juger. En un mot, elle est destinée à mettre fin aux liquidations entamées. Il faut aussi remarquer l'exception stipulée pour les créances dont la liquidation
a été retardée par le fait de l'administration ou par
suite de pourvois formés devant le conseil d'état. On
a là une juste consécration de la règle *contra non*
*valentem agere non currit præscriptio*, que la jurisprudence a toujours rigoureusement repoussée dans
l'application des déchéances antérieures.

Dans la loi du 4 mai 1834, on est revenu, pour en
finir, sur cet arriéré de 1816 ; l'art. 11 statue en ces
termes : « La liquidation des créances dont l'ori-
« gine remonte à une époque antérieure au 1ᵉʳ jan-
« vier 1816, sera définitivement close au 1ᵉʳ juillet
« 1834.

« Les ministres sont tenus de prononcer avant
« cette époque, par admission ou rejet et dans l'é-

« tat où elles se trouvent, sur toutes les réclama-
« tions régulièrement introduites, et qui n'auraient
« pas encore été l'objet d'une décision ; toutes les
« déchéances encourues d'après les lois et règle-
« ments antérieurs, ainsi que les rejets non atta-
« qués en temps utile devant le conseil d'état, ou
« confirmés par lui, étant, d'ailleurs, irrévocables,
« et ne pouvant plus être remis en question pour
« quelque cause et sous quelque forme que ce soit.

« Passé le 1ᵉʳ juillet 1834, aucune ordonnance de
« payement ne pourra être délivrée pour créances
« antérieures à 1816.

« Les créances admises postérieurement au 1ᵉʳ
« juillet 1834, par suite de pourvois formés devant
« le conseil d'état, ne pourront être acquittées qu'en
« vertu d'un crédit spécial qui sera demandé aux
« chambres dans la session de 1835. »

Nous avons vu que la loi du 21 janvier 1831 avait
accordé un délai jusqu'au 31 décembre aux créanciers de l'arriéré de 1816, qui, ayant réclamé en
temps utile, avaient encore quelques formalités à
remplir pour obtenir leurs titres de payement. Passé
ce délai, il était interdit de recevoir aucun complément de justification : les ministres se sont donc
trouvés, à partir du 1ᵉʳ janvier 1832, en mesure de
statuer sur tout l'arriéré antérieur à 1816.

La loi de 1834 prend les choses en cet état, et
elle enjoint au ministre de statuer, par admission
ou rejet, sur les créances de l'arriéré non encore
réglées, avant le 1ᵉʳ juillet 1834. A partir de cette
époque, le ministre n'a pu délivrer aucune ordon-

nance de payement pour créances antérieures à 1816.

Mais la loi n'a pas voulu anéantir le droit de re-cours en le rendant sans effet possible, soit qu'il eût été dirigé contre des décisions antérieures à la loi, soit qu'il dût intervenir contre les décisions à attendre des ministres jusqu'au 1ᵉʳ janvier 1834. Seulement, il a été stipulé que les créances admises par suite de pourvois formés devant le conseil d'état ne pourraient être acquittées qu'en vertu d'un cré-dit spécial et que ce crédit serait demandé dans la session de 1835, ce qui impliquait pour le conseil l'obligation de prononcer avant cette époque.

La loi que nous venons d'analyser a donc, en réa-lité, opéré la clôture finale et irrévocable de cet ar-riéré que l'empire avait légué à ses successeurs, et que son énormité a si longtemps maintenu au-dessus des ressources dont on pouvait disposer pour l'éteindre.

1383.— Ici se termine la série des mesures tem-poraires nécessitées par les grands événements qui se sont accomplis de 1789 à 1816. Il n'était point inutile de dire ce qu'elles ont été, car, indépendam-ment de l'intérêt historique qui s'y rattache, elles ont l'avantage de mettre en relief certains principes fondamentaux de l'administration des finances.

Nous avons maintenant à appeler l'attention sur quelques déchéances permanentes, qui ont une place dans l'organisation financière du pays, et qui sont de nature à trouver dans le présent, et à con-server pour l'avenir, une application journalière.

1384. — Ce n'était point assez pour le gouver-nement de parvenir au règlement définitif de l'arriéré de 1816, la triste expérience qu'il devait à la liquidation d'une dette si lourde lui commandait de demander au pouvoir législatif une garantie contre le retour des dangers qui avaient si longtemps menacé le crédit public. C'est à cet effet qu'il fut établi, par dérogation au droit commun, une prescription de cinq ans contre les créanciers de l'état. « Seront « prescrites et définitivement éteintes au profit de « l'état, sans préjudice des déchéances prononcées par « les lois antérieures ou consenties par des marchés « ou conventions, toutes créances qui, n'ayant pas « été acquittées avant la clôture des crédits de l'exer-« cice auquel elles appartiennent, n'auraient pu, à « défaut de justification suffisante, être *liquidées*, « *ordonnancées* et *payées* dans un délai de cinq an-« nées, à partir de l'ouverture de l'exercice, pour les « créanciers domiciliés en Europe, et de six années « pour les créanciers résidant hors du territoire eu-« ropéen (1).

« Le montant des créances frappées d'opposition « sera, à l'époque de la clôture des payements, « versé à la caisse des dépôts et consignations.

« Le terme de prescription des créances portant « sur les exercices 1830 et antérieurs, est fixé au « 31 décembre 1834 pour les créanciers domiciliés « en Europe, et au 31 décembre 1835, pour les « créanciers résidant hors du territoire européen. » (*Voy.* L. 29 janv. 1831, art. 9.) (2)

(1) Il ne suffit pas que la liquidation ait eu lieu dans le délai; il s'applique au payement lui-même. (*Voy.* Ord. 15 juillet 1842, Corbie.)

(2) Il faut remarquer, relativement au point de départ du délai,

**1585.** — Les principes qui ont servi de base à l'application des déchéances relatives à l'arriéré de 1816 seront naturellement suivis pour cette prescription. Le but, en effet, est toujours le même, c'est la régularité qu'on a voulu porter dans les comptes de chaque exercice, c'est l'aggravation de la dette publique qu'on a voulu prévenir. Les raisons qui expliquent les rigueurs de la jurisprudence en matière de déchéance, ne seront pas ici moins impérieuses.

Mais la loi a pris soin de dire expressément que la déchéance ne serait point applicable aux créances qui n'auraient pas été liquidées, dans les délais déterminés, par le fait de l'administration, ou par suite de pourvois formés devant le conseil d'état. (*Voy.* art. 10.) Elle a, en même temps, assuré le moyen de se ménager le profit de l'exception, en autorisant le créancier à se faire délivrer par le ministre compétent, un bulletin énonçant la date de sa demande, et les pièces produites à l'appui. (*Voy. ibid.*)

**1586.** — Il faut voir une autre déchéance dans la disposition qui, pour les arrérages de rentes sur l'état, ne permet de réclamer que les cinq dernières années avant le semestre courant. (*Voy.* L. du 24 août 1793.) Le code civil soumet à la prescription de cinq ans, les arrérages entre particuliers, et

qu'une créance, constatée et reconnue par décision du conseil d'état, appartient virtuellement à l'exercice de l'année dans laquelle cette décision est rendue, et que, par conséquent, le délai de cinq ans court de l'ouverture de cet exercice. (*Voy.* Ord. 14 janvier 1842, Julien.)

fait courir cette prescription contre les mineurs et les interdits (*Voy.* art. 2277 et 2278) ; on comprend donc, sans peine, qu'une semblable protection ait été accordée à l'état, et que l'impossibilité d'agir, venant soit de l'incapacité de la personne, soit de la force des circonstances, ne puisse lui être valablement opposée.

1387. — Mais que l'on ait bien soin de remarquer que le délai n'est fixé que relativement à la réclamation, que par conséquent, la demande produit un effet interruptif, indépendamment de l'époque à laquelle intervient la liquidation.

Le conseil d'état, par un avis du 13 avril 1809, a réglé les conditions à remplir pour que la réclamation soit efficace ; voici cet acte : «Le conseil d'état...

« vu l'art. 56 de la loi du 24 août 1793, portant que,

« dans tous les cas, aucun créancier ne pourra ré-

« clamer que les cinq dernières années des rentes

« sur l'état, avant le semestre courant ;

« Vu l'art. 2277 du code civil, qui porte que les

« arrérages de rentes perpétuelles et viagères se

« prescrivent par cinq ans ;

« Considérant que des réclamations non justifiées

« ne peuvent mettre le trésor public en demeure

« d'acquitter ce qu'il est toujours prêt à payer ;

« Est d'avis que les réclamations non appuyées

« de toutes les pièces justificatives présentées par

« des créanciers d'arrérages de rentes sur l'état, ne

« peuvent interrompre la prescription qu'autant que,

« dans le délai d'un an, du jour de la réclamation, le

« créancier se mettra en règle et présentera toutes les

« pièces justificatives de la légitimité de sa demande.»

**1388.** — Des déchéances spéciales résultent de la législation propre à certaines branches des services publics ; on en rencontre notamment en matière de pensions et de fournitures ; elles seront mentionnées dans les observations distinctes dont chacune de ces matières fera l'objet.

### § 2. — Ordonnancement.

1389. — Le créancier dont la créance a été liquidée, doit en obtenir l'ordonnancement.

1390. — Comment s'effectue l'ordonnancement.

1391. — Chaque dépense doit être ordonnancée avant l'expiration des neuf mois qui suivent l'exercice auquel elle se rapporte.

1392. — A défaut de fonds qui permettent de faire face à la dépense, le créancier est forcé d'attendre que le gouvernement se procure des ressources.

1393. — Le crédit peut faire l'objet d'une demande spéciale au pouvoir législatif.

1394. — Qu'arriverait-il si les chambres s'obstinaient à refuser le crédit demandé pour solder une créance liquidée ?

—

**1389.** — Nous avons dit en commençant que le créancier qui voulait parvenir au remboursement devait d'abord faire liquider sa créance et faire reconnaître par le ministre ses droits à en obtenir le payement ; les règles destinées à le guider et à le soutenir dans ce chemin ont été exposées ; supposons-le donc arrivé au terme ; la liquidation est terminée, et il a dans les mains la décision qui, statuant sur sa réclamation, fixe la somme qui lui est due : que lui reste-t-il à faire ?

Entre particuliers, rien de plus simple. Le créancier est-il armé d'un titre exécutoire ? le débiteur n'a qu'un parti à prendre, il faut qu'il s'exécute, qu'il paye. Veut-il encore résister? refuse-t-il de compter lui-même le montant de sa dette? La loi donne au créancier le moyen de le contraindre; il est en droit de requérir l'intervention de la force publique, pour saisir ses biens, et quelquefois, même sa personne.

On ne peut supposer de la part du ministre, gardien et dispensateur des deniers du trésor, un mauvais vouloir et une résistance inspirés par la passion. D'un autre côté, les principes fondamentaux de notre système financier réservent au pouvoir législatif l'allocation des sommes affectées à chaque nature de dépenses. De là, la nécessité pour le créancier *liquidé* d'obtenir l'*ordonnancement* de sa créance. (*Voy.* Ord. 14 sept. 1822, art. 7, et 31 mai 1838, art. 58.)

**1390.** — Les créances sont *ordonnancées* par le ministre liquidateur ou par un ordonnateur secondaire, en vertu de la délégation résultant d'une ordonnance qui l'autorise à disposer d'une partie du crédit ouvert au ministre, par des mandats de payement au profit d'un ou de plusieurs créanciers de l'état. Les ayants droit, au surplus, n'ont point à former à cet effet une demande spéciale et directe; la demande en remboursement provoque l'ordonnancement, aussi bien que la liquidation. Les créanciers reçoivent des ministres des lettres d'avis ou extraits des ordonnances de payement, et des ordonnateurs secondaires, des mandats délivrés sur les caisses du trésor.

Chaque ordonnance ou mandat indique l'exercice et le chapitre de crédit auquel il s'applique, et il n'est admis par le ministre des finances qu'autant qu'il

porte sur un crédit régulièrement ouvert et se renferme dans les limites des distributions des fonds
disponibles que le roi fait chaque mois pour le mois
suivant, entre les divers services publics. (*Voy.* Ord.
31 mai 1838, art. 38, 59, 61, 66.)

1391. — L'ordonnance du 14 sept. 1822 fixe un
délai dans lequel doivent s'effectuer les ordonnance-
ments pour chaque exercice.

Il faut que les dépenses afférentes à l'exercice de
l'année qui lui donne son nom soient liquidées et ordonnancées dans les neuf mois qui suivent cette année, c'est-à-dire avant le 1er octobre de la seconde
année, et si à défaut d'une demande en remboursement formée assez tôt ou par le fait de l'administration, on ne s'est pas conformé à cette prescription,
qui a son principe dans la disposition qui fixe au 31
décembre de la seconde année la clôture du compte
d'exercice, l'*ordonnancement* ne peut plus avoir
lieu qu'en vertu d'une ordonnance royale qui autorise l'imputation de la créance sur l'exercice courant. (*Voy.* art. 21.) Du reste, à l'égard de cet exercice, il s'effectue dans les mêmes conditions de
crédit et de disponibilité de fonds.

1392. — Les explications précédentes font voir
que la délivrance de l'ordre de payement est toujours subordonnée à l'existence d'un crédit qui permette de faire face à la dépense. Dans le cas où le
ministre déclare qu'il ne lui a point été alloué de
fonds, ou qu'ils sont épuisés, force est au créancier
d'attendre que le gouvernement se procure les ressources qui lui manquent. Vainement songerait-il à
se plaindre devant le conseil d'état du *refus* ou, pour

parler plus exactement, du *retard* qu'il éprouve ; on lui répondrait que le ministre est seul juge de la comptabilité en ce qui regarde l'existence et l'emploi des crédits ouverts par le budget, et que l'impossibilité pour lui de les dépasser résulte des lois fondamentales. Son sort est désormais entre les mains du gouvernement et des chambres.

1393. — Lorsqu'il est procédé à la confection du budget, le ministre a soin de demander au pouvoir législatif le crédit nécessaire pour faire face au payement des créances. Il n'est cependant pas indispensable que le crédit figure au projet de budget ; il pourrait faire l'objet d'une demande spéciale. Mais n'est-il pas à regretter que la législation ait omis de tracer à cet égard quelques règles ? N'eût-il pas été facile, sans compromettre en aucune manière l'ordre qui doit toujours présider à l'administration financière, d'imposer au ministre l'obligation de demander le crédit dans la première session à partir de la demande en payement de la créance liquidée et de déterminer dans quels cas ce crédit devrait faire l'objet d'une demande spéciale ?

1394. — Les chambres saisies d'une demande de crédit pour acquitter des dettes liquidées et réglées, ne sauraient, sans doute, revenir sur la liquidation. De quelque autorité qu'elle soit émanée, la décision qui en a été la suite est irrévocable, car la chose jugée a, devant les chambres comme devant les tribunaux, une puissance contre laquelle rien ne peut prévaloir. Il n'en est pas moins vrai, que si les chambres, usant de leur omnipotence, refusaient le crédit demandé, la créance resterait sans payement.

Tout ce qu'on peut dire, c'est qu'on arriverait alors à ce terme où, le premier des pouvoirs sociaux venant à empiéter sur les autres, les citoyens se trouvent sans garantie contre ses excès (1).

§ 3. — Payement.

1395. — Les fonds sont comptés par le payeur, sur la présentation de l'extrait de l'ordonnance de payement ou du mandat.

1396. — Refus de payement. — Il ne peut avoir lieu que pour cause d'omission ou d'irrégularité dans les pièces.

1397. — Le créancier est-il tenu de demander son payement dans un certain délai?

**1395.** — Le porteur de l'extrait de l'ordonnance de payement ou du mandat se présente chez le payeur du lieu déterminé par l'ordonnateur, et à partir du délai qu'il a fixé; et il reçoit payement de toute somme qui n'excède pas la limite du crédit sur lequel elle doit s'imputer.

**1396.** — « Le payement d'une ordonnance ou d'un « mandat ne peut être suspendu par un payeur que

(1) Ce n'est pas sans regret que je me vois contraint de citer un exemple de cette violation, par la chambre, du respect dû à l'autorité de la chose jugée.

Une ordonnance, rendue en la forme contentieuse, à la date du 18 août 1852, avait accordé une somme de 5,625 fr. 99 c. à un sieur Franco, pour fournitures faites en 1841 à des régiments espagnols, sur le motif que peu après, ces corps étaient passés au service de la France, et qu'elle avait ainsi profité de leur équipement.

Le ministre demanda un crédit aux chambres; mais ce crédit fut refusé, par le motif que la France ne pouvait être responsable des dettes contractées pour des corps au service d'une puissance étrangère, et le titre du créancier se trouva frappé de stérilité.

Hâtons-nous d'ajouter que ce précédent paraît être unique !

« lorsqu'il reconnaît qu'il y a omission ou irrégula-
« rité matérielle dans les pièces justificatives qui se-
« raient produites. Il y a irrégularité matérielle tou-
« tes les fois que la somme portée dans l'ordonnance
« ou le mandat n'est pas d'accord avec celle qui ré-
« sulte des pièces justificatives annexées à l'ordon-
« nance ou au mandat, ou lorsque ces pièces ne sont
« pas conformes aux instructions. En cas de refus
« de payement, le payeur est tenu de remettre immé-
« diatement la déclaration écrite et motivée de son
« refus au porteur de l'ordonnance ou du mandat, et
« il en adresse copie, sous la même date, au ministre
« des finances. Si, malgré cette déclaration, le mi-
« nistre ou l'ordonnateur secondaire, qui a délivré
« l'ordonnance ou le mandat, requiert, par écrit et
« sous sa responsabilité, qu'il soit passé outre au
« payement, le payeur y procède sans autre délai, et
« il annexe à l'ordonnance ou au mandat, avec une
« copie de sa déclaration, l'original de l'acte de ré-
« quisition qu'il a reçu. Il est tenu d'en rendre
« compte immédiatement au ministre des finances. »
(*Voy.* Ord. 31 mai 1838, art. 69.)

**1597.** — L'ordonnance de payement ou le mandat marque l'époque à partir de laquelle le payement
pourra être obtenu ; mais est-il un délai dans lequel
le créancier soit tenu de le demander ?

L'affirmative résulte des dispositions de l'ordonnance du 14 sept. 1822 qui a établi le nouveau
système de la comptabilité des dépenses publiques.

Ce règlement renferme, pour la première fois,
l'exercice dans une durée précise, et ne lui fait embrasser que le service fait dans une année. « Seront

« seules considérées, dit-il, comme appartenant à un
« exercice les dépenses résultant d'un *service fait*
« dans l'année qui donne son nom audit exercice. »
(*Voy.* art. 1.)

En même temps, il détermine un délai de neuf
mois, après l'année qui donne son nom à l'exercice,
pour l'accomplissement de tous les faits de la liquidation et de l'ordonnancement des dépenses, et il arrête les payements au 31 décembre suivant.

Cette règle devait avoir pour effet d'imposer aux
créanciers l'obligation de réclamer leur payement
dans le délai déterminé. Aussi l'ordonnance porte-
t-elle que, faute par les porteurs d'ordonnance de réclamer leur payement aux caisses du trésor avant
le 31 décembre, époque de la clôture du compte
d'exercice, les ordonnances délivrées à leur profit sur
l'exercice clos seront annulées. (*Voy.* art. 12.)

Leurs droits ne seront point, il est vrai, anéantis ;
mais ils devront s'adresser au ministre liquidateur
pour obtenir leur réordonnancement, et il ne pourra
avoir lieu qu'en vertu d'une ordonnance royale, qui
autorisera l'imputation du payement sur le budget
de l'exercice courant. (*Voy.* art. 21.)

C'est là, sans doute, une obligation nouvelle imposée aux créanciers, mais on ne saurait la regretter,
quand on songe qu'elle a sa raison dans une mesure
qui tend à fermer toute chance de retour aux désordres de l'arriéré, et à soustraire les droits des
créanciers à ces décrets de déchéance qui en ont
été la suite.

FIN DU DEUXIÈME VOLUME.

# TABLE DES MATIÈRES.

## CHAP. VII. — DES CONFLITS.

### PRÉLIMINAIRES.

# CHAP. VIII. — DES CONTRIBUTIONS.

### PRÉLIMINAIRES.

## SECTION PREMIÈRE.

### DE LA CONTRIBUTION FONCIÈRE.

### ART. 1er. — Assiette de la contribution foncière.

## SECTION DEUXIÈME.

### DE LA CONTRIBUTION PERSONNELLE ET MOBILIÈRE.

#### ART. 1er. — De l'assiette des contributions personnelle et mobilière.

## SECTION TROISIÈME.

### DE LA CONTRIBUTION DES PORTES ET FENÊTRES.

#### PRÉLIMINAIRES.

#### ART. 1er. — De l'assiette de la contribution des portes et fenêtres.

## SECTION QUATRIÈME.

### DE LA CONTRIBUTION DES PATENTES.

#### PRÉLIMINAIRES.

**ART. 1er. — Des personnes assujetties à l'obligation de se munir
d'une patente.**

## CHAP. IX. — DES COURS D'EAU.

### PRÉLIMINAIRES.

## SECTION PREMIÈRE.

### DES FLEUVES ET RIVIÈRES NAVIGABLES.

**ART. 1er. — Circonscription des dépendances du domaine public.**

ART. 2. — De la servitude du halage.

## SECTION DEUXIÈME.

### DES COURS D'EAU NON NAVIGABLES NI FLOTTABLES.

#### PRÉLIMINAIRES.

## CHAP. X. — DU CULTE.

### PRÉLIMINAIRES.

## CHAP. XI. — DES DETTES DE L'ÉTAT.

### PRÉLIMINAIRES.

### ART. 1er. — Des dépôts dans les caisses publiques.

FIN DE LA TABLE DU DEUXIÈME VOLUME.

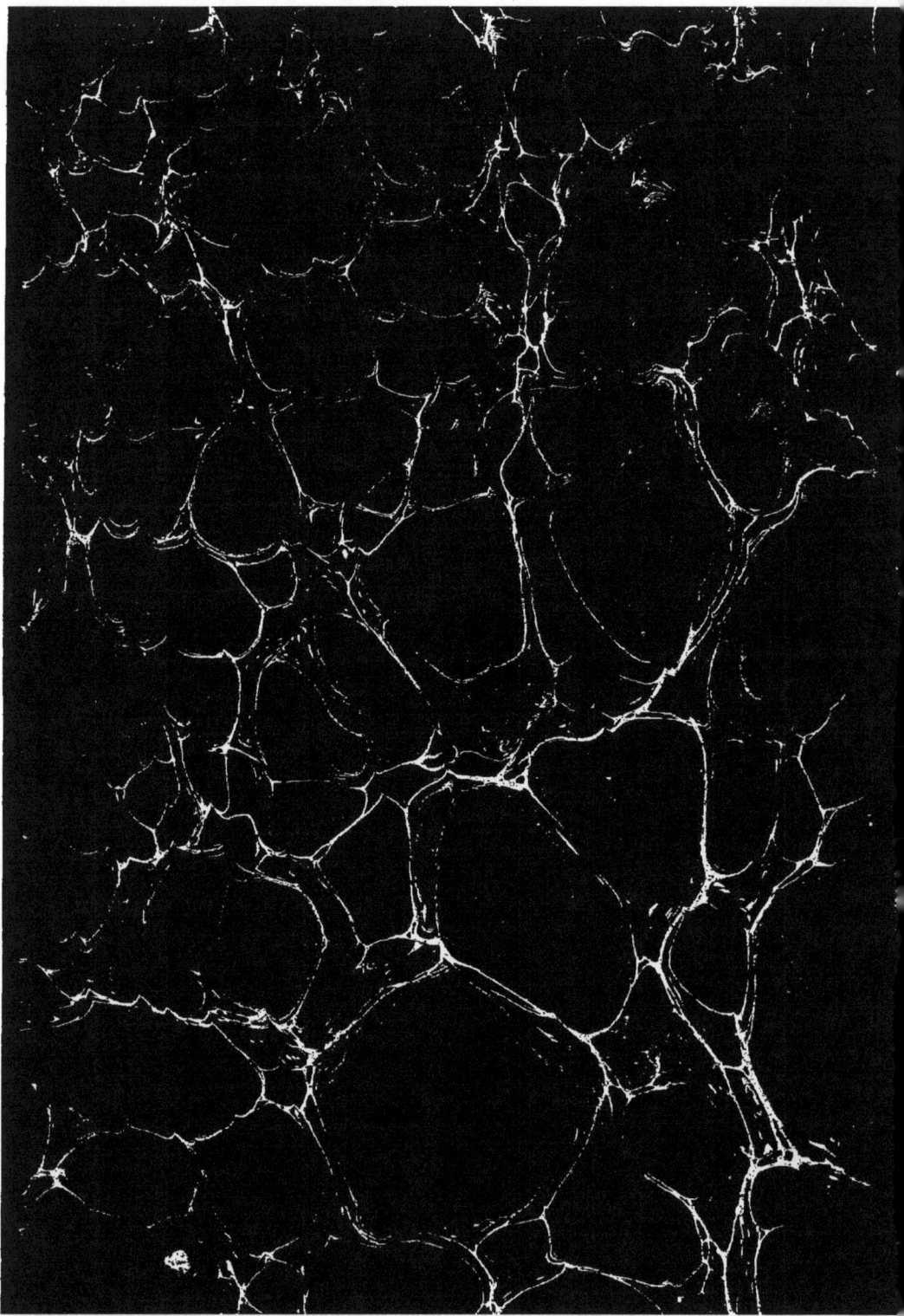

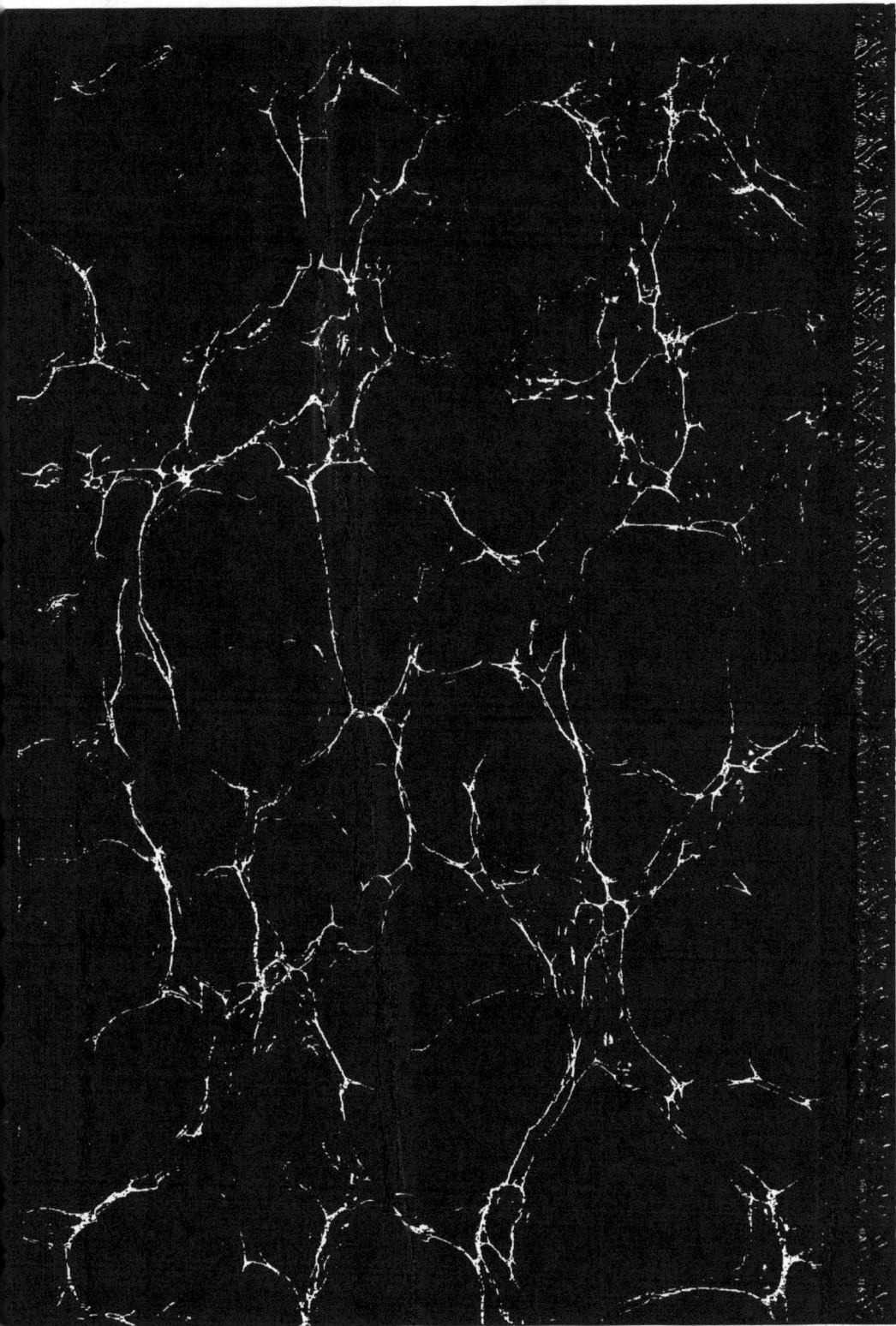

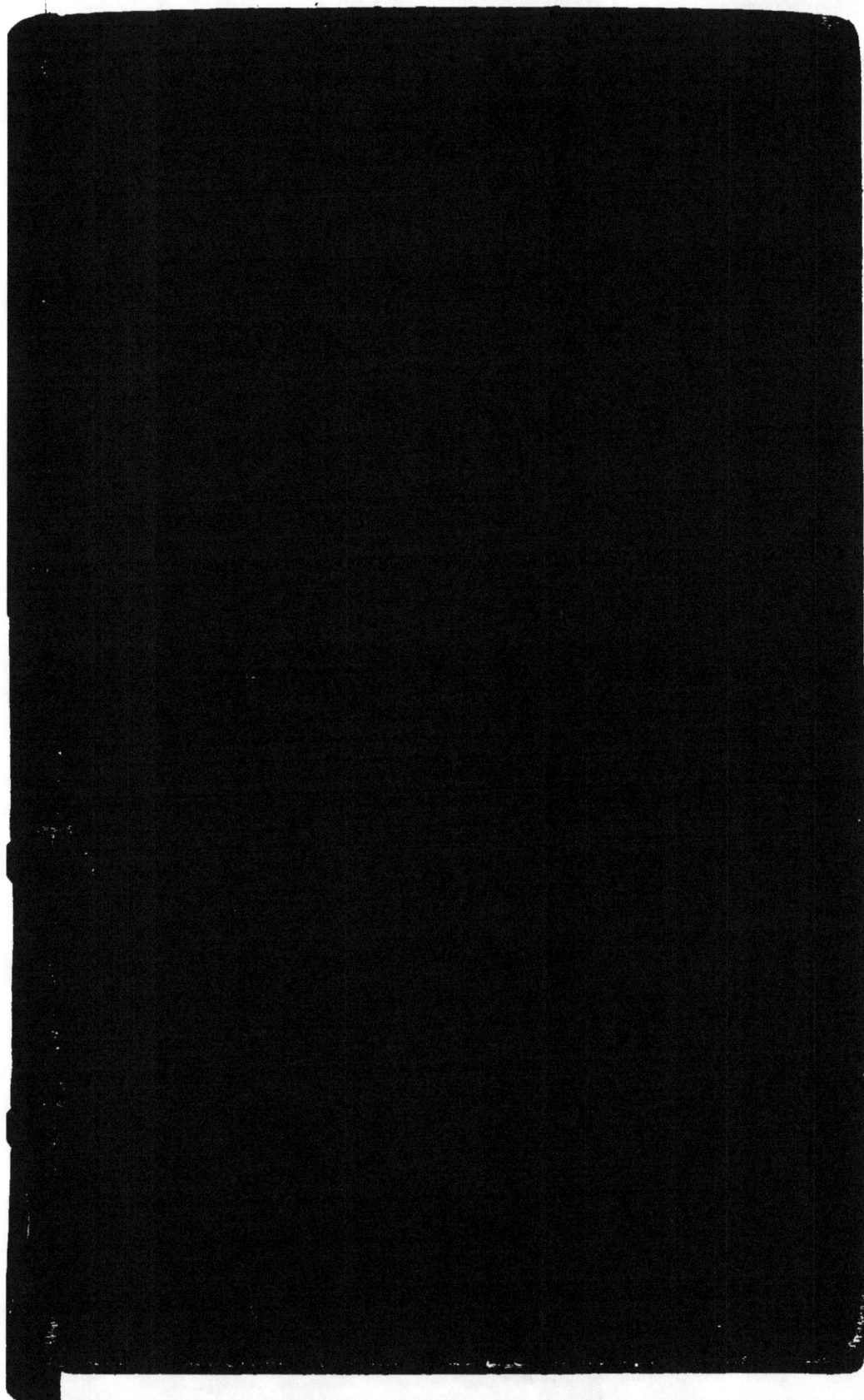

www.ingramcontent.com/pod-product-compliance
Lightning Source LLC
Chambersburg PA
CBHW060829220326
41599CB00017B/2295